Zwischen Nächstenliebe und Abgrenzung

Eine interdisziplinäre Studie
zu Kirche und politischer Kultur

Zwischen Nächstenliebe und Abgrenzung

Eine interdisziplinäre Studie
zu Kirche und politischer Kultur

Herausgegeben von der Evangelischen Kirche
in Deutschland (EKD) in Zusammenarbeit mit

Gert Pickel, Stefan Huber, Antonius Liedhegener,
Susanne Pickel, Alexander Yendell und
Oliver Decker (Teilprojekt 1)

Kristin Merle und Anita Watzel (Teilprojekt 2)

Claudia Schulz, Manuela Barriga Morachimo
und Maria Rehm (Teilprojekt 3)

Bibliographische Information der Deutschen Nationalbibliothek
Die Deutsche Nationalbibliothek verzeichnet diese Publikation in der
Deutschen Nationalbibliographie; detaillierte bibliographische Daten
sind im Internet über *http://dnb.de* abrufbar.

© 2022 by Evangelische Verlagsanstalt GmbH · Leipzig
Printed in Germany

Das Werk einschließlich aller seiner Teile ist urheberrechtlich geschützt.
Jede Verwertung außerhalb der Grenzen des Urheberrechtsgesetzes ist ohne
Zustimmung des Verlags unzulässig und strafbar. Das gilt insbesondere für
Vervielfältigungen, Übersetzungen, Mikroverfilmungen und die Einspeicherung
und Verarbeitung in elektronischen Systemen.

Das Buch wurde auf alterungsbeständigem Papier gedruckt.

Cover: Anja Haß, Leipzig
Coverbild: © kallejipp/photocase.de
Satz: druckhaus köthen
Druck und Binden: Beltz Grafische Betriebe GmbH, Bad Langensalza

ISBN 978-3-374-07141-8 // eISBN (PDF) 978-3-374-07142-5

www.eva-leipzig.de

2.5 Kirchenmitgliedschaft, Religiosität und Vorurteile gegenüber sozialen Gruppen 67
(Gert Pickel)
    2.5.1 Kausale Analytik und theoretische Zugänge 67
    2.5.2 Empirische Begründungen antisemitischer Ressentiments 69
    2.5.3 Die Relevanz von Religiosität für Vorurteile gegenüber Geflüchteten und Muslim*innen 72
    2.5.4 Die Bedeutung von Religiosität für Antifeminismus, Sexismus und Homophobie 75
2.6 Auswirkungen von Religiosität auf die politische Unterstützung der Demokratie 80
(Susanne Pickel)
2.7 Fazit und Ergebnisse 86
(Gert Pickel, Stefan Huber, Antonius Liedhegener, Susanne Pickel, Alexander Yendell)
Literatur 90

3. Religion und Rechtspopulismus/-extremismus: Analysen von Narrationen vorurteilsbezogener Kommunikation und Hassrede online (Teilprojekt 2, TP 2)   99

(Kristin Merle, Anita Watzel)
3.1 Einleitung 99
3.2 Rechtspopulismus/-extremismus als Thema der Theologie 101
    3.2.1 Notizen zum Forschungsstand 102
    3.2.2 Was ist Rechtspopulismus/-extremismus? 104
    3.2.3 Sprachliche Gewalt 107
3.3 Design des Forschungsprojektes: Untersuchungsinteresse und -gegenstand 110
3.4 Kirchen und christliche Topoi in vorurteilsbezogener Kommunikation: Narrative 112
    3.4.1 Das Masternarrativ 114
    3.4.2 Wiederkehrende Muster (Narrativfragmente) 115
    3.4.3 Was ändert sich durch die Kontexte hindurch? 120
3.5 Prominente Themen 127
    3.5.1 Nächstenliebe und Moral 127
    3.5.2 Schuld, Verfehlung und Gericht 131
    3.5.3 Aufgabe von Kirche in der Gesellschaft 135
    3.5.4 Zugehörigkeit zu Kirche 141
    3.5.5 Islamfeindlichkeit, Antisemitismus, Antifeminismus 146
3.6 Interaktionsbeobachtungen 150
3.7 Resümee: Differenzierung tut not 157
    3.7.1 Differenzierungen von Akteur*innen und Positionen 158
    3.7.2 Anfragen an kirchliches Handeln 160
Literatur 163

Inhalt

1. Einführung 11
   (Hilke Rebenstorf)

2. Kirchenmitgliedschaft, Religiosität, Vorurteile und politische Kultur in der quantitativen Analyse (Teilprojekt 1, TP 1) 24
   (Gert Pickel, Stefan Huber, Antonius Liedhegener, Susanne Pickel, Alexander Yendell, Oliver Decker)
   2.1 Fragestellung, Theoriebezüge, Methode 24
       (Gert Pickel, Antonius Liedhegener, Stefan Huber, Susanne Pickel, Alexander Yendell)
   2.2 Dimensionen des Religiösen 27
       (Stefan Huber)
       2.2.1 Modell der Religiosität – Zentralität und Inhalt ... 27
       2.2.2 Zentralität der Religiosität 28
       2.2.3 Personale Religiosität (Spiritualität) 31
       2.2.4 Soziale Religiosität (Kirchlichkeit) 32
       2.2.5 Außerchristliche Positionen im religiösen Feld 35
       2.2.6 Orientierungen von Kirchenmitgliedern im Kontext der religiösen Pluralisierung 38
       2.2.7 Zusammenhänge zwischen verschiedenen Aspekten des Religiösen und Vorurteilen 41
   2.3 Vorurteilsbelastete Kirchenmitglieder? Deskriptive Ergebnisse 43
       (Gert Pickel)
       2.3.1 Existenz und Strukturierung von gruppenbezogenen Vorurteilen ... 43
       2.3.2 Antisemitische Ressentiments nach Kirchenmitgliedschaft und Religiositätstyp 45
       2.3.3 Vorurteile gegenüber sozialen Gruppen nach Kirchenmitgliedschaft und Religiositätstyp 48
       2.3.4 Vorurteile gegenüber sexueller und geschlechtlicher Vielfalt ... 51
       2.3.5 Soziale Distanzen und Bedrohungsgefühle nach Kirchenmitgliedschaft 53
   2.4 Zentrale kontextuelle Einflussfaktoren von Vorurteilen 56
       2.4.1 Freiwilliges Engagement und Sozialkapital *(Antonius Liedhegener)* ... 57
       2.4.2 Sozialpsychologische Erklärungsmuster *(Alexander Yendell)* 62

von Narrationen vorurteilsbezogener Kommunikation und Hassrede in der Online-Kommunikation (Teilprojekt 2) sowie eine mit ethnografischen Methoden arbeitende Untersuchung des Umgangs von exemplarischen Kirchengemeinden mit sozialpolitischen oder kulturellen Herausforderungen in ihrem Umfeld (Teilprojekt 3).

Zum Ende des zweijährigen Projektzeitraumes freue ich mich, dass die Ergebnisberichte dieser drei Teilprojekte nun veröffentlicht werden können. Sie beinhalten eine Reihe von weiterführenden Erkenntnissen für die Arbeit in Kirchengemeinden und in der kirchlichen Erwachsenenbildung. Sie verdeutlichen, dass Differenzieren im Umgang mit Vorurteilen notwendig ist, aber auch, dass Kirchengemeinden über große Potenziale für die Bearbeitung politisch-kultureller Herausforderungen verfügen, die es zu heben und zu stärken gilt. Gerahmt werden die drei Ergebnisberichte in dem vorliegenden Band von einer Einführung und einem integrierenden, das Gemeinsame der drei Untersuchungen in den Blick nehmenden Kapitel. Ein Ausblick auf Schlussfolgerungen und Impulse für kirchliches Handeln beschließt die Veröffentlichung.

Den Projektverantwortlichen und den mitarbeitenden Forschenden danke ich sehr herzlich für ihre sorgfältig konzeptionierte und durchgeführte Forschungsarbeit, die sich auf manche, für die kirchliche Arbeit besonders interessante, neue Fragestellung eingelassen hat. Ein sehr herzlicher Dank gilt zudem der von der EKD eingesetzten Steuerungsgruppe, die die Arbeit des Forschungsverbundes intensiv begleitet hat.

Der Veröffentlichung dieses Bandes wünsche ich eine vielfache und interessierte Aufnahme, insbesondere, dass sie eine segensreiche Wirkung in der kirchlichen Präventionsarbeit gegen rechtspopulistisches oder -extremes und menschenfeindliches Gedankengut entfalten möge.

Hannover, im April 2022

Anna-Nicole Heinrich
Präses der 13. Synode der EKD

Vorwort

Rechtspopulistische und rechtsextreme Einstellungen in der Gesellschaft nehmen zu, menschenfeindliche Äußerungen sind an manchen Orten salonfähig geworden. Dass es bei Hasskommentaren und Beleidigungen nicht bleibt, zeigen schreckliche Taten, wie das rechtsextremistisch motivierte Attentat auf die Synagoge in Halle 2019, die Ermordung des Kasseler Regierungspräsidenten Walter Lübcke 2019 oder der Anschlag in Hanau 2020. All das sind Auswüchse einer Menschenfeindlichkeit und eines Hasses, die erschreckende Ausmaße angenommen haben.

Wir wissen, dass solche Taten durch Polemisierung, Abgrenzung, Zuschreibungen und Stilisierungen, durch menschenfeindliche Einstellungen und das Verschieben gesellschaftlich anerkannter Übereinkünfte oder Grenzen ausgelöst werden. Zur Verhinderung und Prävention solcher Gewalttaten muss früh angesetzt werden. Rechtspopulistische oder rechtsextreme, menschenfeindliche Einstellungen müssen wahr und ernst genommen werden, um ihnen begegnen zu können, um konstruktive Dialoge führen und Menschen dafür gewinnen zu können, die Würde aller Menschen zu achten und wert zu schätzen.

Als evangelische Kirche bekennen wir einen Gott, der allen Menschen Würde verliehen hat, einen Gott, den seine Menschenfreundlichkeit auszeichnet. Daraus folgt ein großes Interesse an Präventionsarbeit gegen rechtsextreme und menschenfeindliche Gewalttaten und gegen Einstellungen, die diese vorbereiten können. Dabei kann es nicht nur darum gehen, andere in den Blick zu nehmen. Es muss auch danach gefragt werden, wie es um die Einstellungen innerhalb der evangelischen Kirche selbst bestellt ist.

Im Jahr 2019 haben Synode und Rat der EKD deshalb Mittel für Untersuchungen zu Kirchenmitgliedschaft und politischer Kultur zur Verfügung gestellt, „um zu prüfen, inwiefern auch innerhalb unserer Kirche eine wachsende Distanz gegenüber einem gemeinsamen Grundkonsens besteht, was das Zusammenleben in unserer Gesellschaft und die Haltung zur Demokratie angeht" (vgl. Beschluss der Synode 2018).

In engem Austausch miteinander konnten daraufhin drei mit unterschiedlichen Methoden arbeitende sozialwissenschaftliche Studien durchgeführt werden: eine repräsentative Bevölkerungsumfrage zum Verhältnis von Kirchenmitgliedschaft bzw. Religiosität und Vorurteilsstrukturen, etwa im Bereich von Antisemitismus und Islamfeindlichkeit, Einstellungen zu Fragen von Familie und Gender sowie zu geflüchteten Menschen (Teilprojekt 1), eine qualitative Untersuchung des Verhältnisses von theologischen Argumentationen und rechtspopulistischen bzw. -extremen Einstellungen durch Analysen

4. Kirchengemeinden in Aushandlungsprozessen um politisch-kulturelle Themen (Teilprojekt 3, TP 3) 169
(Claudia Schulz, Manuela Barriga Morachimo, Maria Rehm)
4.1 Einleitung. 169
4.2 Studiendesign und methodische Zugänge 171
4.3 Fallgemeinden und ihre Kirchenbezirke 174
    4.3.1 Vier Fallgemeinden im Überblick 174
    4.3.2 Ergebnisse der Online-Erhebung in den Kirchenbezirken 177
4.4 Analyse Teil I: Einflussgrößen für das Aufkommen politisch-kultureller Themen in Gemeinden 180
    4.4.1 Ein Ereignis führt zur Beschäftigung mit politischen und innergemeindlichen Herausforderungen – Traditionelle Gemeinde Ost .. 181
    4.4.2 Ein Pfarrer setzt gesellschaftspolitische Impulse und gründet neue Initiativen – Innovative Gemeinde Ost 184
    4.4.3 Ein Pfarrer erinnert an die geschichtliche Prägung seiner Gemeinde und bildet ein Netzwerk für politisches Engagement – Bürgerliche Gemeinde West. 186
    4.4.4 Die Prägung des Gemeindeprofils ermöglicht die Annahme politisch-kultureller Herausforderungen – Liberale Gemeinde West. ... 190
4.5 Analyse Teil II: Aneignungsmuster einer politisch-kulturellen Herausforderung 192
    4.5.1 Theologische Verortung als Aneignungsmuster 192
    4.5.2 Gemeindliche Profilierung als Aneignungsmuster 198
    4.5.3 Gemeinschaftlich getragene Pluralität als Aneignungsmuster 202
4.6 Analyse Teil III: Gemeindliche Aushandlungsprozesse und Spannungsfelder 207
    4.6.1 Strukturierung, Rollenzuweisungen und (De)Privilegierung im Engagement für Geflüchtete 207
    4.6.2 Spannungslinien und konzeptionelle Fragen im freiwilligen Engagement 209
    4.6.3 Diskursive Reproduktion von Stigma und Rassismus 213
    4.6.4 Suchprozesse und Konkurrenzverhältnisse – zwischen traditioneller Gemeindearbeit und gesellschaftspolitischem Engagement... 217
4.7 Analyse Teil IV: Theologische und sozialräumliche Positionierungen 221
    4.7.1 Verhältnisbestimmungen von theologischen und politischen Anliegen 222
    4.7.2 Kirche im Sozialraum vor dem Hintergrund der Prägung in der DDR 226
    4.7.3 Verortung der Kirchengemeinde im Sozialraum im Verband mit anderen Akteur*inn 230
4.8 Bündelung. 234
Literatur 238

5. **Kirchenmitgliedschaft und politische Kultur – Drei Perspektiven in gemeinsamer Betrachtung** 240
   (Hilke Rebenstorf unter Mitarbeit von Antje Buche, Henning Flad, Dorothee Godel, Ruth Heß, Peter Rieker und Christian Staffa)
   5.1 Querschnittsthema „Flucht – Migration – Islam" 242
   5.2 Querschnittsthema „Gender" 246
   5.3 Querschnittsthema „Theologische Argumentation" 251
   5.4 Kernaussagen 255
   Literatur 258

6. **Ausblick: Schlussfolgerungen und Impulse für kirchliches Handeln** 260
   (Horst Gorski)
   Literatur 268

7. **Autor*innenverzeichnis** 269

Anhänge mit weiteren Quellen und Informationen zu den drei durchgeführten Teilprojekten finden sich im Internet unter: www.ekd.de/politische-kultur

1. Einführung

(Hilke Rebenstorf)

Die Vorgeschichte zum Projekt „Kirchenmitgliedschaft und politische Kultur"

Im November 2009 riefen Vertreter*innen von kirchlichen und kirchennahen Initiativen, Arbeitsgruppen und Bündnissen gegen Rechts zur Gründung einer Bundesarbeitsgemeinschaft Kirche für Demokratie gegen Rechtsextremismus auf. Dabei hatten die Initiator*innen und Mitglieder zwei wesentliche Ziele:

Erstens sollten die Kirchen viel stärker eingebunden werden in die Auseinandersetzungen mit Rechtsextremen z. B. der jährlichen Dresdner Neonazi-Demonstration zum 13. Februar, dem Jahrestag der Bombardierung der Stadt 1945. Diese war in den 2000er-Jahren zur größten rechtsextremen Demonstration in Europa geworden. Nach einer erfolgreichen Verhinderung dieser Demonstration durch ein breites Bündnis unter dem Dach von Aktion Sühnezeichen Friedensdienste wurde dann im Februar 2010 die Bundesarbeitsgemeinschaft Kirche & Rechtsextremismus (BAG K+R) gegründet.[1]

Zweitens sollten die Brücken zwischen rechtspopulistischen Politikinhalten und Erscheinungsformen Gruppenbezogener Menschenfeindlichkeit auf der einen und Einstellungen von Kirchenmitgliedern auf der anderen Seite adressiert und auf verschiedenen Ebenen zumeist mit Bildungs- und Beratungsangeboten bearbeitet werden.

Beobachtungen solcher Brücken in Kirchengemeinden, diakonischen Einrichtungen, in kirchlichen Arbeitsgruppen und weiterem bewogen die Initiator*innen der BAG K+R dazu, das Thema Kirche und Rechtsextremismus auf EKD-Synoden einzubringen. 2009, 2010 und 2011 ermutigte die Synode die Gemeinden und forderte die Gliedkirchen und den Rat auf, das Thema Rechtsextremismus in Fortbildungsveranstaltungen aufzunehmen. Die EKD-Synode 2012 fasste dann den „Beschluss zum Rechtsextremismus", der verbunden war mit der Bitte an den Rat der EKD, vorhandene Studien zum Thema zu sichten und gegebenenfalls eine eigene Studie durchzuführen.

Im März 2013 konstituierte sich dazu eine EKD-Steuerungsgruppe unter dem damaligen Namen „Kirche und Rechtsextremismus", die bis heute arbeitet, mittlerweile unter dem Titel „Kirchenmitgliedschaft und politische Kultur". Sie veranlasste 2013 die Durchführung einer vom Kulturbüro Sachsen durchgeführten Meta-Studie zum Thema

---

[1] Zur Zeit gehören der BAG K+R knapp 50 Organisationen und Initiativen aus evangelischer und katholischer Kirche, aus Diakonie und Caritas an.

„Kirche und Rechtsextremismus/Gruppenbezogene Menschenfeindlichkeit". Ein Mitglied der Steuerungsgruppe aus dem Sozialwissenschaftlichen Institut der EKD führte zudem 2014 eine Sekundäranalyse von Daten der Europäischen Wertestudie (EVS) 2008, des World-Values-Survey (WVS) 2013 und der Allgemeinen Bevölkerungsumfrage in den Sozialwissenschaften (Allbus) 2012 durch[2].

2015/16 wurde aufbauend auf den Ergebnissen der Meta-Studie und der Sekundäranalyse eine kleine qualitative Studie durch das Institut proVal durchgeführt. Mit ihr sollte den Fragen nachgegangen werden: Unter welchen Bedingungen kann Religiosität Ressentiments fördern und unter welchen Bedingungen ist das Gegenteil der Fall? Die Kernfragen waren: Welche Rolle spielen dabei Theologie, Dogma bzw. konkrete Glaubensinhalte und verschiedene Dimensionen der Religiosität, welche Rolle kommt dem Umfeld zu und wie wirkt beides zusammen. Der Bericht wurde auf der EKD-Synode 2016 vorgestellt. Mit einem Beschluss bat die Synode den Rat, eine bevölkerungsrepräsentative Studie zu dem Themenfeld durchführen zu lassen. Der Umsetzung dieses Beschlusses ging im August 2017 eine Tagung an der Evangelischen Akademie zu Berlin voraus, auf der Expert*innen aus Sozialwissenschaft und Theologie die qualitative Studie gemeinsam auswerteten, um konkrete Vorschläge für die thematische Weiterarbeit zu entwickeln.

Das Ergebnis dieses Beratungsprozesses ist das dieser Veröffentlichung zugrunde liegende Verbundprojekt, für das der Rat der EKD im Februar 2019 die durch Synodenbeschluss in den EKD-Haushalt eingestellten Mittel freigegeben hat. Die Ausschreibung (siehe Anhang) erfolgte über wissenschaftliche Fachgesellschaften und z.T. über die Ansprache bekannter Expert*innen im Feld. Die Teilprojekte nahmen am 1. September 2019 ihre Arbeit auf, die Laufzeit betrug zwei Jahre.

Worum geht es?

Das Selbstverständnis der evangelischen Kirche ist das einer Volkskirche. Von daher ist es keine Überraschung, dass unter den gut 20 Millionen Mitgliedern nahezu alle politischen Ansichten vertreten sind, die sich in der Gesamtbevölkerung finden – wie sollte es anders sein. Trotzdem irritiert es manche, wenn eine Gruppierung sich „Christen in der AfD" nennt und nicht nur Kirchenmitglieder, sondern auch Pfarrer*innen bei Demonstrationen der „Patriotischen Europäer gegen die Islamisierung des Abendlandes" (PEGIDA) teilnehmen. Werden diese Organisationen doch weithin wahrgenommen als solche, in denen das christliche Prinzip der Gleichwertigkeit der Menschen nicht ak-

---

[2] Die ausführliche Analyse lag den beratenden Gremien des Kirchenamtes vor, Auszüge hieraus wurden publiziert in: Rebenstorf, Christliche Religiosität, Rebenstorf, Rechte Christen, und Rebenstorf, Zusammenhang von Religiosität.

zeptiert ist und das Gebot der Nächstenliebe teils grob verletzt wird. Geht es in diesen Fällen um die Ablehnung von Einwanderung und Muslimen, so gibt es darüber hinaus sporadische Kooperationen zwischen manchen sich als christlich positionierenden Gruppen und der rechtspopulistischen und in Teilen rechtsextremen AfD[3] bei Aktionen gegen die Gleichstellung der Geschlechter und Lebensformen, in Fragen von Familie und Erziehung.

Anliegen

Mit der Durchführung des Verbundprojektes zu Kirchenmitgliedschaft und politischer Kultur verbinden Rat und Synode der EKD mehrere Anliegen.

Zum einen geht es darum, das Ausmaß an rechtspopulistischen Einstellungen in Bezug auf Juden, Muslime und den Islam, Geflüchtete, Genderfragen und Homosexualität und damit den Handlungsbedarf nach innen festzustellen.

Um zu erkennen, welche Art von Maßnahmen zielführend sein können, bedarf es zum Zweiten qualifizierter Informationen weiterer Art:

- Wie genau beziehen sich Argumentationen gruppenbezogener Vorurteile[4] auf die Heilige Schrift: wörtlich oder auf tradierte Schriftinterpretationen? Lassen sich spezifische historische Interpretationshermeneutiken erkennen, die zur Begründung rechtspopulistischer Positionen herangezogen werden? Und welche sind dies jeweils?

- Welche Personen neigen besonders welchen rechtspopulistischen Einstellungen zu? Welche Bedeutung kommt dabei ihren konkreten Glaubensinhalten und religiösen Praktiken zu? Und wie wirkt sich dies auf demokratische Einstellungen und damit auf die politische Kultur aus?

---

[3] Bevölkerungsumfragen aus den Jahren 2014 und 2015 zeigen, dass die AfD mehrheitlich als rechte Partei eingestuft wird. Auf einer 11-stufigen Skala ordneten im November 2015 40 Prozent die Partei als „sehr rechts" ein (Stufen 10 und 11), weitere 38 Prozent als rechts (Stufen 7–9). Im Oktober 2014 lagen die Vergleichswerte noch bei 30 bzw. 35 Prozent – vgl. NIEDERMAYER / HOFRICHTER, Wählerschaft der AFD, 279. Eine Einstufung der AfD durch den Verfassungsschutz als Verdachtsfall Ende Februar/Anfang März 2021, die nur aus Verfahrensgründen wieder zurückgezogen werden musste, weist darauf hin, dass diese Entwicklung Richtung „rechts" noch weiter vorangeschritten ist.

[4] Formulierung in Anlehnung das Konzept der Gruppenbezogenen Menschenfeindlichkeit von Wilhelm Heitmeyer, das Pate stand für die ersten Überlegungen zum Projekt, aus verschiedenen Gründen aber nicht eins zu eins adaptiert wurde. Siehe dazu die einleitenden Bemerkungen in Kapitel 2 zur Analyse der Repräsentativerhebung.

- Wie ist der Umgang mit rechtspopulistischen Positionen in den Gemeinden? Wird sich mit ihnen auseinandergesetzt? Und wenn ja, auf welche Weise?

- Welche Rolle spielen Religiosität und religiöse Praxis bei der Herausbildung rechtspopulistischer, demokratiekritischer Positionen im Verhältnis zu anderen gängigen Erklärungsansätzen?

Theoretische Einordnung

In den 1960er-Jahren wurde Gordon W. Allport durch eine tiefgehende Irritation dazu veranlasst, sich mit dem religiösen Kontext von Vorurteilen zu befassen.[5] Bevölkerungsumfragen in den USA[6] zeigten durchgehend, dass Kirchgänger*innen in höherem Maße rassistische, ethnische und religiöse Vorurteile pflegten als Nicht-Kirchgänger*innen. „The finding is always the same: It is secularism and not religion that is interwoven with tolerance."[7] Zugleich zeigten historische wie zeithistorische Ereignisse, dass der Kampf für Bürgerrechte, Toleranz und soziale Gerechtigkeit oftmals religiös motiviert sei. Die Situation stelle sich demnach als paradox dar, wobei zur Lösung dieses Paradoxons drei religiöse Kontexte zu beachten seien: der theologische, der soziokulturelle und der persönlichkeitspsychologische.[8]

- Der theologische Kontext beinhaltet zunächst einmal die Doktrin der Nächstenliebe, umfasst in der Regel aber zugleich „three invitations to bigotry"[9]: die Doktrin der Offenbarung und damit verbunden einen absoluten Wahrheitsanspruch; die Doktrin der Auserwähltheit und damit die Trennung in in- und outgroup; die Frage der Theokratie bzw. der Trennung von Kirche und Staat, die unterschiedlich betrachtet wird.

- Der soziokulturelle Kontext sagt etwas darüber aus, wie Religionen entsprechend nationaler, sozialstruktureller, ethnischer und weiterer Spannungslinien jeweils angepasst werden – woraus sich unterschiedlich starke Zusammenhänge zwischen Religion und Vorurteil in verschiedenen Ländern erklären lassen,[10] aber auch unterschiedliche Formen und Bedeutungen religiöser Praxis und Bindung.

- Der persönlichkeitspsychologische Kontext beeinflusst die individuelle Bedeutung der Religion, des Glaubens und der religiösen Praxis, die Allport in der Unterscheidung von extrinsischer (utilitaristischer) und intrinsischer (Glaube als hoher Wert

---

[5] Allport, Prejudice.
[6] Allport ging davon aus, dass dieser Befund auch für andere Länder gelte.
[7] Allport, Prejudice, 447; s. a. Allport/Ross, Religious Orientation.
[8] A. a. O.; vgl. auch Sutterlüty, Kirchen zwischen Gesellschaftskritik.
[9] Allport, Prejudice, 449.
[10] Vgl. z. B. Küpper/Zick, Religion und Vorurteile.

an sich) Religiosität fasst. Letztere ist verbunden mit einer hohen Bedeutung der Brüderlichkeit (Geschwisterlichkeit) und sollte daher Vorurteilen entgegenwirken.[11]

In der empirischen Prüfung erwies sich die Unterscheidung von extrinsischer und intrinsischer Religiosität nur bedingt tauglich zur Erklärung des religiösen Paradoxons in Bezug auf Vorurteile.[12] Das Problem schien darin zu bestehen, dass diese beiden Formen der Religiosität nicht, wie Allport annahm, die beiden entgegengesetzten Pole eines Kontinuums darstellen, sondern zwei voneinander relativ unabhängige Dimensionen sind, wie Batson und Stocks nach 50 Jahren Forschung nach Allport resümieren.[13] Hinzu kommt, dass diese beiden Dimensionen noch durch eine dritte ergänzt werden müssten, nämlich die der Sinnsuche (Quest). Ein weiteres Element, das für den Zusammenhang von Religion und Vorurteil berücksichtigt werden müsse, seien inhaltliche Kernaussagen der jeweiligen Religionen. Da religiöse Gemeinschaften in ihren Lehren z. T. explizit Ablehnung gegenüber manchen sozialen Gruppen formulieren, ist neben der Frage, „wie" jemand glaubt (extrinsisch, intrinsisch, sinnsuchend), auch zu berücksichtigen, „was" jemand glaubt. Diese Ergebnisse verlangen in der empirischen Prüfung nach einer differenzierten Erfassung von Religiosität, wie sie z. B. Stefan Huber operationalisiert hat,[14] der dezidiert auf Gordon W. Allport und Charles Y. Glock aufbaut.

In der Vorurteils- und Rechtsextremismusforschung spielen Religion, Religiosität und religiöse Praxis insgesamt eine eher marginale Rolle. In dem Bereich lassen sich im Wesentlichen vier Erklärungsmodelle unterscheiden:[15]

■ Persönlichkeitstheoretische Ansätze, wonach spezifische Persönlichkeitsmerkmale maßgebenden Einfluss auf rechtsextreme Einstellungen und Gruppenbezogene Menschenfeindlichkeit haben. Angefangen mit den Studien des Frankfurter Instituts für Sozialforschung zu Autorität und Familie (Horkheimer) über die „Authoritarian Personality" (Adorno; Frenkel-Brunswik) zu neueren Ansätzen der autoritären Persönlichkeit und der Struktur mentaler Systeme (z. B. Oesterreich, Duckitt, Altemeyer).

■ Ungleichgewichtszustände, die sich besonders in Zeiten von wirtschaftlichem Auf- oder Abschwung bemerkbar machen, wenn eine Diskrepanz zwischen Statusanspruch und Statusrealität empfunden wird, eine mangelnde Deckung zwischen Wunsch und Haben, Deprivation erfahren wird. Hiermit eng verknüpft, gerne in einem Atemzug genannt:

---

[11] ALLPORT, Prejudice; ALLPORT/ROSS, Religious Orientation.
[12] ALLPORT/ROSS, Religious Orientation.
[13] BATSON/STOCKS, Religion and Prejudice.
[14] HUBER, Zentralität und Inhalt; HUBER/HUBER, Centrality of Religiosity Scale.
[15] Vgl. WINKLER, Theorie des Rechtsextremismus; dort auch Angaben zur Originalliteratur und weiterführende Quellen.

- Integrations-/Desintegrationsthese, die auf den Anomieansätzen Durkheims und Parsons aufsetzt, wonach rascher sozialer Wandel Entwurzelung, Orientierungsverlust und Normlosigkeit verursachen (können). Dieser Ansatz liegt grundlegend der Forschung zur Gruppenbezogenen Menschenfeindlichkeit des Bielefelder Instituts für Konflikt- und Gewaltforschung zugrunde (Heitmeyer).

- Politische Kultur als Komplex von Rahmenbedingungen, von atmosphärischen Bedingungen, als „von den Mitgliedern eines politischen Systems und den gesellschaftlichen Bezugsgruppen geteilte[] Werte, Glaubensüberzeugungen und Einstellungen gegenüber den politischen Akteuren, Institutionen und Prozessen".[16] Konkurrierende Wertekulturen und Kulturkonflikte können auch bei nicht vorhandenem Ungleichgewicht Rechtsextremismus begünstigen, sofern entsprechende „Hinweisreize" vorliegen. Dies ist besonders dann der Fall, wenn es sich um einen Konflikt auf der Dimension national – kosmopolitisch handelt.[17]

Zum Forschungsstand

Seit gut einem Jahrzehnt wird auch in Deutschland in einigen Studien der Frage nachgegangen, inwiefern rechtspopulistische Positionen unter Christen*innen vorkommen – aus den USA ist dies ja schon länger bekannt. Nachdem im Herder-Verlag 2015 ein Sammelband unter dem Titel „Rechtsextremismus als Herausforderung für die Theologie"[18] erschien, in dem einige Beiträge der Affinität von Christ*innen und/oder Theologie zu entsprechenden Positionen gewidmet sind, wurde 2021 ein Band unter der Überschrift „Die Kirchen und der Populismus"[19] publiziert. Unter sozialwissenschaftlicher Perspektive merkte Ulrich Beck 2007 ganz allgemein an, dass Gott gefährlich sei, ohne eine spezifische Religion in den Mittelpunkt zu stellen[20] – er bezog sich generell auf die Effekte dogmatischer bzw. fundamentalistischer Positionen, die in allen Weltanschauungsgemeinschaften vorfindlich sind. Bereits ein Jahr zuvor titelten Beate Küpper und Andreas Zick in ihrer Analyse der „Deutschen Zustände" „Riskanter Glaube" und zeigten, dass Protestant*innen rassistischen Aussagen am stärksten zuneigten, Konfessionslose die geringsten Vorurteile aufwiesen.[21] Dies bestätigte einige Jahre später die Leipziger Mitte-Studie von 2010,[22] nach der Protestant*innen den

---

[16] A.a.O., 45.
[17] A.a.O., 43; Easton, System Analysis, argumentiert ähnlich, wenn er auf die notwendige diffuse Unterstützung für die Stabilität demokratischer Systeme verweist. Gemessen wird die politische Kultur auf Individualebene über Einstellungen zu Politiker*innen, Parteien, dem politischen System u. a. (vgl. Almond/Verba, Civic Culture, und Dies., Civic Culture Revisited; Pickel/Pickel, Politische Kultur), vgl. auch Kapitel 2 zur Repräsentativstudie.
[18] Strube, Rechtsextremismus als Herausforderung.
[19] Nord/Schlag, Kirchen und der Populismus.
[20] In: DIE ZEIT Nr. 52/2007.
[21] Küpper/Zick, Riskanter Glaube.
[22] Decker/Weissmann/Kiess/Brähler, Mitte in der Krise, 88.

fünf Dimensionen des Rechtsextremismussyndroms am stärksten zustimmten, Konfessionslose am wenigsten. 2012 förderte die Mitte-Studie jedoch das genaue Gegenteil zutage[23] und in den Jahren 2014 und 2016 wiesen die Mitglieder der römisch-katholischen Kirche die höchsten Zustimmungswerte auf.[24] Ähnlich wie die Konfessionszugehörigkeit kein einheitliches und vor allem kein zeitlich stabiles Muster bezogen auf Vorurteilsstrukturen zeigte, verhält es sich auch mit den meisten Maßen zur Religiosität. Daten hierzu wurden in den Studien zur Gruppenbezogenen Menschenfeindlichkeit am Institut für Konflikt- und Gewaltforschung der Universität Bielefeld erhoben und dort von Beate Küpper und Andreas Zick unter verschiedenen Perspektiven ausgewertet. Der Anteil, den Religiosität zu Vorurteilen (hier als Gesamtindex) beiträgt, ist laut einer Analyse Küppers im Vergleich zu anderen sozialstrukturellen und erst recht im Vergleich zu Persönlichkeitsmerkmalen und Ideologien ausgesprochen gering.[25] Betrachtet man statt eines Gesamtindexes zu Vorurteilen einzelne Dimensionen der GMF, korreliert die selbsteingeschätzte Religiosität positiv mit Sexismus, Vorurteilen gegen Homosexuelle und ethnischem Rassismus, nicht jedoch mit der „Abwertung von Menschen mit Behinderung, Muslimen, Sinti und Roma und Asylsuchenden."[26] Wird Religiosität nicht nur über die Selbsteinschätzung gemessen, sondern über mehrere Fragen zum Glauben und zur religiösen Praxis mehrdimensional konstruiert, ist auch das Ergebnis weniger eindeutig. So halten Küpper und Zick als Fazit einer europäischen Vergleichsstudie zu Religion und Vorurteilen im Jahr 2010 fest:

„... the more religious Europeans are, the more prejudiced they are on average. However, the positive correlation between religiousness and intolerance is not very strong, which means that even though this is the average trend, there are plenty of individuals who are religious and not prejudiced. [...] it is important to note that not every type of religiousness is equally problematic."[27]

Die durch die EKD-Steuerungsgruppe veranlasste Meta-Studie und die dort durchgeführte Sekundäranalyse der Daten von EVS, WVS und Allbus bestätigten diese Ergebnisse im Wesentlichen. In der Sekundäranalyse wurde darüber hinaus deutlich, dass insbesondere Islamfeindlichkeit und Antisemitismus eher mit dezidiertem Atheismus korrelieren.[28]

---

[23] DECKER/KIESS/BRÄHLER, Mitte im Umbruch, 46f.
[24] DECKER/KIESS/BRÄHLER, Stabilisierte Mitte; DIES., Enthemmte Mitte, 42; In den Jahren 2014 und 2016 sind die Unterschiede zwischen den drei unterschiedlichen Gruppen evangelisch, katholisch und ohne Konfession nur bei den Dimensionen Ausländerfeindlichkeit und Verharmlosung des Nationalsozialismus signifikant, in den Jahren 2010 sind mit Ausnahme der Dimension Verharmlosung des Nationalsozialismus alle Differenzen signifikant – auch wenn sie bei im wesentlichen gleicher Fallzahl geringer ausfallen. Für 2012 werden keine Signifikanzniveaus ausgewiesen.
[25] KÜPPER, Zusammenhang von Religiosität und Vorurteilen, 28–30; vgl. auch REBENSTORF, Christliche Religiosität.
[26] KÜPPER/ZICK, Schützt Religiosität vor Menschenfeindlichkeit, 159; vgl. auch PICKEL/YENDELL, Religion als konfliktärer Faktor.
[27] KÜPPER/ZICK, Religion and prejudice, 44.
[28] Vgl. REBENSTORF, Rechte Christen; DIES., Zum Zusammenhang von Religiosität.

Die im Anschluss durchgeführte qualitative Studie[29] bestätigte, dass sich Positionen der Gruppenbezogenen Menschenfeindlichkeit eher bei „religiösen Traditionalisten" als bei „weltlichen Kirchgängern" finden, wies aber zugleich darauf hin, dass unter den „Traditionalisten" ein sehr breites Einstellungsspektrum vorzufinden ist. Neben eindeutigen Positionierungen gibt es auch viele Ambivalenzen, die u. a. aus geringem Wissen und fehlender Erfahrung rühren. Neben gefestigten Meinungen wurden auch nicht abgeschlossene und damit offene Meinungsbildungsprozesse und Indifferenz ermittelt. Darüber hinaus wurde deutlich, dass in Kirchengemeinden unterschiedliche Kulturen der Auseinandersetzung mit entsprechenden Positionen bestehen, die mitunter die Form von „herablassender" bis „fahrlässiger" Ignoranz erkennen lassen.

Abgesehen vom Politische Kultur-Ansatz dominiert in der Theorieentwicklung, ganz besonders aber in der empirischen Forschung, ein methodologischer Individualismus. Auf einen sehr kurzen Nenner gebracht heißt das, man fokussiert die Ebene des Individuums, das spezifische Einstellungs- und Handlungsmuster zeigt und diese aufgrund individueller Biographien erworben hat. Sozialpsychologische Ansätze, die auf soziale Identitätstheorien (Social Identity Theory, SIT)[30] aufbauen und damit eine quasi-Mesoebene berücksichtigen, werden jedoch zunehmend adaptiert, z. B. in der Leipziger Autoritarismus-Studie.[31] Hierbei geht es um die Frage, wie Identifikation mit einer sozialen Gruppe Einstellungen hervorbringt, stützt, reproduziert oder auch ändert. Eine Studie der Universität Jena bezog den lokalen Kontext von Vereinigungen, soziokulturellem Umfeld u. a. in einer qualitativen Studie ein.[32] Im kirchlichen Kontext stellt sich in diesem Zusammenhang die Frage nach der Identifikation mit der sozialen Gruppe der Christ*innen, aber auch – und hier haben wir eine reale Mesoebene – die Bedeutung des Gemeindekontextes.

Drei Perspektiven auf einen Gegenstand

Die Expert*innentagung zur Auswertung der qualitativen Studie zu Kirchenmitgliedschaft und politischer Kultur brachte vielfältige Kenntnisse aus Sozialwissenschaften und Theologie, aus Praxis und Theorie ein. Die Teilnehmenden waren mit den einschlägigen theoretischen Ansätzen und empirischen Forschungsergebnissen in der Tiefe vertraut, hatten diese z. T. selbst verfasst. In der Diskussion in drei Arbeitsgruppen schälte sich durchgehend die Einschätzung heraus, dass zur umfassenden Bearbeitung der

---

[29] Die Studie Kirchenmitgliedschaft und politische Kultur wurde auf Beschluss des Rates der EKD durchgeführt. Sie ist gemeinsam mit einem Geleitwort des Rates der EKD online verfügbar unter: https://bagkr.de/wp-content/uploads/2018/07/TOP-03-III-e-1.1-Bericht-Proval-Kirchenmitgliedschaft-und-politische-Kultur-1.pdf
[30] Tajfel, Inter-group Differentiation; Tajfel/Turner, Integrative Theory.
[31] Decker/Brähler, Flucht ins Autoritäre.
[32] Quent/Schulz, Rechtsextremismus in lokalen Kontexten.

beschriebenen Erkenntnisinteressen eine integrative Forschung in einem Dreischritt erfolgen sollte:

1. Eine quantitative repräsentative Bevölkerungsumfrage mit umfassenden Fragenkatalogen zu Religiosität, Vorurteilsstrukturen/GMF (und Sozialkapital u. a.). Elemente hiervon sollten dann 2022 auch in die 6. Kirchenmitgliedschaftsuntersuchung aufgenommen werden, ergänzt um Milieuansätze. Diese Studien dienen der Ermittlung der Häufigkeiten spezifischer Vorurteile/GMF, deren Verteilung in verschiedenen Bevölkerungsgruppen, deren Zusammenhängen mit Religiositätsmustern und ggf. Milieustrukturen. (Teilprojekt 1, TP 1)

2. Eine qualitative Analyse von eher ablehnenden oder feindseligen E-Mails an exponierte evangelische Protagonist*innen, von Kommentaren auf Social-Media-Seiten der EKD und neurechter Organisationen bzw. Publikationsorganen sowie deren Internetseiten zur Offenlegung argumentativer Begründungszusammenhänge und Narrative/Narrationen, insbesondere religiöser oder auch theologischer Art. (Teilprojekt 2, TP 2)

3. Qualitative, vorzugsweise ethnografische, Fallstudien in Kirchengemeinden, in denen politisch-kulturelle Herausforderungen, mit denen Kirchengemeinden konfrontiert sind, identifiziert werden und der Umgang mit diesen beschrieben wird. Ein spezielles Augenmerk sollte dabei auf die Offenlegung praktischer wie theologischer Begründungszusammenhänge und deren Einbettung in die „politischen Kulturen" der Gemeinden gelegt werden. (Teilprojekt 3, TP 3)

Die Expert*innen der EKD-Steuerungsgruppe entwarfen, nach intensiver Diskussion der Ergebnisse der Auswertungstagung, kurze Skizzen für empirische Forschungsprojekte zu den drei Feldern. Da es um die Innenschau einer „Gesinnungsorganisation" (Zitat eines Tagungsteilnehmers) geht, verstand es sich von selbst im Rahmen einer guten wissenschaftlichen Praxis, diese Forschung zwar unter Begleitung durch die EKD-Steuerungsgruppe, aber von unabhängigen Forscher*innen durchführen zu lassen. Dabei legten sie großen Wert auf eine intensive Kommunikation innerhalb dieser drei Forschungsansätze, womit ein innovativer Forschungsimpuls durch die enge Beziehung von quantitativer und qualitativer Forschung gesetzt war.

Der Aufbau des Bandes

Die Vorstellung der Ergebnisse aus den drei Teilstudien beginnt mit dem Bericht zur Repräsentativerhebung. Dieses Teilprojekt wurde von einem Konsortium ausgewiesener Expert*innen durchgeführt: Mit Gert Pickel, Oliver Decker, Alexander Yendell (Universität Leipzig), Antonius Liedhegener (Universität Luzern), Stefan Huber (Universität Bern) und Susanne Pickel (Universität Duisburg-Essen) finden sich hier Spezialist*innen für die Erfassung von Rechtsextremismus, gruppenbezogener Vorurteile, Religiosität, politischer Kultur, Persönlichkeitsmerkmalen, Identitätstheorien, Sozialkapital, Engagement. Das Kapitel beginnt nach einer kurzen Einführung zu Fragestellung und Methode mit einer ausführlichen Darstellung der Dimensionen des Religiösen (S. Huber). Hierin werden nicht nur, wie sonst üblich, Kirchenmitgliedschaft, Kirchgangshäufigkeit und die Selbsteinschätzung der Religiosität behandelt, sondern auch Formen der personalen und sozialen Religiosität, Religiosität als soziale Ressource sowie religiöse Zentralität. Im darauffolgenden Abschnitt wird beschrieben, wie stark gruppenbezogene Vorurteile unter den Mitgliedern der evangelischen und katholischen Kirche sowie unter Menschen ohne Religionszugehörigkeit vertreten sind. Darüber hinaus werden einfache statistische Zusammenhänge zwischen Vorurteilen und einzelnen Dimensionen der Religiosität berichtet (G. Pickel). In die Repräsentativstudie wurden bewusst nicht nur Fragen zum überwiegend positiv konnotierten Sozialkapital aufgenommen, sondern auch Fragen, die erst in jüngerer Zeit Eingang in die Engagement-, Sozialkapital- und Zivilgesellschaftsforschung gefunden haben: nach dem sogenannten *dark social capital* (A. Liedhegener). Eine längere Tradition hat bereits die Berücksichtigung von Persönlichkeitsmerkmalen, wobei hier in erster Linie an die klassischen Studien zur autoritären Persönlichkeit angeknüpft wird, neuere Entwicklungen aber auch Eingang in Interpretation und Analyse finden (A. Yendell). Nach Darstellung der einzelnen Aspekte des Verhältnisses von Religion und Vorurteil wird gezeigt, in welchem Verhältnis Kirchenmitgliedschaft, Dimensionen des Religiösen, freiwilliges Engagement, Sozialkapital und Persönlichkeitsmerkmale in ihrer Bedeutung für das Vorhandensein von Vorurteilen stehen (G. Pickel). Der Zusammenhang mit Merkmalen der politischen Kultur, insbesondere die Unterstützung der Demokratie bilden den Schlusspunkt unter diese Analyse, in dem sich zeigt, dass Religion so unpolitisch, wie sie sich gerne gibt, nicht ist – zumindest nicht wenn es um die Unterstützung der Demokratie geht (S. Pickel). Das Kapitel schließt mit einem gemeinsamen Abschnitt, in dem die wichtigsten Befunde prägnant zusammengefasst sind.

Das Ergebnis einer Analyse von vorurteilsbezogenen Narrativen stellen Kristin Merle, u.a. Expertin für mediatisierte Kommunikation, Theologie in der Öffentlichkeit sowie für Diskurs- und Rahmenanalyse, und Anita Watzel (beide Universität Hamburg) vor. Sie führen in ihre spezielle Analyse mit grundlegenden Ausführungen dazu ein, inwiefern Rechtspopulismus und -extremismus theologisch relevante Themen sind und sprachliche Gewalt ein Problem, das in spezifischen Kommunikationskontexten verstärkt auftritt. Anhand des Themas Seenotrettung wird an Äußerungen auf Social-Media-Seiten verschieden positionierter Akteur*innen sowie Organisationen, an E-Mails mit kirchlichen Adressat*innen sowie Postings auf Internetseiten verschiedener dem neurechten Spektrum zuzurechnender Zeitschriften gezeigt, wie zentrale christliche Themen (z.B. Nächstenliebe, Schuld) in rechtspopulistische Narrative aufgenommen und entsprechend gewendet werden. Hierfür stellen sie nach der grundlegenden Einführung den Datenkorpus, Methoden der Analyse und ihre Thesen vor, bevor sie in einem weiteren Schritt zeigen, wie über die rechtspopulistische Erzählung (Masternarrativ) eine religiöse Folie gelegt wird. Anhand einiger Beispiele verdeutlichen sie, dass bereits Versatzsätze (Narrativfragmente) ausreichen, das gesamte Bild bei den Rezipient*innen hervorzurufen. Im Anschluss daran wird dieses Muster an einigen Beispielen und zentralen christlichen Themen „durchgespielt" und mit dem Material der Postings und E-Mails unterlegt. Am Ende ergibt sich ein dichtes Bild und ein Verständnis dafür, wie die Ansprache von Christ*innen durch rechtspopulistische Akteur*innen unter Nutzung christlicher Topoi in einem rechtspopulistischen Narrativ funktioniert und erfolgreich sein kann. Die Autorinnen schließen mit einigen Herausforderungen für das kirchliche Handeln, die sich aus dieser Situation ergeben. Zentral ist ihrer Ansicht nach die Frage der „theologischen Bildung", womit sie nicht die wissenschaftliche Qualifizierung meinen, sondern an Freiräume in den Gemeinden denken, die für das Gespräch über das individuelle theologische Verständnis und eine hierdurch entstehende „Pluralitätskompetenz" vorhanden sein müssen.

Eine weitere qualitative Tiefenbohrung legen Claudia Schulz, einschlägig ausgewiesen u. a. in der Forschung zu Gemeindeentwicklung, Milieufragen und Auseinandersetzung um Fragen der Diversität im Raum der Kirche, Manuela Barriga Morachimo und Maria Rehm von der Evangelischen Hochschule Ludwigsburg mit ihrer Analyse der Kommunikationsmuster in vier Kirchengemeinden vor. Sie beginnen ihre Darstellung mit dem methodischen Herangehen an die Suche, Auswahl und das Herantreten an Kirchengemeinden, die für die Fragestellung nach dem Umgang mit politisch-kulturellen Herausforderungen besonders geeignet scheinen. Nachdem sie diese kurz im Überblick vorgestellt haben, schildern sie detailliert und mit zahlreichen Interviewauszügen belegt, aus welchen sehr unterschiedlichen Gründen ein Thema in einer Gemeinde zu einer politisch-kulturellen Herausforderung werden kann und wie sich die Gemeinden auf unterschiedliche Art ein solches Thema bzw. eine solche Herausforderung aneignen. Historische Prägungen, Prägungen durch einzelne Personen, theologische Positionsbestimmungen, gemeindliche Profile, Bedeutung des Gemeinschaftsgedankens – all dies spielt eine Rolle. An den Themen Flucht, Nachhaltigkeit und Homosexualität zeigen sie, welche Reibungen in den Gemeinden entstehen und wie diese kommunikativ bearbeitet werden.

Der Band schließt mit einem Kapitel, mit dem von der Ausgangsfrage nach dem Zusammenhang von Religion und Vorurteil herblickend, ein integrierender Blick auf die Berichte der drei Teilprojekte gelenkt wird. Besonders herausgearbeitet werden dabei die inhaltlichen Schnittstellen, die sich im Verlauf der Analysen herauskristallisierten: Einstellungen zu Flucht – Migration – Islam, zu Genderfrage sowie zu theologischen Argumentationsmustern. Einige Anregungen für kirchliches Handeln und gemeindliche Praxis, die sich aus den vorliegenden Analysen ableiten lassen, runden den Band ab.

Literatur

Almond, Gabriel A., u. Sidney Verba: The Civic Culture. Political Attitudes and Democracy in Five Nations. Princeton 1963.

Almond, Gabriel A., u. Sidney Verba: The Civic Culture Revisited. Boston 1980.

Allport, Gordon W.: The religious contest of prejudice, in: Journal for the Scientific Study of Religion 5 (1966), 447–457.

Allport, Gordon W., u. J. Michael Ross: Personal religious orientation and prejudice, in: Journal of Personality and Social Psychology 5 (1967), 432–443.

Batson, C. Daniel, u. Eric L. Stocks: Religion and Prejudice, in: Dovidio, John F., Peter Glick u. Laurie A. Rudman (Hrsg.): On the Nature of Prejudice: Fifty years after Allport. Malden, MA 2005, 413–427.

Decker, Oliver, u. Elmar Brähler (Hrsg.): Flucht ins Autoritäre. Rechtsextreme Dynamiken in der Mitte der Gesellschaft. Gießen 2018.

Decker, Oliver, u. Elmar Brähler (Hrsg.): Autoritäre Dynamiken. Alte Ressentiments – neue Radikalität, Gießen 2018.

Decker, Oliver, Johannes Kiess u. Elmar Brähler: Die Mitte im Umbruch. Rechtsextreme Einstellungen in Deutschland 2012. Berlin 2012.

Decker, Oliver, Johannes Kiess u. Elmar Brähler: Die stabilisierte Mitte. Rechtsextreme Einstellungen in Deutschland 2014. Universität Leipzig 2014.

Decker, Oliver, Johannes Kiess u. Elmar Brähler: Die enthemmte Mitte. Autoritäre und rechtsextreme Einstellungen in Deutschland 2016. Gießen 2016.

Decker, Oliver, Marliese Weißmann, Johannes Kiess u. Elmar Brähler: Die Mitte in der Krise. Rechtsextreme Einstellungen in Deutschland 2010. Berlin 2010.

Easton, David: A Systems Analysis of Political Life. New York 1965.

Huber, Stefan, u. Odilo W. Huber: The Centrality of Religiosity Scale, in: Religions 3 (2012), 710–724. DOI: https://doi.org/10.3390/rel3030710.

Huber, Stefan: Zentralität und Inhalt: Ein neues multidimensionales Messmodell der Religiosität. Opladen 2003.

Küpper, Beate, u. Andreas Zick: Riskanter Glaube. Religiosität und Abwertung, in: Heitmeyer, Wilhelm (Hrsg): Deutsche Zustände. Folge 4. Frankfurt a. M. 2006, 179–188.

Küpper, Beate, u. Andreas Zick: Religion and Prejudice in Europe. New empirical findings. London 2010.

Küpper, Beate, u. Andreas Zick: Schützt Religiosität vor Menschenfeindlichkeit oder befördert sie sie?, in: Bieler, Andrea, u. Henning Wrogmann (Hrsg.): Was heißt hier Toleranz? Interdisziplinäre Zugänge. Neukirchen-Vluyn 2014, 146–163.

Küpper, Beate, u. Andreas Zick: Religion und Vorurteile – empirische Zusammenhänge über individuelle Einstellungsmuster, in: Klöcker, Michael, u. Udo Twuroschka (Hrsg.): Handbuch der Religionen. München 2016.

Küpper, Beate: Zum Zusammenhang von Religiosität und Vorurteilen. Eine empirische Analyse, in: Ethik und Gesellschaft 2 (2010).

Niedermayer, Oskar, u. Jürgen Hofrichter: Die Wählerschaft der AfD: Wer ist sie, woher kommt sie und wie weit rechts steht sie?, in: ZParl 47 (2016), 267–284.

Nord, Ilona, u. Thomas Schlag: Die Kirchen und der Populismus. Interdisziplinäre Recherchen in Gesellschaft, Religion, Medien und Politik. Leipzig 2021.

Pickel, Susanne, u. Gert Pickel: Politische Kultur und Demokratieforschung: Grundbegriffe, Theorien, Methoden. Eine Einführung. Wiesbaden 2006.

Pickel, Gert, u. Alexander Yendell: Religion als konfliktärer Faktor im Zusammenhang mit Rechtsextremismus, Muslimfeindlichkeit und AfD-Wahl, in: Decker, Oliver, u. Elmar Brähler (Hrsg.): Flucht ins Autoritäre. Rechtsextreme Dynamiken in der Mitte der Gesellschaft. Gießen 2018, 217–242

Quent, Matthias, u. Peter Schulz: Rechtsextremismus in lokalen Kontexten. Vier vergleichende Fallstudien. Wiesbaden 2015.

Rebenstorf, Hilke: Christliche Religiosität und Diskriminierungstendenzen – der empirische Kenntnisstand, in: Forum Erwachsenenbildung 48 (2015) 2, 33–38.

Rebenstorf, Hilke: Rechte Christen – Empirische Analysen zur Affinität christlich-religiöser und rechtspopulistischer Positionen, in: Zeitschrift für Religion, Gesellschaft und Politik, 2 (2018) 2, 313–333.

Rebenstorf, Hilke: Zum Zusammenhang von Religiosität, Kirchgang und religiösem Dogmatismus mit Islamfeindlichkeit, in: Nord, Ilona, u. Thomas Schlag (Hrsg): Die Kirchen und der Populismus. Interdisziplinäre Recherchen in Gesellschaft, Religion, Medien und Politik. Leipzig 2021, 105–119.

Sutterlüty, Ferdinand: Kirchen zwischen Gesellschaftskritik, Affirmation und Eskapismus: Zur Rolle religiöser Ideen, in: Lämmlin, Georg (Hrsg.): Gesellschaftlicher Zusammenhalt in der postsäkularen Gesellschaft. Soziologische und theologische Beiträge. Stuttgart 2021, 21–47.

Strube, Sonja A. (Hrsg.): Rechtsextremismus als Herausforderung für die Theologie. Freiburg u. a. 2015.

Tajfel, Henri: The achievement of inter-group differentiation, in: In Tajfel, Henri (Hrsg.): Differentiation between social groups. London 1978, 77–100.

Tajfel, Henri, u. John C. Turner: An integrative theory of inter-group conflict, in: Austin, William G., u. Stephen Worchel (Hrsg.): The social psychology of inter-group relations. Monterey, CA 1979, 33–47.

Winkler, Jürgen R.: Bausteine einer allgemeinen Theorie des Rechtsextremismus. Zur Stellung und Integration von Persönlichkeits- und Umweltfaktoren, In: Falter, Jürgen W., Hans-Gerd Jaschke u. Jürgen R. Winkler (Hrsg.): Rechtsextremismus: Ergebnisse und Perspektiven der Forschung, PVS Sonderheft 27. Opladen 1996, 25–48.

2. Kirchenmitgliedschaft, Religiosität, Vorurteile und politische Kultur in der quantitativen Analyse[33] (Teilprojekt 1, TP 1)

(Gert Pickel, Stefan Huber, Antonius Liedhegener, Susanne Pickel, Alexander Yendell, Oliver Decker)

2.1 Fragestellung, Theoriebezüge, Methode

(Gert Pickel, Antonius Liedhegener, Stefan Huber, Susanne Pickel, Alexander Yendell)

Bei der quantitativ-empirischen Untersuchung des *Verhältnisses zwischen Kirchenmitgliedschaft, Religiosität, Vorurteilen und politischer Kultur* liegt der Schwerpunkt auf der Beschreibung von Vorurteilsstrukturen entlang von Kirchenzugehörigkeit und Religiosität. Zudem überprüfen wir anhand multivariater Verfahren die Effekte der Religiosität auf gruppenbezogene Vorurteile und verschiedene Aspekte der politischen Kultur. Die Untersuchungsfrage lautet: *In welcher Beziehung stehen Kirchenmitgliedschaft und Religiosität zu gruppenbezogenen Vorurteilen und einer demokratischen politischen Kultur?* Mit dieser Frage wird an unterschiedliche theoretische Überlegungen hinsichtlich der Wirkung von Religion auf Vorurteile und politische Kultur angeschlossen.[34] Ohne diese im Detail auszuführen, sei gesagt, dass bereits Theodor Adorno in seinen Studien zum autoritären Charakter auf die teils ambivalenten, unterschiedlichen Wirkungen hingewiesen hat, die Religion und Religiosität für Vorurteile und antidemokratische Haltungen besitzen können.[35] Sein zentraler Fokus richtete sich auf antisemitische Ressentiments, denen er aufgrund der Erfahrungen aus dem Nationalsozialismus eine besondere Bedeutung zuerkannte.[36] Zu einem ähnlichen Ergebnis einer ambivalenten Wirkung von Religion auf Vorurteile kam der amerikanische Sozialpsychologe Gordon Allport.[37] „Religion bears no univocal relationship to prejudice. Its influence is important, but it works in contradictory directions."[38] Er identifizierte bestimmte Verständnisse der eigenen Religion als entweder Vorurteile hemmend oder diese bestärkend.[39]

Diese theoretischen Überlegungen aufnehmend und mit neuen Debatten der empirischen Vorurteilsforschung verbindend, prüfen wir in unserem Teilbericht die Wirkung

---

[33] Der vorliegende Berichtsteil ist Resultat der Zusammenarbeit von Gert Pickel, Stefan Huber, Antonius Liedhegener, Susanne Pickel, Alexander Yendell und Oliver Decker. Aufgrund der Verantwortlichkeit für einzelne Kapitel werden die Autor*innen jeweils dort benannt.
[34] Siehe herfür auch die Ausführungen zu den entsprechenden Theoriesträngen in der Einleitung und Kapitel 1.
[35] Adorno, Autoritärer Charakter, 280–302.
[36] A.a.O., 105–173.
[37] Allport, Prejudice, 444–457.
[38] A.a.O., 455.
[39] Allport/Ross, Religious Orientation, 432–443.

von Religion auf Vorurteile und die politische Unterstützung der Demokratie in Deutschland.[40] Dies impliziert eine deskriptive Untersuchung der Verteilung von Vorurteilen über die Mitglieder der christlichen religiösen Gemeinschaften sowie entlang eines unterschiedlichen Religionsverständnisses (hierzu Kapitel 2.3), wie auch die multivariate Analyse von religiösen Einflüssen in ihrer Differenziertheit und im Kontext alternativer Erklärungsfaktoren. Konzeptionell gehen wir davon aus, dass *Vorurteile Brückenkonstruktionen* sind, die zu einer Ablehnung und Skepsis gegenüber einer demokratischen politischen Kultur führen. Analytisch nutzen wir das Konzept der politischen Unterstützung aus der *politischen Kulturforschung*.[41] Vorurteile stehen dabei in der Regel im Widerspruch mit den auf die Gewährleistung von Pluralität ausgerichteten Werten einer liberalen Demokratie. Sie stellen auch die Brücke zu aktuellen Debatten um den *Rechtspopulismus* dar, welcher als gerade für die demokratische politische Kultur als gefährlich und durch bestimmte Vorurteile (z. B. Muslimfeindlichkeit, Antifeminismus) getragen angesehen wird.[42]

Vorurteile werden in der Sozialpsychologie wie folgt definiert: „Eine Einstellung, bzw. Orientierung gegenüber einer anderen Gruppe (bzw. ihren Mitgliedern), die sie direkt oder indirekt abwertet, oft aus Eigeninteresse oder zum Nutzen der eigenen Gruppe."[43] Aufgrund ihres Gruppenbezuges werden sie oft auch als *gruppenbezogene Vorurteile* bezeichnet. Gelegentlich bündeln sich bei Personen Vorurteile auch im Sinne einer Intersektionalität der Abwertung anderer.[44] So fasst z. B. das in Bielefeld entwickelte Konzept der *Gruppenbezogenen Menschenfeindlichkeit* verschiedene gruppenbezogene Vorurteile als ganzheitliches Syndrom auf.[45] Trotz verschiedener, in der Tat belegbarer Überschneidungen zwischen diversen gruppenbezogenen Vorurteilen scheint uns ein solch globaler Blick nicht immer der Spezifität einzelner Vorurteile und „Betroffenengruppen" gerecht zu werden.[46] Entsprechend untersuchen wir im vorliegenden Kapitel die gruppenbezogenen Vorurteile gesondert und berücksichtigen entsprechende Zusammenhänge in der Ergebnisinterpretation.

---

[40] Bei politischer Unterstützung handelt es sich um ein Kernkonzept der politischen Kulturforschung, das die Haltungen der Bürger*innen zu einem demokratischen politischen System systematisch empirisch untersucht. Easton, Political Support, 435–457; Pickel/Pickel, Politische Kulturforschung.
[41] Almond/Verba, Civic Culture; Easton, Political Support, 435–457; Lipset, Political Man; Fuchs, politische Unterstützung; Pickel/Pickel, Politische Kulturforschung.
[42] Hierzu siehe auch die Einleitung und Nord/Schlag, Kirchen und Populismus; Pickel, Religion in der Populismusfalle; Rebenstorf, Zusammenhang; Pickel, Religion als Ressource; Rebenstorf, Rechte Christen?.
[43] Jonas/Strobe/Hewstone (Hrsg.), Sozialpsychologie, 509.
[44] Siehe Zusammenfassung dieses Buches.
[45] Heitmeyer, Gruppenbezogene Menschenfeindlichkeit; Heitmeyer, Deutsche Zustände, 10; aber auch Zick/Küpper, Geforderte Mitte.
[46] Die Begriffe „Betroffene" und „Betroffenengruppen" werden in Anführungszeichen gesetzt, da eine solche Bezeichnung in jüngeren Diskussionen als zu stark auf einen Opferstatus ausgerichtet wahrgenommen wurde und dadurch der Blick auf die eigenständige Handlungsfähigkeit der Gruppen aus dem Blick geriet.

Derzeit liegen nur wenige Untersuchungen der Beziehung zwischen Religion, Vorurteilen und politischer Kultur vor. Als *Manko der bisherigen Forschung* hat sich die meist eindimensionale und schmale Messung von Religion in den entsprechenden Studien erweisen.[47] Oft wurde Religion auf Kirchenmitgliedschaft und Kirchgang reduziert. Religiöse kollektive Identitäten oder Religiosität wurden hingegen nicht oder nur allgemein in die Analysen einbezogen.[48] Diese Lücke wollen wir mit dem neuen von uns erhobenen Datenmaterial und durch eine differenzierte Fassung von Religiosität schließen.[49] *Religiosität* wird in der vorliegenden Untersuchung als ein *mehrdimensionales Konzept* verstanden, dessen Facettenreichtum und Verankerung in der Persönlichkeit erfasst wird.[50] Beide Aspekte werden in dem für die Studie zentralen Religiositätsmodell von Stefan Huber berücksichtigt, das um Differenzierungen ergänzt wurde (siehe Kapitel 2.2).[51] Für die angesprochenen multivariaten Kausalmodelle greifen wir auf vielfältige Kontrollfaktoren zurück, die laut einschlägiger Forschungsliteratur für Vorurteile und eine antidemokratische politische Kultur maßgeblich sein können. Dies sind neben sozialstrukturellen Faktoren die Persönlichkeitsmerkmale Autoritarismus, Verschwörungsmentalität, soziale Dominanzorientierung sowie soziales Engagement und Vertrauen als Indikatoren der Sozialkapitaltheorie.[52] Diese Variablen wurden bislang in Untersuchungen zu Religion nicht verwendet. Hinzu kommen Variablen für die politische und wirtschaftliche Entwicklung als Maß für objektive oder relative Deprivation. Zielinteresse unserer Analysen sind die Beziehungen zwischen Kirchenmitgliedschaft bzw. Religiosität und Vorurteilen sowie politischer Kultur unter Kontrolle anderer möglicher Einflussfaktoren.

Untersuchungsgrundlage dieses Abschnittes ist ein eigens konzipiertes Befragungsmodul zu „Kirchenmitgliedschaft und politische Kultur" (KMPK) in Verbindung mit der Befragung der Leipziger Autoritarismus-Studie (vormals Leipziger Mitte-Studie) im Mai und Juni 2020.[53] Die Durchführung der insgesamt 2 503 *Face-to-Face*-Interviews mit Selbstausfüller-Fragebogenteil erfolgte durch das Markt- und Sozialforschungsinstitut USUMA.[54] Die Feldarbeit begann planmäßig am 2.5.2020 und fiel damit in eine Zeit, in der die ersten Maßnahmen zur Eindämmung der Corona-Pandemie (SARS-CoV-2) allmählich gelockert wurden, sodass die Erhebung unter Einhaltung der Corona-Regeln

---

[47] Sieht man vielleicht einmal von Pickel/Liedhegener/Jaeckel/Odermatt/Yendell, Religiöse Identitäten; Küpper/Zick, Religion and Prejudice mit Blick auf die Komposition von Vorurteilen bei begrenzterer Religiositätsmessung ab.
[48] Liedhegener, Religiöse Identitäten, 65–82.
[49] An dieser Stelle sei Oliver Decker und Elmar Brähler als den Hauptverantwortlichen der Leipziger Autoritarismus-Studie für ihre hervorragende Zusammenarbeit und die Möglichkeit zur Kooperation in der Erhebung gedankt.
[50] Glock, Religious Commitment, 98–110; Allport, Prejudice.
[51] Huber, Zentralität und Inhalt; Huber, Religionsmonitor 2008, 17–52.
[52] Hier herauszuheben ist, dass auch die dunkle Seite des Sozialkapitals erstmals erfasst wird.
[53] Decker/Brähler (Hrsg.), Autoritäre Dynamiken; Decker/Brähler (Hrsg.), Flucht ins Autoritäre.
[54] An dieser Stelle lohnt es sich, noch einmal kurz darauf hinzuweisen, dass es sich bei einer Erhebung von 2 500 Personen um eine deutlich über dem Durchschnitt normaler Umfragen befindliche Stichprobengröße handelt.

fachgerecht durchgeführt werden konnte. Die Ergebnisse sind repräsentativ für die deutschsprachige Wohnbevölkerung in Deutschland ab dem Alter von 14 Jahren.[55] Insgesamt 205 geschulte, erfahrene Interviewer*innen führten die Erhebung durch und unterstützten die Proband*innen bei einem sonst unbeaufsichtigten Selbstausfüllprozess.

Auf der Seite der Vorurteile und Ressentiments wurden Fragen zu Antisemitismus (in unterschiedlichen Formen), Antiziganismus, Muslimfeindlichkeit, Vorurteile gegenüber Geflüchteten, Vorurteile gegenüber Menschen mit Behinderungen, Sexismus, Antifeminismus, Homophobie, Transphobie und Klassismus, d. h. Vorurteile und Abwertung aufgrund der sozialen Lage erhoben. Die eingesetzten Befragungsinstrumente werden im Detail auf einer Webseite ausgewiesen.[56] Durch die Breite der eingesetzten Instrumente wollten wir einen differenzierten Blick auf gruppenbezogene Vorurteile werfen können.[57] Für die vorgelegten Analysen greifen wir auf die selbsterklärten Mitglieder der evangelischen Kirche (n = 641), der katholischen Kirche (n = 742) und Menschen ohne Religionszugehörigkeit (n = 877) zu.[58]

2.2 Dimensionen des Religiösen

(Stefan Huber)

2.2.1 Modell der Religiosität – Zentralität und Inhalt

Das Modell der Religiosität, das der Studie zugrunde liegt, unterscheidet zwischen Zentralität und Inhalt des Religiösen in einer Person.[59] Dabei steht „Zentralität" für die persönliche Handlungsrelevanz des Religiösen. Demgegenüber steht „Inhalt" für Richtung, in die eine Person durch ihr Religiöses gelenkt wird. Eine gewissen Analogie ist zu der (alt-)kirchlichen Unterscheidung zwischen dem Glaubensakt als solchem *fides qua* und dem Inhalt des Glaubens *fides quae* vorhanden. Im konkreten religiösen Erleben und

---

[55] Besonderes Merkmal der Leipziger Autoritarismus-Studie ist die Erhebung auf Selbstausfüllerbasis. Diese verspricht eine exakte Abbildung der Einstellungen der Bevölkerung, da selektive Ausfälle von Personen mit kritischen Positionen (soziale Erwünschtheit) geringer ausfallen als bei Telefonumfragen. Im ersten Teil erfragte der/die Interviewer*in soziodemografische Angaben zur Zielperson sowie zu deren Haushalt. Im Anschluss erhielt die befragte Person den Selbstausfüllerteil des Fragebogens, um diesen eigenständig auszufüllen. Dies geschah in Anwesenheit des Interviewers/der Interviewerin, der/die hierbei lediglich für mögliche Rückfragen zur Verfügung stand. Die Auswahl der Zielpersonen erfolgte über ein ADM-Stichprobensystem und eine Flächenstichprobe. Die Ermittlung der Zielpersonen innerhalb der Flächen erfolgte durch das *Random-Route-Verfahren*. Die Zielperson innerhalb der Haushalte wurde schließlich anhand des *Schwedenschlüssels* ausgewählt.
[56] Siehe: https://www.ekd.de/politische-kultur.
[57] Die Erhebung von Vorurteilen erfolgt über Statements. Selbst wenn so eine direkte Vergleichbarkeit schwierig ist, kann nur auf diesem Umweg eine gesicherte Information über latente Einstellungsmuster erhoben werden.
[58] Mitglieder muslimischer Gemeinden der orthodoxen Kirche, von Freikirchen und anderen Religionsgemeinschaften wurden aus Frage- und Fallzahlengründen in der vorliegenden Analyse ausgespart.
[59] Vgl. HUBER, Zentralität und Inhalt; HUBER, Kerndimensionen.

Verhalten sind beide Aspekte natürlich untrennbar miteinander vermengt. Ihre analytische Unterscheidung verspricht jedoch Erkenntnisgewinne über die Funktionsweise und die Effekte des Religiösen in einer Person. Zentralität ist in der vorliegenden Studie durch drei Skalen operationalisiert:

- allgemeine Zentralität der Religiosität
- Zentralität der personalen Religiosität (Spiritualität)
- Zentralität der sozialen Religiosität (Kirchlichkeit)

Skalen zur personalen und sozialen Religiosität stellen Ausdifferenzierungen der ursprünglichen Zentralitätsskala dar. Der Inhaltsparameter ist in der vorliegenden Studie durch sieben Skalen operationalisiert:

- positive religiöse Gefühle (Erfahrung von Geborgenheit und Dankbarkeit)
- negative religiöse Gefühle (Erfahrung von Schuld und Angst)
- Kirchengemeinde als soziale Ressource (unterstützende Kontakte in der Kirchengemeinde)
- Paraglaube (Glaube an Glücksbringer, Wahrsager, Wunderheiler und Sternzeichen)
- Säkularismus (Ablehnung von religiösen Zeichen in der Öffentlichkeit)
- trans-religiöse Orientierung
- mono-religiöse Orientierung

Dabei können Paraglaube und Säkularismus als außerchristliche Positionierungen im religiösen Feld charakterisiert werden, was zu einer wichtigen Verbreiterung der Reichweite religionssoziologischer Aussagen beitragen dürfte. Die trans- und mono-religiösen Orientierungen beziehen sich nur auf Kirchenmitglieder und damit nur auf eine Teilstichprobe des Samples. Sie können daher nicht bruchlos zu den anderen Inhalten des Religiösen in Beziehung gesetzt werden.

2.2.2 Zentralität der Religiosität

Zentralität der Religiosität ist ein psychologisches Konstrukt. Dabei geht es um die Frage, wie wichtig religiöse Inhalte in der Persönlichkeit eines Menschen sind und wie stark in ihr eine intrinsisch-religiöse Motivation[60] vorhanden ist. Die Skala zur Messung der Zentralität der Religiosität basiert auf einer theoretisch begründeten Synthese des religionspsychologischen Ansatzes von Gordon Allport und des religionssoziologischen Ansatzes von Charles Glock.[61] Daher ist sie in beiden Disziplinen anschlussfähig. Die in

---

[60] Vgl. ALLPORT/ROSS, Religious Orientation.
[61] Vgl. HUBER, Synthese; HUBER/HUBER, Centrality of Religiosity Scale; ACKERT, Centrality of Religiosity Scale.

der vorliegenden Studie verwendete Version besteht aus sieben Indikatoren (Tab. 2.1), von denen in der Skala jedoch nur fünf gezählt werden. Für die Beantwortung der Fragen standen fünf Antwortstufen zur Verfügung – bei Häufigkeitsfragen (nie (=1), selten (=2), gelegentlich (=3), oft (=4), sehr oft (=5), bei der Frage nach der Stärke (gar nicht (=1), wenig (=2), mittel (=3), ziemlich (=4), sehr (=5).

Tab. 2.1: Dimensionen und Indikatoren der Skala zur Messung der Zentralität der Religiosität

Dimension	Indikator
Intellekt	Wie oft denken Sie über religiöse Fragen nach?
Ideologie	Wie stark glauben Sie daran, dass es Gott oder etwas Göttliches gibt?
Erfahrung	a) Wie oft erleben Sie Situationen, in denen Sie das Gefühl haben, dass Gott oder Göttliches in Ihr Leben eingreift?
	b) Wie oft erleben Sie Situationen, in denen Sie das Gefühl haben, mit allem eins zu sein?
Private Praxis	a) Wie oft beten Sie?
	b) Wie oft meditieren Sie?
Öffentliche Praxis	Wie oft nehmen Sie an Gottesdiensten teil?

Hinweise: Die Dimensionen der Erfahrung und privaten Praxis sind durch jeweils zwei Indikatoren operationalisiert (a und b). In die Berechnung des Skalenwerts geht jeweils jedoch nur der höhere Wert ein. Die Skala hat eine Reliabilität von Alpha=.87.

Der *Ansatz zur Messung der Zentralität der Religiosität* beruht auf drei Annahmen. Erstens: Die fünf benannten Dimensionen der Religiosität (Tab. 2.1) bilden einen repräsentativen Querschnitt der Möglichkeiten, religiös zu sein, ab. Zweitens: Die Häufigkeiten dieser Dimensionen – ergänzt durch die Plausibilität der Existenz Gottes oder etwas Göttlichem, die in der Dimension der religiösen Ideologie abgefragt wird – führt zu einer zuverlässigen Schätzung der Häufigkeit des Vorkommens religiöser Inhalte im psychischen Apparat einer Person. Drittens: Aus der Häufigkeit religiöser Inhalte im psychischen Apparat einer Person kann auf die Zentralität des Religiösen in der Persönlichkeit geschlossen werden.

Die Verteilungen der sieben einzelnen Indikatoren der Zentralitätsskala (Tab. 2.2) deuten bereits darauf hin, dass Religiosität in der Stichprobe nur eine untergeordnete Rolle spielt. Werden die Prozente der beiden oberen Kategorien (oft+sehr oft bzw. ziemlich+sehr) addiert, dann zeigt sich, dass eine starke Ausprägung der Dimension der religiösen Ideologie nur bei 26,8 Prozent der Stichprobe vorhanden ist. An zweiter und dritter Stelle folgen die Maximalwerte der privaten Praxis (14,3 Prozent) und der Erfahrung (13,9 Prozent). Am geringsten sind in der Stichprobe hohe Ausprägungen bei den Dimensionen des Intellekts (8,4 Prozent) und des Gottesdienstes (5,6 Prozent) vorhanden. Statt einer detaillierten und vergleichenden Interpretation der einzelnen Dimensionen und Indikatoren bietet es sich in den folgenden Analysen an, sich auf die Zentralitätsskala zu konzentrieren. Dabei ist es hilfreich, die Skala, die in den fünf Antwortstufen von 1,0 bis 5,0 reicht, in drei Abschnitte einzuteilen. Kriterium ist nicht eine statistische Gleichverteilung, sondern eine möglichst eindeutige Profilierung der Gruppen.

Eine *minimale Ausprägung der Religiosität* ist im Skalenbereich von 1,0 bis 2,0 gegeben. Die Personen dieser Gruppe glauben nicht an die Existenz einer göttlichen Wirklichkeit, denken nie oder selten über religiöse Fragen nach, machen nie oder selten religiöse Erfahrungen und üben keine religiöse Praxis aus. Somit kommen religiöse Aspekte praktisch nie im persönlichen Lebenshorizont vor. Die Personen dieser Gruppe können daher als „nicht-religiös" charakterisiert werden. In der Stichprobe trifft diese Typisierung bei 52,5 Prozent der Respondent*innen zu.[62]

Tab. 2.2: Verteilung der Antwortkategorien (in Spaltenprozent) und Mittelwerte der sieben Indikatoren zur Messung der Zentralität der Religiosität sowie der Zentralitätsskala

	Dimensionen und Indikatoren der Zentralitätsskala								Zentralitätsskala
	Intellekt	Ideologie	Erfahrung			Private Praxis		Gottesdienst	
			Eingreifen	Eins sein	höh. Wert	Gebet	Meditation	höh. Wert		
Fallzahlen	2249	2241	2241	2178	2251	2246	2240	2248	2238	2249
nie	30,8	30,0	43,7	41,2	29,9	49,0	66,5	40,4	49,6	52,5
selten	37,1	23,3	28,7	27,4	26,7	26,4	17,0	27,3	31,2	
gelegentlich	23,7	19,9	20,4	21,8	29,4	13,8	11,0	18,1	13,6	43,1
oft	6,6	15,1	5,5	8,6	11,4	7,7	4,8	10,7	4,2	4,4
sehr oft	1,8	11,7	1,6	1,0	2,5	3,1	0,7	3,6	1,4	
Mittelwert	2,11	2,55	1,92	2,01	2,30	1,89	1,56	2,10	1,76	2,17

Quelle: Eigene Berechnngen; Hinweise: Die fünf Antwortkategorien zu dem Indikator zur Messung der religiösen Ideologie lauten gar nicht, wenig, mittel, ziemlich, sehr. Bei der Zentralitätsskala sind die Prozentzahlen der Häufigkeiten von drei Abschnitten der Skala angegeben (niedrig: 1,0–2,0; mittel: 2,2–3,8; hoch: 4,0–5,0).

Demgegenüber ist eine *maximale Ausprägung der Religiosität* in dem Skalenbereich von 4,0 bis 5,0 gegeben. Die Personen dieser Gruppe sind von der Existenz einer göttlichen Wirklichkeit überzeugt, sie denken oft über religiöse Fragen nach, machen immer wieder religiöse Erfahrungen und üben sowohl im privaten als auch im öffentlichen Raum religiöse Praktiken aus. Daher prägen religiöse Inhalte häufig, differenziert und konsistent die Persönlichkeit. Religiöses wird so zentral und hochgradig handlungs-

---

[62] Hier sei aus Transparenzgründen darauf hingewiesen, dass im Religionsmonitor 2017 und der KONID-Studie 2019 (beides Telefon-Befragungen) der Anteil dieser Gruppe mit 34,6 und 36 Prozent erkennbar niedriger geschätzt wurde. Möglicherweise kommt es bei diesem Wert zu einer Überschätzung der Gruppe der Nicht-Religiösen. Umgekehrt könnte es sein, dass die Gruppe der Hoch-Religiösen unterschätzt wird. Im Religionsmonitor 2017 und der KONID-Studie aus dem Jahr 2019 wurde der Anteil dieser Gruppe konsistent auf 15,4 und 15 Prozent geschätzt. Eine potenzielle Unterschätzung des Bevölkerungsanteils der Hoch-Religiösen und gleichzeitige Überschätzung der Nicht-Religiösen wirkt sich jedoch nicht auf die bi- oder multivariaten Zusammenhänge zwischen der Zentralität der Religiosität mit anderen Merkmalen der Religiosität und Vorurteilen aus, da es bei diesen Analysen auf das lineare Anwachsen des jeweiligen Merkmals in der Breite der beteiligten Skalen ankommt.

leitend. Die Personen dieser Gruppe können daher als „hoch-religiös" charakterisiert werden. In der Stichprobe trifft diese Typisierung nur bei 4,4 Prozent der Respondent*innen zu.

Zwischen diesen beiden eindeutig typisierbaren Gruppen befindet sich der Skalenbereich von 2,2 bis 3,8, der durch zwei verschiedene Antwortmuster zustande kommen kann. Entweder kommen die fünf Kerndimensionen der Religiosität meist in einer mittleren Stärke vor (Antwort: gelegentlich oder mittel) oder sie sind stark unterschiedlich ausgeprägt (z. B. Ideologie: sehr, Intellekt und Erfahrung: gelegentlich, private und öffentliche Praxis: selten bis nie). Beide Antwortmuster führen dazu, dass religiöse Inhalte bei diesen Personen immer wieder vorkommen. Insgesamt bleiben sie jedoch im Hintergrund des persönlichen Lebenshorizonts. Daher werden sie nur selten handlungsleitend. Diesem Typ entsprechen etwa 43 Prozent der Antwortenden.

Rund die Hälfte der Stichprobe kann als „nicht-religiös" charakterisiert werden. Bei dieser Gruppe kann beobachtet werden, wie sich das Fehlen von Religiösem auf Vorurteile auswirkt. Zugleich stellt sich die Frage, inwieweit dieser Personenkreis für Para-Glauben ansprechbar ist, säkularistische Positionen vertritt – und wie sich bei ihm Para-Glaube und Säkularismus auf Vorurteile auswirkt. Die andere Hälfte der Stichprobe ist entweder „religiös" oder „hoch-religiös". Bei ihnen kann insbesondere beobachtet werden, wie sich alternative religiöse Orientierungen auf Vorurteile auswirken.

2.2.3 Personale Religiosität (Spiritualität)

Das Konzept der „personalen Religiosität" richtet den Fokus auf die personale Repräsentation und Bearbeitung der Beziehung zu einer spirituellen Wirklichkeit („Gott"). Dabei wird analytisch die Beziehung zu kirchlichen oder religiösen Institutionen ausgeklammert. Aus diesem Grund kann personale Religiostät auch als Spiritualität thematisiert werden. Entsprechend werden beide Begriffe im Folgenden synonym gebraucht. Zur „personalen Religiosität" gehören alle Aspekte des Religiösen, die im privaten Raum und damit im Extremfall auch als Robinson oder als Einsiedlerin gelebt werden können. Dies sind die Dimensionen des Intellekts, der Ideologie, der Erfahrung und der privaten Praxis. Ihre Messung basiert auf den ersten sechs Indikatoren in Tabelle 2.1 und folgt in der Skalierung der alternativen Indikatoren zur Erfahrung und privaten Praxis den Regeln der Zentralitätsskala. Die Skala ist hochreliabel (Cronbachs Alpha=.85). In Analogie zur Zentralitätsskala können drei Gruppen gebildet werden, die als „nicht-spirituell", „spirituell" und „hoch-spirituell" charakterisiert werden können. Eine Vertiefung der Beschreibung der personalen Religiosität wird durch den Einbezug von religiösen Gefühlen erreicht. Hierzu wurden in der vorliegenden Studie vier Fragen gestellt. Die Eingangsfrage lautete jeweils: *Wie oft erleben Sie Situationen, in denen Sie in Bezug auf Gott oder etwas Göttliches folgende Gefühle haben?* Auf diese Weise wurde fünfstufig von nie (=1) bis sehr oft (=5) nach der Häufigkeit des Erlebens von Geborgenheit, Dankbarkeit, Schuld und Angst gefragt.

Tab. 2.3: Verteilung der Antwortkategorien (in Spaltenprozent) und Mittelwerte der vier Indikatoren zur Messung religiöser Gefühle, der Skalen zu positiven und negativen religiösen Gefühlen sowie der Skala zur personalen Religiosität (Spiritualität)

	Positive Gefühle			Negative Gefühle			Personale Religiosität (Spiritualität)
	Dank	Geborgen	Kurzskala	Schuld	Angst	Kurzskala	
Fallzahlen	2243	2239	2243	2234	2238	2243	2251
nie	44,8	40,2	60,6	57,3	61,6	83,5	49,5 (32,7)
selten	23,9	20,3		27,2	25,7		
gelegentlich	20,1	22,4	28,7	12,6	9,9	14,9	44,1 (45,6)
oft	9,4	13,4	10,6	2,4	2,4	1,6	6,5 (21,7)
sehr oft	1,8	3,7		0,4	0,4		
Mittelwert	2,00	2,20	2,10	1,61	1,54	1,58	2,26 (2,81)

Quelle: Eigene Berechnungen; Hinweise: Bei den Kurzskalen zu den religiösen Gefühlen und der Skala zur Zentralität der personalen Religiosität (Spiritualität) sind die Prozentzahlen der Häufigkeiten von drei Abschnitten der Skala angegeben (niedrig: 1,0–2,0; mittel: 2,2–3,8; hoch: 4,0–5,0). Bei der personalen Religiosität sind in Klammern die Prozentzahlen im Religionsmonitor 2008 angegeben. Die Fallzahlen der beiden Kurzskalen sind höher als die beiden Einzelindikatoren, da für die Skalenberechnung nur einer der beiden Indikatoren vorhanden sein musste. Fehlende Werte bei einem Indikator konnten so zum Teil durch Werte des anderen Indikators kompensiert werden.

Aus den ersten beiden Indikatoren konnte eine Kurzskala „positive religiöse Gefühle" mit einer Reliabilität von .92 (Split-Half) gebildet werden. Schuld und Angst wurden zu einer Kurzskala „negative religiöse Gefühle" zusammengefasst (Split-Half-Reliabilität =.85). Die Zentralität der personalen Religiosität korreliert hoch mit negativen Gefühlen (r=.52) und extrem hoch mit positiven Gefühlen (r=.81). Inhaltlich verweisen die extrem hohen Korrelationen der personalen Religiosität mit positiven religiösen Gefühlen auf einen „emotionalen Mehrwert", der mit Spiritualität verbunden ist. Dieser Mehrwert kann erklären, warum Spiritualität als eine psychische Ressource funktionieren kann.[63] Diese Ressource steht insbesondere der Gruppe der „Hoch-Spirituellen" zur Verfügung. Dies bestätigt den „qualitativen Sprung", der mit Hoch-Religiosität oder Hoch-Spiritualität verbunden ist.[64]

2.2.4 Soziale Religiosität (Kirchlichkeit)

Zur „sozialen Religiosität" gehören alle Aspekte des Religiösen, die Interaktionen mit anderen Personen voraussetzen und nur in ihnen realisierbar sind. Durch die analytische

---

[63] Beispiele bieten folgende Studien: Friedrich-Killinger, Bindungsbeziehung zu Gott; Friedrich-Killinger, Centrality of Religiosity; Zarzycka/Bartczuk/Rybarski, Centrality of Religiosity Scale.
[64] Vgl. Huber, Religious beliefs; Huber, Kerndimensionen; Huber, Religionsmonitor 2008.

Trennung von sozialer und personaler Religiosität können unter anderem Fragen, die mit Kirchenbindung oder Kirchlichkeit zusammenhängen, präziser analysiert werden.[65] Für die Messung der Stärke der sozialen Religiosität wird die Frage nach der Häufigkeit der Gottesdienstteilnahme aus der traditionellen Zentralitätsskala ausgegliedert und mit einem weiteren Indikator ergänzt (*Wie oft nehmen Sie, neben Gottesdiensten, an anderen kirchlichen oder religiösen Aktivitäten oder Veranstaltungen teil?*). Die aus zwei Indikatoren bestehende Kurzskala hat eine gute Reliabilität (Split-Half-Reliabilität=.86). Eine Vertiefung der Beschreibung der sozialen Religiosität wird durch die Berücksichtigung des sozialen Netzwerkes, das unterhalb der institutionellen Struktur einer Kirchengemeinde verläuft, erreicht. Derartige Netzwerke stellen eine bedeutende Ressource für die Bewältigung schwieriger Lebensereignisse dar. Der Abbildung dieses Aspekts dient die aus drei Indikatoren bestehende Skala „Kirchengemeinde als soziale Ressource", die eine gute Reliabilität besitzt (Cronbachs Alpha=.87). Sie besteht aus drei Indikatoren: Frage: Wie stark treffen folgende Aussagen auf Sie zu?: (1) Ich habe in einer Kirchengemeinde gute Bekannte. (2) Es gibt in einer Kirchengemeinde Menschen, mit denen ich gut über persönliche Probleme reden kann. (3) Wenn ich Hilfe brauche, kann ich auf die Unterstützung einer Kirchengemeinde bauen.

Tab. 2.4: Verteilung der Antwortkategorien (in Spaltenprozent) und Mittelwerte der Indikatoren zur Zentralität der sozialen Religiosität (Kirchlichkeit) und der Kirche als soziale Ressource sowie der aus ihnen gebildeten Skalen

	Zentralität der sozialen Religiosität (Kirchlichkeit)			Kirche als soziale Ressource			
	Gottesdienst	Andere Veranstaltungen	Kurzskala	Bekannte	Über Probleme reden	Unterstützung	Skala
Fallzahlen	2238	2246	2249	2235	2234	2226	2215
nie	49,6	60,1	81,3 (58,6)	42,3	50,0	52,2	63,1
selten	31,2	26,0		23,6	22,1	23,8	
gelegentlich	13,6	10,3	15,3 (30,1)	17,1	14,8	14,5	29,5
oft	4,2	3,0	3,4 (11,3)	10,9	9,6	7,3	7,4
sehr oft	1,4	0,7		6,1	3,5	2,2	
Mittelwert	1,76	1,58	1,67 (2,22)	2,15	1,95	1,84	1,98

Quelle: Figene Berechnungen; Hinweise: Die fünf Antwortkategorien der drei Indikatoren zu Kirche als soziale Ressource lauten gar nicht, wenig, mittel, ziemlich, sehr. Bei den beiden Skalen sind die Prozentzahlen der Häufigkeiten von drei Abschnitten der Skala angegeben (niedrig: 1,0–2,0; mittel: 2,2–3,8; hoch: 4,0–5,0). Bei der Kurzskala zur Zentralität der sozialen Religiosität sind die Vergleichswerte aus dem Religionsmonitor 2017 in Klammern angegeben. Die Fallzahlen der Kurzskala zur Zentralität der sozialen Religiosität sind höher als die beiden Einzelindikatoren, da für die Skalenberechnung nur einer der beiden Indikatoren vorhanden sein musste. Fehlende Werte bei einem Indikator konnten so zum Teil durch Werte des anderen Indikators kompensiert werden.

---

[65] Die analytische Differenzierung zwischen personaler und sozialer Religiosität hat sich bereits in einigen Studien bewährt. HUBER/YENDELL, Does Religiosity Matter?; YENDELL/HUBER, Centrality and Content of Religiosity; YENDELL/HUBER, Negative views of Islam.

In der Stichprobe der vorliegenden Studie ist die soziale Religiosität nur bei 3,4 Prozent hoch ausgeprägt. Diese Gruppe kann als „Kerngemeinde" charakterisiert werden. Zum weiteren Resonanzbereich der Kerngemeinde gehören 15,3 Prozent, die gelegentlich kirchliche Kontakte haben. Vermutlich liegt auch hier eine Unterschätzung des wahren Bevölkerungsanteile vor, da diese beiden Gruppen im Religionsmonitor 2017 auf Anteile von 11,3 (Kerngemeinde) und 30,1 (Resonanzbereich) Prozent kommen. In der vorliegenden Studie ist die Wahrnehmung der Kirche als soziale Ressource bei 7,5 Prozent hoch und bei weiteren 29,5 Prozent in mittlerer Weise ausgeprägt. Dies belegt eindrücklich, dass das nicht-institutionelle soziale Netzwerk von Kirchengemeinden wesentlich breiter ist als der institutionelle Kern. Die Wahrnehmung des kirchlichen Netzwerkes als sozialer Ressource korreliert hoch ($r=.66$) mit der Zentralität der sozialen Religiosität. Dies verweist auf einen „sozialen Mehrwert", mit der Kirchlichkeit verbunden ist, der vermutlich positive Effekte von Kirchlichkeit auf die Lebensbewältigung vermittelt.

Exkurs: Verhältnis von sozialer und personaler Religiosität: Zwischen sozialer und personaler Religiosität besteht eine hohe Korrelation ($r=.67$). Eine Inspektion der Kreuztabelle der Skalen zur Zentralität personaler und sozialer Religiosität zeigt jedoch, dass diese hohe Korrelation nicht symmetrisch ist (vgl. Tabellen 2.5 und 2.6).

Tab. 2.5: Personale Religiosität in Abhängigkeit von sozialer Religiosität

		Personale Religiosität		
		Niedrig	Mittel	Hoch (hoch-spirituell)
Soziale Religiosität	Niedrig (n = 1829)	59 %	38 %	3 %
	Mittel (n = 344)	6 %	80 %	14 %
	Hoch (Kerngemeinde) (n = 77)	1 %	33 %	66 %

Quelle: Eigene Berechnungen; Hinweise: Interpretation in Zeilenprozent.

Die Personen mit einer hohen Ausprägung der sozialen Religiosität konstituieren vermutlich die Kerngemeinde einer Kirche vor Ort. Katholische und protestantische Kerngemeinden bestehen zu zwei Dritteln aus „Hoch-Spirituellen" (Tab. 2.5). Personen mit geringen spirituellen Resonanzen kommen praktisch nicht vor (1 Prozent). Dies unterstreicht den trivial anmutenden Sachverhalt, dass die katholischen und protestantischen Kerngemeinden im Wesentlichen Versammlungen von „hoch-spirituellen" Personen sind.

Die Befunde zeigen, dass nur etwas mehr als ein Drittel der „Hoch-Spirituellen" zu einer Kerngemeinde gehört. Ein weiteres Drittel hat nur einen losen Kontakt und befindet sich damit lediglich im Resonanzbereich. Das letzte Drittel der „Hoch-Spirituellen" lebt seine Religiosität praktisch ohne jeglichen Kontakt zu einer

Gemeinde vor Ort. Dies ist für die beiden Landeskirchen ein bedenklicher Befund. Zeigt er doch, dass sie nicht in der Lage sind, mit ihren Angeboten den größeren Teil der „Hoch-Spirituellen" für sich zu interessieren. Über die Ursachen kann an dieser Stelle nur spekuliert werden. Da für „Hoch-Spirituelle" die konkreten Inhalte der Religiosität und die daraus folgende geistliche oder spirituelle Orientierung zentral sind, kann vermutet werden, dass ihre spirituellen Orientierungen in den Landeskirchen nur beschränkt Resonanzen finden. Für die Kirchen würde es sich lohnen, dies in Zukunft vertieft empirisch zu untersuchen.

Tab. 2.6: Soziale Religiosität in Abhängigkeit von personaler Religiosität

		Soziale Religiosität		
		Niedrig	Mittel	Hoch (Kerngemeinde)
Personale Religiosität	Niedrig (n = 1112)	98 %	2 %	0 %
	Mittel (n = 992)	70 %	28 %	2 %
	Hoch (hoch-spirituell) (n = 146)	33 %	32 %	35 %

Quelle: Eigene Berechnungen, Hinweise: Interpretation in Zeilenprozent.

2.2.5 Außerchristliche Positionen im religiösen Feld

Angesichts von Säkularisierungs- und Individualisierungsprozessen nimmt der Einfluss der Kirchen auf die Gestalt der Religiosität und Spiritualität der Bevölkerung ab. Die Inhalte der Religiosität und Spiritualität von Personen emanzipieren sich zunehmend von den normativen Vorgaben kirchlicher Institutionen und werden zunehmend autonom bestimmt. Aus diesem Grund ist es notwendig, in die Untersuchung des Zusammenhangs von Religiosität und Vorurteilen Haltungen einzubeziehen, die nicht zum traditionellen Formenkreis christlicher Religiosität gehören. Dies ist in der vorliegenden Studie mit den Konstrukten „Paraglaube" und „Säkularismus", die beide zur ideologischen Dimension des Religiösen zählen, der Fall.

Paraglaube

Unter „Paraglaube" wird der Glaube an die Wirksamkeit von Sternzeichen, Wahrsagern, Glücksbringern und Ähnlichem verstanden.[66] Adorno charakterisiert Anhänger derartiger Glaubensinhalte als „abergläubische Personen" und sieht einen direkten Zusammenhang zu Vorurteilen und einer autoritären Persönlichkeitsstruktur.[67] Daher sind Indikatoren zum Glauben an Astrologie und Schicksal Teile seiner Faschismusskala.

---

[66] WOLTER/FÜCKEL, Paraglaube.
[67] ADORNO, Autoritärer Charakter; siehe auch Kapitel 2.4.2.

Der von Adorno postulierte Zusammenhang ist immer noch aktuell.[68] Diese religionsgeschichtlich uralten Vorstellungen wurden durchgängig von der christlichen Theologie kritisiert und von kirchlichen Institutionen abgelehnt. Daher kann diesbezüglich von einer außerchristlichen Haltung gesprochen werden. In der Studie wurde zur Messung des Paraglaubens die aus vier Indikatoren bestehende Skala des International Social Survey Programm (ISSP) aus 2018 übernommen (Tab. 2.7 und 2.8).

Tab. 2.7: Indikatoren der Skala zur Messung von Paraglaube

Wie ist Ihre Meinung zu folgenden Aussagen?
- Glücksbringer bringen manchmal tatsächlich Glück.
- Es gibt Wahrsager, die die Zukunft wirklich voraussehen können.
- Manche Wunderheiler verfügen tatsächlich über übernatürliche Heilkräfte.
- Das Sternzeichen bzw. das Geburtshoroskop eines Menschen hat einen Einfluss auf den Verlauf seines Lebens

Hinweise: Auf diese Aussagen konnten die Respondent*innen mit vier bipolar strukturierten Antwortmöglichkeiten reagieren (stimmt sicher nicht, stimmt wahrscheinlich nicht, stimmt wahrscheinlich, stimmt sicher); Cronbachs Alpha=.84.

Tab. 2.8: Verteilung der Antwortkategorien (in Spaltenprozent) und Mittelwerte der vier Indikatoren zum Paraglauben und der aus ihnen gebildeten Skala

	Indikatoren zum Paraglauben				Paraglaube
	Glücksbringer	Wahrsager	Wunderheiler	Sternzeichen	
Fallzahlen	2239	2243	2244	2239	2243
stimmt sicher nicht	29,3	44,2	39,8	36,3	57,4
stimmt wahrscheinlich nicht	29,7	33,6	31,4	31,8	
					29,4
stimmt wahrscheinlich	34,5	18,7	23,6	27,7	13,2
stimmt sicher	6,5	3,5	5,2	4,2	
Mittelwert	2,18	1,81	1,94	2,00	1,98

Quelle: Eigene Berechnungen; Hinweise: Bei der letzten Spalte (Paraglaube) sind die prozentualen Anteile der drei Abschnitte der Skala angegeben (Ablehnung: 1,0–2,0; Unentschiedenheit: 2,2–2,8; Zustimmung: 3,0–4,0).

Die Zustimmungsrate zu den vier abgefragten Aspekten des Paraglaubens ist sehr heterogen, sie schwankt zwischen 22,2 (Wahrsager) und 41 (Glücksbringer) Prozent. Wenigstens eine der vier Aussagen wird von 55,9 Prozent für wahrscheinlich gehalten. Dieser Anteil ist rund 9 Prozent höher als der Anteil der Personen, die mindestens „mittel" an die Existenz Gottes oder von etwas Göttlichem glauben, der nur 46,7 Prozent beträgt (vgl. Tab. 2.2). Ein konsistenter Paraglaube, der alle vier Aussagen zum Paraglauben für wahrscheinlich hält, ist nur bei 13,2 Prozent der Stichprobe vorhanden. Dieser Anteil ist in der vorliegenden Stichprobe jedoch rund doppelt so hoch wie der

---

[68] HUBER/YENDELL, Does Religiosity Matter? Hier wird ein deutlicher Zusammenhang zwischen Paraglauben und Rechtsextremismus berichtet.

Anteil der Hoch-Spirituellen (vgl. Tab. 2.3). Diese Befunde belegen, dass Paraglaube in der gegenwärtigen religiösen Landschaft Deutschlands ein ernstzunehmender Faktor ist. Er scheint auch unabhängig von der Säkularisierung zu sein, da der Mittelwert der Religionslosen mit 1,88 nur minimal unter den Mittelwerten der Protestanten (2,02) und Katholiken (2,07) liegt.

Säkularismus

Unter „Säkularismus" kann eine Haltung verstanden werden, die Religiöses konsequent aus dem öffentlichen Raum zurückdrängen und ins Private verbannen möchte. In der vorliegenden Studie wurde Säkularismus durch zwei Indikatoren operationalisiert (Tab. 2.9 und 2.10), die sich bereits in einer Studie zur Islamophobie bewährt haben.[69] Eine konsequent säkularistische Position (ziemlich + sehr) wird in der vorliegenden Stichprobe nur von 5,5 Prozent vertreten, wobei diese Haltung in Bezug auf Orte mit 10,8 Prozent höher ist als in Bezug auf Menschen (6,6 Prozent). Weitere 17,7 Prozent empfinden religiöse Zeichen und Symbole in der Öffentlichkeit „mittel" störend.

Tab. 2.9: Indikatoren der Skala zur Messung von Säkularismus

Wie stark treffen folgende Aussagen auf Sie zu? Es stört mich...
• wenn Menschen auf Straßen, Plätzen oder in öffentlichen Gebäuden religiöse Zeichen tragen.
• wenn an Straßen, Plätzen oder öffentlichen Gebäuden religiöse Botschaften oder religiöse Symbole angebracht sind.

Hinweise: Die fünf Antwortkategorien der zwei Indikatoren zum Säkularismus lauten: *gar nicht (=1), wenig (=2), mittel (=3), ziemlich (=4), sehr (=5)*. Bei der Skala sind die Anteile der drei Abschnitte der Skala angegeben (niedrig: 1,0–2,0; mittel: 2,2–3,8; hoch: 4,0–5,0); Split-Half-Reliabilität=.84.

Diese Befunde zeigen, dass ein konsequenter Säkularismus in der gegenwärtigen religiösen Landschaft Deutschlands eine minoritäre Position ist. Auf der anderen Seite ist ein Anteil von 5,5 Prozent groß genug, um in der gegenwärtigen religiösen Landschaft Deutschlands eine Konfliktlinie aufzubauen. Dabei ist zu beachten, dass eine derartige Position bei weiteren 17,7 Prozent resonanzfähig ist. Interessanter weise scheint wie der Paraglaube auch eine säkularistische Positionierung unabhängig von der Säkularisierung zu sein, da der Mittelwert der Religionslosen mit 1,83 nur minimal und nicht signifikant über den Mittelwerten der Protestanten (1,76) und Katholiken (1,73) liegt.

---

[69] YENDELL/HUBER, Negative views of Islam. In der Studie zeigte sich, dass eine Zunahme von Säkularismus (wie auch von religiösem Fundamentalismus) mit einer Zunahme von Islamophobie einhergeht. Gleichzeitig zeigte sich, dass eine Zunahme der Zentralität der Religiosität mit einer Abnahme von Islamophobie einhergeht.

Tab. 2.10: Verteilung der Antwortkategorien (in Spaltenprozent) und Mittelwerte der zwei Indikatoren zum Säkularismus und der aus ihnen gebildeten Skala

	Indikatoren zum Säkularismus		Säkularismus
	Menschen	Orte	
Fallzahlen	2239	2239	2244
gar nicht	57,1	50,6	76,8
wenig	25,5	26,8	
mittel	10,8	11,9	17,7
ziemlich	4,5	7,3	5,5
sehr	2,1	3,5	
Mittelwert	1,69	1,86	1,78

Hinweise: Bei der letzten Spalte (Säkularismus) sind die prozentualen Anteile der drei Abschnitte der Skala angegeben (niedrig: 1,0–2,0; mittel: 2,2–3,8; hoch: 4,0–5,0).

2.2.6 Orientierungen von Kirchenmitgliedern im Kontext der religiösen Pluralisierung

Bisher wurden Dimensionen des Religiösen diskutiert, bei denen Daten aus der gesamten Stichprobe vorliegen. Im letzten Abschnitt kommen nun zwei Aspekte zur Sprache (Mono- und Trans-Religiosität), die eine Zugehörigkeit zu einer religiösen Gemeinschaft voraussetzen, da in ihren Indikatoren mit Begriffen wie „eigene Religion" und „andere Religionen" operiert wird. Die Semantik dieser Indikatoren ist nicht auf christliche Religiosität beschränkt, sondern auch in anderen religiösen Traditionen verständlich und beantwortbar. In der vorliegenden Studie allerdings richtet sich unser Blick auf die Mitglieder der evangelischen Landeskirchen und Katholik*innen.[70] Die Konzepte der mono- und trans-religiösen Orientierung knüpfen an Theorien und Forschungen zum religiösen Fundamentalismus, Exklusivismus und Pluralismus an und entwickeln sie weiter. Zentraler Bezugspunkt sind die theoriegeleitete Operationalisierung von Fundamentalismus und Pluralismus, wie sie im Religiositäts-Struktur-Test und im Religionsmonitor vorgelegt wurden.[71] Grundidee der Weiterentwicklung ist, in idealtypischer Weise zwei Grundtypen religiöser Sinnsuche im Zeitalter einer zunehmenden Globalisierung und religiösen Pluralisierung zu unterscheiden.[72] Dies soll auch dazu beitragen, den meist polemisch geführten kirchen- und gesellschaftspolitischen Konflikt zwischen „Fundamentalismus" und „Pluralismus" zu vermeiden und zu einer Versachlichung der durchaus notwendigen Auseinandersetzung beizutragen.

---

[70] Statistisch reduziert sich so der Umfang der im Folgenden analysierten Stichprobe auf 1383 Personen.
[71] Huber, Religiositäts-Struktur-Test; Huber, Religionsmonitor 2008; Huber, Öffnen der Blackbox; Huber, Hochreligiös gleich fundamentalistisch?; Huber/Krech, Globales religiöses Feld.
[72] Ein wesentlicher Impuls dafür ist die Unterscheidung zwischen den Idealtypen eines intra- und inter-textuellen Denkens bei der Suche nach religiösem Sinn, mit der Ralph Hood und Kollegen die wissenschaftliche Debatte zum religiösen Fundamentalismus auf ein qualitativ neues Niveau gehoben haben: Hood/Hill/Williamson, Religious Fundamentalism.

Für trans-religiöse Orientierungen ist das Interesse an anderen religiösen Traditionskomplexen und damit die Überschreitung von Inhalten der eigenen religiösen Tradition typisch. Daher kommt in trans-religiösen Orientierungen ein wertschätzendes Interesse am religiösen Anderen zum Ausdruck. Je stärker diese Haltung generalisiert und auf Andere oder Fremdes aller Art bezogen wird, desto stärker dürfte generell die Akzeptanz von Minderheiten und unkonventionellen Orientierungen ausgeprägt sein. Daher kann allgemein angenommen werden, dass mit zunehmender trans-religiöser Orientierung Vorurteile aller Art abnehmen.

Tab. 2.11: Indikatoren zur Messung einer trans-religiösen Orientierung

- *Ich bin davon überzeugt, dass alle großen Religionen den gleichen wahren Kern haben.*
- *Ich empfinde andere Religionen als eine Bereicherung.*
- *Ich bin bereit, religiöse Vorstellungen und Praktiken aus anderen Religionen in meinen eigenen Glauben zu übernehmen.*

Hinweise: Auf diese Aussagen konnten die Respondent*innen mit sechs bipolar strukturierten Antwortmöglichkeiten reagieren, die sich zwischen den Polen „trifft überhaupt nicht zu" (1) und „trifft voll und ganz zu" (6) aufspannen; Cronbachs Alpha=.70.

In mono-religiösen Orientierungen ist das Interesse an einer vertiefenden Durchdringung des religiösen Traditionsbestands, zu dem man sich zugehörig fühlt, zentral. Daraus folgt nicht automatisch eine generelle Ablehnung des Anderen oder von Fremden aller Art. Vielmehr dürfte die Bewertung Anderer von den konkreten religiösen Inhalten abhängen, die bei der vertiefenden Durchdringung des eigenen religiösen Traditionsbestands erkenntnisleitend sind.

Tab. 2.12: Indikatoren zur Messung einer mono-religiösen Orientierung

- *Ich bin davon überzeugt, dass andere Religionen weniger wahr sind als meine eigene Religion.*
- *Ich versuche, möglichst viele Menschen für meine Religion zu gewinnen.*
- *Ich bin bereit, für meine Religion auch größere Opfer zu bringen.*

Hinweise: Auf diese Aussagen konnten die Respondent*innen mit sechs bipolar strukturierten Antwortmöglichkeiten reagieren, die sich zwischen den Polen „trifft überhaupt nicht zu" (1) und „trifft voll und ganz zu" (6) aufspannen; Cronbachs Alpha=.71.

Da religiöse Traditionskomplexe enorm vielfältige und zum Teil auch widersprüchliche Inhalte umfassen, dürften aus der vertiefenden Beschäftigung mit dem religiösen Material unterschiedliche Positionen, die zum Teil diametral gegensätzlich sind, hervorgehen. In der Geschichte des Christentums finden sich dafür zahlreiche Beispiele. Aus diesen Gründen ist es bei mono-religiösen Orientierungen wesentlich schwieriger, eine allgemeine Tendenz abzuleiten. Gleichwohl kann angenommen werden, dass mit der abgrenzenden Unterscheidung zwischen eigener und anderer Tradition im religiösen Bereich im Durchschnitt eine generelle sozialpsychologische Tendenz zur Abwertung Anderer einhergeht.

Die Zustimmung zu den beiden Orientierungen fällt bei Kirchenmitgliedern unterschiedlich aus. Eine trans-religiöse Orientierung kann bei 29 Prozent der Kirchenmitglieder konstatiert werden, 20 Prozent verhalten sich dazu unentschieden. Eine mono-religiöse Orientierung ist nur bei rund 3 Prozent der Kirchenmitglieder zustimmungsfähig und nur 6 Prozent positionieren sich dazu unentschieden. Auf der anderen Seite lehnen 91 Prozent eine mono-religiöse Orientierung klar ab. Diese Muster verändern sich jedoch deutlich, wenn nur die Kirchenmitglieder analysiert werden, die durch eine hohe personale Religiosität geprägt sind und als „hoch-spirituell" charakterisiert werden.

Tab. 2.13: Verteilung der Antwortkategorien (in Spaltenprozent) und Mittelwerte der Indikatoren zur trans- und mono-religiösen Orientierung und der aus ihnen gebildeten Skalen

	Trans-religiöse Orientierung				Mono-religiöse Orientierung			
	Wahrer Kern	Bereicherung	Übernahme	Skala	Weniger wahr	Gewinnen	Opferbereitschaft	Skala
Fallzahlen	1356	1355	1353	1358	1356	1359	1356	1358
1: trifft überhaupt nicht zu	14,1	23,9	43,3	50,9	58,2	73,5	58,6	91,0
2	8,5	12,1	17,5		17,0	13,3	20,4	
3	17,5	22,2	18,3		11,5	6,6	11,4	
				19,7				5,6
4	17,5	18,2	12,6	29,4	7,5	4,5	5,9	3,4
5	20,4	14,6	5,7		3,5	1,1	2,1	
6: trifft voll und ganz zu	22,0	9,0	2,5		2,3	0,9	1,7	
Mittelwert	3,88	3,14	2,27	3,10	1,88	1,49	1,77	1,71

Hinweise: Bei den Skalen sind die Anteile der drei Abschnitte der Skala angegeben (Ablehnung: 1,0–3,0; Unentschieden: 3,3–3,8; Zustimmung: 4,0–6,0).

Tab. 2.14: Verteilung der drei Skalenbereiche (in Spaltenprozent) und Mittelwerte der Skalen zur trans- und mono-religiösen Orientierung bei Respondent*innen mit einer hohen Zentralität der personalen Religiosität („Hoch-Spirituelle")

	Trans-religiöse Orientierung	Mono-religiöse Orientierung
Fallzahlen	133 (75)	133 (75)
Ablehnung (1,0–3.0)	36,4 (29,1)	63,3 (51,0)
Unentschieden (3,3–3,8)	18,1 (26,4)	14,4 (20,5)
Zustimmung (4,0–6.0)	45,5 (44,5)	21,9 (28,5)
Mittelwert	3,64 (3,61)	2,75 (3,23)

Hinweise: In Klammern sind vergleichend die Fallzahlen, die Anteile und Mittelwerte bei der Gruppe mit einer hohen Zentralität der sozialen Religiosität („Hoch-Kirchliche") angegeben. Dieser Gruppe umfasst in der Stichprobe nur 75 Personen, von denen Antworten zur Trans- und Mono-Religiosität vorliegen.

Bei „Hoch-Spirituellen" steigt die Zustimmung zu beiden Orientierungen an (Tab. 2.14). Der Anteil der Personen mit einer trans-religiösen Orientierung nimmt deutlich auf rund 46 Prozent zu, der Anteil der Personen mit einer mono-religiösen Orientierung steigt dramatisch von rund 3 auf 22 Prozent. Dies verdeutlicht, dass eine klare Positionierung mit der Zentralität der Religiosität zunimmt. Dies drückt sich auch in den mittleren bis hohen Korrelationen der beiden Orientierungen mit der Zentralität der personalen Religiosität aus (Trans-Religiosität: $r=.34$; Mono-Religiosität: $r=.56$).

Tab. 2.15: Zusammenhänge von Mono- und Trans-Religiosität mit anderen Aspekten des Religiösen bei hoch-spirituellen Kirchenmitgliedern

	Mono-religiös	Trans-religiös	Differenz
Paraglaube	-.26	.17	0.43
Aufgabe der Kirche: Gespräch mit anderen Religionen	-.19	.30	0.49
Aufgabe der Kirche: Christliche Botschaft verkündigen	.14	-.15	0.28
Zentralität sozialer Religiosität	.54	-.03	0.51
Kirchengemeinde als soziale Ressource	.44	-.01	0.45

Quelle: Eigene Berechnungen; Hinweise: Pearsons Produkt-Moment Relationen (n = 133).

Die dramatische Zunahme der Mono-Religiosität legt nahe, dass die zumindest kirchenpolitische Relevanz dieser Orientierung nicht unterschätzt werden sollte. Es kann vermutet werden, dass Mono- und Trans-Religiosität in den Kerngemeinden eine wesentliche Konfliktlinie markieren. Dies verdeutlichen die teilweise diametral gegensätzlichen Korrelationen der beiden Orientierungen mit kirchenpolitisch relevanten Konstrukten (Tab. 2.15). Trans-Religiöse tendieren dazu, Elemente von Paraglauben in ihre Religiosität zu integrieren, und bewerten das Gespräch mit anderen Religionen als eine wichtige Aufgabe der Kirchen vor Ort. Demgegenüber begegnen Mono-Religiöse paragläubigen Vorstellungen und dem Gespräch mit anderen Religionen eher mit Skepsis. Konform zum Konstrukt ist weiter, dass Mono-Religiöse stark dazu tendieren, in einer Kirchengemeinde dabei zu sein und diese auch als soziale Ressource erfahren. Bei Trans-Religiösen zeigt sich diesbezüglich keine klare Tendenz.

2.2.7 Zusammenhänge zwischen verschiedenen Aspekten des Religiösen und Vorurteilen

Die Zusammenhänge zwischen Kirchenmitgliedschaft, Religiosität und Vorurteilen werden in den folgenden Kapiteln noch differenziert analysiert. Dies betrifft die Antwortverteilungen zu den Indikatoren für Vorurteile (vgl. Kapitel 2.3) wie gängige Einflussfaktoren von Vorurteilen (vgl. Kapitel 2.4) sowie Modelle, in denen verschiedene Aspekte des Religiösen mit weiteren Einflussfaktoren zur Erklärung von Vorurteilen abgeglichen werden (vgl. Kapitel 2.5). Diesen Analysen, die eine umfassende und differenzierte Analyse des Zusammenhangs von Kirchlichkeit, Religiosität und Vorurteilen geben werden, soll an dieser Stelle nicht vorgegriffen werden. Ziel dieses Kapitels ist es, einen ersten Einblick in Zusammenhänge zwischen verschiedenen Aspekten des Religiösen und Vorurteilen zu geben. Dazu wird auf bivariate Korrelationen zurückgegriffen (vgl. Tab. 2.16). Zur Vereinfachung der Interpretation sind Korrelationskoeffizienten, bei denen die Zunahme eines Aspektes des Religiösen mit einer Steigerung eines Vorurteils einhergeht, grau unterlegt. Sie markieren damit die vorurteilstreibende oder dunkle Seite des Religiösen. Unmarkierte Koeffizienten verweisen auf die vorurteilspräventive oder helle Seite des Religiösen. Aus dem grauweißen Muster in Tabelle 2.16 kann abgeleitet werden, dass Religiöses sowohl vorurteilspräventiv als auch Vorurteile befördernd sein kann. Es kommt also darauf an, in welcher Weise jemand religiös ist. Durchgängig vorurteilspräventive Tendenzen hat eine trans-religiöse Orientierung. Das ist nicht überraschend, da in dieser Haltung ein grundlegendes Interesse am Andern zum Ausdruck kommt. Überwiegend vorurteilspräventiv sind auch die Zentralität der personalen und der sozialen Religiosität sowie die Erfahrung der Kirche als soziale Ressource. Dieser präventive Effekt bezieht sich jedoch nur auf Vorurteile gegenüber dem sozialen Anderen. In Bezug auf Geschlechterrollen sind diese Aspekte des Religiösen mit Vorurteilen behaftet. Vermutlich reflektiert dies traditionelle biblische und kirchliche Geschlechterkonzepte. Bei positiven religiösen Gefühlen verschwindet der vorurteilspräventive Effekt fast vollständig. Dies deutet darauf hin, dass positive religiöse Gefühle ohne die Verankerung in einer stabilen religiösen Haltung kaum in der Lage sind, vorurteilspräventive Effekte hervorzubringen.

Tab. 2.16: Bivariate Korrelationen zwischen Religiositätsskalen und Vorurteilen

	Anti-Geflüchtete	Islamophob	Anti-Semitisch	Anti-Sinti & Roma	Pro-Feminismus	Anti-Feminismus	Sexismus	Homophob
Trans-Religiosität	-,32	-,37	-,22	-,23	,17	-,25	-,27	-,27
Zentralität personaler Religiosität	-,15	-,10	-,09	-,07	,06	n.s.	,07	,06
Zentralität sozialer Religiosität	-,10	-,05	-,06	-,06	n.s.	n.s.	,08	,12
Kirche als soziale Ressource	-,12	-,07	n.s.	-,07	n.s.	n.s.	,06	,08
Positive religiöse Gefühle	-,06	n.s.	n.s.	n.s.	n.s.	n.s.	,11	,11
Negative religiöse Gefühle	,07	,10	,07	,07	-,06	,09	,14	,10
Mono-Religiosität	,08	,15	,11	,11	-,08	,15	,26	,29
Paraglaube	,10	,12	,17	,10	n.s.	,06	,13	,05
Säkularismus	,14	,14	,09	,12	n.s.	,13	,15	,11

Quelle: Eigene Berechnungen; Hinweise: ausgewiesene Werte alle p<.05; n.s.=nicht signifikant. Korrelationskoeffizienten, bei denen die Zunahme eines Aspektes des Religiösen mit einer Verringerung eines Vorurteils einhergeht, sind grau unterlegt. Skalen und Indikatoren für Vorurteile werden in den folgenden Kapiteln im Detail besprochen.

Durchgängig vorurteilstreibende Tendenzen sind bei negativen religiösen Gefühlen und einer mono-religiösen Orientierung zu beobachten. Bei starken negativen religiösen Gefühlen wie Angst und Schuld ist die Wahrscheinlichkeit hoch, dass die eigene Existenz als bedroht oder zumindest als prekär wahrgenommen wird. Dies kann externalisiert werden und zur Abwertung der sozial und geschlechtlich Anderen führen.

Bei einer mono-religiösen Orientierung besteht grundsätzlich die Gefahr, dass Andere und Anderes als negativ wahrgenommen und daher abgewertet wird. Fast durchgängig vorurteilstreibend sind Paraglaube und Säkularismus, die nicht- oder außerchristliche Positionen im religiösen Feld markieren. Dies deutet darauf hin, dass auch bei einer fortschreitenden Säkularisierung und Entchristlichung die dunklen Seiten des Religiösen präsent und wirksam bleiben.

2.3 Vorurteilsbelastete Kirchenmitglieder? Deskriptive Ergebnisse
(Gert Pickel)

2.3.1 Existenz und Strukturierung von gruppenbezogenen Vorurteilen

Beginnen wir mit den Beziehungen zwischen Kirchenmitgliedschaft und Vorurteilen. In verschiedenen Studien der vergangenen Jahrzehnte wurde immer wieder einmal auf die Wirkungen von Kirchenmitgliedschaft auf Haltungen gegenüber anderen sozialen, religiösen Gruppen wie gegenüber Menschen mit anderen Geschlechtsidentitäten verwiesen.[73] So sah z. B. eine PEW-Studie 2018 gerade Kirchenmitglieder und Gottesdienstbesucher*innen als ablehnender gegenüber Migrant*innen und in dieser Hinsicht von Vorurteilen behafteter als andere Teile der Bevölkerung.[74] Fast alle anderen Studien zeigten allerdings eher ambivalente Beziehungen zwischen Kirchenmitgliedschaft und Vorurteilen auf.[75] Dabei sind Unterschiede je nach von den Vorurteilen betroffenen Gruppen nicht ungewöhnlich.[76] Entsprechend erscheint es sinnvoll, Vorurteile erst einmal einzeln in den Blick zu nehmen.[77]

> *Exkurs zur Erhebung von Vorurteilen*: Vorurteile werden, da nicht direkt abfragbar und als latente Konstrukte existierend, über vorgegebene Statements erfasst, auf die Befragte reagieren können. Die Reaktionen sind gestaffelt zwischen voll oder eher das Statement ablehnend oder eher bzw. voll zustimmend. Die Antworten auf mehrere Statements werden zu Skalen zusammengeführt, die eine stärker abgesicherte Auskunft über das (latente, also manchmal eher auch unbewusste bzw. nicht offen präsentierte) Vorurteil geben sollen.

Dies bedeutet jedoch nicht, dass es keine Zusammenhänge bzw. Struktur zwischen den Vorurteilen gäbe. Mit geeigneten statistischen Verfahren kann man solche Strukturen sichtbar machen. So ergibt eine Faktorenanalyse der in der KMPK-Studie er-

---

[73] Küpper/Zick, Schützt Religiosität; Pickel, Religion als Ressource; Rebenstorf, Zusammenhang.
[74] Pew Research Institute, Being Christian.
[75] Billiet/Carton/Eisinga, Church Involvement, 97–107; Arzheimer/Carter, Christian Religiosity, 985–1011.
[76] Fulton/Gorsuch/Maynard, Religious Orientation, 14–22; Küpper/Zick, Riskanter Glaube, 179–188.
[77] Anders als Heitmeyer, Gruppenbezogene Menschenfeindlichkeit, 15–34; Zick/Küpper/Krause, Gespaltene Mitte; Zick/Küpper/Berghan, Verlorene Mitte.

hobenen Daten zu Vorurteilen eine klare und stabile Struktur (Tab. 2.17).[78] Es ergeben sich drei stabile Faktoren bzw. Dimensionen. Zum ersten Faktor gehören Vorurteile, die sich auf Geschlechtsidentitäten beziehen. In diesem Faktor enthalten sind die Variablen Sexismus (eine bewusste oder unbewusste Diskriminierung aufgrund des Geschlechtes sowie Festhalten an traditionellen Geschlechterrollen und Machtverhältnissen), Antifeminismus (eine Ablehnung und Abwertung von Feminismus und Gleichstellungsbemühungen für Frauen), Profeminismus (eine positive Haltung zur Gleichstellung von Frauen), Transphobie und Homophobie (Ablehnung und Abwertung von sexueller und geschlechtlicher Vielfalt, in der Theorie oft verbunden mit einer unterbewussten Angst).[79] Von dieser ersten Dimension zu Fragen von Geschlechtsidentitäten und Antifeminismus unterscheidet sich der zweite Faktor, der Vorurteile und Abwertungen gegenüber anderen sozialen Gruppen bündelt. Dieser Faktor umfasst Vorurteile gegen Muslim*innen, Geflüchtete, Sinti und Roma, aber auch soziale Abwertungen, wie sie im Klassismus (Vorurteile und Abwertung aufgrund der sozialen Lage oder Position) enthalten sind. Am wenigsten tragen Vorurteile und Abwertungen von Behinderten zur Dimension bei. Bemerkenswert ist die Verbindung von Klassismus und der Abwertung anderer sozialer und religiöser Gruppen, was auf eine gewisse Intersektionalität der Vorurteile hindeutet. So werden z. B. Muslim*innen nicht nur als fremd, sondern auch aufgrund ihrer sozialen Positionierung abgewertet. Der dritte Faktor fasst die verschiedenen Formen des Antisemitismus oder antisemitischer Ressentiments zusammen.[80]

Das Ergebnis bestätigt die Vorgehensweise, erst einmal den einzelnen gruppenbezogenen Vorurteilen Raum zu geben. Zwar finden sich eindeutig starke Nähen zwischen den gruppenbezogenen Vorurteilen, aber eben auch gebündelte Differenzen. Man könnte nun das Phänomen einer Gruppenbezogenen Menschenfeindlichkeit annehmen, aber eben nicht für alle von Vorurteilen belasteten Personen. Sonst würde es weder Differenzen in der deskriptiven Verteilung noch in den Faktorenanalysen ergeben. Möglicherweise finden wir in der Bevölkerung ja eine Mischung aus Menschen, die generell andere, als für sie fremd oder anders scheinende Gruppen ablehnen (hier träfe die Einordnung als Gruppenbezogene Menschenfeindlichkeit zu, oder gar die Einschätzung als Rassismus), und Menschen, die sehr gezielt bestimmte andere Gruppen aus spezifischen Gründen (Fremdheit, Konkurrenz, Bedrohlichkeit) ablehnen und abwerten. Entsprechend lohnt sich ein differenzierter Blick auch auf die Verteilung der Vorurteile. Dies wollen wir entlang von Kirchenmitgliedschaft tun.

---

[78] Die präsentierten Faktorenanalysen wurden mit den jeweiligen Konstrukten durchgeführt. Eine alternativ durchgeführte Faktorenanalyse mit den Einzelitems erbrachte gleichlautende Ergebnisse.
[79] Bei den Benennungen handelt es sich um in der Vorurteils- und Rassismusforschung geläufige Zuweisungen.
[80] Kiess/Decker/Heller/Brähler, Antisemitismus, 211–248.

Tab. 2.17: Dimensionsanalyse von Vorurteilen

	Faktor: Vorurteile gegenüber sozialen Gruppen	Faktor: Vorurteile gegenüber sexueller und geschlechtlicher Vielfalt	Faktor: Antisemitische Ressentiments
Muslimfeindlichkeit	.82		
Vorurteile gegenüber Geflüchteten	.80		
Antiziganismus	.76		
Klassismus	.69		
Abwertung Behinderter	.58		
Sexismus		.86	
Homophobie		.78	
Transphobie		.76	
Antifeminismus		.70	
Profeminismus		-.49	
Israelbezogener Antisemitismus			.73
Sekundärer Antisemitismus			.68
Primärer Antisemitismus			.54

Quelle: Eigene Berechnungen, schiefwinklig, paarweise (n = 2260); Hinweise: Hauptkomponentenanalyse; ausgewiesen sind Faktorladungen der Mustermatrix, die vergleichbar zu Korrelationen zwischen 0 (kein Zusammenhang) und 1.00 (vollständiger Zusammenhang) variieren können Faktorenanalysen überprüfen eine Nähe des Antwortverhaltens von Probanden und identifizieren latente Phänomene und Dimensionen (Faktoren).

2.3.2 Antisemitische Ressentiments nach Kirchenmitgliedschaft und Religiositätstyp

Richten wir unseren Blick zuerst auf ein historisch aus christlicher Sicht besonders wichtiges Vorurteil, oder besser Ressentiment: den *Antisemitismus*. So mag er zwar heute nicht mehr mit dem christlichen Antijudaismus früherer Perioden der Geschichte gleichzusetzen zu sein, diese religiöse Prägekraft ist gleichwohl als ein Schritt auf dem Weg der Entwicklung des modernen Antisemitismus zu sehen.[81] Ein Ressentiment besitzt eine umfassendere ideologische Fundierung als ein Vorurteil. Es beruht auf Mythen und Zuschreibungsprozessen und verdichtet sich im Prozess „of turning Jews into Jews".[82] Die Einordnung als Ressentiment verdankt der Antisemitismus vor allem seiner historischen Verankerung und besonderen Struktur als einer von Neid getragenen Abwertung von Jüd*innen. Hinzu kommt für Deutschland eine besondere Verantwortung aufgrund des Holocaust. Ohne hier in die Tiefe der Diskussion der Messung und Erfassung von antisemitischen Ressentiments zu gehen, wird die in der Antisemitismusforschung verbreitete Aufteilung in einen primären Antisemitismus, einen sekundären (Schuldabwehr-)Antisemitismus sowie einen israelbezogenen Antisemi-

---

[81] Brumlik, Antisemitismus, 12–38.
[82] Klug, Collective Jew, 137 (117–138); Decker/Kiess/Brähler, Antisemitische Ressentiments, 179–216; Ranc, Antisemitismus.

tismus umgesetzt.[83] Gerade die beiden letzt genannten Antisemitismen greifen auf den Mechanismus der Umwegkommunikation zurück.[84] Eine Umwegkommunikation beschreibt eine gezielte Artikulation antisemitischer Ressentiments von für die Anforderungen der Gesellschaft sensibilisierten Menschen, die von der Gesellschaft nicht auf den ersten Blick als Antisemitismus wahrgenommen werden soll.

Tab. 2.18: Antisemitismus nach Kirchenmitgliedschaft

	Kath.	Ev.	o. RZ.
Primärer Antisemitismus			
Auch heute noch ist der Einfluss der Juden zu groß.	10 (35)	6 (28)	10 (36)
Juden arbeiten mehr als andere mit üblen Tricks, um das zu erreichen, was sie wollen.	6 (29)	5 (20)	9 (31)
Die Juden haben einfach etwas Besonderes und Eigentümliches an sich und passen nicht so recht zu uns.	7 (26)	3 (18)	7 (30)
Sekundärer Antisemitismus			
Reparationsforderungen an Deutschland nützen oft gar nicht mehr den Opfern, sondern einer Holocaust-Industrie von findigen Anwälten.	45 (79)	38 (70)	43 (75)
Wir sollten uns lieber gegenwärtigen Problemen widmen als Ereignissen, die mehr als 70 Jahre vergangen sind.	58 (82)	53 (76)	56 (79)
Israelbezogener Antisemitismus			
Durch die israelische Politik werden mir die Juden immer unsympathischer.	12 (44)	8 (36)	14 (46)
Israels Politik in Palästina ist genauso schlimm wie die Politik der Nazis im Zweiten Weltkrieg.	30 (69)	26 (63)	31 (70)
Auch andere Nationen mögen ihre Schattenseiten haben, aber die Verbrechen Israels wiegen am schwersten.	11 (48)	8 (37)	12 (48)

Quelle: Eigene Berechnungen (n=2260); Hinweise: Angaben in Prozent (gerundet); Kath. = Katholisch, Ev. = Evangelisch, o. RZ. = ohne Religionszugehörigkeit; ausgewiesene Werte = manifeste Zustimmung, in Klammern manifeste + latente Zustimmung auf einer 5-Antworten-Skala.[85]

Mitglieder einer christlichen Kirche sind den Ergebnissen der KMPK-Studie nach beileibe nicht gegen antisemitische Ressentiments gefeit (Tab. 2.18). Sie passen sich dem Klima in der Bevölkerung an. *Antisemitische Ressentiments* sind, aufgrund von Lerneffekten in Verbindung mit einer systematisch gepflegten Erinnerungskultur, beim primären Antisemitismus selten, aber in beachtlicher Form als sekundärer Antisemitismus verbreitet. Gerade der sekundäre Antisemitismus mit seiner *Schuldabwehr* bis

---

[83] Decker/Kiess/Brähler, Antisemitische Ressentiments, 179–216.
[84] Kiess/Decker/Heller/Brähler, Antisemitismus, 219–221.
[85] In der Leipziger Autoritarismus-Studie wird generell eine Skala mit 5-Antwortpunkten erhoben. Die beiden den Aussagen zustimmenden Antworten werden als manifeste Zustimmung eingeordnet, eine Entscheidung für die vorgegebene teils/teils-Kategorie wird als latente Zustimmung bewertet, da vor dem Hintergrund des Holocaust und der Shoah in Deutschland eine Nichtablehnung antisemitischer Aussagen als Art „verdeckte Zustimmung" verstanden werden kann (Decker/Brähler, Autoritäre Dynamiken).

manchmal Schuldumkehr ist tief in der deutschen Gesellschaft verankert.[86] Dies zeigt der Blick auf die Werte in Klammern, welche nach der Annahme der Forscher*innen der Leipziger Autoritarismus-Studie aufgrund ihrer Nichtablehnung der Aussagen einen *latenten Antisemitismus* ausmachen.[87] Unter Mitgliedern der evangelischen Kirche fallen antisemitische Ressentiments in allen drei erfassten Formen am niedrigsten aus. Entweder besitzen die propagierten theologischen Verbindungen einer jüdisch-christlichen Tradition oder Verlautbarungen der evangelischen Kirche einen Einfluss – ohne allerdings antisemitische Ressentiments vollständig beseitigen zu können. Katholische Kirchenmitglieder liegen im Durchschnitt der Bevölkerungshaltungen der Gesamtbevölkerung.

Aktuell stark in den Blick gekommen ist der als neuer Antisemitismus eingestufte *israelbezogene Antisemitismus*. Er verbindet tradierte antisemitische Ressentiments mit dem Staat Israel. Die Schwierigkeit seiner Bestimmung liegt in der Unterscheidung zwischen Kritik an konkreten Politiken Israels und verdeckten antisemitischen Ressentiments.[88] Für ihn kennzeichnend sind in besonderer Weise doppelte Standards in der Beurteilung Israels: Die israelische Politik wird nach Kriterien beurteilt, die an die Politik anderer Staaten nicht angelegt werden, und die Kritik an Israel dient der Legitimation der Ablehnung von Jüd*innen als Kollektiv.[89] Am deutlichsten als israelbezogener Antisemitismus identifizierbar sind die Leugnung des Existenzrechts Israels oder die Gleichsetzung der israelischen Politik mit der Politik Nazi-Deutschlands.[90] Zur Unterscheidung zwischen der Kritik an konkreten politischen Entscheidungen bzw. Prozessen in Israel und israelbezogenem Antisemitismus haben sich drei Kriterien etabliert, die für einen israelbezogenen Antisemitismus sprechen: Delegitimation, Dämonisierung und doppelte Standards.[91] In der KMPK-Studie ist der manifeste israelbezogene Antisemitismus eher niedrig. Dies ist vermutlich darauf zurückzuführen, dass die verwendeten Statements kaum Zweifel daran aufkommen lassen können, dass es sich um Antisemitismus und nicht um noch – politisch legitime – Israelkritik handelt. Gleichwohl positionieren sich aber auch nicht deutliche Mehrheiten gegen diese Begriffe, was den Hinweis auf eine doch wesentlich breitere Streuung des latenten israelbezogenen Antisemitismus eröffnet. Beim israelbezogenen Antisemitismus repliziert sich das bereits vom primären Antisemitismus bekannte Bild – eine insgesamt ausgeglichene Verteilung zwischen Kirchenmitgliedern und Menschen ohne Religionszugehörigkeit, mit etwas geringeren antisemitischen Ressentiments der Protestant*innen. Antisemitismus ist also auch heute etwas, was unter Kirchenmitgliedern durchaus vorkommt.

---

[86] Schönbach, Antisemitische Welle.
[87] Silbermann/Sallen, Latenter Antisemitismus.
[88] Pickel/Tschiesche/Reimer-Gordinskaya/Decker, Antisemitismus in Berlin.
[89] Decker/Celik, Antisemitismus, 55–71.
[90] Siehe hinsichtlich der Feststellung auch die Arbeitsdefinition und Beispiele der Europäischen Union: https://fra.europa.eu/fraWebsite/material/pub/AS/AS-WorkingDefinition-draft.pdf (Abruf: 21.05.2021)
[91] Salzborn, Antisemitismus, 109.

2.3.3 Vorurteile gegenüber sozialen Gruppen nach Kirchenmitgliedschaft und Religiositätstyp

Ein weiteres, gerade in den vergangenen Jahren hochrelevant gewordenes Vorurteil sind *Abwertungen von Muslim*innen sowie Geflüchteten*.[92] Mit 2015 setzte eine breite öffentliche Debatte um Fluchtbewegungen ein, die nicht nur in einer sichtbar werdenden Polarisierung der europäischen Gesellschaften, sondern auch in einer erfolgreichen Ausbreitung rechtspopulistischer Parteien mündete.[93] In der Debatte zeigte sich relativ zügig eine Gleichsetzung der Kategorisierung von Geflüchteten und Muslim*innen. Geflüchtete werden fast ausschließlich als muslimische Geflüchtete angesehen, was eine enge Verbindung zwischen Vorurteilen gegenüber Geflüchteten und Muslim*innen mit sich bringt.[94] Die evangelische Kirche positionierte sich in den Fluchtdebatten über die ideelle wie finanzielle Unterstützung der Seenotrettung.[95] Massive Reaktionen auf diese Entscheidung zeigten eine zumindest in Teilen der evangelischen Kirchenmitglieder bestehende Polarisierung hinsichtlich der Haltung zu den Fluchtbewegungen. So ist es dann wenig verwunderlich, dass knapp ein Viertel der evangelischen Kirchenmitglieder Geflüchteten wie Muslim*innen skeptisch gegenübersteht oder ihnen gegenüber Vorurteile aufweist (Tab. 2.19).[96]

Im Vergleich liegen die Vorurteile der Kirchenmitglieder, speziell der evangelischen Kirchenmitglieder, allerdings leicht unter denen der Menschen ohne eine Religionszugehörigkeit. Diese Differenz zwischen Kirchenmitgliedern und Menschen ohne Religionszugehörigkeit fällt gegenüber Muslim*innen, also den Mitgliedern einer anderen Großreligion, stärker aus als gegenüber Geflüchteten.[97] So wie jede*r vierte Protestant*in oder Katholik*in Muslim*innen (relativ strikt) die Zuwanderung nach Deutschland verbieten würde und jede*r Dritte Muslim*innen pauschal eine Neigung zu Kriminalität zuweist, lehnen drei Viertel der Protestant*innen diese Aussagen ab. Diesem Vorurteil stehen auch zwei Drittel der Kirchenmitglieder gegenüber, welche Geflüchtete als in Deutschland willkommen ansehen. Aus dieser Aufteilung wird die Polarisierung hinsichtlich der Seenotrettung verständlich. So handelt es sich um eine nicht kleine Minderheit, die eine strikt abwehrende Haltung gegenüber muslimischen Geflüchteten aufweist und eine etwas größere, welche Muslim*innen in ihrem Umfeld als unangenehm empfindet („fühle mich als Fremder"). Diese stehen allerdings einer deutlich größeren Gruppe von Kirchenmitgliedern gegenüber, die Geflüchteten und Muslim*innen ohne Vorurteile begegnen. Damit sind

---

[92] Yendell, Muslime unerwünscht?, 221–248. Hinweis: In der KMPK-Studie haben wir Vorurteile gegenüber Muslim*innen erfasst und nicht gegenüber dem Islam, welcher noch eine eigenständige Relevanz besitzt.
[93] Rebenstorf, "Rechte" Christen?, 313–335; Pickel, Religion als Ressource, 277–312.
[94] Pickel/Pickel, Migration als Gefahr, 297–320; Pickel/Pickel, Flüchtling als Muslim, 279–324.
[95] Siehe hierzu die Ergebnisse von Teilprojekt 2 in Kapitel 3.
[96] Strabac/Listhaug, Anti-Muslim Prejudice, 268–286.
[97] Liedhegener, Integration, 69–99.

Auseinandersetzungen auch in Gemeinden wahrscheinlich – und finden, wie die folgenden Kapitel und die Ergebnisse der Teilprojekte 2 und 3 zeigen, auch statt. Teilweise kommt es dabei zu Zuspitzungen der Positionen und Problemen in deren Verhandlung vor Ort.

Tab. 2.19: Muslimfeindlichkeit und Ablehnung von Geflüchteten nach Kirchenmitgliedschaft

	Kath.	Ev.	o. RZ.
Muslimfeindlichkeit			
Muslimen sollte die Zuwanderung nach Deutschland untersagt werden.	25	24	33
Muslimen stehen in Deutschland die gleichen Rechte zu wie allen anderen.	67	68	60
Durch die vielen Muslime hier fühle ich mich manchmal wie ein Fremder im eigenen Land.	47	48	50
Muslime neigen zu Kriminalität.	39	33	40
Vorurteile gegenüber Geflüchteten			
Flüchtlinge, die hier leben, bedrohen meine persönliche Lebensweise.	23	23	26
Flüchtlinge sollten in Deutschland immer willkommen sein.	61	58	51

Quelle: Eigene Berechnungen (n=2260); Hinweise: Angaben in Prozent (gerundet); Kath. = Katholisch, Ev. = Evangelisch, o. RZ. = ohne Religionszugehörigkeit; ausgewiesene Werte = Zustimmung auf einer 4-Antworten-Skala.

Selbst wenn der Blick auf Vorurteile bzw. Ressentiments gegenüber religiösen Gruppen besonders interessant ist, macht es Sinn, auch andere gruppenbezogene Vorurteile einzubeziehen. In der KMPK-Studie sind zumindest drei zusätzliche Vorurteils- und Abwertungsstrukturen gegenüber sozialen Gruppen erfasst.[98] Konform zu alternativen Ergebnissen wird die besonders starke Verbreitung von Vorurteilen gegenüber Sinti und Roma erkennbar (Tab. 2.20).[99] Immerhin jede*r Dritte würde sie gerne aus Innenstädten entfernt sehen, noch mehr Befragte äußern Probleme bei einer Nähe von Sinti und Roma. Hier finden sich lange tradierte Vorurteils- und Abwertungsstrukturen wieder, vor denen auch Kirchenmitglieder nicht gefeit sind. So sind Kirchenmitglieder kaum weniger von antiziganistischen Vorurteilen belastet als Menschen ohne Religionszugehörigkeit. Antiziganismus scheint ein tief verankertes und bislang nur begrenzt verhandeltes Problem zu sein.[100]

---

[98] Ausnahme Zick/Küpper, Geforderte Mitte; in Teilen Decker/Brähler, Autoritäre Dynamiken.
[99] Decker/Kiess/Schuler/Handke/Pickel/Brähler, Die Leipziger Autoritarismus-Studie 2020, 66.
[100] Zusammenfassend Unabhängige Kommission Antiziganismus, Perspektivwechsel, 470–477.

Tab. 2.20: Antiziganismus, Klassismus und Abwertung von Menschen mit Behinderungen nach Kirchenmitgliedschaft

	Kath.	Ev.	o.RZ.
Antiziganismus			
Sinti und Roma sollten aus den Innenstädten entfernt werden.	35	33	35
Ich hätte Probleme damit, wenn sich Sinti und Roma in meiner Nähe aufhalten.	42	39	44
Klassismus			
Wer in unserer Gesellschaft nichts erreicht hat, hat sich nur nicht richtig angestrengt.	37	31	33
Langzeitarbeitslose machen sich auf Kosten der Gesellschaft ein bequemes Leben.	57	54	56
Bettelnde Obdachlose sollten aus Fußgängerzonen entfernt werden.	34	35	35
Abwertung von Behinderten			
Behinderte erhalten zu viele Vergünstigungen.	5	6	8

Quelle: Eigene Berechnungen (n = 2260); Hinweise: Angaben in Prozent (gerundet); Kath. = Katholisch, Ev. = Evangelisch, o.RZ = ohne Religionszugehörigkeit.

Fast noch verbreiteter als der bereits hohe *Antiziganismus* aber ist die, erst in jüngerer Zeit in den Blick kommende, Abwertung aufgrund sozialer Herkunft oder sozialer Positionen, *Klassismus* genannt.[101] Diese Abwertung, teilweise auch Produkt einer Überbewertung von Leistungsnormen, ist auch unter Kirchenmitgliedern weit verbreitet, was ein wenig dem seitens christlicher Kirchen propagierten Bild ihrer hohen sozialen Fürsorgebereitschaft zuwiderläuft. Besonders stechen Stereotype von und Vorurteile gegenüber Langzeitarbeitslosen hervor. Ihr „beruflicher Misserfolg" wird ihnen persönlich zugeschrieben, mehr als die Hälfte der Befragten äußern Zweifel an ihrer Bereitschaft, für sich selbst zu sorgen.[102] Auch Obdachlose treffen auf beachtliche Vorurteile in der Gesellschaft (Tab. 2.20). Dies gilt für Kirchenmitglieder nicht weniger als für Menschen ohne Religionszugehörigkeit, wobei die Vorurteile bei Protestant*innen um Nuancen geringer ausfallen. Anders sieht es auf der Einstellungsebene bei Menschen mit Behinderungen aus. Ihnen gegenüber hat sich eine größere Offenheit in der Gesellschaft entwickelt und Vorteile haben sich, zumindest den vorliegenden KMPK-Daten nach, abgebaut.[103] Anders als bei Langzeitarbeitslosen oder Obdachlosen wird ihnen keine „Schuld" an ihrer Position zugewiesen. Diese Einschätzung wird von vielen Kirchenmitgliedern geteilt. Insgesamt sind Kirchenmitglieder, egal welcher Konfession, in dieser Hinsicht auch nur Mitglieder einer sich in ähnlichen Diskursen befindlichen Gesellschaft.

---

[101] Kemper/Weinbach, Klassismus.
[102] Ergebnisse in aktuellen Studien fallen etwas geringer aus, sind aber aufgrund einer starken Zwischenkategorie und 5-Antworten-Skala nicht direkt vergleichbar. Zu erkennen ist auch dort die verhältnismäßig hohe Verbreitung von Klassismus gegenüber anderen gruppenbezogenen Vorurteilen. Siehe Zick, Herabwürdigung, 190–191.
[103] Vergleichbare Befunde finden sich bei: Zick/Küpper/Berghan, Verlorene Mitte, 74–75.

2.3.4 Vorurteile gegenüber sexueller und geschlechtlicher Vielfalt

Bleiben noch Vorurteile gegenüber sexueller und geschlechtlicher Vielfalt. Gelegentlich werden religiösen Menschen Probleme in Bezug auf die gesteigerte Vielfalt sexueller und geschlechtlicher Orientierung nachgesagt. Dies gilt speziell bei Religionsmitgliedern mit einem höheren Frömmigkeitsgrad oder einer exklusivistischen Vorstellung von Religion.[104] Zu dieser Beobachtung tritt eine von rechtspopulistischer Seite losgetretene Kampagne gegen den Feminismus, die die Frage aufwirft, welche Positionen Kirchenmitglieder zur Gleichstellung von Frauen und Feminismus besitzen.[105] So wird von Rechtspopulist*innen ein zunehmender „Gender-Wahn" beklagt und auf die Rückkehr zu traditionellen Geschlechterrollen gedrängt.[106] Um dies zu untersuchen, wurde in der KMPK-Studie erstmals eine breitere Skala zu Antifeminismus und Sexismus umgesetzt.[107] Zusätzlich wurden Einstellungen zu Homosexualität sowie (begrenzter) zu Transsexualität erhoben. Die Items zu Antifeminismus konnten nach Faktorenanalysen in drei Dimensionen (Antifeminismus, Sexismus, Profeminismus) aufgeteilt werden.[108] Die Vorurteile im Bereich Sexismus, Antifeminismus oder hinsichtlich gleichgeschlechtlicher Beziehungen sind etwas weniger verbreitet als z.B. Antiziganismus oder die Ablehnung von Geflüchteten – immer eingedenk der Berücksichtigung der Formulierungsunterschiede. Angesichts der jahrzehntelangen Bemühungen um Geschlechtergerechtigkeit sind allerdings geäußerte sexistische Einstellungen von einem Viertel der Kirchenmitglieder keineswegs als niedrig einzustufen. Gleiches gilt für antifeministische Einstellungen, so besteht bei ungefähr jedem fünften Kirchenmitglied eine Skepsis gegenüber feministischen Forderungen und Gleichstellung – oder der Ablehnung profeministischer Positionen bei ungefähr einem Drittel der Befragten. Ein Grund sind traditional geprägte Auffassungen von Geschlechterrollen. So wie die Mehrheit der deutschen Bevölkerung mittlerweile Frauenrechten positiv gegenübersteht – zumindest auf der (geäußerten) Einstellungsebene, so finden sich nennenswerte Teile der Bevölkerung mit sexistischen und antifeministischen Einstellungen. Der Erhalt traditionaler Machtverhältnisse in Geschlechtsbeziehungen scheint einer Minderheit wichtig zu sein.

Zwischen den Religionsgemeinschaften bestehen geringe, aber konsistente Unterschiede bei Sexismus, Antifeminismus und Profeminismus (Tab. 2.21). Diese Vorurteile sind unter evangelischen Kirchenmitgliedern leicht weniger verbreitet als in der Gesamtbevölkerung. Vermutlich benötigen sexistische und antifeministische Vorurteile, wie sie mit Bezug zu Religiosität berichtet wurden, ein spezifisches Verständnis von

---

[104] Pew Research Institute, Being Christian.
[105] Lang/Peters, Antifeminismus; Hark/Villa (Hrsg.), Anti-Genderismus.
[106] Strube, Anti-Genderismus, 52–57.
[107] Höcker/Pickel/Decker, Antifeminismus, 258–259.
[108] A.a.O., 254–256.

Religiosität.[109] In entsprechenden Gruppen eröffnet sich allerdings aufgrund eines Festhaltens am Konzept hegemonialer Männlichkeit für den Rechtspopulismus eine potenzielle Brückenkonstruktion zu traditionalistischen kirchlichen Kreisen und in die Gesellschaft hinein.[110]

Tab. 2.21: Antifeminismus, Profeminismus und Sexismus nach Kirchenmitgliedschaft

	Kath.	Ev.	o. RZ.
Antifeministische Einstellungen			
Frauen, die mit ihren Forderungen zu weit gehen, müssen sich nicht wundern, wenn sie wieder in die Schranken gewiesen werden.	29	23	26
Durch Feminismus werden die gesellschaftliche Ordnung und Harmonie gestört.	19	15	17
Frauen übertreiben Schilderungen über sexuelle Gewalt häufig, um Vorteile aus der Situation zu schlagen.	19	16	18
Sexismus			
Frauen sollten sich wieder mehr auf die Rolle als Ehefrau und Mutter besinnen.	21	14	18
Frauen, die sich gegen eine Familie entscheiden, empfinde ich als egoistisch	23	16	19
(Anti-)Sexismus			
Eine Frau, die sich mehr auf ihren Beruf als auf Haushalt und Kinder konzentriert, sollte kein schlechtes Gewissen haben.	83	87	88
Profeminismus			
Die jetzige Beschäftigungspolitik benachteiligt die Frauen.	63	65	64
Die Diskriminierung von Frauen ist in Deutschland immer noch ein Problem.	67	71	67

Quelle: Eigene Berechnungen (n = 2260); Hinweise: Angaben in Prozent (gerundet); Kath. = Katholisch, Ev. = Evangelisch, o. RZ. = ohne Religionszugehörigkeit.

Dies stützt das folgende Ergebnis zur Akzeptanz geschlechtlicher Vielfalt. So bestehen bei evangelischen Kirchenmitgliedern durchaus noch Vorbehalte hinsichtlich Homosexualität. Sie lassen sich z. B. an einer Zustimmung von einem Drittel der Mitglieder zur Aussage „Ich finde es ekelhaft, wenn sich Homosexuelle in der Öffentlichkeit küssen" ablesen. Auch in der Haltung zur Adoption von Kindern durch gleichgeschlechtliche Paare sind Kirchenmitglieder zumindest geteilter Meinung. Immerhin denkt kaum jemand (noch), dass Homosexualität eine Krankheit ist, die (z. B. mit Konversionstherapien) geheilt werden kann. Diese früher in bestimmten christlichen Kreisen verbreitete Vorstellung besitzt heute kaum mehr Relevanz.

---

[109] KAISER, Politische Männlichkeit, 164–168.
[110] MOKROS/RUMP/KÜPPER, Antigenderismus, 250; THIESSEN, Ein Schritt vor und drei zurück, 134–137. Aber auch die Nutzung einer traditionell angelegten Theologie als „Host Ideology" ist möglich, siehe MERLE, Populismus in der Volkskirche, 232–233.

Tab. 2.22: Gleichberechtigung und Geschlechtsidentitäten nach Kirchenmitgliedschaft

	Kath.	Ev.	o. RZ.
Haltungen zu Gleichberechtigung			
Überzogene Forderungen der Gleichberechtigung richten sich gegen die Natur von Frauen und Männern.	32	30	31
Wenn Frauen Pfarrer, Imam oder Rabbi werden, habe ich nichts dagegen.	92	93	93
Homophobie			
Homosexuelle Paare sollten Kinder adoptieren dürfen.	71	72	74
Homosexualität ist etwas völlig Normales.	79	76	82
Ich finde es ekelhaft, wenn sich Homosexuelle in der Öffentlichkeit küssen.	38	35	34
Homosexualität ist eine Krankheit, die geheilt werden kann.	9	8	7
Transphobie			
Wenn ein Mann eine Frau sein will oder eine Frau ein Mann sein will, ist es ihr gutes Recht, auch so zu leben.	86	89	91
Sexualunterricht			
Das Ansprechen von sexueller Vielfalt in der Schule verwirrt Kinder in der Entwicklung ihrer Sexualität.	37	32	35

Quelle: Eigene Berechnungen (n=2260); Hinweise: Zustimmung in Prozent (gerundet); Kath.=Katholisch, Ev.=Evangelisch, o. RZ.=ohne Religionszugehörigkeit.

Gleichwohl stellt Homophobie – in einzelnen Aussagen ja bei einem Drittel der Befragten – auch unter Kirchenmitgliedern ein Problem dar und dürfte sich in Kirchengemeinden als Antagonismus wiederfinden (Tab. 2.22). Fraglich ist, wie stark dieser offen zu Tage tritt, oder ob die Vorurteile gegenüber Homosexuellen, Transsexuellen sowie geschlechtlicher und sexueller Vielfalt unter der Oberfläche einer öffentlichen Auseinandersetzung verbleiben.[111]

2.3.5 Soziale Distanzen und Bedrohungsgefühle nach Kirchenmitgliedschaft

Vorurteile sind ein wichtiger Aspekt für den Blick auf andere soziale Gruppen und Gemeinschaften. Sie müssen sich allerdings nicht direkt in Handlungen oder Abgrenzungen niederschlagen. Ein Aspekt, der den Zusammenhalt einer Gesellschaft stören kann, allerdings nicht muss, sind soziale Distanzen zwischen Mitgliedern unterschiedlicher Gruppen. Diese *sozialen Distanzen* wurden in der vorliegenden Studie mit einem neuen Fragedesign ermittelt. Es wird gefragt, ob eine Konversion zu einer spezifischen Religionsgemeinschaft oder ein Outing mit Blick auf eine nicht heterosexuelle Geschlechtsidentität auf eine ablehnende Haltung bei Befragten trifft. Oder besser gesagt, eine Abwendung von der Person nach sich zieht.

---

[111] Etwas niedriger, aber in der Struktur gleich fallen die Ergebnisse zu vergleichbaren Fragen aus bei ZICK/ KÜPPER, Geforderte Mitte, 189–199.

Tab. 2.23: Soziale Distanzen – Person aus meinem engeren Freundeskreis ...

Ausgewiesene Ausprägung (ginge ich auf Distanz oder eher auf Distanz)	Kath.	Ev.	o. RZ.
... konvertiert zum Christentum	1	1	2
... konvertiert zum Judentum	9	8	9
... konvertiert zum Islam	30	30	35
... outet sich als lesbisch	5	5	2
... outet sich als schwul	6	6	5
... wird psychisch krank	5	8	7

Quelle: Eigene Berechnungen (n = 2260); Hinweise: Angaben in Prozent (gerundet); Kath. = Katholisch, Ev. = Evangelisch, o. RZ. = ohne Religionszugehörigkeit.

Die Ergebnisse unserer Befragung deuten in etwa in die gleiche Richtung wie bei den Vorurteilen (Tab 2.23). Nur deutliche Minderheiten würden ihre Freundschaftsbeziehungen abbrechen, sollte ein*e Freund*in eine Umorientierung hinsichtlich der Geschlechtsidentität vornehmen. Entsprechend sind die geringen Unterschiede zwischen den Konfessionsmitgliedern und Menschen ohne Religionszugehörigkeit eigentlich nicht interpretierbar. Anders sieht es allerdings gegenüber einer Konversion zu anderen Religionsgemeinschaften aus. Würden Menschen ohne Religionszugehörigkeit mit einer Konversion zum Christentum keine Probleme haben, sieht dies zum Judentum etwas anders aus. Immerhin fast jede*r Zehnte würde zu dem*r Freund*in auf Distanz gehen. Dies deckt sich mit den Angaben der Kirchenmitglieder. Die bei weitem stärkste Distanz in Deutschland herrscht allerdings bei einer Konversion zum Islam vor.[112] Nimmt jeder dritte Mensch ohne Religionszugehörigkeit eine solche Konversion zum Grund für eine stärkere soziale Distanz, sinkt diese Distanzierung bei Kirchenmitgliedern leicht auf 30 Prozent. Doch auch dies ist noch ein beachtlicher Wert, welcher recht deutlich die Schwierigkeiten vieler christlichen Kirchenmitglieder mit dem Islam und dann im Übertrag auch mit Muslim*innen erkennbar werden lässt. Wo kann diese soziale Distanz herkommen?

Hier kommt eine Anschlusstheorie an die *Social Identity Theory* in den Blick: die *Integrated Threat Theory*.[113] In ihr werden Bedrohungsgefühle als Ausgangspunkt für Abwertung und Vorurteile ausgemacht. Symbolische Bedrohungen (z. B. Abweichungen von dem, was man als den „normalen" Lebensstil annimmt) treten neben realistische Bedrohungen (z. B. Terrorismus oder Kriminalität). Wie verhält es sich nun mit solchen Bedrohungsängsten bei unseren Religionsgemeinschaften?

---

[112] Pickel, Vielfalt und Demokratie, 78.
[113] Stephan/Renfro, Threat in Intergroup Relations, 191–208.

Tab. 2.24: Bedrohungsgefühle hinsichtlich unterschiedlicher religiöser und sozialer Gruppen

	Kath.	Ev.	o. RZ.
Christ*innen bedrohlich	3	2	5
Muslim*innen bedrohlich	43	43	47
Jüd*innen bedrohlich	15	12	16
Atheist*innen bedrohlich	9	8	7
Geflüchtete bedrohlich	33	31	37

Quelle: Eigene Berechnungen (n = 2260); Hinweise: Angaben in Prozent (gerundet); Kath. = Katholisch, Ev. = Evangelisch, o. RZ. = ohne Religionszugehörigkeit; Fragestellung = Für wie bedrohlich halten Sie folgende soziale Gruppen? Anteil sehr/eher bedrohlich.

Tabelle 2.24 zeigt eindeutig die Existenz von solchen Bedrohungsgefühlen und Ängsten. Sie fallen gegenüber anderen Gruppen nicht gleich aus. So werden Christ*innen in der Regel als wenig bedrohlich angesehen. Dies gilt auch für Menschen ohne Religionszugehörigkeit und deckt sich mit alternativen Ergebnissen.[114] Gleiches gilt für Atheist*innen, selbst wenn die Werte schon etwas höher ausfallen. Erstaunlicherweise, zumindest vor dem Hintergrund der deutschen Geschichte und Erinnerungskultur, sind die Ängste vor Jüd*innen weiter verbreitet als vor Atheist*innen. Da die Zahl der Jüd*innen in Deutschland sehr gering ist, kann es sich fast nur um antisemitische Übertragungen, das Ergebnis von antisemitischen Verschwörungserzählungen oder eine Umwegkommunikation über Israel handeln. Die meisten Ängste erzeugen aber eindeutig Muslim*innen und der Islam. Fast die Hälfte der Deutschen empfindet Muslim*innen als bedrohlich.[115] Hier kommen realistische Bedrohungserfahrungen (ohne direkt stark in Betroffenheitsgefahr zu sein) islamistischen Terrorismus mit symbolischen Bedrohungen einer „Gefahr der kulturellen Überfremdung" zusammen. Gerade zweites ist ein zentrales Mobilisierungskriterium für Rechtspopulist*innen in ganz Europa.[116] Die ebenfalls hohe Angst vor Geflüchteten verweist neben ihren Bezügen zu den Fluchtbewegungen 2015 und dem dazu gehörigen öffentlichen Diskurs erneut auf die bereits angesprochene Verquickung der Kategorisierungen „Geflüchtete" und „Muslim*innen". Eine Ablehnung der Beteiligung an der Seenotrettung ist somit für nicht wenige Kirchenmitglieder auch potenzielle „Gefahrenabwehr". All die genannten Ängste finden sich sowohl bei Konfessionsmitgliedern wie auch bei Menschen ohne Religionszugehörigkeit. Immerhin sind die Ängste bei Kirchenmitgliedern beider christlichen Konfessionen niedriger als bei Menschen ohne Religionszugehörigkeit.

---

[114] Pickel, Vielfalt und Demokratie, 80–83; auch Pickel/Celik/Schuler/Decker, Bedrohungsempfinden 7–43.
[115] Uenal, Distangling Islamophobia, 86–90; Helbling (Hrsg.), Islamophobia.
[116] Öztürk/Pickel, Eine Stimme, 61–82.

> Zentrales Ergebnis der deskriptiven Ergebnisse ist die große Nähe der Kirchenmitglieder zur Gesamtbevölkerungsmeinung bei den verschiedenen Vorurteilen und Ressentiments, egal, wie stark sie in der Bevölkerung verankert sind. Kirchenmitglieder sind Mitglieder ihrer Gesellschaft und unterscheiden sich nur in Nuancen von dieser. Eine *zentrale Vorurteile hemmende Wirkung von Kirchenmitgliedschaft ist so nicht festzustellen*. Allerdings gilt dies auch umgekehrt: *Kirchenmitglied zu sein, wirkt sich auch nicht für sich als Vorurteile steigernd aus*. Da sich so unterschiedliche Gruppen innerhalb der Gemeinden und Kirche befinden, führt dies insgesamt zu einer ambivalenten Wirkung – die schon Adorno und Allport beschrieben haben – bei gleichzeitigen Varianten religiöser Wirkungen und einer Pluralisierung der Haltungen in den Gemeinden. Insgesamt wird deutlich, dass Klassismus, ein sekundärer Antisemitismus, welcher auf eine Umwegkommunikation über die pauschale Kritik israelischer Politik setzt, und die Ablehnung von Sinti und Roma (Antiziganismus) die in Deutschland am weitesten verbreiteten Vorurteile sind. Doch auch Muslimfeindlichkeit und Vorurteile gegenüber geschlechtlicher und sexueller Vielfalt, die nicht dem eigenen Bild einer „Normalität von Heterosexualität" entsprechen, sind hinlänglich existent, wenn auch in Deutschland in einer Minderheitenposition. Die in der vorliegenden Studie erzielten deskriptiven Ergebnisse korrespondieren dabei mit anderen Umfragestudien, die entsprechende Vorurteile erfassen.

2.4 Zentrale kontextuelle Einflussfaktoren von Vorurteilen

Um die Effekte von Kirchenmitgliedschaft und Religiosität sinnvoll einschätzen zu können, ist es notwendig, diese in Erklärungskontexte zu stellen. Hierfür eignen sich kausalanalytische Modelle. Neben sozialstrukturellen Instrumenten existieren dabei konzeptionelle Erklärungsfaktoren, welche in einem engeren Verhältnis zu Religion und Religiosität stehen oder als Ausfluss bisheriger Forschung als Erklärungsmodelle von besonderer Bedeutung sind. Zwei Linien erscheinen uns hierbei von besonderem Interesse. Zum einen die Wahrnehmung, dass vor allem soziales Engagement mit Vorurteile hemmenden Einstellungen in Beziehung zu stehen scheint. Diese Überlegungen setzen an der Sozialkapitaltheorie Robert D. Putnams an.[117] Die zweite wichtige Linie sind psychologische Erklärungsmomente, wie sie sich in der bereits angesprochenen Konzeption der autoritären Persönlichkeit von Adorno und den Überlegungen von Allport widerspiegeln.

---

[117] PUTNAM, Bowling Alone.

2.4.1 Freiwilliges Engagement und Sozialkapital

(Antonius Liedhegener)

Eine vitale Zivilgesellschaft trägt zum sozialen Zusammenhalt und zum Funktionieren repräsentativer Demokratien maßgeblich bei. Kirchen und Religionsgemeinschaften sind Orte zivilgesellschaftlichen Engagements. Auch wenn sie als religiöse Institutionen nicht umstandslos mit anderen zivilgesellschaftlichen Akteur*innen in eins gesetzt werden können, ist ihr möglicher bzw. faktischer Beitrag zur Zivilgesellschaft weithin bekannt. Die Forschung hat gezeigt, dass von Religion in Deutschland vor allem positive Effekte auf die Zivilgesellschaft ausgehen.[118] Das zivilgesellschaftliche Engagement in Kirchen und Religionsgemeinschaften bringt Menschen- mit teils gleichem, teils unterschiedlichem Glauben zusammen. Es schafft Kontakte zwischen unterschiedlichen sozialen Gruppen und gesellschaftlichen Bereichen und stärkt das Vertrauen zwischen Menschen, und möglicherweise auch generell in der Gesellschaft. Die Begegnungen unterschiedlichster Art im Rahmen des zivilgesellschaftlichen Engagements in den Kirchen und Religionsgemeinschaften könnten daher auch das Potenzial haben, der Verbreitung von Vorurteilen und Stereotypen unterschiedlichster Art entgegenzuwirken, denn persönliche Bekanntschaften und positive Erlebnisse zwischen Menschen mit unterschiedlichem Hintergrund und unterschiedlicher Herkunft fordern dazu heraus, eigene Vorurteile zu überprüfen bzw. Vorurteile als solche generell zurückzuweisen. Wir wollen diese Annahmen im Rahmen unserer Analysen von hemmenden und fördernden Faktoren von Vorurteilen im Zusammenspiel mit anderen Erklärungsfaktoren überprüfen (Kap. 2.5 und 2.6). In diesem Abschnitt werden dazu in gedrängter Form die Grundlagen gelegt. Dargestellt werden das Konzept des Sozialkapitals als leitendes theoretisches Konzept, die Struktur der freiwilligen Engagements allgemein und nach Religionszugehörigkeit, das generalisierte soziale Vertrauen und die Motive des Engagements. Im Vergleich zu früheren Umfragen ist neu, dass in der KMPK-Umfrage nicht nur positiv besetzte Motive wie „Anderen helfen", „Spaß haben" oder „Gutes tun" berücksichtigt wurden. Erstmals wurden in unserer Umfrage auch Motive erfragt, die auf Ab- und Ausgrenzung gegen den Rest der Gesellschaft sowie auf eine Gegnerschaft zur parlamentarischen Demokratie allgemein gerichtet sind.

Die Zivilgesellschaft ist jener intermediäre Bereich zwischen Staat, Markt und Privatsphäre, in dem die Bürger*innen selbstständig und auf freiwilliger Basis im öffentlichen Raum „unter prinzipieller Anerkennung von Pluralismus und Interessenkonflikten in gewaltfreier und mindestens ansatzweise, d. h. zumindest der Intention der

---

[118] Vgl. LIEDHEGENER, Unterschied, 121–181; OHLENDORF/REBENSTORF, Überraschend offen; PICKEL, Religionsmonitor; STRACHWITZ (Hrsg.), Religious Communities 1; STRACHWITZ (Hrsg.), Religious Communities 2; TRAUNMÜLLER, Religion und Sozialkapital.

Handelnden nach gemeinwohlorientierter Form" handeln.[119] Der Zivilgesellschaft wird attestiert, dass sie das soziale Kapital einer offenen Gesellschaft vermehrt. Nach der vielfach maßgebenden Definition von Robert D. Putnam handelt es sich beim Sozialkapital um ein Produkt der „Verbindungen zwischen Individuen – soziale Netzwerke und Normen der Gegenseitigkeit und die Vertrauenswürdigkeit, die davon ausgeht"[120]. Soziales Kapital kann unterschiedliche Qualitäten besitzen. Es kann aus Brücken zwischen verschiedenen gesellschaftlichen Kreisen in Netzwerken bestehen (*bridging social capital*) und damit den Zusammenhalt fördern. Es kann aus eher abschließenden Beziehungen in Netzwerken bestehen (*bonding social capital*)[121], was insofern nicht *per se* negative Folgen hat, als dass jede Vergemeinschaftung zumindest auch auf solch verbindendes Sozialkapital angewiesen ist.[122] Dort, wo sich solches bindendes Sozialkapital allerdings gegen die Grundstruktur von Zivilgesellschaft und liberaler Demokratie richtet, treten negative Wirkungen auf. Deren sozialstrukturellen und kulturellen Voraussetzungen liegen dann im *dark social capital* solcher Netzwerke.[123] Obschon das Konzept „Sozialkapital" sicher einige kritische Rückfragen aufwirft[124] und im Detail auch Varianten kennt, die für dessen empirische Erforschung Konsequenzen haben[125], zeigen diese knappen Hinweise die für uns wesentlichen Aspekte des Konzepts.

Vielfach ist vermutet worden, dass es aufgrund der stärker horizontalen Organisationsstruktur der Kirchen der Reformation und der stärker hierarchischen Struktur der römisch-katholischen Kirche einen Unterschied in der Höhe des Engagements der jeweiligen Kirchenmitglieder gäbe. Die Daten der KMPK-Umfrage zeigen, dass dem nicht so ist. Der Anteil der freiwillig Engagierten aus den beiden großen Kirchen unterscheidet sich nicht wirklich. Unter den Kirchenmitgliedern sind rund 55 Prozent freiwillig engagiert. Einen Unterschied erkennt man hingegen zwischen den Kirchenmitgliedern und jenen, die keiner Religionsgemeinschaft angehören. Unter Letztgenannten sinkt die Engagement-Quote auf rund 46 Prozent (Abb. 2.1).

Die KMPK-Umfrage erfasst den Bereich der Zivilgesellschaft mit einer Reihe von Fragen bzw. Fragebatterien. In Anlehnung an gängige Befragungsinstrumente zum zivilgesellschaftlichen Engagement wurde das freiwillige Engagement entlang einer Liste von 13 Bereichen erhoben. Beim freiwilligen Engagement differenziert nach

---

[119] Kocka, Zivilgesellschaft, 29–37.
[120] "[C]onnections among individuals – social networks and the norms of reciprocity and trustworthiness that arises from them"; Putnam, Bowling Alone, 19; eigene Übersetzung.
[121] Putnam, a.a.O., 22.
[122] Vgl. Pickel/Gladkich, Religiöses Sozialkapital, 81–109.
[123] Vgl. Roth, Zivilgesellschaft, 59–73; Saal, Dark Social Capital.
[124] Vgl. Liedhegener/Werkner (Hrsg.), Religion; van Deth, Measuring Social Capital, 150–176.
[125] Vgl. Franzen/Freitag (Hrsg.), Sozialkapital; Freitag, Soziales Kapital; Rossteutscher, Religion, Zivilgesellschaft, Demokratie.

Engagementbereichen bietet sich ein schon aus der bisherigen Forschung vertrautes Bild (Tab. 2.25). Sport und Geselligkeit sind Schwergewichte in der deutschen Zivilgesellschaft. Rund jeder Fünfte ist hier engagiert. Das Engagement speziell im religiösen Bereich (ohne Gottesdienstbesuche) liegt im Mittelfeld des Engagements. Gut 10 Prozent der Bevölkerung engagieren sich im Kontext von Religion. Katholik*innen tun dies etwas stärker als Mitglieder der evangelischen Landeskirchen. Menschen ohne Religionszugehörigkeit nutzen freiwillige Tätigkeiten im Kontext der beiden Kirchen für ihr Engagement so gut wie gar nicht. Am unteren Ende der Häufigkeit des Engagements nach Bereichen stehen mit 5 Prozent oder weniger die Politik, die berufliche Interessenvertretung oder das Unfall- und Rettungswesen (Tab. 2.25).

Abb. 2.1: Freiwilliges Engagement unter Mitgliedern der evangelischen Landeskirchen, der katholischen Kirche und Menschen ohne Religionszugehörigkeit

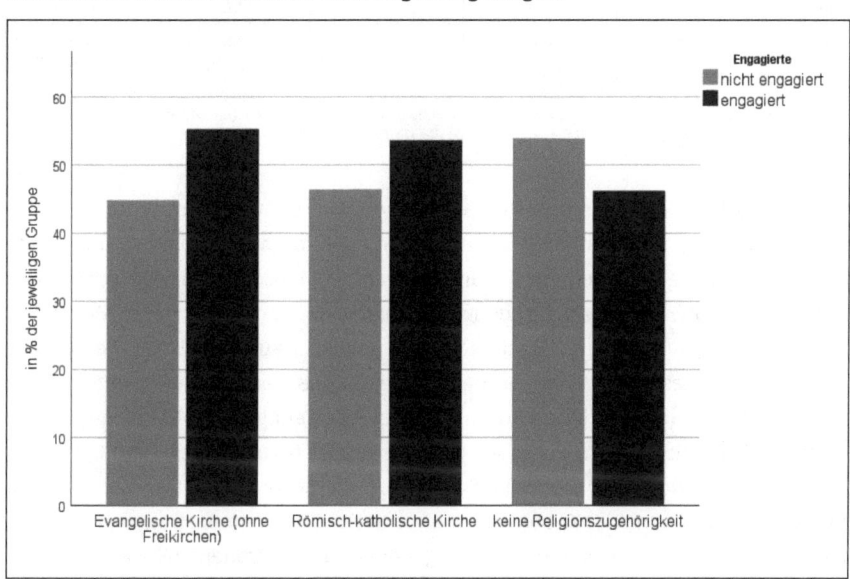

Quelle: Eigene Berechnungen nach KMPK-Umfrage; Hinweise: evangelische Kirche n = 598; römisch-katholische Kirche n = 700; keine Religionszugehörigkeit n = 830.

Die meisten Befragten bewerten ihr freiwilliges Engagement in der Terminologie der Sozialkapitaltheorie als brückenbildend. Auf die Frage, ob sie bei ihrem Engagement mit Menschen zusammentreffen, denen sie sonst im Alltag nicht begegnen würden, antworten rund 76 Prozent mit „stimme voll zu" oder „stimme eher zu". Nur ein Viertel der Engagierten sieht sich selbst in einem engeren Kreis, der insofern keine weiterführenden Kontakte eröffnet, als dass man den Mitengagierten irgendwie auch sonst im Alltag begegnet. Bei ihnen dürfte also überwiegend *bonding social capital* im Spiel sein.

Tab. 2.25: Engagement

Bereich	Anteil in % allgemein	Kath.	Ev.	o. RZ.
Sport	23,8	24,1	24,2	21,8
Geselligkeit	19,3	22,5	21,7	14,3
Umwelt/Tierschutz	14,2	12,4	16,6	13,8
Kultur/Musik	13,2	13,8	15,6	10,0
sozialer Bereich	12,1	12,0	13,9	9,5
Schule/Kindergarten	10,3	10,6	11,2	8,1
Religion	9,8	14,2	10,9	1,3
Gesundheit	9,5	9,0	10,1	7,2
Kinder u. Jugendarbeit	7,5	7,7	8,6	5,7
Politik	5,6	6,1	5,0	5,0
Sonstiges	5,4	5,5	7,2	4,7
Berufl. Interessenertretung	4,4	3,5	3,8	4,9
Unfall/Rettungsdienst	4,4	4,5	5,0	3,7

Quelle: Eigene Berechnungen nach KMPK-Umfrage; Hinweise: Mehrfachantworten waren möglich. Insgesamt sind unter allen Befragten (n = 2503) etwas mehr als die Hälfte (n = 1216) freiwillig engagiert.

Demokratische, zivile Gesellschaften sind Gesellschaften mit einem hohen generalisierten Vertrauen in andere Menschen. Auf die auch in anderen Umfragen benutzte Frage „Manche Leute sagen, dass man den meisten Menschen trauen kann. Andere sagen, dass man nicht vorsichtig genug sein kann im Umgang mit anderen Menschen. Wie ist ihre Meinung dazu?" fällt die Reaktion gemischt aus (n = 2326). Die Aussage „Alles in allem gesehen, kann man den meisten Menschen vertrauen" unterstützen 54 Prozent, die Aussage „Man kann nicht vorsichtig genug sein" 46 Prozent. Dieser Wert für das generalisierte Vertrauen liegt im Vergleich zu anderen Umfragen niedriger. Dies mag daran liegen, dass im Fragebogen vor dieser Frage Einschätzungen zur Bedrohlichkeit verschiedener sozialer und religiöser Gruppen abgefragt worden sind. Das unter diesem Vorzeichen bekundete generalisierte Vertrauen sollte in den weiteren Auswertungen entsprechend der Sozialkapitaltheorie Vorurteilen entgegenwirken. Zusätzlich zum allgemeinen Engagement und generalisierten Vertrauen schenken wir den Motiven des Engagements eine besondere Beachtung, um herauszufinden, ob es Unterschiede nach Religionszugehörigkeit gibt und ob, und wenn ja, in welchem Umfang es Motive des Engagements gibt, die auf ein *dark social capital* hindeuten (Abb. 2.2).

Die drei mit Abstand wichtigsten Motive für ein freiwilliges Engagement sind ein Mix aus Selbstverwirklichung („Spaß haben") und Altruismus („Gemeinwohl", „Helfen"). Diese drei Motive werden von fast allen Engagierten geteilt, und sie werden, wie fast alle anderen Motive auch, unabhängig von der Religionszugehörigkeit gleich stark geteilt. Ein relevanter Unterschied findet sich – erwartungsgemäß – bei der Frage nach der Bedeutung des religiösen Glaubens für das Engagement. Mitglieder beider Kirchen bejahen dies zu fast 40 Prozent, Menschen ohne Religionszugehörigkeit nur zu knapp 19 Prozent (man kann freilich überlegen, ob das nicht ein noch überraschend hoher Wert ist). Insgesamt zeigt sich, dass die Motivlage der freiwillig Engagierten unabhängig von ihrer Religionszugehörigkeit ähnlich ist.[126] Auch das ist ein Hinweis auf die insgesamt integrierende Wirkung des freiwilligen Engagements.

Abb. 2.2: Motive des freiwilligen Engagements

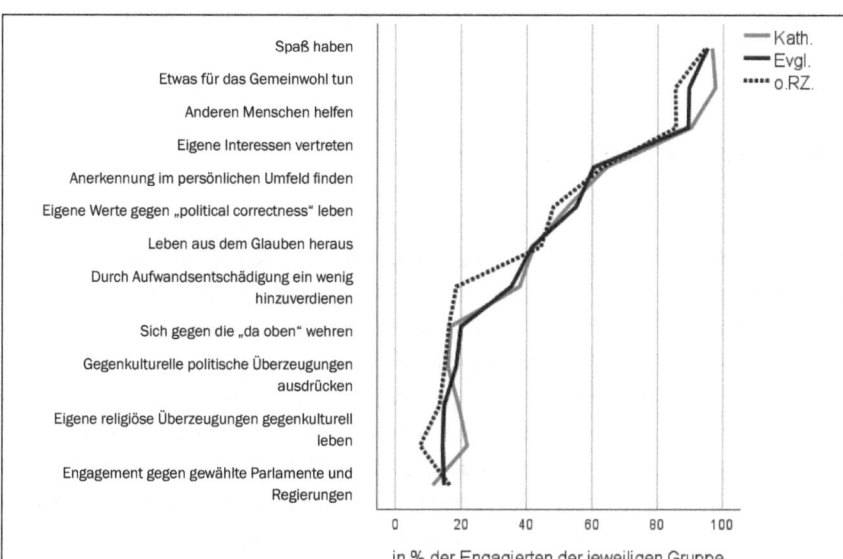

Quelle: Eigene Darstellung nach KMPK-Umfrage; Hinweise: Mehrfachantworten waren möglich. Die Anzahl der gültigen Antworten für die Statements liegt zwischen n = 1027 und n = 1040.

Allerdings finden sich Hinweise auf nennenswerte Minderheiten, die mit ihrem Engagement Motive verbinden, die auf Widerständigkeiten, Konfliktbereitschaft und Abgrenzung zu den Grundlagen der parlamentarischen Demokratie verweisen. Als Ausdruck eines Widerspruchs zu einer wahrgenommenen, inhaltlich nicht näher definierten *political correctness* sehen immerhin rund 40 Prozent ihr Engagement. 17 Prozent wehren sich „gegen die da oben", ebenso viele drücken religiöse oder politische Überzeugungen aus, von denen sie meinen, dass sie sie ansonsten öffentlich nicht zeigen dürfen. Immerhin 15 Prozent erklären ihr Engagement damit, dass „gewählte Parlamente und Regierungen eigentlich überholt sind und abgeschafft gehören". Letztes Statement verlässt eindeutig den Bereich des zivilgesellschaftlichen und demokratischen Grundkonsenses. Diese Zahlen bestätigen jene Stimmen in der älteren Forschung, die skeptisch

---

[126] Vgl. LIEDHEGENER, Unterschied.

gegenüber einer unvermittelten Gleichsetzung von Engagement und Zivilgesellschaft waren.[127] Stellt man diese Zahlen in den zeitgeschichtlichen Kontext in Deutschland, so drängt sich der Schluss auf, dass das freiwillige Engagement von den allgemeinen gesellschaftlichen Kräfte- und Konfliktlinien nicht unberührt geblieben ist. Nicht alles freiwillige Engagement ist im strikten Sinne zivilgesellschaftlich. In den weiteren Auswertungen nutzen wir die Frage nach dem gegen gewählte Parlamente und Regierungen gerichteten Engagement als Maß für die Existenz eines *dark social capital* im Feld des freiwilligen Engagements. In der vergleichenden Analyse mit anderen Faktoren wird sich zeigen, ob dieses *dark social capital* einen eigenen Effekt auf Vorurteile besitzt oder nicht.

2.4.2 Sozialpsychologische Erklärungsmuster
(Alexander Yendell)

Neben dem Sozialkapitalansatz sind sozialpsychologische Erklärungen wichtig. Im Bereich des Religiösen wurden diese bei den Bezügen auf Adorno und Allport bereits in der Einleitung angesprochen. Greift man das sowohl bei Adorno als auch bei Allport genutzte Argument der *Funktionalität von Religion* als Abgrenzungsmerkmal auf, dann kann man allerdings auf klassische Ansätze der Sozialpsychologie wie Gruppenbedrohungstheorien (*Group Threat Theories*) oder die *Social Identity Theory* zurückgreifen.[128] Alle Ansätze gehen davon aus, dass die subjektive, „gefühlte" Zugehörigkeit zu sozialen Gruppen für das eigene *Selbstwertgefühl* bedeutsam ist. Die *Social Identity Theory* sieht die Entscheidung eines Individuums, einer Gruppe beizutreten und sich ihr zugehörig zu fühlen, als Akt der Sicherung der eigenen Identität und der Steigerung des eigenen Selbstwertgefühls an. Das Selbstwertgefühl steigt bei einer guten bzw. gut anerkannten Position der Gruppe in der Gesellschaft. Diese Position kann die Gruppe durch (gemeinsame) Leistung oder durch die Abwertung anderer Gruppen und eine relationale Erhöhung der eigenen Gruppe anderen Gruppen gegenüber erreichen. Wichtig ist die *Konstruktion einer (imaginären) Fremdgruppe*, welche durch Kategorisierung der erste Baustein eines Vorurteils ist. Die zugeschriebenen (abwertenden) Vorurteile werden von den Gruppenmitgliedern der *In-Group* verinnerlicht, die Mitglieder der Referenzgruppe (*Out-Group*) dagegen werden Ziel der Zuweisung von Stereotypen, Kategorisierungen und Abwertungen. Entsprechende Kategorisierungen können die abgelehnte Referenzgruppe als gefährlich erscheinen lassen, was die Ablehnung nur verstärkt und verschärft.

---

[127] Vgl. Vortkamp, Integration durch Teilhabe.
[128] Tajfel, Social Identity.

Hier schließt die *Integrated Threat Theory* an: Sie postuliert eine Steigerung gruppenbezogener Vorurteile unter Bedrohungszuschreibungen.[129] Kulturell fremde Gruppen und Minderheiten eignen sich besonders gut für solche Zuschreibungen, weshalb Religionsgemeinschaften und ihre Mitglieder in den Blick kommen. Sie repräsentieren häufig kulturelle und identitäre Fremdheit.[130] Die Folge sind Vorurteile gegenüber als besonders bedrohlich angesehenen Gruppen. Diese Resultate konnten wir bereits in Kapitel 3.4 sehen. Für die multivariaten Erklärungsmodelle kommen noch drei weitere Zugänge in den Blick. Dies ist die Theorie des autoritären Charakters, daran anlehnend das Konzept der Verschwörungsmentalität und die Theorie der sozialen Dominanzorientierung. Die in den 1930er-Jahren entstandene sozialpsychologische Autoritarismusforschung erkannte in Anlehnung an die Psychoanalyse Sigmund Freuds einen Zusammenhang zwischen einer autoritären Persönlichkeit und antidemokratischen, ethnozentrischen und antisemitischen Einstellungen.[131] Der Bezug zur Psychoanalyse war durch die Annahme der Vertreter*innen dieses Ansatzes hergestellt, dass unbewusste Konflikte, die ihren Ursprung in der Kindheit hatten, neben seelischem Unbehagen für die Gesellschaft schädigende Einstellungen und Verhaltensweise erklären können. Autoritarismusforscher*innen richteten ihren Blick auf irrationale psychologische Mechanismen. Ausgangspunkt war, dass einige Menschen ähnliche Denkmuster aufwiesen und zu Ideologien neigten, die sie als Ausdruck „verborgener Züge der Charakterstruktur" einstuften.[132] Sie entdeckten neun Charakterstrukturen, die zum Teil miteinander in Verbindung stehen und unterschiedlich stark ausgeprägt sein können. Zusammen ergeben sie die sich durch „Ich-Schwäche" und einen fragilen Selbstwert auszeichnende *autoritäre Persönlichkeit*. Das Festhalten an Konventionen, das Unterwerfen unter einen Führer (um an dessen Stärke teilzunehmen), Machtorientierung, Destruktivität und Zynismus sind ihre Bestandteile. Die autoritäre Charakterstruktur ist empirisch nachweisbar mit Ethnozentrismus und Antisemitismus verbunden. Als Ursache für die autoritäre Charakterstruktur sahen die Autoritarismusforscher*innen autoritäre Erziehungsstile innerhalb von Familien. Kinder und später Erwachsene würden ihre Wut und Aggression nicht mehr gegen ihre autoritären Eltern, sondern gegen Außenstehende und Fremde richten, die zum Sündenbock werden. Es existiert also eine Pfadabhängigkeit zwischen ungünstigen Erziehungsbedingungen, Charakterstruktur und antidemokratischen, ethnozentrischen sowie antisemitischen Einstellungen. Heute werden Aspekte der autoritären Persönlichkeit als Einstellungsdimension *Autoritarismus*, üblicherweise in drei Unterdimensionen gemessen, die zu einem Gesamtindex summiert werden. Die Unterdimensionen sind Konventionalismus, autoritäre Unterwerfung und autoritäre Aggression.

---

[129] Stephan/Renfro, Threat in Intergroup Relations, 203–204; Stephan/Diaz-Loving/Duran, Integrated Threat Theory, 240–249.
[130] Brubaker, Difference.
[131] Reich, Faschismus; Horkheimer (Hrsg.), Autorität und Familie; Adorno/Frenkel-Brunswick/Levinson/Sanford, Authoritarian Personality.
[132] Adorno, Autoritärer Charakter.

Die Zustimmungswerte sind insbesondere bei den Aussagen zur autoritären Aggression hoch (Tab. 2.26).[133] Mehr als die Hälfte der Befragten stimmt der Aussage zu, dass Unruhestifter zu spüren bekommen sollten, dass sie in der Gesellschaft unerwünscht sind. Jeweils jeder Dritte meint, dass gegen Außenseiter und Nichtstuer in der Gesellschaft mit Härte vorgegangen werden soll und dass gesellschaftliche Regeln ohne Mitleid durchgesetzt werden sollten. 40 Prozent der Befragten stimmen einer Aussage der autoritären Unterwerfung zu, dass starke Führungspersonen gebraucht werden, damit wir in Sicherheit leben. Dem Festhalten an Traditionen (Konventionalismus) stimmt die Mehrheit der Befragten zu (50,7 Prozent), und nur etwa jeder dritte Befragte wünscht, dass bewährte Verhaltensweisen nicht in Frage gestellt werden.

Eine der neun Dimensionen des autoritären Charakters ist die *Projektivität*, die aus Sicht der Leipziger Autoritarismusforscher*innen zentral für die *Verschwörungsmentalität* ist.[134] Diese Dimension knüpft an den in der Psychoanalyse beschriebenen Abwehrmechanismus der *Projektion an*, bei dem vor dem Hintergrund innerpsychischer Konflikte eigene, unerwünschte Motive, Impulse, Affekte und Wünsche auf die Außenwelt bzw. auf andere Menschen oder ganze Gruppen übertragen werden. In der Welt von Verschwörungstheoretiker*innen soll „das Realitätsprinzip nicht mehr gelten" und die Welt sich „an den eigenen Bedürfnissen anpassen".[135] Ein Mensch mit ausgeprägter Verschwörungsmentalität glaubt daran, dass politische Entscheidungen von rational kalkulierenden Menschen getroffen werden, die im Geheimen und mit bösen Absichten agieren.[136] Diese Gruppen kontrollieren die Gesellschaft. Menschen, die zu Verschwörungsideologien neigten, setzen sich nicht mit der Komplexität gesellschaftlicher Probleme auseinander, sondern richten ihre autoritäre Aggression gegen Gruppen und Personen, da diese leicht aufzuspüren und ins Visier zu nehmen sind.[137]

Tab. 2.26: Maßzahlen der Messung von Autoritarismus 2020 (in Prozent)

	Stimme gar nicht/wenig zu	Stimme etwas zu	Stimme ziemlich/ voll und ganz zu
Autoritäre Aggression			
Gegen Außenseiter und Nichtstuer sollte in der Gesellschaft mit aller Härte vorgegangen werden.	34,2	32,7	33,0
Unruhestifter sollten deutlich zu spüren bekommen, dass sie in der Gesellschaft unerwünscht sind.	21,5	25,7	52,7
Gesellschaftliche Regeln sollten ohne Mitleid durchgesetzt werden.	32,1	35,5	32,4

---

[133] DECKER/SCHULER/YENDELL/SCHLIESSLER/BRÄHLER, Autoritäres Syndrom, 179–209.
[134] Ebd.
[135] Ebd.
[136] IMHOFF/DECKER, Verschwörungsmentalität, 146–162.
[137] DECKER/SCHULER/BRÄHLER, Autoritäres Syndrom, 117–156.

	Stimme gar nicht/wenig zu	Stimme etwas zu	Stimme ziemlich/ voll und ganz zu
Autoritäre Unterwürfigkeit			
Wir brauchen starke Führungspersonen, damit wir in der Gesellschaft sicher leben können.	27,2	29,0	43,7
Menschen sollten wichtige Entscheidungen in der Gesellschaft Führungspersonen überlassen.	49,8	31,3	18,9
Wir sollten dankbar sein für führende Köpfe, die uns genau sagen, was wir tun können.	50,7	32,4	16,9
Konventionalismus			
Traditionen sollten unbedingt gepflegt und aufrechterhalten werden.	16,3	32,9	50,7
Bewährte Verhaltensweisen sollten nicht in Frage gestellt werden.	32,7	34,0	33,3
Es ist immer das Beste, Dinge in der üblichen Art und Weise zu machen.	43,6	36,0	20,5

Quelle: Eigene Berechnungen mit KMPK (n = 2260); Hinweise: Skalierung: 1 = „stimme gar nicht zu", 2 = „stimme wenig zu", 3 = „stimme etwas zu", 4 = „stimme ziemlich zu", 5 = „stimme voll und ganz zu"; Interne Konsistenzen (Cronbachs Alpha): autoritäre Aggression, Cronbachs Alpha = .80; autoritäre Unterwürfigkeit, Cronbachs Alpha = .80; Konventionalismus, Cronbachs Alpha = .80.

Tab. 2.27: Zustimmung bzw. Ablehnung zur Verschwörungsmentalität 2020 (in Prozent)

	Stimme nicht zu (1–3)	(4)	Stimme zu (5–7)
Die meisten Menschen erkennen nicht, in welchem Ausmaß unser Leben durch Verschwörungen bestimmt wird, die im Geheimen ausgeheckt werden.	50,2	19,5	30,4
Es gibt geheime Organisationen, die großen Einfluss auf politische Entscheidungen haben.	43,8	18,0	38,1
Politiker und andere Führungspersönlichkeiten sind nur Marionetten der dahinterstehenden Mächte.	47,5	19,1	33,4

Quelle: Eigene Berechnungen LAS-KMPK 2020; Hinweise: Skalierung: 1 = „stimme überhaupt nicht zu" bis 7 = „stimme voll und ganz zu"; Werte in Prozent; Cronbachs Alpha = .91.

Der Glaube an Verschwörungstheorien ist weit verbreitet: 30 Prozent der Bevölkerung Deutschlands stimmen der Aussage zu: „Die meisten Menschen erkennen nicht, in welchem Ausmaß unser Leben durch Verschwörungen bestimmt wird, die im Geheimen ausgeheckt werden." Etwas mehr als ein Drittel (38 Prozent) glaubt an „geheime Organisationen, die großen Einfluss auf politische Entscheidungen haben", genau ein Drittel der Befragten stimmt der Aussage zu, „Politiker und Führungspersönlichkeiten sind nur Marionetten der dahinterstehenden Mächte" (Tab. 2.27). Durch die Verzahnung von Esoterik und Verschwörungsmentalität in dem Komplex der Projektivität ergibt sich eine gewisse Erwartung an potenzielle Ergebnisstrukturen, die vor dem Hintergrund von aktuellen Ereignissen (Querdenkerdemonstrationen) Binnenbeziehungen vermuten lässt.

Eine weitere Theorie zur Erklärung von Vorurteilen ist die *soziale Dominanztheorie*.[138] Sie konzentriert sich auf die Aufrechterhaltung und Stabilität gruppenbasierter sozialer Hierarchien. Diese Hierarchien verleihen dominanten Gruppen Privilegien und sind in fast allen Gesellschaften vorhanden. Nach Sidanius und Pratto bestehen Hierarchien aus drei Systemen: (1) Alter (Erwachsene sind privilegierter als Kinder); (2) Geschlecht (Männer haben meist mehr Macht als Frauen); (3) ein willkürliches System (kulturell definierte gruppenbasierte Hierarchien). Speziell für den letzten Aspekt wurde ein Messinstrument entworfen: die *soziale Dominanzorientierung* (SDO). Die SDO ist ein Maß für den individuellen Grad der Akzeptanz gruppenbezogener Hierarchien und der Ungleichheiten.[139] Soziale Dominanzorientierung wird eine hohe Erklärungskraft für Vorurteile oder politischen Einstellungen zugeschrieben.[140]

Abb. 2.3: Zustimmung zu Aussagen zur sozialen Dominanz

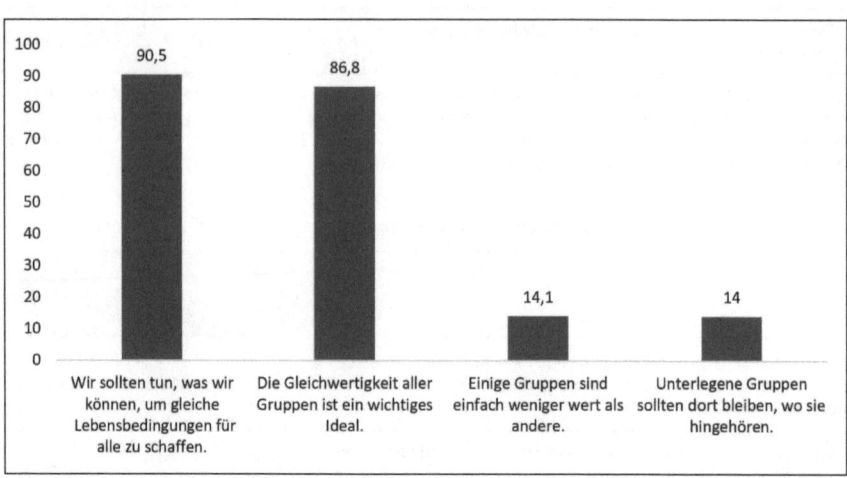

Quelle: Eigene Berechnungen LAS-KMPK 2020; Hinweise: Skalierung: 1 = „stimme gar nicht zu", 2 = „stimme eher nicht zu", 3 = „stimme eher zu", 4 = „stimme voll zu" (hier: Zustimmungswerte zu „stimme eher" bzw. „stimme voll zu").[141]

Insgesamt fällt die Zustimmung übersichtlich aus. Aber immerhin noch um die 14 Prozent der Befragten weisen eine ausgesprochene soziale Dominanzorientierung auf. Wir gehen davon aus, dass sowohl autoritäre Einstellungsmuster, die Verschwörungsmentalität als auch die soziale Dominanzorientierung Erklärungspotenzial in Bezug auf Vorurteile aufweisen.

---

[138] Sidanius/Pratto, Social Dominance.
[139] Pratto/Sidanius/Stallworth/Malle, Social Dominance Orientation, 741–63.
[140] Newmann/Hartmann/Taber, Social Dominance, 165–86; Dru, Authoritarianism, 877–883; Cohrs/Asbrock, Right-Wing Authoritarianism, 270–289; Uenal, Disentangling Islamophobia, 66–90.
[141] Ein summierter Index der vier vorgestellten Indikatoren wird in den folgenden Regressionsanalysen als soziale Dominanzorientierung eingesetzt werden.

2.5 Kirchenmitgliedschaft, Religiosität und Vorurteile gegenüber sozialen Gruppen

(Gert Pickel)

2.5.1 Kausale Analytik und theoretische Zugänge

Die in Abschnitt 2.3 aufgezeigten Betrachtungen erbrachten bislang begrenzte oder ambivalente Wirkungen von Kirchenmitgliedschaft auf Vorurteile. Diese Ergebnisse passen sich gut in bereits vorliegende Studienergebnisse ein, selbst wenn die Zahl der hier untersuchten Vorurteile die in anderen Studien berücksichtigten gruppenbezogenen Vorurteile bei weitem übersteigt.[142] Bedeutet dies nun, dass von Religion und Religiosität kein Einfluss auf Vorurteile zu erwarten ist? Sicher nicht. Einfache Häufigkeitsbetrachtungen sind in der Regel unzureichend, um wirklich etwas über die „wahren" Wirkungen von Religiosität auf Vorurteile auszusagen. Hierfür ist es notwendig, Religiosität in breiterer Form in die Analysen einzubeziehen und die Einflüsse auf bestimmte Vorurteile hinsichtlich alternativer Erklärungsfaktoren zu kontrollieren. Dies bedeutet, die in Kapitel 2.2 bereits vorgestellten Konstrukte zur Messung der Zentralität von Religiosität, Paraglaube, Säkularismus, Mono-Religiosität und Trans-Religiosität werden neben Indikatoren für bedeutsame (und teilweise in Kapitel 2.4 bereits ausgeführte) Erklärungsmodelle für Vorurteile in Kausalanalysen, respektive Regressionsanalysen, eingesetzt.[143] Auf diese Weise werden Wechselwirkungen zwischen Erklärungsfaktoren berücksichtigt, wie z. B. zwischen einer dogmatischen und auf traditionale Werte ausgerichteten Erziehung im Allgemeinen und mit Bezug auf Religion.

Bei den statistischen Analysen folgen wir einem *dreigliedrigen Vorgehen*, um die Effekte von Religiosität und Kirchenmitgliedschaft gut erkennbar zu machen. In einem ersten Schritt berechnen wir die Effekte allein der Religionsvariablen auf die Vorurteile (Modell 1). Hierbei werden noch keine (nicht-religiösen) Kontextfaktoren berücksichtigt. Auf diese Weise werden direkte Effekte, aber auch noch inkludierte indirekte Effekte, die sich in den Indikatoren des Religiösen ansammeln, gemessen. Der Einbezug von Kontrollfaktoren geschieht in einem zweiten Schritt (Modell 2). Auf diese Weise kann ermittelt werden, welche Effekte religiöse Variablen unter Einbezug alternativer Erklärungsfaktoren erhalten können – und wie viel Erklärungskraft durch die alternativen Faktoren für sich beansprucht wird.

---

[142] ALLPORT/ROSS, Religious Orientation, 432–443.
[143] Zur Vermeidung von Kollinearitäten wird nur die allgemeinste der drei Zentralitätsskalen in die folgenden Analysen integriert. Aus dem selben Grund bleiben die Skalen zu religiösen Emotionen und zur Kirchengemeinde als soziale Ressource ausgeklammert. Neben diesen statistischen Gründen ist es auch theoretisch sinnvoll, den Zentralitätsparameter nur durch eine Skala zu modellieren und ihn durch vier religiöse Orientierungen zu ergänzen, von denen angenommen werden kann, dass sie das religiöse Erleben und Verhalten in unterschiedliche Richtungen lenken. Kollinearität bezeichnet den Zustand, wenn zwei Erklärungsvariablen sich überlappende Effekte hervorrufen. Dies ist aus Sicht der empirischen Forschung ungünstig, da so möglicherweise statistische Fehler oder Fehlinterpretationen von einzelnen Variablen entstehen können. Multikollinearität bedeutet das gleiche für mehrere Variablen.

Exkurs: Einige Anmerkungen zum Verständnis der multiplen Regressionsanalyse
Die ausgewiesenen Beta-Werte (Werte in den Tabellen) können zwischen 0 (kein Effekt) und 1 (vollständige Übereinstimmung) variieren. Entscheidend für die Bestimmung eines Effektes ist die Feststellung der statistischen Signifikanz. Die Effekte sind entlang ihrer Vorzeichen interpretierbar: Ein – kennzeichnet einen negativen Effekt, ein + einen positiven Effekt von einer unabhängigen Variable (z. B. Konfessionsmitgliedschaft, Religiosität, Alter usw.) auf die abhängige Variable (in unserem Fall gruppenbezogene Vorurteile). Inhaltlich zu lesen ist dies z. B. bei einem Effekt +.20 bei Alter auf Vorurteile gegenüber Muslim*innen, dass Menschen mit einem höheren Lebensalter eine höhere Wahrscheinlichkeit besitzen, Vorurteile gegenüber Muslim*innen aufzuweisen. Alle signifikanten Werte besitzen Bedeutung. Der Wert R-Quadrat beschreibt die Gesamterklärungskraft eines Modells. Ein Wert unter .10 verweist auf eine eher geringe Gesamterklärungskraft, Werte über R-Quadrat >.30 sind in Individualkorrelationen (statistische Beziehungsmessungen zwischen Befragten aus repräsentativen Umfragen oder anderen Erhebungsformen über 1000 Befragte) als extrem hohes Gesamterklärungspotenzial anzunehmen. Bei der Interpretation der Beta-Werte der Regression erfolgt eine Konzentration (a) auf die Signifikanz eines Effektes (besitzt eine Variable und ein damit verbundenes Phänomen überhaupt einen Einfluss) und (b) in welcher relativen Position stehen die Faktoren zueinander. Ein direkter Vergleich zwischen den Koeffizienten ist aufgrund der unterschiedlichen Fallzahlen nicht angebracht, allerdings kann man Veränderungen oder Ähnlichkeiten der Relationen in den Tabellen zwischen diesen durchaus interpretieren.

Dabei kann es gut sein, dass miteinander agierende Effekte zwischen Religiositätsvariablen und anderen Indikatoren bei letzten mit eingehen. Bleibt trotzdem ein Effekt, so muss man von einer eigenständigen Wirksamkeit ausgehen. In einem dritten Schritt werden die Ausprägungen der Religiosität in Mono- und Trans-Religiosität hinzugefügt. Da diese konzeptionell nur für religiöse Menschen erhoben werden können, basieren die in Modell 3 vorgestellten Ergebnisse allein auf Mitgliedern der beiden Großkirchen, was sich in einer signifikant geringeren Fallzahl niederschlägt in Modell 3. Die Modelle 1 und 2 nutzen dagegen die Stichprobe der Mitglieder der Großkirchen und Menschen ohne Religionszugehörigkeit (Kapitel 2.1). Alle Unterstichproben sind als repräsentativ anzusehen.

Als alternative Erklärungsfaktoren neben den religiösen Begründungen nutzen wir die in Kapitel 2.4.2 beschriebene *autoritäre Dynamik* mit der Ausbildung autoritärer Überzeugungen, die soziale Dominanzorientierung und Verschwörungsmentalität.[144] Auch das

---

[144] Die Erhebung dieser Faktoren stellt eine besondere Stärke des kombinierten LAS-KMPK-Datensatzes dar. Vor allem, wenn man die zuletzt viel diskutierte Neigung zur Verschwörungsmentalität bedenkt, die in Umfragen selten erhoben wird. Hierzu Schliessler/Hellweg/Decker, Esoterik und Verschwörungsmentalität, 283–310; Pickel/Pickel/Yendell, Zersetzungspotentiale, 89–118; Heitmeyer, Autoritäre Versuchungen; Rees/Lamberty, Verschwörungsmythen, 203–222.

im Sozialkapitalansatz inkludierte zivilgesellschaftliche Engagement, soziales Vertrauen und sogenanntes *dark social capital* werden in den Analysen als eigenständige Erklärungsfaktoren berücksichtigt (siehe Kapitel 2.4.1). Neben den sozialpsychologischen Argumenten werden die politische Effektivität und die Haltung zu sozioökonomischen Entwicklungen aufgenommen. Während erstes aus der politischen Einstellungsforschung stammt und man davon ausgeht, dass die Wahrnehmung, politisch unrelevant zu sein, sich negativ auf die Haltung gegenüber anderen Menschen und Gruppen auswirkt, nimmt zweites den Gedanken der sozio-ökonomischen Deprivation als Erklärungsmerkmal mit auf. Hier wird nach Gedanken der *Group Threat Theory* davon ausgegangen, dass sozioökonomische Deprivation zu Gruppenablehnungen führt – auch um das eigene Selbstbewusstsein zu steigern und potenzielle Neidgefühle gegenüber angeblich bevorteilten Gruppen zu bearbeiten.[145] Zuletzt berücksichtigt wird die politisch-ideologische Positionierung auf der Links-Rechts-Skala, um politische Positionen angemessen zu berücksichtigen. Gerade für die Haltung gegenüber Geflüchteten und Muslim*innen, aber auch hinsichtlich einer Offenheit für sekundären Antisemitismus sind aus der Forschung Effekte einer rechten politischen Orientierung bekannt.[146]

2.5.2 Empirische Begründungen antisemitischer Ressentiments

Wie die in Kapitel 2.3 durchgeführte Faktorenanalyse aufgezeigt hat, unterschieden sich gruppenbezogene Vorurteile grob in drei Gruppen: Vorurteile gegenüber sozialen Gruppen, antisemitische Ressentiments sowie Vorurteile gegenüber sexueller und geschlechtlicher Vielfalt. Da sich allerdings die Bezugsgruppen nicht nur hinsichtlich der betroffenen Gruppen, sondern oft auch hinsichtlich der Stärke der Vorurteile unterscheiden, scheint es uns sinnvoll, unterschiedliche von Vorurteilen betroffene Gruppen für sich darzustellen. Dies gilt umso mehr, weil hinsichtlich der kategorisierten Gruppen unterschiedliche Diskurse existieren. Dies trifft gleich für die erste Gruppe zu – Jüd*innen. Gerade aus christlicher Sicht handelt es sich hier um ein wichtiges Gebiet der empirischen Erforschung. So stellt sich doch mit der Tradition eines lange währenden Antijudaismus die Frage, inwieweit religiöse Positionen immer noch einen Einfluss auf antisemitische Ressentiments besitzen, oder ob die Diskussionen um den Antisemitismus und den Holocaust in der deutschen Gesellschaft und der christlich-jüdische Dialog mittlerweile solche Einstellungen verdrängt haben.

Nun hat sich der Antisemitismus in den vergangenen Jahrhunderten und spätestens nach 1945 in Deutschland verändert. So gab es über die Jahrzehnte hinweg vielfältige Debatten, die in den vergangenen Jahren mit Beobachtungen eines „neuen Antisemi-

---

[145] Blumer, Race Prejudice, 3–7.
[146] Küpper/Berghan/Rees, Rechtspopulismus, 173–202.

tismus" belebt wurden.[147] Folge ist eine differenzierte Wahrnehmung. Wie bereits in Kapitel 2.3 dargelegt, hat sich in der quantitativ-empirischen Forschung zu antisemitischen Ressentiments verstärkt eine Erfassung von drei Formen antisemitischer Ressentiments herauskristallisiert: zum einen den traditionellen primären Antisemitismus, einen sekundären Antisemitismus und einen israelbezogenen Antisemitismus. Alle drei durchaus untereinander verbundenen Dimensionen gegenwärtiger antisemitischer Ressentiments werden Regressionsanalysen unterzogen. Die Ergebnisse könnte man aus evangelischer Sicht fast erfreulich nennen. So wurde zwar bereits deutlich, dass auch unter Protestant*innen antisemitische Ressentiments nicht verschwunden sind (Kapitel 2.3), gleichwohl liegen sie unter dem Bevölkerungsschnitt. Dies belegen nun auch bei Kontrolle anderer Einflussfaktoren die durchweg negativen Regressionskoeffizienten in den unterschiedlichen Modellen zu allen drei Formen antisemitischer Ressentiments.

Tab. 2.28: Einflussfaktoren von antisemitischen Ressentiments

	Primärer Antisemitismus			Sekundärer Antisemitismus			Israelbezogener Antisemitismus		
	M1	M2	M3	M1	M2	M3	M1	M2	M3
Katholisch	n.s.	n.s.	n.s.	n.s.	n.s.	+.08	n.s.	n.s.	n.s.
Evangelisch	-.10	-.07	-.09	-.06	-.05	n.s.	-.10	-.08	-.10
Zentralität der Religiosität (CRSI-7)	-.13	n.s.	n.s.	-.09	n.s.	n.s.	-.08	n.s.	n.s.
Paraglaube	+.20	+.09	+.09	+.15	n.s.	n.s.	+.16	+.05	n.s.
Säkularismus	+.12	+.03	n.s.	+.05	n.s.	n.s.	+.06	n.s.	n.s.
Trans-religiöse Orientierung			-.10			-.06			n.s.
Mono-religiöse Orientierung			+.08			+.08			n.s.
Geschlecht (Richtung: Frau)		-.06	-.09		n.s.	n.s.		n.s.	n.s.
Alter		+.06	+.06		n.s.	n.s.		n.s.	n.s.
Haushaltseinkommen		n.s.	n.s.		n.s.	n.s.		n.s.	n.s.
Bildungsniveau (hohe formale Bildung)		n.s.	n.s.		-.08	-.09		n.s.	n.s.
Bildungsniveau (niedrige formale Bildung)		n.s.	n.s.		n.s.	n.s.		+.06	+.05
Politische Effektivität Einschätzung wirtschaftlicher Lage des Landes als gut		-.04	-.07		-.09	-.09		-.06	-.07
Eigene Wirtschaftslage ist gut		-.05	n.s.		n.s.	n.s.		n.s.	n.s.
Soziale Dominanzorientierung		+.30	+.24		n.s.	n.s.		+.11	+.06
Autoritarismus		+.18	+.15		+.28	+.28		+.28	+.26

---

[147] Lipstadt, Neuer Antisemitismus; Heilbronn/Rabinovici/Sznaider, Neuer Antisemitismus?

	Primärer Antisemitismus			Sekundärer Antisemitismus			Israelbezogener Antisemitismus		
Verschwörungsmentalität		+.26	+.30		+.27	+.28		+.26	+.27
Ideologische Links-Rechts-Orientierung (Ausrichtung rechts)		+.04	n.s.		+.18	+.17		+.05	+.07
Sozialvertrauen		-.07	-.05		n.s.	n.s.		-.07	-.07
Dark Social Capital		+.04	n.s.		n.s.	n.s.		n.s.	n.s.
Soziales Engagement		-.08	-.06		n.s.	n.s.		n.s.	n.s.
Fallzahlen (n=)	2177	1934	1172	2155	1942	1176	2144	1939	1176
R-Quadrat	0.07	0.48	0.46	0.03	0.35	0.33	0.04	0.35	0.31

Quelle: Eigene Berechnungen; Hinweise: paarweiser Ausschluss; ausgewiesene Werte alle p<.05; Endergebnisse einer schrittweisen Regression, n.s. = nicht signifikant.[148] Geringe Fallzahlen in Modellen 2 und 3 gegenüber Modell 1 resultieren aus einer zunehmenden Ansammlung von Nichtantworten der Befragten mit einer höheren Zahl an einbezogenen Variablen. Zudem werden in Modell 3 gezielt nur Mitglieder der evangelischen und der katholischen Kirche als Stichprobe verwendet.

Protestant*innen sind also antisemitischen Ressentiments gegenüber resistenter als andere Bundesbürger*innen. Die Effekte überstehen, wie Modell 2 zeigt, die Hinzunahme weiterer Erklärungsfaktoren (Tab. 2.28). Gleiches gilt für den Paraglauben beim *primären Antisemitismus*, und dies, obwohl die dem Paraglauben verwandte Verschwörungsmentalität den stärksten Einfluss auf primären Antisemitismus gewinnt. Die bereits lange existierenden Kategorisierungen von Jüd*innen oder „dem Juden" scheinen auch heute noch Triebkraft für die Ablehnung von Jüd*innen zu sein. Darin stecken auch Sozialisationseffekte, wie der eigenständige Effekt des Alters belegt. Neben der Verschwörungsmentalität ist die soziale Dominanzorientierung der stärkste Faktor für den primären Antisemitismus. Bemerkenswert ist deren Effektverfall für den *sekundären Antisemitismus*. Dieser auf Schuldabwehr und gelegentlich Schuldumkehr basierende Antisemitismus wird fast ausschließlich aus einer Mischung aus autoritären Orientierungen und Verschwörungsmentalität geprägt. Allein ein formal niedrigeres Bildungsniveau und eine als schlechter wahrgenommene wirtschaftliche Lage des Landes sind noch zusätzlich für diesen Antisemitismus förderlich. Anders als beim primären Antisemitismus verschwinden beim sekundären Antisemitismus die Effekte der Religiosität, wenn man die Differenzierung zwischen Mono- und Trans-Religiosität hinzunimmt. So neigen trans-religiöse Kirchenmitglieder eher zu einer Distanz gegenüber antisemitischen Ressentiments, seien sie primär oder sekundär ausgerichtet, mono-religiöse Kirchenmitglieder sind dagegen etwas stärker für antisemitische Ressentiments anfällig. Für den *israelbezogenen Antisemitismus* verschwinden diese Effekte. Wie der sekundäre Antisemitismus wird der israelbezogene Antisemitismus durch eine Verbindung

---

[148] In dem Modell 3, welches auf die Kirchenmitglieder beschränkt ist, wurden aus statistischen Gründen (Multikollinearität) zwei Modelle gerechnet und jeweils eine Religionsgemeinschaft ausgespart. Effekte der Kollinearität wurden bereits einige Fußnoten vorher eingeführt.

aus autoritärer Persönlichkeit und Offenheit für Verschwörungserzählungen geprägt. Die für den sekundären Antisemitismus noch beachtliche Prägekraft einer politisch-ideologisch rechten Ausrichtung reduziert sich beim israelbezogenen Antisemitismus allerdings massiv. Neben einem leicht förderlichen Effekt des Paraglaubens erweist sich eine Zugehörigkeit zur evangelischen Kirche wieder als Puffer. Dies ist auch die zentrale Aussage für die religiösen Indikatoren, welche stabil die Hinzunahme der zentralen Prägekräfte überstehen: *Eine evangelische Konfessionszugehörigkeit reduziert antisemitische Ressentiments, während Paraglauben und Verschwörungsmentalität sie stärken.* Starke Überreste eines Antijudaismus sind nicht oder vermutlich nur in kleinen Randgruppen der christlichen Kirchen zu finden. Im Gegenteil, eher ist ein überzeugter Säkularismus antisemitischen Ressentiments zuträglich.

2.5.3 Die Relevanz von Religiosität für Vorurteile gegenüber Geflüchteten und Muslim*innen

Mit den Fluchtbewegungen 2015 etablierte sich eine zunehmende Debatte um Geflüchtete, Fluchtgründe und Integration im Allgemeinen. In dieser Debatte nahm auch die Evangelische Kirche in Deutschland eine Position zur Seenotrettung ein, die von einigen Mitgliedergruppen durchaus kritisch gesehen wurde. Auch hier führen wir Regressionsanalysen durch.[149] Wie bereits in der deskriptiven Darstellung gesehen, erweist sich die Mitgliedschaft in der katholischen oder evangelischen Kirche als ambivalent oder statistisch neutral bzw. ohne Effekt.[150] Salopp gesagt, es gibt Kirchenmitglieder, die Geflüchteten gegenüber ausgesprochen offen sind, und es gibt Kirchenmitglieder, welche Bedenken und Vorurteile ihnen gegenüber aufweisen. Dies zeigten auch die Zugänge in Teilprojekt 3. Nimmt man differenziertere Messungen der Religiosität hinzu, so können die Effekte deutlich besser zugeordnet werden: Religiosität, wie sie über die Zentralität der Religiosität gemessen wird, reduziert Vorurteile gegenüber Geflüchteten. Genau gegensätzlich wirken – wie schon bei den antisemitischen Ressentiments – der Paraglaube und Säkularismus. Diese Effekte schwächen sich zwar erwartungsgemäß beim Einbezug alternativer Erklärungsfaktoren ab, bleiben aber (in Modell 2) signifikant. *Es sind also eher außerchristliche Formen der Religiosität, welche sich als problematisch für eine plurale Gesellschaft erweisen als christliche Religiosität*, ohne dass Kirchenmitglieder frei von Ressentiments wären.

Von den nichtreligiösen Faktoren befördern vor allem eine soziale Dominanzorientierung, autoritäre Vorstellungen sowie eine rechte Orientierung auf dem politisch-ideo-

---

[149] Dabei ist auf die R-Quadrat-Werte zu verweisen, welche die für Individualdatenanalysen hohe Erklärungskraft der Regressionsmodelle ausweisen. Die ausgewählten Indikatoren sind in der Lage, einen beachtlichen Anteil der Vorurteile gegenüber Geflüchteten und Muslimfeindlichkeit statistisch aufzulösen.
[150] Siehe auch Liedhegener/Pickel/Odermatt/Yendell/Jaeckel, Religiöse Identitäten.

logischen Spektrum zusammen mit der Offenheit für Verschwörungserzählungen Vorurteile gegenüber und die Ablehnung von Geflüchteten. Dem wirkt ein vorhandenes Sozialvertrauen und in Grenzen soziales Engagement entgegen. Da letzteres oft im erweiterten religiösen Raum durch Gelegenheitsstrukturen geschaffen wird, wirkt Religion doppelt diesen Vorurteilen entgegen. Es sind vor allem, oft früh in der Sozialisation internalisierte, Persönlichkeitsmerkmale für die Haltungen gegenüber Geflüchteten und Muslim*innen bedeutsam. Dies zeigt sich auch bei einem erweiterten Blick für religiöse Vorstellungen unter den Kirchenmitgliedern: Trans-Religiosität senkt die Vorurteile.

Der letzte Aspekt ist nicht überraschend, denn die Erklärungsstruktur für Muslimfeindlichkeit oder von Vorurteilen gegenüber Muslim*innen weist eine beachtliche Ähnlichkeit zu der Erklärungsstruktur der Vorurteile gegenüber Geflüchteten auf. Konform zu alternativen empirischen Ergebnissen scheint eine *Kategorisierung von Geflüchteten als muslimischen Geflüchteten* zu existieren, die faktisch zu einer Gleichsetzung von Geflüchteten mit Muslim*innen zu führen scheint.[151] Zwischen beiden Erklärungsstrukturen gibt es nur kleinere Unterschiede hinsichtlich der Effektstärken. Für die religiösen Indikatoren interessant ist der stärker reduzierende Effekt einer trans-religiösen Orientierung sowie das Auftauchen einer bei den Geflüchteten noch nicht signifikanten mono-religiösen Haltung als Muslimfeindlichkeit befördernd. Allein in diesem dritten Modell nur für die Kirchenmitglieder differenziert sich die bislang wirksame Religiosität in zwei gegensätzliche Effekte der mono-religiösen und trans-religiösen Orientierung (Tab. 2.29). Während die eine Seite die Ähnlichkeiten betont und möglicherweise dem Prinzip der „Geschwisterlichkeit" oder „Nächstenliebe" nach Adorno folgt, identifiziert die andere Gruppe von religiösen Menschen Muslim*innen als kulturell fremd und religiös different.[152] Aufgrund der Wirkungen der beiden gegensätzlichen Verständnisse von Religiosität verschwindet der bisherige Effekt der Zentralität der Religiosität. D. h., die *Kirchenmitglieder zerfallen in drei Gruppen*: eine Gruppe ohne trans- noch mono-religiösen Orientierungen, eine kleine Gruppe mit mono-religiöse Orientierungen mit deutlich häufigeren Vorurteilen gegenüber Geflüchteten und Muslim*innen sowie eine etwas größere Gruppe von trans-religiösen Kirchenmitgliedern, welche seltener entsprechende Vorurteile besitzen. In der letzten Gruppe dürften sich die seit 2015 Engagierten in der Betreuung von Geflüchteten auffinden. Ebenfalls zu beachten sind noch die Vorurteile gegenüber Geflüchteten und Muslim*innen befördernden außerchristlichen Faktoren Säkularismus und Paraglaube. Sie besitzen eine hohe Stabilität und bleiben über alle Modelle, also allein bei den (säkularen) Kirchenmitgliedern (Modell 3) wie auch beim Vollmodell mit vielen Erklärungsfaktoren (Modell 2), signifikant erhalten. Bei den Vorurteilen gegenüber Geflüchteten geraten sie in direkten Gegensatz zur positiven Wirkung religiöser Zentralität.

---

[151] PICKEL/PICKEL, Flüchtling als Muslim, 279–324.
[152] SHOOMAN, Antimuslimischer Rassismus.

Tab. 2.29: Einflussfaktoren von Vorurteilen gegenüber Geflüchteten und Muslim*innen

	Vorurteile gegenüber Geflüchteten			Vorurteile gegenüber Muslim*innen		
	M1	M2	M3	M1	M2	M3
Katholisch	n.s.	n.s.	n.s.	n.s.	n.s.	n.s.
Evangelisch	n.s.	n.s.	n.s.	n.s.	n.s.	n.s.
Zentralität der Religiosität (CRSI-7)	-.18	-.07	n.s.	-.14	n.s.	n.s.
Paraglaube	+.16	+.06	+.07	+.16	+.04	+.07
Säkularismus	+.14	+.07	+.06	+.15	+.07	+.05
Trans-religiöse Orientierung			-.11			-.20
Mono-religiöse Orientierung			n.s.			+.10
Geschlecht (Richtung: Frau)		n.s.	n.s.		n.s.	n.s.
Alter		n.s.	n.s.		n.s.	n.s.
Haushaltseinkommen		n.s.	n.s.		-.04	-.06
Bildungsniveau (hohe formale Bildung)		n.s.	n.s.		-.05	n.s.
Bildungsniveau (niedrige formale Bildung)		n.s.	n.s.		n.s.	n.s.
Politische Effektivität Einschätzung wirtschaftlicher Lage des Landes als gut		-.14	-.13		-.11	-.14
Eigene Wirtschaftslage ist gut		-.04	n.s.		-.06	-.08
Soziale Dominanzorientierung		+.28	+.28		+.27	+.22
Autoritarismus		+.14	+.10		+.16	+.11
Verschwörungsmentalität		+.15	+.14		+.20	+.20
Ideologische Links-Rechts-Orientierung (Ausrichtung rechts)		+.17	+.13		+.16	+.17
Sozialvertrauen		-.11	-.11		-.10	-.11
Dark Social Capital		n.s.	n.s.		n.s.	n.s.
Soziales Engagement		-.04	-.07		-.04	-.04
Fallzahlen (n=)	2213	1964	1174	2213	1962	1171
R-Quadrat	0.06	0.45	0.44	0.05	0.49	0.50

Quelle: Eigene Berechnungen; Hinweise: paarweiser Ausschluss; letzte Ergebnisse schrittweise Regressionsanalysen; ausgewiesene Werte alle p<.05. Geringe Fallzahlen in Modellen 2 und 3 gegenüber Modell 1 resultieren aus einer zunehmenden Ansammlung von Nichtantworten der Befragten mit einer höheren Zahl an einbezogenen Variablen. Zudem werden in Modell 3 gezielt nur Mitglieder der evangelischen und der katholischen Kirche als Stichprobe verwendet.

Werfen wir einen Blick auf den Antiziganismus, Klassismus und die Abwertung von Menschen mit Behinderungen. Die bei den vorangegangenen Vorurteilen/Ressentiments ermittelten Grundmuster replizieren sich hier. Eine soziale Dominanzorientierung, der Hang zur Offenheit gegenüber Verschwörungserzählungen und autoritäre Orientierungen befördern alle diese Vorurteile und Abwertungen. Am geringsten noch ist die Gesamterklärungskraft des Modells für die Abwertung von Menschen mit Behinderungen. Dieses Vorurteil ist ja auch bei den deskriptiven Darstellungen das am geringsten verbreitete gewesen (Kapitel 2.3). Ein Grund dürfte auch sein, dass autoritäre Überzeugungen – bisher eigentlich immer ein zentraler Triebfaktor für Vorurteile – hier ohne Einfluss sind. Paraglauben und anfangs auch Religiosität zeigen zwar Effekte, aber auf einem niedrigen Erklärungsniveau (Tab. 2.30).

Ähnlich sieht es beim Antiziganismus und Klassismus aus. Zwar zeigen die Analysen alleine mit den Religionsindikatoren Effekte (Modell 1), abgesehen von der Vorurteile steigernden Wirkung von Paraglauben bleibt bei Kontrolle anderer Faktoren aber nicht viel erhalten. Für Antiziganismus und Klassismus sowie die Abwertung von Behinderten scheinen religiöse Faktoren keine negative, aber auch keine besonders positive Rolle zu spielen. Auffällig, aber ausgesprochen plausibel ist die Wirkung des Haushaltseinkommens auf Klassismus. Es sind gerade Personen mit einem besseren ökonomischen Niveau, die auf andere Menschen in prekären Lagen herunterschauen. Autoritäre Orientierungen und eine soziale Dominanzorientierung sind die weiteren prägenden Faktoren für die hier besprochenen Vorurteile. Allein soziales Vertrauen und beim Antiziganismus soziales Engagement wirken dem entgegen. Geht man davon aus, dass gerade im Umfeld von Kirchen viel Sozialkapital und damit soziales Vertrauen produziert wird, erzeugt das Sozialkapital zumindest noch einen positiven Seiteneffekt von Kirchen. Möglicherweise führt dieser Effekt sozialer Religion dazu, dass ein direkter Effekt von Religiosität verschwindet. Gleichzeitig kann auch eine geringere soziale Dominanzorientierung von religiösen Menschen für den Befund verantwortlich sein. Es wird deutlich, dass die Erklärungskraft der Regressionsanalysen – auch seitens religiöser Indikatoren – für den primären Antisemitismus, für Muslimfeindlichkeit und Vorurteile gegenüber Geflüchteten am stärksten ausfällt. Religiosität und Kirchenmitgliedschaft sind teilweise einflussreich, verlieren aber häufig ihren Einfluss bei Einbezug anderer Faktoren, speziell von Indikatoren der Persönlichkeitsstrukturen. Beachtlich ist, wie der *Paraglaube Vorurteile steigert*. Dies findet sich zwar nicht für den Klassismus, aber in beachtlicher Stärke und Konsistenz für den Antiziganismus und die Abwertung von Menschen mit Behinderungen. Gleiches ist für den Säkularismus festzustellen.

2.5.4 Die Bedeutung von Religiosität für Antifeminismus, Sexismus und Homophobie

Eine weitere Dimension der Vorurteile bezog sich auf Geschlechtsidentitäten. Fangen wir mit der Interpretation diesmal in Modell 2 an. Ohne auf verschiedene Einzelhei-

Tab. 2.30: Einflussfaktoren von Antiziganismus und Klassismus

	Antiziganismus			Klassismus			Abwertung von Menschen mit Behinderungen		
	M1	M2	M3	M1	M2	M3	M1	M2	M3
Katholisch	-.04	n.s.	n.s.	+.07	+.04	n.s.	n.s.	n.s.	n.s.
Evangelisch	n.s.	n.s.	n.s.	n.s.	n.s.	n.s.	n.s.	n.s.	n.s.
Zentralität der Religiosität (CRSI-7)	-.12	n.s.	n.s.	-.11	n.s.	n.s.	-.08	n.s.	n.s.
Paraglaube	+.13	+.04	+.08	+.11	n.s.	n.s.	+.10	+.07	+.09
Säkularismus	+.12	+.08	+.08	n.s.	n.s.	n.s.	+.05	n.s.	n.s.
Trans-religiöse Orientierung			-.09			n.s.			n.s.
Mono-religiöse Orientierung			+.06			+.06			n.s.
Geschlecht (Richtung: Frau)		n.s.	n.s.		n.s.	n.s.		-.06	n.s.
Alter		n.s.	n.s.		+.08	n.s.		n.s.	n.s.
Haushaltseinkommen		-.07	-.06		+.12	+.10		n.s.	n.s.
Bildungsniveau (hohe formale Bildung)		n.s.	n.s.		-.04	-.08		n.s.	n.s.
Bildungsniveau (niedrige formale Bildung)		n.s.	n.s.		n.s.	n.s.		n.s.	n.s.
Politische Effektivität Einschätzung wirtschaftlicher Lage des Landes als gut		-.09	-.11		+.06	n.s.		-.05	-.08
Eigene Wirtschaftslage ist gut		n.s.	n.s.		n.s.	n.s.		n.s.	n.s.
Soziale Dominanzorientierung		+.23	+.20		+.18	+.18		+.20	+.15
Autoritarismus		+.27	+.18		+.31	+.27		n.s.	n.s.
Verschwörungsmentalität		+.10	+.08		+.14	+.17		+.08	+.09
Ideologische Links-Rechts-Orientierung (Ausrichtung rechts)		+.13	+.12		+.05	+.08		n.s.	n.s.
Sozialvertrauen		-.05	-.09		-.05	-.08		-.05	-.07
Dark Social Capital		n.s.	n.s.		n.s.	n.s.		+.06	+.07
Soziales Engagement		-.12	-.15		n.s.	n.s.		n.s.	n.s.
Fallzahlen (n=)	2213	1975	1172	2213	1975	1175	2213	1969	1175
R-Quadrat	0.03	0.34	0.30	0.02	0.28	0.28	0.02	0.10	0.08

Quelle: Eigene Berechnungen; Hinweise: paarweiser Ausschluss; ausgewiesene Werte alle $p<.05$., n.s. = nicht signifikant. Geringe Fallzahlen in Modellen 2 und 3 gegenüber Modell 1 resultieren aus einer zunehmenden Ansammlung von Nichtantworten der Befragten mit einer höheren Zahl an einbezogenen Variablen. Zudem werden in Modell 3 gezielt nur Mitglieder der evangelischen und der katholischen Kirche als Stichprobe verwendet.

ten eingehen zu können zeigt sich für alle drei hier analysierten Skalen eine hohe Erklärungskraft durch das Geschlecht. Einfach gesagt: Ein *Mann* zu sein, erhöht massiv die Anfälligkeit für antifeministische, sexistische, aber auch homophobe Vorurteile. Dies passt gut zum wahrscheinlich stärksten Erklärungsfaktor, dem der *sozialen Dominanzorientierung*. Will man sich anderen überlegen fühlen, dann ist man generell für Vorurteile, Ressentiments oder auch Abwertung offener, als wenn dies nicht der Fall ist. Dies gilt auch für Vorurteile gegenüber dem Feminismus und beim Festhalten an traditionalen Rollenbildern (Sexismus). Neben diesen beiden dominanten Faktoren verstärkt ein *autoritäres Weltbild* oder eine autoritäre Persönlichkeit antifeministische und sexistische (sowie auch homophobe) Haltungen.[153] Die Offenheit für Verschwörungstheorien bestärkt zusätzlich Antifeminismus, Sexismus und Homophobie, wobei sie beim Antifeminismus am stärksten wirkt – ähnlich wie die politisch-ideologische Ausrichtung nach rechts (Tab. 2.31). Diese Faktoren sind nicht ganz überraschend, finden wir sie doch für die meisten existierenden Vorurteile als wirkmächtige Faktoren in statistischen Analysen vor.[154] Beim Antifeminismus wirken Sozialvertrauen und ein formal höheres Bildungsniveau diesen Vorstellungen entgegen, beim Sexismus wirkt hohes und niedriges Bildungsniveau in die jeweils entgegengesetzte Richtung (hohes: Vorurteile reduzierend, niedriges: Vorurteile befördernd) – dies aber meist moderat und nicht in allen Modellen. Für die Haltung zu Frauen und Feminismus spielen diese Faktoren keine so große Rolle. Anscheinend tun sich ältere Menschen mit gleichgeschlechtlichen Paaren und Partnerschaften schwerer als junge Menschen.[155]

Interessant wird nun die Wirkung von *Religiosität*. Diese erweist sich für den Sexismus und die Homophobie – anders als bei den vorangegangenen Vorurteilen – als verstärkender Faktor: Je religiöser eine Person ist, desto eher neigt sie zu Sexismus und Homophobie. Somit besitzt Religiosität für Haltungen gegenüber sexueller und geschlechtlicher Vielfalt sowie feministischen Bestrebungen eine beachtliche Relevanz – im Sinne einer Ablehnung. Für antifeministische Einstellungen spielen die Religionszugehörigkeit und auch die Zentralität der Religiosität keine Rolle. Hier sind politische Begründungen wichtiger, selbst wenn zuerst Paraglaube und Säkularismus (Modell 1) und später noch Säkularismus (Modell 2) statistisch Einfluss besitzen. Die blanke Religionszugehörigkeit erweist sich, wie schon an anderer Stelle, im Einfluss auf alle drei Vorurteile ohne Effekt – oder wie wir sehen werden ambivalent. Dies deckt sich mit den Ergebnissen der deskriptiven Analysen. Ihre Aussagen bleiben unter Einbezug von Kontrollvariablen bestehen.

---

[153] ADORNO, Autoritärer Charakter.
[154] DECKER/BRÄHLER, Flucht ins Autoritäre; ZICK/KÜPPER/BERGHAN, Verlorene Mitte.
[155] Vergleichbare Ergebnisse bei MOKROS/RUMP/KÜPPER, Antigenderismus, 256.

Tab. 2.31: Einflussfaktoren antifeministischer, sexistischer und homophober Vorurteile

	Sexismus			Antifeminismus			Homophobie		
	M1	M2	M3	M1	M2	M3	M1	M2	M3
Katholisch	+.05	n.s.	n.s.	n.s.	n.s.	n.s.	n.s.	n.s.	n.s.
Evangelisch	n.s.	n.s.	n.s.	n.s.	n.s.	n.s.	n.s.	n.s.	n.s.
Zentralität der Religiosität (CRSI-7)	+.06	+.15	+.10	n.s.	n.s.	n.s.	+.13	+.16	+.18
Paraglaube	+.10	+.07	+.06	+.05	n.s.	n.s.	n.s.	n.s.	n.s.
Säkularismus	+.13	+.07	+.06	+.12	+.06	n.s.	+.10	+.05	n.s.
Trans-religiöse Orientierung		-.16			n.s.			-.18	
Mono-religiöse Orientierung		+.14			+.06			+.15	
Geschlecht (Richtung: Frau)	-.20	-.19		-.23	-.26		-.27	-.19	
Alter	+.07	+.08		n.s.	+.07		+.19	+.13	
Haushaltseinkommen	n.s.	n.s.		n.s.	n.s.		n.s.	n.s.	
Bildungsniveau (hohe formale Bildung)	-.09	-.08		-.05	-.07		n.s.	n.s.	
Bildungsniveau (niedrige formale Bildung)	+.09	+.09		n.s.	+.10		+.11	+.06	
Politische Effektivität Einschätzung wirtschaftlicher Lage des Landes als gut	n.s.	n.s.		n.s.	n.s.		n.s.	n.s.	
Eigene Wirtschaftslage ist gut	n.s.	n.s.		n.s.	n.s.		n.s.	n.s.	
Soziale Dominanzorientierung	+.26	+.18		+.22	+.20		+.24	+.18	
Autoritarismus	+.17	+.15		+.16	+.16		+.23	+.17	
Verschwörungsmentalität	+.08	+.09		+.16	+.16		+.04	+.06	
Ideologische Links-Rechts-Orientierung (Ausrichtung rechts)	n.s.	n.s.		+.08	+.09		+.08	+.09	
Sozialvertrauen	n.s.	n.s.		-.04	-.05		n.s.	n.s.	
Dark Social Capital	n.s.	n.s.		n.s.	n.s.		n.s.	n.s.	
Soziales Engagement	n.s.	n.s.		n.s.	n.s.		-.06	-.08	
Fallzahlen (n=)	2213	1965	1172	2213	1965	1175	2213	1965	1175
R-Quadrat	0.04	0.30	0.34	0.03	0.33	0.35	0.02	0.31	0.37

Quelle: Eigene Berechnungen; Hinweise: paarweiser Ausschluss; ausgewiesene Werte alle p<.05. Geringe Fallzahlen in Modellen 2 und 3 gegenüber Modell 1 resultieren aus einer zunehmenden Ansammlung von Nichtantworten der Befragten mit einer höheren Zahl an einbezogenen Variablen. Zudem werden in Modell 3 gezielt nur Mitglieder der evangelischen und der katholischen Kirche als Stichprobe verwendet.

Mitglied in der evangelischen Kirche zu sein, macht einen also weder zum vorurteilsfreien Menschen, noch steigert es die Offenheit für sexistische, antifeministische oder homophobe Vorurteile.[156] Wichtiger scheint die Religiosität des Menschen zu sein. Eine höhere Zentralität von Religion bestärkt die Ablehnung sexueller und geschlechtlicher Vielfalt in der Gesellschaft und von Menschen, die diese für sich in Anspruch nehmen. Gleiches gilt auch für Säkularismus und beim Sexismus für den Paraglauben. Nun kann es sein, dass unterschiedliche Verständnisse von Religion unterschiedliche Effekte mit sich bringen. Dies wird in der jeweils *dritten Regressionsanalyse* – nur unter Kirchenmitgliedern – geprüft. Das Ergebnis ist eindeutig: Ein trans-religiöses Religionsverständnis wirkt sich für Sexismus und Homophobie hemmend aus. Umgekehrt bestärkt eine mono-religiöse Orientierung Vorurteile, beides in beachtlicher Effektstärke. Der Antifeminismus wird dagegen von einer mono-religiösen Orientierung nur schwach getroffen. Es sind die Fragen der Geschlechtsidentitäten, Sexismus und Homophobie, welche eine Spaltung unter den Kirchenmitgliedern mit Trans-Religiösen auf der einen Seite und Mono-Religiösen auf der anderen Seite erfahren.[157] Dabei ist es allerdings wichtig, sich noch einmal vor Augen zu führen, dass die erste Gruppe die zweite Gruppe in der Anzahl deutlich übertrifft (Kapitel 2.2). Und trotzdem verbleibt für Sexismus und Homophobie ein zusätzlicher stützender Effekt einer höheren Religiosität. Dies verweist auf einen Basiseffekt einer hohen Zentralität von Religiosität unter Kirchenmitgliedern, der bei Mono-Religiösen noch verstärkt und bei Trans-Religiösen gedämpft wird. Es sind also weit mehr Kirchenmitglieder, die Probleme mit dem Feminismus haben, gelegentlich sexistisch denken und Homosexuelle eher ablehnen.

Diese Ergebnisse eröffnen einen markanten Befund: Während religiöse Menschen und Kirchenmitglieder den meisten Vorurteilen eher skeptisch oder kaum anders als andere Bevölkerungsgruppen gegenüberstehen, sind ihre Haltungen gegenüber sexueller und geschlechtlicher Vielfalt im Durchschnitt häufig ablehnender. Manche würden dies als konservative Haltung ansehen, andere als tiefgreifende Vorurteile einstufen. Hier lohnt sich ein kurzer *Exkurs* hinsichtlich der Verbindung der bislang angewandten sozialpsychologischen Modelle und von Religiosität. So zeigen die Differenzen zwischen den Modellen 1 und 2 überschneidende Effekte von Religiositätsmerkmalen und sozialpsychologischen Faktoren. Eine Korrelationstabelle (Tab. 2.33) macht sichtbar, dass es Unterschiede in den Beziehungen gibt. So sind vor allem Bezugseffekte zwischen Trans-Religiosität bzw. Mono-Religiosität mit den sozialpsychologischen Indikatoren festzustellen.

Trans-religiöse Kirchenmitglieder weisen eine geringere soziale Dominanzorientierung, autoritäre Haltungen und Offenheit für Verschwörungsnarrative auf. Umgekehrt befördert eine mono-religiöse Orientierung alle angesprochenen Haltungen und geht mit

---

[156] Pickel/Liedhegener/Jaeckel/Odermatt/Yendell, Religiöse Identitäten, 149–196.
[157] Riesebrodt, Fundamentalismus.

Tab. 2.32: Sekundäre Beziehungen zwischen Religiosität und psychologischen Faktoren

	Religiöse Zentralität	Paraglaube	Mono-religiös	Trans-religiös
Autoritarismus	n.s.	+.10	+.18	-.16
Soziale Dominanzorientierung	-.11	n.s.	+.16	-.33
Verschwörungsmentalität	n.s.	+.19	+.09	-.19
Links-Rechts-Orientierung (Ausrichtung rechts)	n.s.	n.s.	+.11	-.18

Quelle: Eigene Berechnungen (n=2260); Hinweise: bivariate Korrelationsanalysen; ausgewiesene Werte alle p<.05.

einer rechten politisch-ideologischen Position einher (Tab. 2.32). Ein unterschiedliches religiöses Verständnis korrespondiert also mit den stärksten Erklärungsfaktoren für Vorurteile und besitzt damit noch eine zusätzliche Hintergrundbedeutung. Theoriekonform zu den Überlegungen Theodor Adornos verbindet sich zudem Paraglaube mit autoritären Überzeugungen sowie Verschwörungsmentalität. Bemerkenswert, aber aufgrund der Differenzierung bei Trans-Religiösen oder Mono-Religiösen auch nachvollziehbar, sind die *Nichteffekte der Zentralität von Religiosität*. Allein zwischen Religiosität und sozialer Dominanzorientierung besteht ein negativer Zusammenhang. Es wird deutlich: Die Unterscheidung, wie man seine Religiosität versteht und normativ auffüllt, ist das zentrale Element in der Haltung zu Vorurteilen.

> Fasst man die Befunde der Regressionsanalysen zusammen, so ist zu erkennen, (die Zentralität der) Religiosität besitzt auf unterschiedliche Vorurteile unterschiedliche Wirkungen. Zum Ersten wird belegt: *Religiosity Matters*! Selbst bei der Kontrolle alternativer Faktoren besitzen religiöse Aspekte immer wieder einen Einfluss auf Vorurteile. Zum Zweiten unterscheiden sich diese zwischen den meisten gruppenbezogenen Vorurteilen und Vorurteilen zu geschlechtlicher und sexueller Vielfalt. Während erste die Annahme der Ambivalenz von Religion und Religiosität bei Allport und Adorno belegen, scheint letztes noch ein Problempunkt religiöser Gemeinschaften. Drittens wirken unterschiedliche religiöse Verständnisse (Mono-Religiöse versus Trans-Religiöse) diametral zueinander und bilden eine Polarisierung in der Kirchenmitgliedschaft mit Blick auf Vorurteile ab. Viertens finden sich teils beachtliche Auswirkungen von Paraglauben und Säkularismus als einer Überzeugung.

2.6 Auswirkungen von Religiosität auf die politische Unterstützung der Demokratie

(Susanne Pickel)

Kommen wir zum Abschluss zur Wirkung von Kirchenmitgliedschaft und Religiosität auf die demokratische politische Kultur. Dies ist deshalb von Bedeutung, weil die Dauerhaftigkeit von Demokratien nicht selbstverständlich ist, sondern der Unterstützung bedarf. Soll ein demokratisches politisches System, wie das in der Bundesrepublik Deutschland, auch in Krisenzeiten Bestand haben, so muss es von einem weit überwiegenden Teil seiner Bürger*innen unterstützt werden.[158] Diese Unterstützung übersetzt sich nicht zwingend in politische Handlung, sie kann dies aber tun. Gefährlich wird es, wenn eine Anti-Systemaktivität mehr als ca. 15 Prozent der Bürger*innen erfasst.[159] Die politische Unterstützung richtet sich auf das politische System der Demokratie an sich und die Überzeugung, dass dieses politische System am besten zu einer pluralen Gesellschaft passt.[160] Diese Form der Unterstützung bildet die *Legitimität*, die Anerkennung, der Demokratie allgemein ab. Eine zweite Unterstützungsform gilt der konkreten Demokratie, wie sie im Grundgesetz verankert ist und damit den Normen und Werten der Demokratie in Deutschland entspricht. Eine dritte Form drückt sich in der Zufriedenheit der Bürger*innen mit der tatsächlich gelebten Demokratie der alltäglichen Politik in Deutschland aus. Während die ersten beiden Formen politischer Unterstützung den Fortbestand der Demokratie sichern, manifestieren sich in der dritten Form politischer Unterstützung, der Demokratiezufriedenheit, die Bewertung der Performanz der Demokratie. Neben der Zustimmung zur Demokratie, wie sie konkret praktiziert wird, spiegeln sich in der Stärke der Demokratiezufriedenheit indirekt auch die Kritik an der gelebten Demokratie und die verbundenen Verbesserungswünsche oder -ansprüche.[161]

Die Verteilung der Zustimmung zu den drei Formen politischer Unterstützung über alle Befragten zeigt, dass eine große Mehrheit der Bürger*innen von der Angemessenheit der Demokratie für die deutsche Gesellschaft überzeugt ist (Abb. 2.4). Es besteht keine Gefahr für die Legitimität des politischen Systems in Deutschland. Die konkrete Umsetzung demokratischer Werte und Normen in der Verfassung wird etwas kritischer gesehen. Aber auch die alltagspolitische Praxis der parlamentarischen Demokratie in Deutschland vermag noch die Mehrheit der Bürger*innen zufrieden zu stellen. Insgesamt betrachtet kann man von einer soliden Unterstützung der Demokratie in Deutschland ausgehen. Betrachtet man innerhalb dieser Zustimmungsanteile religiös geprägte Subgruppen, zeigt sich eine leicht überdurchschnittliche Überzeugung religiöser Menschen von der Angemessenheit der Demokratie für unsere Gesellschaft. Sie äußern zudem ein überdurchschnittliches Einverständnis mit dem Grundgesetz und sind mit der Demokratie deutlich zufriedener als ihre nicht religiösen Mitmenschen (Abb. 2.4).[162] Prägt die politische Sozialisation in der Demokratie die Menschen stärker als der Glaube?

---

[158] Easton, Political Support, 465–457; Pickel/Pickel, Politische Kulturforschung.
[159] Diamond, Developing Democracy.
[160] Lipset, Political Man.
[161] Pickel/Pickel, Politische Kultur, 541–556.
[162] Dabei gilt es die West-Ost-Differenzen in der Kirchenmitgliedschaft als Hintergrundfaktor im Blick zu halten.

Abb. 2.4: Politische Unterstützung nach Religionszugehörigkeit

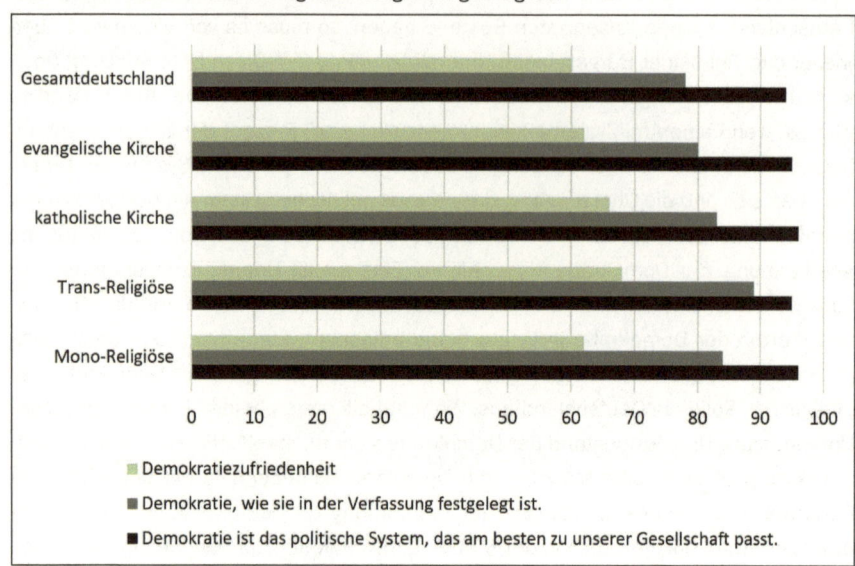

- Demokratiezufriedenheit
- Demokratie, wie sie in der Verfassung festgelegt ist.
- Demokratie ist das politische System, das am besten zu unserer Gesellschaft passt.

Quelle: Eigene Berechnungen (n = 2260); Hinweis: Anteil der Zustimmung zur jeweiligen Kategorie.

Tab. 2.33: Religiosität und politische Unterstützung

	Demokratie wie in Verfassung beschrieben			Demokratie Legitimität			Demokratiezufriedenheit		
	M1	M2	M3	M1	M2	M3	M1	M2	M3
Katholisch	n.s.	+.08	n.s.	+.09	+.10	n.s.	n.s.	+.08	n.s.
Evangelisch	n.s.	+.06	n.s.	+.08	+.08	n.s.	n.s.	+.06	n.s.
Zentralität von Religiosität (CRSI-7)	+.22	+.09	n.s.	+.10	n.s.	n.s.	+.17	+.09	n.s.
Paraglaube	-.12	n.s.	n.s.	-.11	n.s.	n.s.	-.09	n.s.	n.s.
Säkularismus	-.05	n.s.	n.s.	-.09	-.08	-.08	-.09	-.05	n.s.
Trans-religiöse Orientierung		+.10			n.s.				n.s.
Mono-religiöse Orientierung		n.s.			n.s.				n.s.
Geschlecht (Richtung: Frau)	n.s.	n.s.		n.s.	n.s.		n.s.	n.s.	
Alter		n.s.	+.08		+.11	+.14		+.04	+.08
Haushaltseinkommen		n.s.	n.s.		+.05	+.07		n.s.	n.s.
Bildungsniveau (hohe formale Bildung)		+.09	+.11		+.06	n.s.		n.s.	n.s.
Bildungsniveau (niedrige formale Bildung)		n.s.	n.s.		n.s.	n.s.		n.s.	n.s.

	Demokratie wie in Verfassung beschrieben		Demokratie Legitimität		Demokratie-zufriedenheit	
Politische Effektivität Einschätzung wirtschaftlicher Lage des Landes als gut	+.13	+.12	n.s.	n.s.	+.16	+.18
Eigene Wirtschaftslage ist gut	+.13	+.14	+.08	+.07	+.08	+.12
Soziale Dominanzorientierung	-.09	n.s.	-.14	-.12	n.s.	n.s.
Autoritarismus	n.s.	n.s.	n.s.	n.s.	+.09	+.10
Verschwörungsmentalität	-.18	-.15	-.19	-.19	-.28	-.26
Ideologische Links-Rechts-Orientierung (Ausrichtung rechts)	n.s.	n.s.	n.s.	n.s.	-.04	-.07
Sozialvertrauen	+.08	+.10	+.14	+.16	+.11	+.12
Dark Social Capital	n.s.	n.s.	n.s.	n.s.	-.06	n.s.
Soziales Engagement	n.s.	n.s.	+.04	n.s.	n.s.	n.s.
Fallzahlen (n=)	2213	1965	1174	2213	1965	1175	2213	1965	1175
R-Quadrat	0.05	0.22	0.19	0.04	0.20	0.19	0.04	0.23	0.23

Quelle: Eigene Berechnungen, Hinweise: paarweiser Ausschluss; Ergebnisse schrittweiser Regressionsanalysen; ausgewiesene Werte alle p<.05. Geringe Fallzahlen in Modellen 2 und 3 gegenüber Modell 1 resultieren aus einer zunehmenden Ansammlung von Nichtantworten der Befragten mit einer höheren Zahl an einbezogenen Variablen. Zudem werden in Modell 3 gezielt nur Mitglieder der evangelischen und der katholischen Kirche als Stichprobe verwendet.

Die erste Analyse zur Ursächlichkeit von Kirchenzugehörigkeit und Glaube für eine höhere politische Unterstützung zeigen durchweg positive Effekte der Zugehörigkeit zur katholischen und evangelischen Kirche (Modell 1). Diese positive Wirkung fällt umso stärker aus, je zentraler die Religiosität für die Menschen ist (Tab. 2.33). Sowohl das Legitimitätsempfinden und die Unterstützung des Grundgesetzes als auch die Demokratiezufriedenheit profitieren von starker, aber auch kirchlich gebundener Religiosität. Paraglaube und Säkularismus hingegen sind diesen Formen politischer Unterstützung abträglich. Die Unterscheidung im Religionsverständnis schlägt hier kaum durch. Das wird in Modell 3 anders. Trans-religiöse Orientierungen haben nur einen eingeschränkten Effekt auf die Umsetzung der Demokratie in der Verfassung, mono-religiöse Kirchenmitglieder unterscheiden sich gar nicht vom Bevölkerungsdurchschnitt. Nimmt man weitere politische und soziale Einstellungen hinzu und prüft die sozialstrukturellen Eigenschaften der Bürger*innen (Modell 2), dann schaffen es Kirchenmitgliedschaft und Religiosität (abgesehen von der Legitimität der Demokratie), ihre positive Wirkung aufrechtzuerhalten. Dabei treten sie nur knapp hinter andere Effekte zurück.

Insbesondere wirkt sich die Neigung zu Verschwörungsmentalität dominant negativ auf die Unterstützung der Demokratie in Deutschland in allen drei Formen aus: Anhänger*innen von Verschwörungstheorien sind äußerst unzufrieden mit der aktuellen Demokratie sowie mit der Gestaltung der Demokratie im Grundgesetz und sind nicht davon überzeugt, dass die Demokratie das politische System ist, das am besten zu unserer Gesellschaft passt. Von Menschen, die offen für Verschwörungstheorien sind, geht seltener eine politische Unterstützung für die Demokratie aus. Gleiches gilt für Menschen mit einer ausgeprägten sozialen Dominanzorientierung. Sie können der Demokratie an sich und der deutschen Demokratie als solcher weniger Positives abgewinnen. Das *dark social capital* einer kleinen Gruppe freiwillig Engagierter tritt hinter diesen verbreiteteren Einstellungen in der Regel zurück. Ein leichter, eigenständiger und ebenfalls negativer Effekt zeigt sich hier aber für die Demokratiezufriedenheit. Menschen, denen es selbst gut geht, die in gesicherten finanziellen Verhältnissen leben und die auch der Ansicht sind, dass die Wirtschaftslage in Deutschland positiv zu bewerten ist, erkennen hingegen die Demokratie in Deutschland an, halten die Umsetzung ihrer Normen und Werte im Grundgesetz für gelungen und bewerten ihre Leistungsfähigkeit positiv. Personen, die Vertrauen in ihre Mitmenschen haben, ältere Menschen und Personen mit höherer Bildung zeigen sich insbesondere von der Legitimität der Demokratie und ihrer Umsetzung im Grundgesetz überzeugt. Von diesen Personengruppen geht eine deutlich positive Unterstützung für die Demokratie aus. Als förderlich erweist sich auch, wie von der Sozialkapitaltheorie postuliert, das generalisierte Vertrauen von Menschen.

Betrachtet man nur die Kirchenmitglieder für sich allein (Modell 3), löst sich der positive Effekt der jeweiligen Kirchenmitgliedschaft auf, was plausibel ist, weil dies bedeutet, dass zwischen katholischen und evangelischen Kirchenmitgliedern hinsichtlich ihrer politischen Unterstützung der Demokratie keine Unterschiede bestehen. Das sahen wir auch in Abbildung 2.4. Ansonsten wirken bei ihnen alle bisherigen Faktoren in gleichem Maße wie bei Menschen ohne Religionszugehörigkeit. Auch der Säkularismus behält einen ungünstigen Effekt für die Legitimität der Demokratie. Religion kann aber nicht nur direkt, sondern auch indirekt Wirkungen auf eine demokratische politische Kultur entfalten (Tab. 2.34). In den bisherigen Regressionen nicht berücksichtigt waren die Vorurteile, die ja quasi eine Brückenfunktion – auch für religiöse Effekte – einnehmen. Wie sich zeigt, untergraben gruppenbezogene Vorurteile die Legitimität der Demokratie und verringern die politische Unterstützung des aktuellen demokratischen Systems. Die im Vergleich stärksten negativen Effekte auf die Demokratie besitzen Vorurteile gegenüber Geflüchteten, die Muslimfeindlichkeit und der primäre Antisemitismus. Die Vorurteile im Bereich der Geschlechtsidentitäten wirken sich weniger stark aus, ohne dass sie einflusslos sind. Gruppenbezogene Vorurteile unterminieren eine demokratische politische Kultur.

Tab. 2.34: Vorurteile und politische Unterstützung

	Demokratie wie in Verfassung beschrieben	Demokratiezufriedenheit	Demokratie Legitimität
Primärer Antisemitismus	-.27	-.22	-.29
Sekundärer Antisemitismus	-.18	-.20	-.15
Israelbezogener Antisemitismus	-.27	-.20	-.24
Ablehnung von Geflüchteten	-.32	-.30	-.28
Muslimfeindlichkeit	-.28	-.28	-.22
Sexismus	-.14	-.08	-.21
Antifeminismus	-.20	-.20	-.19
Homophobie	-.14	-.07	-.14
Antiziganismus	-.20	-.17	-.12

Quelle: Eigene Berechnungen (n = 2260); Hinweise: bivariate Korrelationsanalysen; Pearsons Produkt Moment-Korrelationen; ausgewiesene Werte alle p<.05.

Religion und Religiosität können entsprechend vermittelt über Vorurteile durchaus noch, wenn auch begrenzte und transformierte, Effekte auf die politische Unterstützung der Demokratie besitzen. Da ein offenes (trans-religiöses) Religionsverständnis Vorurteile gebremst und ein mono-religiöses Verständnis Vorurteile gefördert hat, wirken beide Religionsverständnisse auch indirekt auf die politische Kultur der Demokratie – positiv oder negativ.

Im *Gesamtbild* erweist sich eine starke religiöse Prägung (Zentralität) in Form von Interesse an religiösen Themen, Gottesglaube, Gebet, Meditation, starken religiösen Gefühlen und häufiger Teilnahme an Gottesdiensten beinahe ebenso als unterstützender Faktor für die Demokratie in Deutschland wie die Mitgliedschaft in der evangelischen oder katholischen Kirche. Schlägt die religiöse Überzeugung jedoch in einen Paraglauben um, erweist sie sich als ebenso demokratieabträglich wie Trans-Religiosität und Säkularismus. Insbesondere Menschen mit Verschwörungsmentalität stellen eine Gefahr für das demokratische politische System in Deutschland dar. Dies kann die grundsätzlich positive Wirkung der Religiosität genauso wenig aufheben wie ein bestehendes Sozialvertrauen. Gruppenbezogene Vorurteile untergraben neben oder mit einer Offenheit für Verschwörungsnarrative eine demokratische politische Kultur. Religiöse Effekte – ob positiv oder negativ – haben auf diesem Weg, vermittelt über die Vorurteile, Auswirkungen auf die demokratische politische Kultur.

2.7 Fazit und Ergebnisse

(Gert Pickel, Stefan Huber, Antonius Liedhegener, Susanne Pickel, Alexander Yendell)

Wie ist nun die Antwort auf unsere Ausgangsfrage nach den *Beziehungen zwischen Kirchenmitgliedschaft bzw. Religiosität mit Vorurteilen und einer demokratischen politischen Kultur?* Zuerst einmal kann man sagen, dass Kirchenmitglieder, auch evangelische Kirchenmitglieder, genauso Bürger*innen einer politischen Gemeinschaft und Gesellschaft sind wie Menschen ohne oder mit einer anderen religiösen Prägung. Allein Mitglied in einer Kirche zu sein, hemmt selten Vorurteile, befördert sie aber auch nicht. Meist ist die *Wirkung von Kirchenmitgliedschaft ambivalent*, was gruppenbezogene Vorurteile angeht. Es gibt nur geringe Abweichungen von diesem Muster: Evangelische Kirchenmitglieder sind etwas weniger antisemitisch als Katholik*innen und Menschen ohne Religionszugehörigkeit und unterstützen etwas mehr die demokratische Kultur als Katholik*innen. Die Differenzen sind aber gering. Insgesamt sind Kirchenmitglieder, seien sie evangelisch oder katholisch, letztlich Teil einer Gesellschaft, die durch ein übergreifendes Gesellschaftsklima mit Blick auf Vorurteile und auch eine demokratische politische Kultur geprägt ist.

Dieser Befund belegt eindrücklich die Notwendigkeit, dass die Aufklärung des Zusammenhangs von Religiosität und Vorurteilen eine *differenziertere Modellierung des Religiösen* erfordert. Wir haben hierfür zwischen der Zentralität der Religiosität und vier religiösen Orientierungen unterschieden. Mit steigender Zentralität der Religiosität gehen Antisemitismus, die Abwertung von Geflüchteten, von Sinti und Roma, langzeitarbeitslosen Personen, von Personen mit Behinderungen sowie die Muslimfeindlichkeit zurück und die Akzeptanz der Demokratie in Deutschland nimmt zu.[163] Insofern hat die Zentralität der Religiosität einen positiven Einfluss auf die Etablierung einer pluralen und durch Diversität geprägten Gesellschaft. Möglicherweise wirkt an dieser Stelle der ethische Universalismus des Gebotes der Gottes- und Nächstenliebe, deren Wirkung von Adorno und Allport als Vorstellung der „Geschwisterlichkeit"[164] aller Menschen beschrieben worden ist.

Dieser positive Befund gilt leider nicht für Vorurteile gegenüber vielfältigen *Geschlechtsidentitäten*. Die häufige Nähe religiöser Menschen zu traditionellen Rollenbildern bringt an dieser Stelle eine höhere Distanz zu queeren Geschlechtsidentitäten mit sich, was in heutiger Lesart als Sexismus und Homophobie bezeichnet

---

[163] Effekte der Zentralität stehen einerseits für die intrinsische Orientierung, daneben binden sie auch religiöse Orientierungen, die in einer Studie nicht operationalisiert werden. D. h., je mehr unterschiedliche und insbesondere entgegengesetzte religiöse Orientierungen in einer Studie operationalisiert werden, desto kleiner sollte der Effekt der Zentralität werden. Dies kann bei schrittweisen Regressionsanalysen beobachtet werden, bei denen die Zentralität Schritt für Schritt mit inhaltlichen Orientierungen ergänzt wird.

[164] ADORNO, Autoritärer Charakter.

wird. Mit steigender Zentralität von Religion nehmen Sexismus und Homophobie zu. Vorurteile gegenüber gleichgeschlechtlichen Paaren und der Aufhebung eines traditionalen Rollenverständnisses finden sich unter religiösen Menschen häufiger und lassen diese Vorurteile auch bei Kontrolle anderer Erklärungsfaktoren als eigenständig bestehen. Diese Abweichung von anderen Vorurteilen hängt vermutlich mit fest gefügten theologischen Traditionen zusammen, die eine hohe Veränderungsresistenz aufweisen. Zugleich deutet dies darauf hin, dass Zusammenhänge von Religiosität und Vorurteilen nicht nur durch soziologische und sozialpsychologische Theorien erklärt werden sollten, sondern dass auch religionsgeschichtliche und theologische Faktoren eine prominente Rolle spielen. Damit wird auch deutlich: Es gibt beachtliche Differenzen in der Wirkung von Religiosität zwischen Vorurteilen gegenüber Geschlechtsidentitäten bzw. Frauengleichstellung und sozialen Minderheiten!

Diese gemischte Wirkung religiöser Faktoren auf Vorurteile wird noch einmal differenziert, wenn man das jeweilige Verständnis der eigenen Religiosität hinzunimmt. *Mono- und Trans-Religiosität* stellen zwei unterschiedliche religiöse Orientierungen im Umgang mit religiösen Traditionen im Kontext der religiösen Pluralisierung dar. Ihre Zusammenhänge mit Vorurteilen sind gegensätzlich. Mit Ausnahme von Geflüchteten und Menschen mit Behinderung nehmen mit steigender Mono-Religiosität die Vorurteile gegenüber sozial Anderen und Geschlechtsidentitäten zu. Am höchsten sind die Zusammenhänge mit Sexismus und Homophobie. Demgegenüber nehmen mit steigender Trans-Religiosität Vorurteile gegenüber sozial Anderen und gegenüber alternativen Geschlechteridentitäten ab. Trans-Religiosität erweist sich damit als eine religiöse Orientierung, die generell die Etablierung einer pluralen und durch Diversität geprägten Gesellschaft begünstigt. Besonders bemerkenswert ist die zunehmend positive Bewertung alternativer Geschlechtsidentitäten, die mit steigender Trans-Religiosität einhergeht. Dies zeigt, dass auch fest gefügte theologische Traditionen, die im Prinzip eine hohe Veränderungsresistenz aufweisen, überwunden werden können. Dies ist ein Hinweis auf die Plastizität des Religiösen und die Relevanz von Theologie. In Bezug auf die Situation in den beiden großen Kirchen in Deutschland ist jedoch zu betonen, dass Mono-Religiosität nur bei einer Minorität von 3,4 Prozent bejaht und von 91 Prozent entschieden abgelehnt wird. Daher kann sicher nicht davon gesprochen werden, dass die beiden Kirchen eine Gefahr für eine plurale und offene Gesellschaft darstellen. Allerdings stellen Mono-Religiöse innerhalb der Kerngemeinden eine relevante Gruppe dar. Dies dürfte sich in zum Teil unversöhnlich geführten innerkirchlichen Konflikten niederschlagen. Diese Differenzierung erklärt dabei auch in Teilen die ambivalente Wirkung der Kirchenmitgliedschaft. In der Gruppe der Kirchenmitglieder bestehen mindestens zwei, vermutlich aber sogar mehrere Gruppen, die aufgrund der unterschiedlichen Zentralität, die Religion für sie besitzt, und eines divergierenden Religiositätsverständnisses unterschiedliche Positionen zu Vorurteilen und auch der demokratischen politischen Kultur aufweisen.

Die demokratische politische Kultur profitiert weitgehend von Kirchenzugehörigkeit und einer hohen Religiosität. Im Detail wirken Verbindungen eines mono-religiösen Verständnisses mit bestimmten Vorurteilen sowie von Religiosität und einer Ablehnung von nicht sexueller und geschlechtlicher Vielfalt und Frauenrechten einer demokratischen politischen Kultur (vermittelt) entgegen. Insgesamt wirkt *Religiosität prodemokratisch und demokratieproduktiv* – einerseits direkt durch die Vermittlung entsprechender Überzeugungen (belegt durch die statistischen Beziehungen zwischen Religiosität und politischer Unterstützung der Demokratie), andererseits durch die Bereitstellung von Gelegenheitsstrukturen für die Produktion des für demokratische Gesellschaften so positiven Sozialvertrauens und Sozialkapitals. In diese positive Richtung deuten auch die negativen Beziehungen zu den zentralen Triebfaktoren für antidemokratische Haltungen und Vorurteile: Verschwörungsmentalität, autoritäre Einstellungen und eine soziale Dominanzorientierung. Allein der Wandel der Geschlechterrollen macht Mitgliedern christlicher Glaubensgemeinschaften zu schaffen und öffnet gelegentlich eine Distanz zur modernen demokratischen Gesellschaft.

Mit *Paraglauben und Säkularismus* kommen in der vorliegenden Studie zudem zwei religionsbezogene Orientierungen in den Blick, die als nicht- oder außer-christlich zu charakterisieren sind. Angesichts der fortschreitenden Säkularisierung, Individualisierung, Entkirchlichung und letztlich auch Ent-Christianisierung ist diese Erfassung für eine valide religionssoziologische Analyse von Religiosität und Vorurteilen nicht nur unerlässlich, sondern zeigt auch inhaltliche Problemlagen der zuerst genannten Prozesse für die Gesellschaft auf. Beide Haltungen sind ähnlich konsistent wie Mono-Religiosität mit Vorurteilen gegenüber sozial Anderen und alternativen Geschlechtsidentitäten verknüpft. Zum Teil sind sie jedoch stärker ausgeprägt als Mono-Religiosität (19 Prozent starker, 5 Prozent radikaler Paraglaube). Im gesamtgesellschaftlichen Maßstab stellen sie so eine größere Gefahr für eine plurale und durch Diversität geprägte Gesellschaft dar als Mono-Religiosität. Neben dem Sexismus sind die Auswirkungen auf den primären Antisemitismus, wie die Ablehnung von Geflüchteten, hervorzuheben, die auf eine Nähe zu verschwörungstheoretischen Überlegungen eines „großen Austausches" hinweisen. Ganz im Sinne der Überlegungen Adornos kommen hier zwei Aspekte der sogenannten Projektivität, Paraglaube und Verschwörungsmentalität, zu einem für die Demokratie schädlichen Mix zusammen. Dabei kann der Paraglaube meist auch bei Kontrolle einer bestehenden Verschwörungsmentalität und anderer Faktoren seine Wirkung entfalten. Diese Wirkung konnte man zuletzt gelegentlich auf Demonstrationen der Querdenkerbewegung beobachten. Nach unseren Analysen scheint es fast so, als bestehen religiöse Problematiken eher auf der Seite spiritistischer oder exklusivistischer Dogmatisierung als unter „normalen" Gemeindegliedern. Auch eine zu strenge antireligiöse Fixierung scheint nicht zwingend zu größerer Aufgeklärtheit im Sinne von Vorurteilsfreiheit zu führen, wie die oft Vorurteile förderlichen Wirkungen von Säkularismus aufzeigen.

Insgesamt wirkt sich Kirchenmitgliedschaft für Vorurteile ambivalent, für eine demokratische politische Kultur aber zumeist förderlich aus. Kirchenmitglieder stehen in der Mitte der Gesellschaft, mit allen Vorzügen und Problemen.[165] Dies impliziert auch die Teilhabe an gesellschaftlichen Polarisierungen, wie sie sich z. B. in Diskussionen über muslimische Geflüchtete zeigen. Bei solchen Konfliktstellen existieren dann auch Möglichkeiten des Brückenschlages zwischen bestimmten Konfessionsmitgliedern und Rechtspopulist*innen, wenn man Geflüchtete und Muslim*innen gemeinsam ablehnt.[166] Da gerade Religionszugehörigkeit (zu einer islamischen Glaubensgemeinschaft) hier eine Rolle spielt, sind *christliche Kirchen in der Pflicht, Möglichkeiten für Diskussion zu schaffen und Vorurteilsabbau zu forcieren*. Bezogen auf das Grundniveau des gesamtgesellschaftlichen Klimas und im Vergleich zu säkularen Teilen der Bevölkerung, reduziert christliche Religiosität schon jetzt antisemitische Ressentiments und soziale Vorurteile, auch gegenüber Geflüchteten und Muslim*innen, und wirkt prodemokratisch.

Schwieriger noch scheint die *Haltung im persönlichen Nahbereich* zu sein. So fördert Religiosität, besonders eine mono-religiöse Orientierung, Vorurteile gegenüber sexueller und geschlechtlicher Vielfalt und Frauenrechten. Hier sehen viele Kirchenmitglieder eine traditionale Haltung nicht als Sexismus oder Homophobie, wie dies in Diskussionen zu Vorurteilen und Rassismus der Fall ist, sondern als „die richtige" Haltung an. Selbst wenn vielleicht Auseinandersetzungen über Seenotrettung und die Haltung zu Muslim*innen in Gemeinden eine größere Rolle spielen und schärfer ausgetragen werden, besteht hier das größte Risiko, als nicht mehr zeitgemäß in Distanz zur Gesellschaft zu geraten. Dieses Bild dürfte angesichts der Individualisierungs- und Säkularisierungsentwicklungen der vergangenen Jahrzehnte im Interesse der Kirchen liegen. Im Interesse der Gesellschaft liegt dagegen vermutlich eher der Erhalt einer Religiosität, die sich von Paraglauben distanziert und Vorurteile bekämpft. Dass trotz aller positiven Effekte in den eigenen Reihen noch einiges zu tun ist, zeigen die auch unter Kirchenmitgliedern verbreiteten Vorurteilen und Ressentiments.

---

[165] Dabei bleiben Freikirchen und andere Religionsgemeinschaften an dieser Stelle als Forschungsdesiderat.
[166] Öztürk/Pickel, Islamophobic Right-Wing Populism?, 39–62.

Literatur

Ackert, Michael: Centrality of Religiosity Scale – Test of Model Configuration, Reliability, and Consistency in Romania, Georgia, and Russia. Dissertation zur Erlangung der Doktorwürde an der Philosophischen Fakultät der Universität Freiburg (Schweiz) 2020.

Adorno, Theodor W.: Studien zum autoritären Charakter. Frankfurt a.M. 1973 (orig. 1950).

Adorno, Theodor W., Else Frenkel-Brunswick, Daniel Levinson u. Nevitt Sanford: The Authoritarian Personality. New York 1950.

Allport, Gordon: The Nature of Prejudice. New York 1979³ (orig. 1954).

Allport, Gordon, u. Michael Ross: Personal Religious Orientation and Prejudice, in: Journal of Personality and Social Psychology 5 (1967) 4, 432–443.

Almond, Gabriel, u. Sidney Verba: The Civic Culture. Political Attitudes and Democracy in Five Nations. Princeton 1963.

Arzheimer, Kai, u. Elisabeth Carter: Christian Religiosity and Voting for West European Radical Right Parties, in: West European Politics 32 (2009) 5, 985–1011.

Billiet, Jaak, Ann Carton u. Rob Eisinga: Contrasting Effects of Church Involvement on the Dimensions of Ethnocentrism: An Empirical Study among Flemish Catholics, in: Social Compass 42 (1995) 1, 97–107.

Blumer, Herbert: Race Prejudice as a Sense of Group Position, in: The Pacific Sociological Review 1(1958) 1, 3–7.

Brubaker, Rogers: Grounds for Difference. Cambridge 2015.

Brumlik, Micha: Antisemitismus. Stuttgart 2020.

Cohrs, Christopher, u. Frank Asbrock: Right-Wing Authoritarianism, Social Dominance Orientation and Prejudice Against Threatening and Competitive Ethnic Groups, in: European Journal of Social Psychology 39 (2009), 270–289.

Decker, Oliver, u. Elmar Brähler (Hrsg.): Autoritäre Dynamiken. Alte Ressentiments – neue Radikalität. Gießen 2020.

Decker, Oliver, Julia Schuler, Alexander Yendell, Clara Schließler u. Elmar Brähler: Das autoritäre Syndrom. Dimensionen und Verbreitung der Demokratie-Feindlichkeit, in: Decker, Oliver, u. Elmar Brähler (Hrsg.): Autoritäre Dynamiken. Alte Ressentiments – neue Radikalität. Gießen 2020, 179–209.

Decker, Oliver, u. Kazim Celik: Antisemitismus in der Berliner Bevölkerung, in: Pickel, Gert, Katrin Reimer-Gordinskaya u. Oliver Decker (Hrsg.): Der Berlin-Monitor 2019. Vernetzte Solidarität – Fragmentierte Demokratie. Universität Leipzig 2019, 50–71.

Decker, Oliver, u. Elmar Brähler (Hrsg.): Flucht ins Autoritäre. Rechtsextreme Dynamiken in der Mitte der Gesellschaft. Gießen 2018.

Decker, Oliver, Julia Schuler u. Elmar Brähler: Das autoritäre Syndrom heute, in: Decker, Oliver, u. Elmar Brähler (Hrsg.): Flucht ins Autoritäre: Rechtsextreme Dynamiken in der Mitte der Gesellschaft. Gießen 2018, 117–156.

Decker, Oliver, Johannes Kiess u. Elmar Brähler: Antisemitische Ressentiments in Deutschland – Verbreitung und Ursachen, in: Decker, Oliver, u. Elmar Brähler (Hrsg.): Flucht ins Autoritäre. Autoritäre und rechtsextreme Dynamiken in der Mitte der Gesellschaft. Gießen 2018, 179–216.

Diamond, Larry: Developing Democracy. Toward Consolidation. Baltimore 1999.

Dru, Vincent: Authoritarianism, Social Dominance Orientation and Prejudice. Effects of Various Self-categorization Conditions, in: Journal of Experimental Social Psychology 43 (2007), 877–883.

Easton, David: A Re-Assessment of the Concept of Political Support, in: British Journal of Political Science 5 (1975), 435–457.

Franzen, Axel, u. Markus Freitag (Hrsg.): Sozialkapital. Grundlagen und Anwendungen. Wiesbaden 2008.

Freitag, Markus: Das soziale Kapital der Schweiz. Zürich 2014.

Friedrich-Killinger, Sonja: Die Bindungsbeziehung zu Gott. Ein dynamischer Wirkfaktor in der Therapie? Hamburg 2014.

Friedrich-Killinger, Sonja: Centrality of Religiosity as a Resource for Therapy Outcome?, in: Religions 11 (2020) 4, 155.

Fulton, Aubyn, Richard Gorsuch, u. Elisabeth Maynard: Religious Orientation, Antihomosexual Sentiment, and Fundamentalism among Christians, in: Journal for the Scientific Study of Religion 38 (1999) 1, 14–22.

Glock, Charles: On the Study of Religious Commitment, in: Research Supplement to Religious Education 57 (1962), 98–110.

Hark, Sabine, u. Paula-Irene Villa (Hrsg.): Anti-Genderismus. Sexualität und Geschlecht als Schauplätze aktueller politischer Auseinandersetzung. Bielefeld 2017.

Heilbronn, Christian, Doron Rabinovici u. Natan Sznaider: Neuer Antisemitismus? Fortsetzung einer globalen Debatte. Berlin 2019[2].

Heitmeyer, Wilhelm: Autoritäre Versuchungen. Frankfurt a. M. 2018.

Heitmeyer, Wilhelm: Deutsche Zustände. Folge 10. Frankfurt a. M. 2010.

Heitmeyer, Wilhelm: Gruppenbezogene Menschenfeindlichkeit. Die theoretische Konzeption und erste empirische Ergebnisse, in: Heitmeyer, Wilhelm (Hrsg.): Deutsche Zustände. Folge 1. Frankfurt a. M. 2002, 15–34.

Helbling, Marc (Hrsg.): Islamophobia in the West. Measuring and Explaining Individual Attitudes. London 2012.

Hood, Ralph W., Peter Hill u. Paul W. Williamson: The Psychology of Religious Fundamentalism. New York 2005.

Höcker, Charlotte, Gert Pickel u. Oliver Decker: Antifeminismus – das Geschlecht im Autoritarismus? Die Messung von Antifeminismus und Sexismus in Deutschland auf der Einstellungsebene, in: Decker, Oliver, u. Elmar Brähler (Hrsg.): Autoritäre Dynamiken. Alte Ressentiments – neue Radikalität. Gießen 2020, 249–282.

Horkheimer, Max (Hrsg.): Studien über Autorität und Familie. Forschungsberichte aus dem Institut für Sozialforschung. Paris 1936.

Huber, Stefan: Zentralität und Inhalt. Ein neues multidimensionales Messmodell der Religiosität. Opladen 2003.

Huber, Stefan: Zentralität und multidimensionale Struktur der Religiosität: Eine Synthese der theoretischen Ansätze von Allport und Glock zur Messung der Religiosität, in: Zwingmann, Christian, u. Helfried Moosbrugger (Hrsg.): Religiosität: Messverfahren und Studien zu Gesundheit und Lebensbewältigung. Münster/New York/München/Berlin 2004, 79–105.

Huber, Stefan: Are religious beliefs relevant in daily life?, in: Streib, Heinz (Hrsg.): Religion Inside and Outside Traditional Institutions. Empirical Studies in Theology. Leiden/Boston 2007, 211–230.

Huber, Stefan: Kerndimensionen, Zentralität und Inhalt. Ein interdisziplinäres Modell der Religiosität, in: Journal für Psychologie 16 (2008) 3.

Huber, Stefan: Der Religiositäts-Struktur-Test (R-S-T): Systematik und operationale Konstrukte, in: Gräb, Wilhelm, u. Lars Charbonnier (Hrsg.): Individualisierung – Spiritualität – Religion: Transformationsprozesse auf dem religiösen Feld in interdisziplinärer Perspektive. Münster: 2008, 136–170.

Huber, Stefan: Der Religionsmonitor 2008. Strukturierende Prinzipien, optionale Konstrukte, Auswertungsstrategien, in: Bertelsmann Stiftung (Hrsg.): Woran glaubt die Welt? Analysen und Kommentare zum Religionsmonitor 2008. Gütersloh 2009, 17–52.

Huber, Stefan: Vom Öffnen der Blackbox. Religiöse Determinanten der politischen Relevanz der Religiosität, in: Bertelsmann, Stiftung (Hrsg.): Woran glaubt die Welt? Analysen und Kommentare zum Religionsmonitor 2008. Gütersloh 2009, 667–689.

Huber, Stefan, u. Volkhard Krech: Das religiöse Feld zwischen Globalisierung und Regionalisierung: Vergleichende Perspektiven, in: Bertelsmann, Stiftung (Hrsg.): Woran glaubt die Welt? Analysen und Kommentare zum Religionsmonitor 2008. Gütersloh 2009, 53–96.

Huber, Stefan: Hochreligiös gleich fundamentalistisch? Eine Einordnung, in: Faix, Tobias, Stefan Jung u. Tobias Künkler (Hrsg.): Evangelisch Hochreligiöse im Diskurs. Stuttgart 2020, 5366.

Huber, Stefan, und Odilo W. Huber: The Centrality of Religiosity Scale (CRS), in: Religions 3 (2012) 3, 710–724. DOI: https://doi.org/10.3390/rel3030710.

Huber, Stefan, u. Alexander Yendell: Does Religiosity Matter? Explaining Right-Wing Extremist Attitudes and the Vote for the Alternative for Germany (AfD), in: Religion and Society in Central and Eastern Europe 12 (2019) 1, 63–82.

Imhoff, Roland, u. Oliver Decker: Verschwörungsmentalität als Weltbild, in: Decker, Oliver, Johannes Kiess u. Elmar Brähler (Hrsg.): Rechtsextremismus der Mitte. Eine sozialpsychologische Gegenwartsdiagnose. Gießen 2013, 146–162.

Jonas, Klaus, Wolfgang Strobe u. Miles Hewstone (Hrsg.): Sozialpsychologie. Berlin/Heidelberg 2014[6].

Kaiser, Susanne: Politische Männlichkeit. Wie Incels, Fundamentalisten und Autoritäre für das Patriarchat mobilmachen. Berlin 2020.

Kemper, Andreas u. Heike Weinbach: Klassismus. Eine Einführung. Münster 2009.

Kiess, Johannes, Oliver Decker, Ayline Heller u. Elmar Brähler: Antisemitismus als antimodernes Ressentiment: Struktur und Verbreitung eines Weltbildes, in: Decker, Oliver, u. Elmar Brähler (Hrsg.): Autoritäre Dynamiken. Alte Ressentiments – neue Radikalität. Gießen 2020, 211–248.

Klug, Brian: The Collective Jew. Israel and the New Antisemitism, in: Patterns of Prejudice 37 (2003) 2, 117–138.

Kocka, Jürgen: Zivilgesellschaft in historischer Perspektive, in: Forschungsjournal Neue Soziale Bewegungen 16 (2003), 29–37.

Küpper, Beate, Wilhelm Berghan u. Jonas Rees: Aufputschen von Rechts. Rechtspopulismus und seine Normalisierung in der Mitte, in: Zick, Andreas, Beate Küpper u. Wilhelm Berghan (Hrsg.): Verlorene Mitte – Feindselige Zustände. Rechtsextreme Einstellungen in Deutschland 2018/19. Bonn 2019, 173–202.

Küpper, Beate, u. Andreas Zick: Religion and Prejudice in Europe. New Empirical Findings. London 2010.

Küpper, Beate, u. Andreas Zick: Riskanter Glaube. Religiosität und Abwertung, in: Heitmeyer, Wilhelm (Hrsg.): Deutsche Zustände. Folge 4. Frankfurt a. M. 2006, 179–188.

Lang, Juliane, u. Ulrike Peters: Antifeminismus in Bewegung. Aktuelle Debatten um Geschlecht und sexuelle Vielfalt. Hamburg 2018.

Liedhegener, Antonius, Gert Pickel, Anastas Odermatt, Alexander Yendell u. Yvonne Jaeckel: Wie Religion „uns" trennt – und verbindet. Befunde einer Repräsentativbefragung zur gesellschaftlichen Rolle von religiösen und sozialen Identitäten in Deutschland und der Schweiz. Luzern/Leipzig 2019. DOI: https://doi.org/10.36730/rtv.2019.

Liedhegener, Antonius: Keine Integration ohne Religion. Soziale Integration im Lichte der Flüchtlingskrise der Jahre 2015/2016 in Deutschland, in: Hidalgo, Oliver, u. Gert Pickel (Hrsg.): Flucht und Migration in Europa. Neue Herausforderungen für Parteien, Kirchen und Religionsgemeinschaften. Wiesbaden 2019, 69–99.

Liedhegener, Antonius: Religiöse Identitäten als Problem wechselseitiger Identifizierungen und Kategorisierungen. Aktuelle theoretische Konzepte und Fragen ihrer Operationalisierung in der empirischen Religionsforschung, in: Werkner, Ines-Jacqueline, u. Oliver Hidalgo (Hrsg.): Religiöse Identitäten in politischen Konflikten. Wiesbaden 2016, 65–82.

Liedhegener, Antonius: Ein kleiner, aber feiner Unterschied. Religion, zivilgesellschaftliches Engagement und soziale Integration in der Schweiz, in: Arens, Edmund, Martin Baumann u. Antonius Liedhegener (Hrsg.): Integrationspotenziale von Religion und Zivilgesellschaft. Theoretische und empirische Befunde. Baden-Baden/Zürich 2016, 121–181.

Liedhegener, Antonius, u. Ines-Jacqueline Werkner (Hrsg.): Religion zwischen Zivilgesellschaft und politischem System. Befunde – Positionen – Perspektiven. Wiesbaden 2011, 81–109.

Lipset, Seymour Martin: Political Man. The Social Bases of Politics. Baltimore 1981.

Lipstadt, Deborah: Der neue Antisemitismus. Berlin 2019.

Merle, Kristin: Populismus in der Volkskirche. Von der Problemwahrnehmung zur Pluralitätskompetenz. Kirchentheoretische Anmerkungen, in: Nord, Ilona u. Thomas Schlag (Hrsg.): Die Kirchen und der Populismus. Interdisziplinäre Recherchen in Gesellschaft, Religion, Medien und Politik. Leipzig 2021, 231–238

Mokros, Nico, Maike Rumpp u. Beate Küpper: Antigenderismus: Ideologie einer "natürlichen Ordnung" oder Verfolgungswahn?, in: Zick, Andreas u. Beate Küpper (Hrsg.): Die Geforderte Mitte. Rechtsextreme und demokratiegefährdende Einstellungen in Deutschland 2020/21. Bonn 2021, 246–261.

Newmann, Benjamin, Todd Hartmann u. Charles Taber: Social Dominance and the Cultural Politics of Immigration, in: Political Psychology 35 (2001), 165–86.

Nord, Ilona u. Thomas Schlag (Hrsg.): Die Kirchen und der Populismus. Interdisziplinäre Recherchen in Gesellschaft, Religion, Medien und Politik. Leipzig 2021.

Öztürk, Cemal u. Gert Pickel: Eine Stimme gegen die Invasion der Muslim*innen? Bedeutung muslim*innenfeindlicher Einstellungen für die Mobilisierungserfolge und den machtpolitischen Aufstieg rechtspopulistischer Parteien in Europa, in: Muno, Wolfgang u. Christian Pfeiffer (Hrsg.): Populisten an der Macht. Strategien und Folgen populistischen Regierungshandelns. Wiesbaden 2021, 61–102.

Öztürk, Cemal, u. Gert Pickel: Islamophobic Right-Wing Populism? Empirical Insights about Citizens' Susceptibility to Islamophobia and Its Impact on Right-Wing Populists' Electoral Success. Eastern Europe in a Comparative Perspective, in: Religion and Society in Central and Eastern Europe 12 (2019) 1, 39–62.

Ohlendorf, David, u. Hilke Rebenstorf: Überraschend offen. Kirchengemeinden und Zivilgesellschaft. Leipzig 2019.

Pew Research Institute: Being Christian in Western Europe. New York 2018.

Pickel, Gert, Selana Tzschiesche, Katrin Reimer-Gordinskaya u. Oliver Decker: Antisemitismus in Berlin. Verbreitung, Gründe, Erfahrungen, Folgen und Umgangsweisen in der Zivilgesellschaft, in: Zeitschrift für Religion, Gesellschaft und Politik 7 (2022) 1 (i.E.).

Pickel, Gert: Religion in der Populismusfalle? Wechselbeziehungen zwischen Religion, Religiosität und Offenheit für Populismus, in: Nord, Ilona u. Thomas Schlag (Hrsg.): Die Kirchen und der Populismus. Interdisziplinäre Recherchen in Gesellschaft, Religion, Medien und Politik. Leipzig 2021, 91–104.

Pickel, Gert, Kazim Celik, Julia Schuler u. Oliver Decker: Bedrohungsempfinden als Quelle gruppenbezogener Vorurteile durch Religionen in einer heterogenen Stadtgesellschaft. Analysen des Berlinmonitors, in: Zeitschrift für Religion, Gesellschaft und Politik 4 (2020) 1, 7–43.

Pickel, Gert, Antonius Liedhegener, Yvonne Jaeckel, Anastas Odermatt u. Alexander Yendell: Religiöse Identitäten und Vorurteile in Deutschland und der Schweiz – Konzeptionelle Überlegungen und empirische Befunde, in: Zeitschrift für Religion, Gesellschaft und Politik 4 (2020) 1, 149–196.

Pickel, Gert, Susanne Pickel u. Alexander Yendell: Zersetzungspotentiale einer demokratischen politischen Kultur. Verschwörungstheorien und erodierender gesellschaftlicher Zusammenhalt?, in: Decker, Oliver, u. Elmar Brähler (Hrsg.): Autoritäre Dynamiken. Alte Ressentiments – neue Radikalität. Gießen 2020, 89–118.

Pickel, Gert: Weltanschauliche Vielfalt und Demokratie. Wie sich religiöse Vielfalt auf die Demokratie auswirkt. Gütersloh 2019.

Pickel, Gert, u. Susanne Pickel: Der Flüchtling als Muslim – und unerwünschter Mitbürger?, in: Hidalgo, Oliver, u. Gert Pickel (Hrsg.): Flucht und Migration in Europa. Neue Herausforderungen für Parteien, Kirchen und Religionsgemeinschaften. Wiesbaden 2019, 279–324.

Pickel, Gert: Religion als Ressource für Rechtspopulismus? Zwischen Wahlverwandtschaften und Fremdzuschreibungen, in: Zeitschrift für Religion, Gesellschaft und Politik 2 (2018) 2, 277–312.

Pickel, Gert, u. Susanne Pickel: Migration als Gefahr für die politische Kultur? Kollektive Identitäten und Religionszugehörigkeit als Herausforderung demokratischer Gemeinschaften, in: Zeitschrift für Vergleichende Politikwissenschaft 12 (2018) 1, 297–320.

Pickel, Gert: Religionsmonitor – verstehen was verbindet. Religiosität im internationalen Vergleich. Gütersloh 2013.

Pickel, Gert, u. Anja Gladkich: Säkularisierung, religiöses Sozialkapital und Politik – Religiöses Sozialkapital als Faktor der Zivilgesellschaft und als kommunale Basis subjektiver Religiosität?, in: Liedhegener, Antonius, u. Ines Werkner-Jacqueline (Hrsg.): Religion zwischen Zivilgesellschaft und politischem System. Befunde – Positionen – Perspektiven. Wiesbaden 2011, 81–109.

Pickel, Susanne, u. Gert Pickel: Politische Kultur in der Vergleichenden Politikwissenschaft, in: Lauth, Hans-Joachim, Marianne Kneuer u. Gert Pickel (Hrsg.): Handbuch Vergleichende Politikwissenschaft. Wiesbaden 2016, 541–556.

Pickel, Susanne, u. Gert Pickel: Politische Kultur- und Demokratieforschung. Grundbegriffe, Theorien, Methoden. Eine Einführung. Wiesbaden 2006.

Pratto, Felicia, Jim Sidanius, Lisa Stallworth u. Bertram Malle: Social Dominance Orientation: A Personality Variable Predicting Social and Political Attitudes, in: Journal of Personality and Social Psychology 67 (2000), 741–63.

Putnam, Robert: Bowling Alone. The Collapse and Revival of American Community. New York 2000.

Ranc, Julijana: Eventuell nicht gewollter Antisemitismus. Zur Kommunikation antijüdischer Ressentiments unter deutschen Durchschnittsbürgern. Münster 2016.

Rebenstorf, Hilke: Zum Zusammenhang von Religiosität, Kirchgang und religiösem Dogmatismus mit Islamfeindlichkeit, in: Nord, Ilona u. Thomas Schlag (Hrsg.): Die Kirchen und der Populismus. Interdisziplinäre Recherchen in Gesellschaft, Religion, Medien und Politik. Leipzig 2021, 105–120.

Rebenstorf, Hilke: „Rechte" Christen? – Empirische Analysen zur Affinität christlich-religiöser und rechtspopulistischer Positionen, in: Zeitschrift für Religion, Gesellschaft und Politik 2 (2018) 2, 313–335.

Rees, Jonas, u. Pia Lamberty: Mitreißende Wahrheiten. Verschwörungsmythen als Gefahr für den gesellschaftlichen Zusammenhalt, in: Zick, Andreas, Beate Küpper u. Wilhelm Berghan (Hrsg.): Verlorene Mitte – Feindselige Zustände. Rechtsextreme Einstellungen in Deutschland 2018/19. Bonn 2019, 203–222.

Reich, Wilhelm: Die Massenpsychologie des Faschismus. Kopenhagen 1933.

Riesebrodt, Martin: Die Rückkehr der Religionen. Fundamentalismus und der „Kampf der Kulturen". München 2001.

Rossteutscher, Sigrid: Religion, Zivilgesellschaft, Demokratie. Eine international vergleichende Studie zur Natur religiöser Märkte und der demokratischen Rolle religiöser Zivilgesellschaften. Baden-Baden 2009.

Roth, Roland: Die dunklen Seiten der Zivilgesellschaft. Grenzen einer zivilgesellschaftlichen Fundierung von Demokratie, in: Forschungsjournal Soziale Bewegungen (2003), 59–73.

Saal, Johannes: The Dark Social Capital of Religious Radicals. Jihadi Networks and Mobilization in Germany, Austria and Switzerland, 1998–2018. Wiesbaden 2021.

Salzborn, Samuel: Antisemitismus. Geschichte, Theorie, Empirie. Baden-Baden 2014.

Schließler, Clara, Nele Hellweg u. Oliver Decker: Aberglaube, Esoterik und Verschwörungsmentalität in Zeiten der Pandemie, in: Decker, Oliver, u. Elmar Brähler (Hrsg.): Autoritäre Dynamiken. Alte Ressentiments – neue Radikalität. Gießen 2020, 283–310.

Schönbach, Peter: Reaktionen auf die antisemitische Welle im Winter 1959/1960. Frankfurt a. M. 1961.

Shooman, Yasemin: „… weil ihre Kultur so ist". Narrative des antimuslimischen Rassismus. Bielefeld 2014.

Sidanius, Jim, u. Felicia Pratto: Social Dominance. An Intergroup Theory of Social Hierarchy and Oppression. Cambridge 1999.

Silbermann, Alphons, u. Herbert Sallen: Latenter Antisemitismus in der Bundesrepublik Deutschland, in: Kölner Zeitschrift für Soziologie und Sozialpsychologie 28 (1976) 4, 706–723.

Stephan, Walter, u. Lausanne C. Renfro: The Role of Threat in Intergroup Relations, in: Mackie, Diane, u. Eliot Smith (Hrsg.): Prejudice in Intergroup Emotions. New York 2002, 191–208.

Stephan, Walter, Rolando Diaz-Loving u. Anne Duran: Integrated Threat Theory and Intercultural Attitudes – Mexico and the United States, in: Journal of Cross-Cultural Psychology 31 (2000) 2, 240–249.

Strabac, Zan, u. Ola Listhaug: Anti-Muslim Prejudice in Europe. A Multilevel Analysis of Survey Data from 30 Countries, in: Social Science Research 37 (2007), 268–286.

Strachwitz, Rupert (Hrsg.): Religious Communities and Civil Society in Europe. Analyses and Perspectives on a Complex Interplay 2. Berlin/Boston 2020.

Strachwitz, Rupert (Hrsg.): Religious Communities and Civil Society in Europe. Analyses and Perspectives on a Complex Interplay 1. Berlin/Boston 2019.

Strube, Sonja: Anti-Genderismus als rechtsintellektuelle Strategie und als Symptom-Konglomerat Gruppenbezogener Menschenfeindlichkeit, in: Strube, Sonja, Rita Perintfalvi, Raphaela Hemet, Miriam Metze u. Cicek Sahbaz (Hrsg.): Anti-Genderismus in Europa. Allianzen von Rechtspopulismus und religiösem Fundamentalismus. Mobilisierung – Vernetzung – Transformation. Bielefeld 2021, 51–64.

Strube, Sonja, Rita Perintfalvi, Raphaela Hemet, Miriam Metze u. Cicek Sahbaz (Hrsg.): Anti-Genderismus in Europa. Allianzen von Rechtspopulismus und religiösem Fundamentalismus. Mobilisierung – Vernetzung – Transformation. Bielefeld 2021.

Tajfel, Henri: Social Identity and Intergroup Relations. Cambridge 1982.

Traunmüller, Richard: Religion und Sozialkapital. Ein doppelter Kulturvergleich. Wiesbaden 2012.

Thiessen, Barbara: Ein Schritt vor und drei zurück? Auswirkungen von Rechtspopulismus auf Diversität und Gleichstellung in kirchlichen und sozialen Diensten, in: Nord, Ilona u., Thomas Schlag (Hrsg.): Die Kirchen und der Populismus. Interdisziplinäre Recherchen in Gesellschaft, Religion, Medien und Politik. Leipzig 2021, 131–142.

Uenal, Fatih: The Secret Islamization of Europe Exploring the Integrated Threat Theory. Predicting Islamophobic Conspiracy Stereotypes, in: International Journal of Conflict and Violence 10 (2016) 1, 93–108.

Uenal, Fatih: Disentangling Islamophobia. The Differential Effects of Symbolic, Realistic, and Terroristic Threat Perceptions as Mediators between Social Dominance Orientation and Islamophobia, in: Journal of Social and Political Psychology 4 (2016), 66–90.

Van Deth, Jan W. Measuring Social Capital, in: Castiglione, Dario, Jan W. van Deth u. Gugliemo Wolleb (Hrsg.): The Handbook of Social Capital. Oxford 2008, 150–176.

Vortkamp, Wolfgang: Integration durch Teilhabe. Das zivilgesellschaftliche Potenzial von Vereinen. Frankfurt a. M./New York 2008.

Wolter, Felix, u. Sebastian Fückel: Zu Verbreitung und sozialen Einflussfaktoren von Paraglaube in West- und Ostdeutschland 2002–2012. Empirische Analysen von ALLBUS-Daten, in: Singers, Pascal, Sonja Schulz u. Oshrat Hochman (Hrsg.): Einstellungen und Verhalten der deutschen Bevölkerung. Analysen mit dem ALLBUS. Wiesbaden 2019, 53–92.

Yendell, Alexander: Muslime unerwünscht? Zur Akzeptanz des Islam und dessen Angehörigen. Ein Vergleich zwischen Ost- und Westdeutschland, in: Pickel, Gert, und Oliver Hidalgo (Hrsg.): Religion und Politik im vereinigten Deutschland. Was bleibt von der Rückkehr des Religiösen? Wiesbaden 2013, 221–248.

Yendell, Alexander, u. Stefan Huber: Negative views of Islam in Switzerland with special regard to religiosity as an explanatory factor, in: Zeitschrift für Religion, Gesellschaft und Politik 4 (2020) 1, 81–103. DOI: https://doi.org/10.1007/s41682-020-00053-x.

Unabhängige Kommission Antiziganismus: Perspektivwechsel – Nachholende Gerechtigkeit – Partizipation. Bericht der unabhängigen Kommission Antiziganismus. Berlin 2021.

Zarzycka, Beata, Rafał P. Bartczuk u. Radosław Rybarski: Centrality of Religiosity Scale in Polish Research: A Curvilinear Mechanism that Explains the Categories of Centrality of Religiosity, in: Religions 11 (2020) 2, 64. DOI: https://doi.org/10.3390/rel11020064.

Zick, Andreas, Beate Küpper (Hrsg.): Die Geforderte Mitte. Rechtsextreme und demokratiegefährdende Einstellungen in Deutschland 2020/21. Bonn 2021.

Zick, Andreas: Herabwürdigungen und Respekt gegenüber Gruppen in der Mitte, in: Zick, Andreas, u. Beate Küpper (Hrsg.): Die Geforderte Mitte. Rechtsextreme und demokratiegefährdende Einstellungen in Deutschland 2020/21. Bonn 2021, 181–210.

Zick, Andreas, Beate Küpper u. Wilhelm Berghan (Hrsg.): Verlorene Mitte – Feindselige Zustände. Rechtsextreme Einstellungen in Deutschland 2018/19. Bonn 2019.

Zick, Andreas, Beate Küpper u. Daniel Krause (Hrsg.): Gespaltene Mitte – Feindselige Zustände. Rechtsextreme Einstellungen in Deutschland 2016. Bonn 2016.

3. Religion und Rechtspopulismus/-extremismus: Analysen von Narrationen vorurteilsbezogener Kommunikation und Hassrede online (Teilprojekt 2, TP 2)[167]

(Kristin Merle, Anita Watzel)

> „Ihr scheinheiligen Pastoren legt die Bibel und Jesu Worte völlig falsch aus, jedenfalls nicht im Sinne Gottes, sondern im Sinne Satans!"
>
> „Wir reagieren, auch wenn wir eine angemessene Sachlichkeit in Ihrem Schreiben vermissen."
> *(Auszug aus einem E-Mail-Wechsel; Info-Service der EKD)*

3.1 Einleitung

Christlicher Glaube schützt nicht „per se vor Antisemitismus, Islamfeindlichkeit und Homophobie"[168], nicht vor Abwertung anderer. Die Ausprägung von sich als christlich verstehenden Glaubensüberzeugungen – seien sie menschenfreundlich oder menschenfeindlich – stehen dabei in enger Relation zu anderen alltagsweltlich relevanten Narrationen, Überzeugungen und Werthaltungen, auf die hin diese sich als christlich verstehenden Glaubensüberzeugungen entfaltet werden, und umgekehrt. Damit eignet Glaubensüberzeugungen, so auch der Befund des Abschlussberichts zur Studie *Kirchenmitgliedschaft und politische Kultur* (2016), eine prinzipielle Offenheit hinsichtlich ihrer weltanschaulich-ideologischen Imprägnierung. Die einzelnen Befunde der Studie *Kirchenmitgliedschaft und politische Kultur* fallen mit Blick auf untersuchte Kirchengemeinden resp. befragte Kirchenmitglieder, das ist naheliegend, unterschiedlich aus. Zwar kann für eine durchschnittliche evangelische Ortsgemeinde ein „relativ breite[s] Spektrum religiöser Typen und Überzeugungen"[169] angenommen werden, gleichwohl finden sich in der Studie mit Blick auf bestimmte Items (abgefragt worden sind Einstellungen zu Judentum, Islam und Homosexualität) auch dominant negative Wertun-

---

[167] Wir danken Hannah Eichberg und Charlotte Pfingsten für die unermüdliche Materialsuche und ihre Mitarbeit im Kodierprozess. Ein herzlicher Dank geht ebenfalls an Jannik Krämer für ehrenamtlichen informationstechnischen Support beim Umgang mit etwa 20 000 txt-Einzeldateien und Gesa Cordes und Christian Weisker vom *Info-Service der EKD* für die gute und unkomplizierte Zusammenarbeit und die Unterstützung. Dank geht ebenfalls an Katharina Vetter für die Korrektur des Textes und Dr. Hans-Ulrich Probst für eine kritische Lektüre des Manuskripts.
[168] LOBERMEIER/KLEMM/STROBL, Abschlussbericht, 151.
[169] REBENSTORF, „Rechte" Christen?, 328.

gen, die auf vorhandene Vorurteilsstrukturen in Argumentationen und Begründungen hinweisen.[170] Akzeptierende wie ablehnende Einstellungen können dabei bei den Akteur*innen durchaus nebeneinander stehen, sodass sich dem Konstatieren einer prinzipiellen Offenheit von Glaubensüberzeugungen hinsichtlich potenzieller Imprägnierungen die Annahme zugesellt, dass der Bereich religiös-weltanschaulich motivierter Einstellungen nicht selten von *Ambivalenzen, Suchbewegungen, Indifferenzen* und *unabgeschlossenen Meinungsbildungsprozessen* geprägt ist.[171] Positiv formuliert: Einstellungen sind oft nicht unabänderlich festgelegt, sie können sich ändern. Interessant ist in diesem Zusammenhang weiterhin die Erkenntnis der (qualitativen und insofern eher hypothesengenerierenden) Studie *Kirchenmitgliedschaft und politische Kultur*, dass befragte Akteur*innen in den Kirchengemeinden oftmals nur auf ein eher begrenztes theologisches Wissen zurückgreifen können, wenn es um die Erörterung und Diskursivierung religiöser Themen bzw. die Auseinandersetzung um religiös motivierte Einstellungen geht. So notieren die Verfasser*innen des Abschlussberichts:

> „Ein breiter Diskurs über GMF-Elemente ist auch eine zentrale Voraussetzung dafür, dass die Beteiligten ihre bisherigen Meinungen vor dem Hintergrund ihrer religiösen Überzeugungen reflektieren. Gerade die vielfältigen Interpretationsmöglichkeiten und Auslegungen der Bibel erfordern in diesem Zusammenhang den Zugang zu Informationen, die im gemeindlichen Kontext üblicherweise nicht vorhanden sind. Dass EKD-Positionen hier praktisch keine Rolle spielen, deutet auf eine unzureichende Anschlussfähigkeit der übergeordneten kirchlichen Ebenen hin."[172]

Der Schluss liegt nahe, dass Kirchengemeindemitgliedern, so sie denn in Suchbewegungen und unabgeschlossene Meinungsbildungsprozesse involviert sind, eine größere Bandbreite religiösen Wissens dienlich ist, um mit Blick auf ihre Selbstpositionierung

---

[170] Die Unterschiedlichkeit der Einstellungen überrascht an sich nicht. Wenn die kürzlich erschienene Studie *Die geforderte Mitte – Rechtsextreme und demokratiegefährdende Einstellungen in Deutschland 2020/21* zu dem Ergebnis kommt, dass 25,3 Prozent der Befragten deutlich zu rechtspopulistischen Einstellungen neigen und sich bei 41,5 Prozent der Befragten in Deutschland eine Tendenz dazu zeigt, kann angenommen werden, dass sich diese Einstellungen auch unter Kirchenmitgliedern finden, in welcher prozentualen Verteilung auch immer. (Vgl. Zick/Küpper [Hrsg.], Die geforderte Mitte, 57.) Besonders interessant hingegen scheint uns der Befund der Fallstudie *Kirchenmitgliedschaft und politische Kultur*, dass die Einstellungen zwischen Gemeindeleitung und Gemeinde themenbezogen durchaus deutlich divergieren. Was sagt ein solcher Befund aus über das Verhältnis von Leitung und Gemeinde? Dieser Frage kann das hier skizzierte Projekt aufgrund seiner thematischen Anlage nicht weiter nachgehen, vgl. hierzu aber auch entsprechende Ergebnisse aus TP 3.
[171] Vgl. Rebenstorf, „Rechte" Christen?, 330.
[172] Lobermeier/Klemm/Strobl, Abschlussbericht, 154. Die Abkürzung ‚GMF' steht für den Terminus ‚Gruppenbezogene Menschenfeindlichkeit'; mit dem Begriff werden abwertende Einstellungen bezeichnet, die sich auf die Zuschreibung der Zugehörigkeit von Menschen zu einer (konstruierten) Gruppe beziehen (z.B. Jüd*innen, Muslim*innen, Wohnungslose). Vgl. dazu u.a. auch: Zick/Küpper/Heitmeyer, Vorurteile als Elemente.

handlungsfähiger zu sein.[173] Die Ambivalenzen und Indifferenzen in den Glaubensüberzeugungen, so kann vermutet werden, tragen eine Offenheit für unterschiedliche Framings in sich. Diese Annahme trifft natürlich nicht nur explizit auf Kirchengemeindemitglieder zu, vielmehr dürfte sich in dieser Offenheit eine verbreitete Disposition abbilden.[174]

Das Projekt *Religion und Rechtspopulismus/-extremismus: Analysen von Narrationen vorurteilsbezogener Kommunikation und Hassrede online* hat sich vor diesem Hintergrund für die Untersuchung einer bestimmten Form des Framings bzw. der Deutung interessiert – die freilich in unterschiedlichen Gestalten und Variationen auftritt: für die Deutung von *christlichen Topoi und Praktiken weltanschaulicher Akteur*innen im Zusammenhang vorurteilsbezogener Kommunikation, die sich in Erzählmustern und Narrativen bzw. Narrativfragmenten niederschlägt.* Interessiert hat uns zudem ein kritischer Blick auf die ‚Reichweite' vorurteilsbezogener Kommunikation i. S. exkludierender, menschenverachtender Kommunikation – sodass für die Untersuchung ein ‚Raum' abgeschritten wurde (ausgehend von Kommunikationszusammenhängen im rechtspopulistischen bzw. rechtsextremen Spektrum) in Richtung gemäßigter Kommunikationszusammenhänge (auf einem Kontinuum ‚Links-Mitte-Rechts'[175] mittig zu verorten). In die Untersuchung einbezogen worden sind ausschließlich Online-Kommunikate. Hier ist vielfach ungefiltert das Phänomen der Hassrede zu beobachten, dann aber auch das Phänomen der dialogischen Auseinandersetzung mit vorurteilsbezogener Kommunikation.

3.2 Rechtspopulismus/-extremismus als Thema der Theologie

In Relation zur gegenwärtig durchaus erhöhten Aufmerksamkeit für das Thema Rechtspopulismus/-extremismus und Theologie/Kirche ist es erstaunlich, dass *empirische theologische* Forschungen zum Thema (qualitative Studien allzumal), die die Zusammenhänge näher beschreiben und Problematisierungen konturieren, immer noch weitflächig fehlen.

---

[173] Der Hinweis, dass (EKD-)kirchenleitende Positionsformulierungen mitunter nur schwer an den diskursiven Kontext alltäglicher Lebenswelten von Menschen anschließen, wird durch Befunde aus der eigenen empirischen Forschung zur Relevanz „kirchlicher" Argumentationsmuster in der Sterbehilfe-Debatte in medieninitiierten Alltagsöffentlichkeiten gestützt, vgl. Merle, Religion in der Öffentlichkeit – zur Diskussion des Befunds im Kontext des eigenen Forschungsinteresses, vgl. insbes. 406 ff.

[174] Arnulf von Scheliha spricht mit Blick auf die politischen Verhältnisse davon, dass „die Wählerschaft zunehmend volatil [wird]" (345) als Folge zunehmender Individualisierungsprozesse und Erosion der Bindung an Institutionen (von Scheliha, Rechtspopulismus als Herausforderung, 345).

[175] Wilhelm Heitmeyer hat mit dem sog. „Eskalationskontinuum" eine plausible Möglichkeit der Verhältnisbestimmung von Dimensionen gruppenbezogen-menschenfeindlicher Einstellungen vorgestellt (vgl. Heitmeyer, Autoritäre Versuchungen, insbes. 350 ff.). Eine Einordnung unserer Ergebnisse in dieses Modell erscheint problemlos möglich, der Erweis von Formen der Eskalation durch die verschiedenen in dieser Studie untersuchten Kommunikationskontexte hindurch war allerdings erst noch zu erbringen. Daher bedient sich die vorliegende Studie des – sicherlich etwas simplifizierenden – Modells der eindimensionalen geometrischen Achse, um das angenommene politische Spektrum der Kommunikationskontexte darzustellen.

3.2.1 Notizen zum Forschungsstand

Nicht nur findet seit einigen Jahren das Thema ‚Religion und Politik' (wieder) stärkere Aufmerksamkeit in theologischen Diskursen, auch dem Thema ‚Rechtspopulismus' resp. ‚Rechtsextremismus' wird sich vermehrt zugewendet, seit in Europa rechtspopulistische Parteien (mit teilweise rechtsextremen Einschlägen) politische Erfolge erzielen. In Deutschland hat sich die AfD im Parteienspektrum etabliert und sich die Verteidigung der „deutschen Leitkultur" auf die Fahnen geschrieben; ganz ungeniert und prominent bezieht man sich hier etwa auf die „religiöse Überlieferung des Christentums"[176]. Auch demonstrieren Vertreter*innen der sog. ‚Neuen Rechten' ein affirmatives Verhältnis zum ‚Christentum'. Viele der in den vergangenen Jahren erschienen Publikationen zum Thema ‚Rechtspopulismus' resp. ‚Rechtsextremismus' aus dem theologischen Kontext haben essayistischen Charakter, oder es handelt sich um Beiträge in Sammelbänden, in denen Autor*innen verschiedene Aspekte des weiten und komplexen Feldes – oft auch in einer nicht zu vermeidenden Disparatheit – diskutieren. Interessant wie informativ sind der von Ilona Nord und Thomas Schlag herausgegebene Band *Die Kirchen und der Populismus* (2021), in dem nicht nur auf Formen des rechten Populismus abgehoben wird[177], sowie das Bändchen *Christentum von rechts* (2021) von Johann Hinrich Claussen, Martin Fritz, Andreas Kubik, Rochus Leonhardt und Arnulf von Scheliha.[178] Hier meditiert etwa Andreas Kubik aus praktisch-theologischer Perspektive die „Mahnwache" von ‚neurechten' Akteur*innen anlässlich des Terroranschlags in Berlin am 19.12.2016, und Arnulf von Scheliha reflektiert auf den für ‚rechte' Akteur*innen so wichtigen Begriff ‚Volk', wie er sich in ‚neurechten' Publikationen (hier in der Zeitschrift *Sezession*) darstellt und historisch Verwendung fand (bei nationalkonservativen theologischen Akteur*innen der Weimarer Zeit), und unter welchen Bedingungen der Begriff gegenwärtig für eine „theologische Ethik des Politischen"[179] relevant ist. Aufschlussreich ist auch der von Florian Höhne und Torsten Mereis herausgegebene Band *Religion and Neo-Nationalism in Europe* (2020), der mit einer Reihe von Fallstudien Einblick in die Situation unterschiedlicher Länder gibt.[180] Abgesehen von einzelnen Beiträgen in der theologischen Landschaft[181] muss an dieser Stelle noch auf die Veröffentlichungen von Sonja Angelika Strube und Liane Bednarz hingewiesen werden, die sich beide bereits seit vielen Jahren der Verhältnisbestimmung von Christentum und Rechtspopulismus/-extremismus angenommen haben: Publiziert sind von Strube u.a. die Bände *Rechtsextremismus als Heraus-*

---

[176] AfD, Programm für Deutschland, 47.
[177] Vgl. Nord/Schlag (Hrsg.), Die Kirchen und der Populismus.
[178] Vgl. Claussen/Fritz/Kubik/Leonhardt/Scheliha, Christentum von rechts.
[179] Von Scheliha, Volk ohne Religion, 145.
[180] Vgl. Höhne/Meireis (Hrsg.), Religion and Neo-Nationalism.
[181] Erwähnt werden können auch das Themenheft *Populismus* der Zeitschrift Praktische Theologie und Nr. 256 der Texte der Evangelischen Zentralstelle für Weltanschauungsfragen *Rechtspopulismus und christlicher Glaube* (2018).

forderung für die Theologie (2015) und *Das Fremde akzeptieren. Gruppenbezogener Menschenfeindlichkeit entgegenwirken. Theologische Ansätze* (2017), von Bednarz u.a. – aus nicht-theologischer und eher populärwissenschaftlicher Perspektive verfasst – das Buch *Die Angstprediger. Wie rechte Christen Gesellschaft und Kirchen unterwandern* (2018).[182] Bei der Durchsicht der genannten und anderer Literatur fällt auf, dass methodengeleitete, *theologische-empirische* Forschung zum Zusammenhang von Religion und politischem (Neo-)Konservatismus/Rechtspopulismus/Rechtsextremismus/den sogenannten ‚neuen Rechten' mehr oder weniger nicht existent ist (s.o.). In der Religionssoziologie wird man fündig im Zusammenhang von Auswertungen großer quantitativer Studien (z.B. ALLBUS, ISSP, EVS, *Leipziger Autoritarismus-Studie*), die etwa auf den Zusammenhang rechtsextremer Einstellungen und Religion bzw. Religiosität abheben und nach der Wirkung des Religionsfaktors auf rechtsextreme Einstellungen fragen.[183] Aber auch hier wird moniert, dass der Umfang der Arbeiten zum Thema zu schmal ist und der Faktor ‚Religion' unterkomplex bearbeitet wird.[184] Dürftig sieht es in der theologischen Forschung aus, fragt man nach der Bedeutung von Kommunikationsformen und -formaten online bzw. nach der Bedeutung der Mediatisierung von Kommunikation für die Dynamiken auf dem Feld ‚Religion und Rechtspopulismus/-extremismus'.[185]

Schaut man schließlich auf das Phänomen ‚Hate Speech', ist man, interessiert an empirischer theologischer Forschung zum Thema, im deutschsprachigen Kontext allein auf die Studie *Verhasste Vielfalt* (2017)[186] verwiesen, die ihrerseits bereits Begründungselemente in den herabwürdigenden und diskriminierenden, an Kirchenleitende gewandten bzw. im Zusammenhang des öffentlichen Auftretens von Kirchenleitenden entstandenen Kommunikaten ausweist.[187] Sogenannte „toxische Narrative" hat in So-

---

[182] Vgl. STRUBE (Hrsg.), Das Fremde akzeptieren; DIES. (Hrsg.), Rechtsextremismus; BEDNARZ, Die Angstprediger; DIES., Radikal bürgerlich.

[183] Vgl. stellvertretend: SCHNEIDER/PICKEL/ÖZTÜRK, Was bedeutet Religion für Rechtsextremismus?; vgl. REBENSTORF, „Rechte" Christen?; DIES./AHRENS, Rechtspopulismus unter evangelischen Christen. Vgl. auch die auf die GMF-Studie aufbauende Studie *Fragile Mitte – Feindselige Zustände* aus dem Jahr 2014 sowie die Erhebung zur Gruppenbezogenen Menschenfeindlichkeit in Europa *Die Abwertung der Anderen. Eine europäische Zustandsbeschreibung zu Intoleranz, Vorurteilen und Diskriminierung* aus dem Jahr 2011; zur Auswertung der Daten unter besonderer Berücksichtigung des Themas Religion/Religiosität: KÜPPER/ZICK, Religion and Prejudice. Die neue Mitte-Studie 2020/21 kommt wenig überraschend zu dem Schluss, dass Konfessions-/Religionszugehörigkeit (als Christ*innen) mit Blick auf rechtsextreme Einstellungen im Grunde kaum eine Rolle spielt; gleichwohl sind rechtsextreme Einstellungen unter Christ*innen vorhanden; vgl. ZICK/KÜPPER, Geforderte Mitte, 102 ff.

[184] Vgl. etwa SCHNEIDER/PICKEL/ÖZTÜRK, Was bedeutet Religion für Rechtsextremismus?

[185] Ausnahmen bilden hier vereinzelte Beiträge wie: PINXTEN, Neo-Nationalism, und die eher anhand allgemeiner Betrachtung gewonnenen Beobachtungen von „internetmedial sichtbar werdenden Koalitionen zwischen politisch rechten und christlichen Gruppierungen" in: STRUBE, Rechtspopulistische und rechtsextreme Tendenzen, 268.

[186] Vgl. LUKAS/RADKE/SCHULZ (Hrsg.), Verhasste Vielfalt.

[187] Zum Thema „Hate Speech" ist freilich „außertheologisch" einiges publiziert worden. Vgl. exemplarisch: SPONHOLZ, Hate Speech; KLINKER/SCHARLOTH/SZCZĘK (Hrsg.), Sprachliche Gewalt; MEIBAUER (Hrsg.), Hassrede.

cial-Media-Analysen auch das Projekt *Netzteufel* der *Evangelischen Akademie zu Berlin* herausgearbeitet.[188]

Der Forschungsbedarf ist also hoch, umso mehr, wenn es auch unter Anwendung von Methoden qualitativer Forschung um die Beantwortung der Frage der Verankerung von Vorurteilsstrukturen und eine differenzierte Erfassung des Zusammenspiels von Religiosität und vorurteilsgeleitetem kommunikativem Handeln geht. Dabei kann Rechtspopulismus/-extremismus als kontextuelles Phänomen verstanden werden: Neben zu beschreibenden Ähnlichkeiten und Abhängigkeiten in den Erscheinungsformen von Rechtspopulismus/-extremismus in den unterschiedlichen Ländern der Welt[189] besitzt etwa der deutsche Kontext mit Blick auf das Phänomen ‚Rechtspopulismus/-extremismus' seine eigenen Merkmale, nicht zuletzt hinsichtlich der Relationierung der Erscheinungsweisen zu ihren historischen Voraussetzungen (diese Relationierung ist freilich für rechtspopulistische/-extremistische Akteur*innen selbst von größter Bedeutung). Gerade für die Online-Forschung wird sich nahelegen, ‚lokale' und ‚translokale' Bedingungsgefüge, auch in ihrer Interdependenz, herauszuarbeiten.[190]

3.2.2 Was ist Rechtspopulismus/-extremismus?

Populismus ist ein „ideologisch dünnes, meist vor- oder unpolitisches gesellschaftliches Deuteschema"[191], eine *thin-centered ideology*, mit Cas Mudde, Cristóbal Rovira Kaltwasser und Michael Freeden gesprochen, welcher den Begriff prägte. Die Bezeichnung als ‚dünn' oder ‚schwach' verweist darauf, dass es sich um keine elaborierte, umfassende Ideologie handelt, sondern dass der Populismus angewiesen ist auf einen weltanschaulichen Träger (eine *host-ideology*). Damit ist der Flexibilität und Fluidität Rechnung getragen, die den Populismus als Phänomen wesentlich auszeichnen. Das heißt jedoch nicht, dass der Populismus in einem unendlichen Pool an Erscheinungsformen aufgeht. Vielmehr lassen sich bestimmte „zentral geteilte Botschaften"[192] identifizieren, die den Populismus als Phänomen *sui generis* auszeichnen. Der Fokus liegt somit nicht bloß auf den stilistischen und rhetorischen Mitteln: Reduziert man Populismus nämlich auf eine „Strategie, Stil oder rhetorische Praxis, zeigt er eine ideologische Promiskuität und kann von unterschiedlichen Bewegungen und Strömungen

---

[188] Vgl. URL: https://www.netzteufel.eaberlin.de/toxische-narrative/ (Stand: 30.08.2021).
[189] Vgl. hierzu auch entsprechende Beiträge des Bandes Höhne/Meireis, Religion and Neo-Nationalism; Beiträge aus: Heinisch/Holtz-Bacha/Mazzoleni, Political Populism; oder auch den populärwissenschaftlichen Band: Gürgen/Hecht/Horaczek/Jakob/Am Orde, Angriff auf Europa.
[190] Das kann freilich keine Aufgabe dieser Studie sein und muss an anderer Stelle geleistet werden. Unbedingt zu reflektieren ist etwa die Bedeutung der Vernetzung rechter Akteur*innen online für die Dynamik der Ausbreitung rechter Gewalt, vgl. beispielsweise: Ebner, Radikalisierungsmaschinen.
[191] Priester, Rechtspopulismus, 534.
[192] Virchow, Rechtsextremismus, 19.

vereinnahmt werden"[193] – letztlich büßt der Begriff ‚Populismus' dadurch seine Aussagekraft ein.[194]

Das wichtigste Merkmal des Populismus ist ein dezidierter *Anti-Elitismus*. Er äußert sich in der Auffassung, dass die Gesellschaft geschieden ist „into two homogeneous and antagonistic camps, ‚the pure people' versus ‚the corrupt elite', and which argues that politics should be an expression of the volonté générale (general will) of the people".[195] Dem *Anti-Elitismus* oder Anti-Establishment korrespondiert also die Vorstellung von einer dichotomen Spaltung der Gesellschaft, innerhalb derer das ‚Volk' als primordiale Größe mit einem einheitlichen zeitinvarianten Willen imaginiert wird. Rechtspopulist*innen meinen, den Willen des ‚Volkes' zu vertreten. Karin Priester fügt diesen Kernelementen weitere Merkmale hinzu: das Bezogensein auf ‚das Eigene', einhergehend mit einer Ablehnung von Globalisierung, Kosmopolitismus und Universalismus, die Interpretation der gegenwärtig erlebten Geschichte als Niedergang und Dekadenz und schließlich ein Moralisieren mit Blick auf politisches Handeln.[196]

*Rechts*populismus tritt, im Gegensatz zum Linkspopulismus, *exkludierend* auf, d.h. Teilhaberechte kommen ausschließlich der – immer konstruierten – Gruppe der ‚autochthonen' Bevölkerung zu; mit Blick auf die Frage der Identität geht es also um „nationale Präferenz"[197], d.h. unterlegt ist die Vorstellung einer nativistischen, ethno-nationalistischen-homogenen Vorstellung eines eigenen Volkes. Die exklusive Haltung des Rechtspopulismus bedeutet allerdings nicht, dass der Gedanke der Inklusion überhaupt keine Relevanz hat.[198] Inklusion besitzt im Rahmen der nationalen Priorisierung insofern große Bedeutung, als der Rechtspopulismus das Zusammengehörigkeitsgefühl der eigenen Gemeinschaft als einen gemeinsamen Fluchtpunkt versteht in einer „Gesellschaft, die als ‚kalt', egoistisch und anonym wahrgenommen wird"[199].

Da Rechtspopulismus ein kontextuelles Phänomen ist, kann es – über die o.g. Kernelemente hinaus – ganz unterschiedlich auftreten. Geleitet ist er allerdings von einem „Widerstand gegen identitätsbedrohende Modernitätsschübe".[200] Trotz seiner Variabilität und Liquidität treffen sich die unterschiedlichen Formen in antipluralistischen Einstellungen und Ressentiments; die entscheidende Polarisierung findet in der Stoß-

---

[193] PRIESTER, Umrisse, 12.
[194] Vgl. MOFFIT, The global rise of populism; vgl. auch MINKENBERG, Was ist Rechtspopulismus?; Minkenberg plädiert in Anlehnung an Moffit und Taggart für eine Definition von „Populismus als politische[m] Stil, inhaltsleere[r] politische[r] Performanz" (349).
[195] MUDDE/ROVIRA KALTWASSER, Populism, 6; vgl. ähnlich auch MÜLLER, Was ist Populismus?, z. B. 42.
[196] Vgl. PRIESTER, Umrisse, 12f.
[197] PRIESTER, Rechtspopulismus, 546.
[198] Vgl. PRIESTER, Umrisse, 18.
[199] A.a.O., 17.
[200] PRIESTER, Rechtspopulismus, 534.

richtung ‚Wir' gegen ‚die Anderen' ihren Ausdruck.[201] Priester weist zudem darauf hin, dass der Rechtspopulismus neueren Datums die Huntington-These vom „Kampf der Kulturen" aufgreife, Konflikte würden nicht mehr zwischen Nationen identifiziert, sondern zwischen Kulturen: „Der Identitätspopulismus tritt daher vor allem als Kulturkampf auf."[202] Ob (Rechts-)Populismus vor diesem Hintergrund als Ausdruck einer Krisenerfahrung zu verstehen ist, darüber herrscht geteilte Meinung.[203] Es ist wohl aber nicht gänzlich von der Hand zu weisen, dass sich die Gesellschaft zumindest aus der Perspektive der rechtspopulistischen Symapthisant*innen in einer Krise der fehlenden Solidarität oder ökonomischen Stabilität befindet, und dass diese Wahrnehmung den Ausschlag gibt für Gefühle von Ohnmacht und Ernüchterung, derer man sich zu entledigen sucht.

Die Abgrenzung zwischen Rechtspopulismus und Rechtsextremismus ist umstritten.[204] Ist das verbindende Element „das exkludierende Verständnis von Identität und deren Verteidigung gegen die Globalisierung"[205], erkennt man einen ersten entscheidenden Unterschied zwischen Rechtsextremismus und Rechtspopulismus in ihrem Grad an Flexibilität. Im Gegensatz zum Rechtspopulismus, dessen „Akteure selten Fundamentalopposition [betreiben]"[206], erscheint Rechtsextremismus als *holistische Ideologieform* wesentlich starrer und hermetischer. Darüber hinaus kennzeichnet ihn eine *Anti-Haltung* dem *System* (nicht ‚nur' dem Establishment) *gegenüber* und eine Einstellung des *Chauvinismus*. Bedeutsam für unsere Materialanalyse ist allerdings vor allem der Unterschied in der Einstellung zu Gewalt. Da „die gewaltsame Eliminierung des ‚Feindes' […] grundlegend zu ihrem Selbstverständnis" gehört,[207] forcieren rechtsextreme Akteur*innen das Propagieren von Gewalt als legitimes politisches Mittel, dem die Praxis der Gewalt folgen kann und soll. Im Rechtspopulismus hat physische Gewalt als legitimes politisches Mittel demgegenüber keine oder wenn dann nur marginale Bedeutung. Damit stellt sich die Frage, inwiefern die Legitimierung von Gewalt auch als *sprachliche Gewalt* durchschlägt, sodass sich (u. a. die Intellektuelle Rechte wird sich hüten, rohe sprachliche Gewalt anzuwenden) an Aufkommen und Intensität sprachlicher Gewalt die politische Gestimmtheit eines Kommunikationskontexts aufzeigen und damit eine differenzierte Betrachtung der Kontexte erreichen lässt.

---

[201] Vgl. a. a. O., 534.
[202] A. a. O., 546.
[203] Vgl. Müller, Populismus, 20.
[204] Vgl. Minkenberg, Rechtspopulismus. Minkenberg erachtet den Begriff „Rechtspopulismus" als nicht weiterführend.
[205] Priester, Rechtspopulismus, 538.
[206] Virchow, „Rechtsextremismus", 19.
[207] Priester, Rechtspopulismus, 542.

3.2.3 Sprachliche Gewalt

Schaut man sich Kommunikate an, die entweder in rechtspopulistischen/-extremen Kommunikationskontexten lociert sind, oder die – in anderen Zusammenhängen – mit Motiven, Narrativen, Argumentationen arbeiten, die sich auch in rechtspopulistischen/-extremen Kontexten finden, wird schnell deutlich, dass es der*die Leser*in vielfach mit Formen sprachlicher Gewalt zu tun hat. Angesichts dessen, dass oft schlicht festgestellt wird, dass etwas ‚sprachliche Gewalt' oder ‚Hate Speech' ist, ist es notwendig darzulegen, was sprachliche Gewalt kennzeichnet. Hierzu wäre freilich viel zu sagen; wir wollen die Ausführungen an dieser Stelle auf Grundlegendes beschränken, das heuristischen Wert für die Reflexion des Projektmaterials hat.

Im Anschluss an John Langshaw Austins Sprechakttheorie und ihre Fortschreibungen hat sich in den Geistes- und Kulturwissenschaften die Ansicht konventionalisiert, dass Sprechen immer auch Handeln ist. Sybille Krämer etwa grenzt sich dabei produktiv gegenüber John Searles und Jürgen Habermas' kommunikationstheoretischen Ansätzen ab und legt entsprechend in ihren Ausführungen zu *Sprache als Gewalt* ihr Augenmerk nicht auf Prozesse der Konstruktion einer gemeinsamen sozialen Welt durch ein auf gegenseitiges Verstehen abzielendes Sprechen, vielmehr reflektiert sie auf die Tatsache, dass sprachliches Handeln eben auch *destruieren* kann.[208] Bei sprachlicher Gewalt geht es also in einem performativen Sinn „um ein Sprechen, das in seinem *Vollzug* zugleich eine Form der *Gewaltausübung* ist"[209]. Performatives Sprechen ‚tut' etwas mit einer Person, und die Art der Veränderung, die performatives Sprechen bewirkt, kann freilich auch negativ sein: Herabsetzungen und Demütigungen können Menschen in eine soziale Situation versetzen, die prekär ist[210], wobei die prekäre soziale Situation auch durch (eine sachlich nicht naheliegende) Nicht-Nennung erzeugt werden kann (i. S. einer symbolischen Negierung). Gewalt ist immer „physisch wie symbolisch – das allerdings in je unterschiedlichen Mischungsverhältnissen"[211]. Krämer führt dies auf das Sosein unserer Existenz als menschliche Wesen zurück: Menschen haben einen „zweifachen Körper"[212], sie haben die Eigenschaft der „Doppelkörperlichkeit"[213]. Das heißt, sie sind oder haben einen physisch-leiblichen, dann aber auch einen sozial-symbolischen Körper. Konstitution und Zusammenfall beider plausibilisiert Krämer an dem Eigennamen, der Unverwechselbarkeit impliziert und soziale Identität insofern bedeutet, als mit ihm „ein bestimmter Ort im öffentlichen Raum der Gesellschaft ver-

---

[208] Krämer, Sprache als Gewalt, 32 f.
[209] A.a.O., 35. Dabei kann freilich auch das Ausbleiben der Anrede, des Sprechens, so das Schweigen eine Form sprachlicher Gewalt sein.
[210] Vgl. Herrmann/Kuch, Verletzende Worte, 12.
[211] Krämer, Sprache als Gewalt, 36.
[212] A.a.O., 36.
[213] A.a.O., 37.

bunden ist"²¹⁴. Diese soziale Position ist allerdings angreifbar, Personen können leiblich, aber auch symbolisch verdrängt werden. Die auf Verdrängung einer Person von diesem Ort abzielende Handlung, handgreiflich und/oder symbolisch, ist eine Form von Gewalt. Die Gewaltförmigkeit der Verdrängung erschließt sich noch einmal im Rekurs auf Emmanuel Lévinas, mit dem das Nichtrespektieren, das Negieren der unbedingten Andersheit und Entzogenheit des Anderen als gewaltsamer Akt verstanden werden kann.²¹⁵ Alterität kann entweder negiert werden (indem das Besondere in das Allgemeine, Konventionelle hineingezwungen wird)²¹⁶, oder sie kann ausgestellt, verfemt und dämonisiert werden – wie es sich häufig im Material unserer Studie zeigt (auch damit wird freilich der*die einzelne Andere kategorisiert und geht seiner*ihrer individuellen Eigenschaften verlustig), sodass die Anerkennung des*der Anderen, des*der Fremden nicht mehr möglich ist. Beides negiert die Legitimität des eigenen Ortes der Anderen, und insofern ist beides in symbolisch-sozialer Hinsicht eine Form von Gewalt. Wie Sprechen und Verletzungshandlung zusammenhängen, zeigt Krämer weiterhin mit Verweis auf Judith Butler: In der Konstitution unseres Subjektseins, so Butler, sind wir auf die Anrufung durch den*die Andere*n angewiesen, angewiesen „um zu sein"²¹⁷. Diese Konstitution ist freilich auch verletzbar. Das Subjektsein kann durch bestimmte Formen der Anrede, durch bestimmte Sprachformen also beschädigt werden. Entsprechend heißt es bei Butler:

> „Je deutlicher man bemerkt, wie unvermeidlich unsere Abhängigkeit von den Formen der Anrede ist, um überhaupt eine Handlungsmacht auszuüben, um so dringlicher wird eine kritische Perspektive auf die Sprachformen, die die Regulierung und Konstitution des Subjekts bestimmen."²¹⁸

Sprachliche Verletzungen sind „Effekte einer sozialen Praxis und von gesellschaftlichen Asymmetrien"²¹⁹, und sie sind nicht (allein) Ausdruck von subjektiven Empfindlichkeiten der Adressat*innen. Hate Speech hat dabei sehr oft Zitatcharakter, aktualisiert Kontexte von Verletzung und Hass und führt die Unterwerfung von Subjekten durch bestimmte Sprachformen bzw. Formen der Anrede fort. Butler sieht darin eine mögliche rituelle Dimension sprachlicher Gewalt. Sprachliche Gewalt kann sich so sehr oft auf Ressentiments beziehen, die bereits gesellschaftlich konventionalisiert und in den sprachlichen Alltagsgebrauch eingewandert sind, seien es rassistische oder sexistische

---

[214] A. a. O., 36. Daher ist es auch unerheblich, wie viele Menschen ‚Thomas Müller' heißen, da keiner den identischen Ort einnimmt; und daher speist sich auch die Bedeutung, die eine Resignifikation in Form eines Vornamenwechsels im Zuge einer Transition besitzt.
[215] Vgl. a. a. O., 38 ff., Krämer bezieht sich hier auf: Lévinas, Totalität und Unendlichkeit.
[216] Dass die Struktur der Sprache eine gewaltvolle Dimension in diesem Sinne hat, ist freilich schon bei Theodor W. Adorno zu lesen, vgl. etwa: Adorno, Negative Dialektik.
[217] Butler, Haß spricht, 48. Butler bezieht sich hier auf L. Althussers Theorie der Interpellation, vgl. etwa: Althusser, Ideologie.
[218] A. a. O., 49.
[219] Herrmann/Kuch, Verletzende Worte, 13.

uvm. Ressentiments.[220] Auf gesellschaftliche Konventionalisierung zielen etwa die hegemonialen Bestrebungen rechter Akteur*innen, über die Einflussnahme auf gesellschaftliche Diskurse, die Prägung von Debatten, ideologischen, aber zunehmend salonfähigen *Verschlagwortungen* gesellschaftlich Macht zu erwerben. Hier gelangt man zur problematischen Tatsache der Institutionalisierung von Gewalt bzw. zur Einsicht in die Notwendigkeit, solche Institutionalisierungen zu reflektieren und zu durchbrechen. Dabei geht es nicht nur um in konventionalisiertes Sprechen eingezeichnete Muster, sondern auch – und für unseren Zusammenhang bedeutsam – um die Kraft, die vom ‚Sprechen einer Institution' ausgeht (vgl. auch 3.7). So notieren Herrmann und Kuch:

> „Es ist [...] entscheidend, ob ich jemanden als Individuum missachte oder im Namen einer gesellschaftlich legitimierten Instanz. Insofern sich das Sprechen also in machtvolle Diskurse einzuschreiben vermag, ist es nicht allein Träger von Bedeutung, sondern vielmehr in der Lage, die ganze hierarchische Kraft einer Gesellschaft und ihrer Geschichte anzurufen und gegen seine Adressatin zu wenden."[221]

Die *Social Identity Theory*[222] lässt dabei noch einmal verstehen, dass die (rituelle) Zitation von Ressentiments, die Reaktualisierung von Verletzung und Hass, die Fortführung der symbolischen Unterwerfung anderer – in Form etwa der Adressierung einer konstruierten, bestimmten ‚Fremdgruppe', die gleichwohl maximal undifferenziert ist, z. B. die der ‚Flüchtlinge' – ihren Zweck erfüllt für die Konstitution des Gefühls einer Gruppenzugehörigkeit sowie für den empfundenen Selbstwert der Gruppenmitglieder. Die kollektive Prozessierung einer je codierten sprachlichen Gewalt wirkt vergemeinschaftend ‚nach innen'. Die rituelle Abwertung ‚der Anderen' sichert den eigenen, vermeintlich ‚höheren' Status. Die *Integrated Threat Theory* verdeutlicht wiederum die gruppenstabilisierende Funktion, die die (rituelle) Zitation der Bedrohung durch ‚die Anderen'/die andere Gruppe hat, beziehe sich die Bedrohung nun auf Reales/Existenzielles oder Symbolisches (z. B. angenommene Wertekonkurrenz).[223]

Krämer weist schließlich mit Petra Gehring – im Sinne eines Handelns mit Sprache –[224] darauf hin, dass Sprache auch so eingesetzt wird, dass sie nicht mehr dem Diskursiven, der Verständigung dienen soll, sondern, instrumentalisiert, selbst zum *Ding* wird: Das Gesagte soll treffen. Man hat es mit der „‚schwergewichtigen Somatizität' der zum bloßen Ding gewordenen Sprache zu tun".[225]

---

[220] Vgl. a. a. O., 15.
[221] A. a. O., 12.
[222] Vgl. TAJFEL, Social Identity; DERS./TURNER, Social Identity Theory.
[223] Vgl. STEPHAN/RENFRO, Threat in Intergroup Relations; Vgl. hierzu auch SCHNEIDER/PICKEL/ÖZTÜRK, Was bedeutet Religion für Rechtsextremismus?
[224] Vgl. dazu auch: HERRMANN/KUCH, Verletzende Worte, 17 ff.
[225] KRÄMER, Sprache als Gewalt, 42.

Sucht man nun nach einer ‚Grammatik sprachlicher Diskriminierung', lassen sich verschiedene Elemente finden. Dazu gehören Unterscheiden und Trennen (Konstitution von ‚Wir' und ‚Die'), Stereotypisierung und Kategorisierung, Herabsetzung und Abwertung[226]: „Die Rhetorik der Diskriminierung ist somit im Dreischritt von ‚Trennung', ‚Stereotypisierung' und ‚Abwertung' rekonstruierbar"[227]. Sprachliche Gewalt bzw. Hassrede kann indirekt oder direkt sein, verdeckt oder offen, sie kann von Macht und Autorität getragen sein, von physischer Gewalt begleitet sein oder nicht, sie kann „mehr oder minder stark"[228] (Beispiel für offene und starke sprachliche Gewalt: die Bezeichnung einer Person als ‚Kommunistenschwein') sein. Interessant und für das Material unserer Studie relevant ist die Form der *indirekten* Verletzung, d.h. der*die Adressat*in des Sprechens ist nicht das ‚Opfer', sondern es sind Dritte, mit denen über eine Person/eine (konstruierte) Gruppe gesprochen wird[229], es ist ein Publikum, mit dem Formen sprachlicher Unterwerfung prozessiert bzw. aktualisiert werden. Pejorative Aspekte lassen sich auf den verschiedensten Ebenen des Sprechens finden, von der Phonologie über Morphologie zu Pragmatik und Semantik. Das kontextgebundene Verstehen von Sprache und Sprachhandlungen macht deutlich, dass auch das Verständnis sprachlicher Gewalt immer nur kontextgebunden möglich ist. Schien es vor der immensen Steigerung schriftsprachlicher Kommunikation in Form von Online-Kommunikation plausibel, dass sprachliche Gewalt – zumal im Vergleich zu körperlicher Gewalt – unsichtbar ist[230], ist eine solche Aussage heute nicht mehr haltbar, da z.B. Online-Kommunikate in der Regel sichtbar, für viele einsehbar und persistent sind (es sei denn, Inhalte werden vorsätzlich wieder gelöscht). Die Vergemeinschaftung online über Blogs und Foren hat ihren eigenen Sinn und kann für die Praxis der Ausübung sprachlicher Gewalt eigene Dynamiken hervorbringen: Hier können sich Personen zusammenfinden, die in ihrem sozialen Nahraum vor Ort ggf. hinsichtlich ihrer Weltanschauung wenig Unterstützung erfahren. Kommunikationskontexte können sich vernetzen und intendierte Dynamiken verstärken (vgl. Anm. 190).

3.3 Design des Forschungsprojektes: Untersuchungsinteresse und -gegenstand

Die vorliegende Studie interessiert sich für die Untersuchung von Deutungen christlicher Topoi und Praktiken weltanschaulicher Akteur*innen im Zusammenhang vorurteilsbezogener Kommunikation, die sich in Erzählmustern und Narrativen bzw.

---

[226] Auch hier beziehen wir uns wieder auf Krämer, die ihrerseits Carl Friedrich Graumann und Margret Wintermantel als Ideengeber*innen anführt, vgl. a.a.O., 43f.
[227] A.a.O., 44.
[228] MEIBAUER, Hassrede, 2.
[229] Vgl. KRÄMER, Sprache als Gewalt, 45.
[230] Vgl. HERRMANN/KUCH, Verletzende Worte, 8.

Narrativfragmenten niederschlägt. Das Feld ist – zumal mit Blick auf Online-Kommunikation – unüberschaubar, insofern bestand eine wesentliche Aufgabe darin, das Sample sinnvoll zu erzeugen. Das erste Auswahlkriterium war entsprechend ein thematisches: In den Materialpool wurden Kommunikate aufgenommen, die sich auf das Thema ‚Seenotrettung' bezogen, genauer gesagt, Kommunikate, die im Zusammenhang der Gründung des EKD-(mit)initiierten Bündnisses *united4rescue* entstanden und Referenz nehmen auf den Erwerb eines ersten Schiffes zur Seenotrettung (der jetzigen *Sea-Watch 4*) durch dieses Bündnis sowie auf die erste Fahrt der *Sea-Watch 4*. Als Untersuchungszeitraum wurde die Zeit vom 1. Juni 2019 (im Rahmen des 37. *Deutschen Evangelischen Kirchentags* im Juni 2019 wurde die Resolution „Schicken wir ein Schiff" beschlossen)[231] bis zum 30. August 2020 (am 15. August 2020 lief die *Sea-Watch 4* zum ersten Mal aus, Starthafen war Burriana) festgelegt.[232] Die Materialsuche erfolgte über verschiedene Stichworte, die nach einer Vorabsichtung von Online-Kommunikaten ertragreich erschienen bzw. sich im Prozess als ertragreich erwiesen: Kirche, EKD, Landesbischof, Bedford-Strohm, Mittelmeer, Flüchtlinge, Seenotrettung, Rettungsschiff, Pull-Effekt, Pull-Faktor, Schlepper/Schlepperei, Schleuser/Schleuserei, Festung Europa, seawatch, LeaveNoOneBehind (teilweise kombinierte Suche). In den Blick kamen für den genannten Zeitraum unterschiedliche Textsorten: Kommunikate auf *Facebook* und über *Twitter*, journalistische Beiträge auf Onlineseiten von Zeitschriften einschließlich der sich angliedernden Kommentare (*idea*, *Cicero*, *Junge Freiheit*, *Sezession*), Blogeinträge mit Kommentaren (*PI-News | Politically Incorrect*, *Philosophia Perennis*, *kath.net*) sowie Zuschriften zum Thema an den *Info-Service der EKD* (v. a. E-Mails und Kommunikate der EKD-*Facebook*-Seite). In überwiegender Zahl handelt es sich bei dem Material um Online-Anschlusskommunikation in Reaktion auf einen vorgängigen umfangreicheren Beitrag (teilweise auf der Blog- bzw. *Facebook*seite paraphrasiert, verlinkt und kommentiert bzw. verschlagwortet/kommentiert und verlinkt bei *Twitter*). Der Materialpool umfasst nahezu 30 000 Kommunikate (s. Anhang; als ein Kommunikat zählt ein Post/eine E-Mail, unabhängig vom Umfang). Das zweite Auswahlkriterium bestand darin, auf einem angenommenen ‚Links-Mitte-Rechts'-Kontinuum Kommunikationskontexte in den Blick zu bekommen, die eine Varianz aufweisen in der Schärfe und Kompromisslosigkeit vorurteilsbezogener Kommunikation; das Interesse ging dahin, auf einem solchen angenommenen Kontinuum Kommunikate zu erfassen, die von ‚mittig' (z. B. *Facebook*-Seite der EKD) bis ‚rechtsextrem' (z. B. *PI-News | Politically Incorrect*) reichen. Eine wesentliche Annahme bestand darin, dass Inhalt, Sprache und Interaktion kontextspezifisch Gestalt gewinnen, dass sie sich kontextspezifisch bestimmen lassen, und dass sich über die Beobachtung der Varianz im guten Fall Wissen über kommunikative Handlungsspielräume in der diskursiven Auseinandersetzung mit

---

[231] Vgl. https://dxz7zkp528hul.cloudfront.net/production/htdocs/fileadmin/dateien/Resolutionen/V.LOG-002_Schicken_wir_ein_Schiff.pdf (Stand: 30.08.2021).

[232] Diese Eingrenzung passte hervorragend zur Laufzeit des Forschungsverbunds (2019–2021).

christlich-religiös begründeten menschenverachtenden, rechtspopulistischen Einstellungen und Äußerungen generieren lässt.

Es ist nicht überraschend, dass die Menge an Kommunikaten für eine qualitative Studie kaum zu bewältigen war bzw. dass Wege gesucht werden mussten, mit der Menge an Material produktiv umzugehen. Mit Hilfe des Verfahrens des *Theoretical Samplings*, d. h. über eine in der Auswertung verfahrende zirkuläre, sich im Prozess verdichtende Varianzminimierung und Varianzmaximierung ließen sich Narrative und Narrativfragmente – in ihren jeweiligen Varianzen – im Gesamtmaterial erheben. Die detaillierte Codierung des Materials im Zusammenhang der inhaltlich strukturierenden Inhaltsanalyse[233], in Ansätzen verschränkt mit einer kommunikativen Topik i. S. einer Suche nach verfestigten, rekurrenten thematischen Sinneinheiten[234], wurde mit Erreichen eines Sättigungsgrads beendet: Als festzustellen war, dass aus dem Material keine neuen Narrative und Narrativfragmente einschließlich jeweiliger Varianzen mehr zu erheben waren, und dass auch das Interaktionsverhalten durch die verschiedenen Kontexte hindurch ausreichend erfasst schien, haben wir uns dazu entschlossen, das verbleibende Material nach neuen Informationen zu sichten, diese dann festzuhalten – aber von einer detaillierten Codierung dieses Restes abzusehen.

Das Material des Samples lässt keine eindeutigen Rückschlüsse auf die Personen zu, die die Texte online verfasst haben. Weitere Daten sind nicht erhoben bzw. erfragt worden. Sofern Personen dies nicht selbst notieren (und auch hier ist die forschende Person nur auf die Textoberfläche verwiesen und kann die Angaben nicht verifizieren), weiß man nichts über Alter, Wohnort, Beruf etc. – und man weiß natürlich per se auch nicht, ob eine Person Kirchenmitglied ist oder nicht. Das trifft im Übrigen auch auf den Fall zu, wenn jemand mit Kirchenaustritt droht.[235] Der*die Forscher*in hat nur die Texte zur Hand, die jemand verfasst hat, die freilich *Präsentationen* der Akteur*innen enthalten.

3.4 Kirchen und christliche Topoi in vorurteilsbezogener Kommunikation: Narrative

Da das Online-Material eher selten die Struktur expliziter Argumentation aufweist, hat sich die Suche nach Narrativen als fruchtbar erwiesen. Denn gerade bei den Kurztexten (Tweets und Posts), die das Sample zum Großteil ausmachen, handelt es sich primär um Versatzstücke von Argumentationen, die in kurzer Form auf verbreite-

---

[233] Vgl. hierzu u. a.: Kuckartz, Qualitative Inhaltsanalyse.
[234] Vgl. dazu u. a. auch: Merle, Religion in der Öffentlichkeit, 309 ff.
[235] Wir werden den Sachverhalt unter Punkt 3.5.4 noch einmal aufgreifen.

te Motive zurückgreifen bzw. auf hinter den typisierten Verwendungen von Sprache liegende Narrative. Aber auch längere Texte (E-Mails und Blogbeiträge) lassen sich mittels Narrativen sinnvoll analysieren. Narrative betreffen nämlich die Tiefenstruktur von Kommunikaten. Sie sind „semiotisch-semantische Strukturen"[236], die Kommunikaten jeglicher Gestalt unterliegen können. D. h. sie sind nicht mit Geschichten im engeren Sinne gleichzusetzen, „die auf ihrer Oberflächenstruktur selbst narrativ strukturiert [sind]"[237]. Vielmehr liegen sie auch solchen Kommunikaten zugrunde, die keine narrative Oberflächenstruktur besitzen wie kurze Äußerungen oder Diskursteile.

Mit Gerald Prince lassen sich Minimalbedingungen für ein narrativ strukturiertes Kommunikat formulieren.[238] Eine narrative Struktur liegt bei einem semiotischen Kommunikat vor, „wenn aus ihm propositionale Beschreibungen von drei temporalen Zuständen ableitbar sind, und zwar a) einem Ausgangszustand, b) einem Ereignis, das eine Veränderung auslöst, c) einem Endzustand, der sich vom Ausgangszustand in mindestens einem Merkmal unterscheidet"[239]. Dabei muss die Referenz der Elemente identisch sein. Princes Minimalbedingungen machen deutlich, dass Narrativen eine elementare Ordnungs- bzw. Sinnbildungsfunktion zukommt: Narrative stellen propositionale Gehalte in einen zeitlichen und kausalen Zusammenhang, sie identifizieren also Veränderungen und benennen deren Gründe.[240]

Rechtspopulistische Narrative weisen die unter 3.2.2 benannten Merkmale auf. Dabei manifestieren sie sich vor allem als ‚Geschichten' darüber, wie es zur als ungut empfundenen Gegenwartslage gekommen ist bzw. darüber, wie zukünftig ein positiver Zustand (wieder-)hergestellt werden mag.[241] Der Anti-Elitismus als Kernelement des (Rechts-)Populismus zeigt sich in diesem Zusammenhang darin, dass in erster Linie der ‚Elite' (sei es der ‚Medienelite', der ‚politischen Elite' oder eben der ‚Kirchenelite') die Schuld für eine vermeintlich negative Entwicklung zugeschrieben wird. Durch ihr ‚unmoralisches' Verhalten, so der Gedanke, trügen sie dazu bei, dass die ‚Identität der autochthonen Bevölkerung' – insbesondere durch ‚fremdkulturelle Einflüsse' – zunehmend ‚verfalle'. Als positives Gegenbild zur gegenwärtigen kulturellen Dekadenzerfahrung imaginiert das rechtspopulistische Narrativ einen in der Vergangenheit liegenden, ‚ungetrübten' gesellschaftlichen Urzustand, von dem sich das Volk entfremdet habe. Im Aufrufen des utopischen Idealbildes fungiert das rechtspopulistische Narrativ letztlich als ‚Erinnerungsarbeit', die für den (Rechts-)Populismus einen hohen Stellenwert besitzt, da sie als identitätsstiftend gilt. Die entscheidende Möglichkeit, die kulturelle

---

[236] Müller, Narrative, 3.
[237] A. a. O., 4.
[238] Vgl. Prince, A Grammar of Stories, 2f.
[239] A. a. O., 2.
[240] Vgl. a.a.O., 4.
[241] Vgl. Müller/Precht, Vorwort.

Dekadenz aufzuhalten und den Urzustand wiederherzustellen, sieht das rechtspopulistische Narrativ in der Ausgrenzung alles Fremden.[242]

3.4.1 Das Masternarrativ

Legt man die angeführte Minimaldefinition eines Narrativs in Kombination mit den rechtspopulistischen Kernelementen zugrunde, kann nach der Sichtung des Materials und der Beobachtung der Kreuzung verschiedener Motive über das Codesystem folgendes rechtspopulistisches *Masternarrativ* konturiert werden:

a) Deutschland ist Heimat des deutschen Volkes als autochthoner Bevölkerung mit einer intakten Sozialstruktur gewesen,
b) korrupte/kriminelle Eliten haben Land und Kultur zum eigenen (Finanz-)Vorteil verraten und tun das immer noch,
c) Deutschland verfällt, die notwendige Gegenwehr besteht darin, unter Bezug auf ‚das Eigene' der Meinung des ‚wahren', ‚reinen' Volkes (s. autochthone Bevölkerung), dem *common sense* gegen Eliten und ‚fremdkulturelle' Einflüsse zur Durchsetzung zu verhelfen.

Wird über dieses Masternarrativ eine ‚religiöse Folie' gelegt, liest es sich (materialbasiert) folgendermaßen:

a) Deutschland ist Heimat des deutschen Volkes als autochthoner Bevölkerung mit einer intakten religiösen Sozialstruktur gewesen,
b) korrupte/kriminelle (Kirchen-)Eliten haben Glaube, Land und Kultur zum eigenen (Finanz-)Vorteil verraten und tun das immer noch,
c) Deutschland mit seiner christlich geprägten Sozialstruktur verfällt – ‚wahre' Christen erkennen das und leisten Widerstand (Aufbegehren gegen Eliten und ‚fremdkulturelle' Einflüsse, s. o.; Kirchenaustritt).

Masternarrative haben sich gesellschaftlich so etablieren können, dass sie in unterschiedlichen Kommunikationskontexten aktiviert werden können. Je mehr sie – auch in einer bestimmten Kommunikationsumgebung – akzeptiert sind, umso mehr gelten sie als Teil „einer ‚objektiven' Realität"[243]. In Reinform und Ausführlichkeit finden die Masternarrative selten Anwendung – entscheidend ist, dass Elemente ausgewählt und mitunter variiert werden. Und gleichzeitig kann – aufgrund einer alltagsweltlichen Vertrautheit – mit dem Fragment das Ganze mitgehört werden. Das heißt: Es muss

---

[242] Vgl. PRIESTER, Umrisse, 13 ff.
[243] MÜLLER, Narrative, 6.

nicht alles explizit ausgesprochen werden, Dinge können implizit andeutetet werden, um dennoch von Gleichgesinnten verstanden zu werden. Diese Praxis der Verwendung von Narrativfragmenten lässt sich mit großer Regelmäßigkeit am Material beobachten.[244]

3.4.2 Wiederkehrende Muster (Narrativfragmente)

Unseres Erachtens lassen sich die verschiedenen am Material aufzufindenden Narrativfragmente in vier thematische Hinsichten clustern (mit jeweiligen Varianten):

Abb. 3.1: Beispiel Extraktion der Fragmente (PI Seenotrettung (=2), 813)[245]

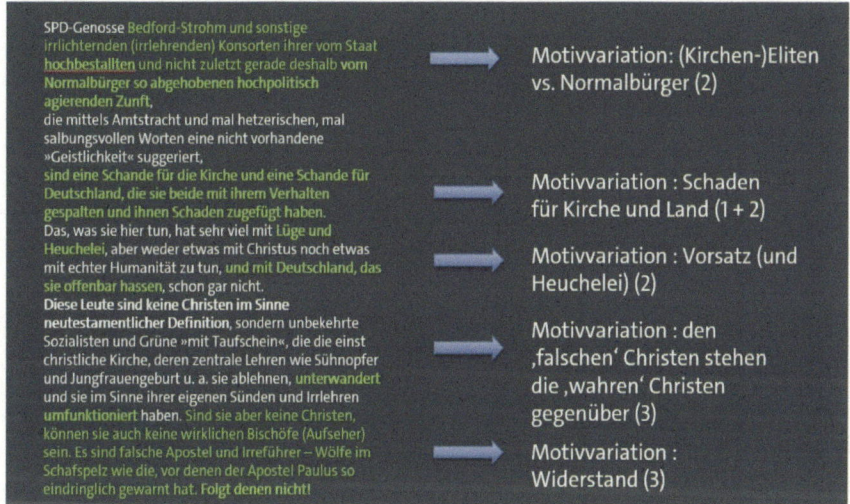

a) mit Blick auf die (moralische) Bewertung des Engagements der EKD (‚Kirchenelite') anhand der Handlungsfolgen,
b) hinsichtlich einer Unterstellung von Handlungsmotivationen der EKD (‚Kirchenelite'),
c) mit Blick auf Gerichts- und Untergangsvorstellungen,
d) hinsichtlich Handlungskonsequenzen für ‚wahre' Christen.

---

[244] Die Referenz auf das gemeinsame (christlich eingefärbte) rechtspopulistische Masternarrativ bildet sich dort am besten ab, wo in homogenen Kommunikationssituationen die Fragmente ohne weiteren Diskussionsbedarf in Ergänzung kommuniziert werden.
[245] Zur besseren Lesbarkeit sind die Zitate aus dem Material sprachlich in der Regel etwas geglättet worden, verbliebene orthografische Eigenheiten gehen auf die Primärquelle zurück.

Die hier vorgenommene Ausdifferenzierung dient der analytischen Klärung, d. h. im Material treten die Aspekte auch in Überschneidung auf.[246]

a) Bewertung des Engagements der EKD ('Kirchenelite') anhand der Handlungsfolgen
Das zentrale und verbindende Moment ist der Vorwurf, dass die EKD ('Kirchenelite') es unterlasse, die *Folgen* ihres Engagements miteinzukalkulieren. Über diesen Vorwurf wird – von Akteur*innen im Feld – mitunter die Folie der schon von Max Weber getroffenen Unterscheidung zwischen *Verantwortungsethik* und *Gesinnungsethik* gelegt (s. dazu auch 3.5.1).[247] Die Zuordnung ist simpel: Der EKD ('Kirchenelite') wird vorgehalten, in erster Linie gesinnungsethisch zu handeln (genereller rechtspopulistischer Vorwurf 'Gutmenschen' gegenüber, vgl. auch das Stichwort 'Gesinnungsterror'). Dies sei jedoch gerade im Rahmen politischen Handelns unangebracht. Angemahnt wird also, dass die EKD ('Kirchenelite') nicht wahrnehme bzw. bedenke, dass ihr Engagement vor allem negative Folgen für die Gesellschaft, aber auch für die Geflüchteten (s. u.), hat. Ein solches Engagement könne daher *nicht* als moralisch gutes Handeln bzw. als Ausdruck von 'Nächstenliebe' und 'Barmherzigkeit' betrachtet werden. Kritisch anzumerken ist allerdings bereits hier, dass die – im vorliegenden Material – genannten Folgen in der Regel durch die Kritiker*innen konstruierte *Scheinfolgen* sind, d. h. man wird im Gegenzug Rechtspopulist*innen/Rechtsextremist*innen nicht unterstellen können und wollen, verantwortungsethisch zu agieren.[248]

Innerhalb dieses Elements lassen sich noch einmal fünf Varianten identifizieren, insofern unterschiedliche (negative) Folgen mit dem Vorwurf verbunden werden:

Die EKD ('Kirchenelite') bedenke nicht, dass sie mit ihrem Engagement ...[249]

aa) ... *den Pull-Effekt fördert*: Entsprechende Akteur*innen weckten Hoffnungen und trügen damit Mitschuld am Tod von Flüchtenden, die sich aufgrund der geweckten Hoffnung in Gefahr begäben. Dieses Handeln spiele den 'Schleppern' in die Hände bzw. sei nicht zu unterscheiden von demjenigen der 'Schlepper'/'Schleuser', es sei in einem letzten Sinne kriminell.

---

[246] Zur ausführlicheren thematischen Diskussion vgl. auch 4.
[247] Diese Interpretation durch Akteur*innen des 'rechten Christentums' ist bekannt, vgl. etwa: Fritz, Im Bann der Dekadenz, 28 ff.
[248] Dabei handelt es sich freilich um die nicht illegitime und bleibend virulente Frage, welche Ethik im Bereich politischer Gestaltung zur Anwendung kommen soll, vgl. mit Blick auf die Debatten um Zuwanderung und Migration: Ott, Zuwanderung und Moral. Eine theologische Stimme in der Debatte um das Engagement der EKD, die immer wieder von Kommentator*innen i. K. dieser Unterscheidung und Kritik genannt wird, ist die Körtners, URL: https://www.evangelisch.de/inhalte/131258/31-01-2016/theologe-raet-kirchen-fluechtlingsfrage-zu-mehr-verantwortungsethik (Stand: 30.08.2021).
[249] Zu berücksichtigen ist hier, dass die Schärfe des Ausdrucks und der Positionierung kontextabhängig unterschieden werden kann und muss, s. u. a. Punkt 3.4.3.

ab) ... *ihre eigentliche Aufgabe vernachlässigt*. Rekurriert wird von Kritiker*innen auf die Sorge um vermeintlich eigentliche Bedürftige, vor allem im eigenen Land. Die ‚Kirchenelite' vernachlässige die ‚Volksfürsorge', sowohl in *seelsorglicher* als auch *diakonischer* Hinsicht. Hier zeigt sich der Appell für einen engen Begriff von Nächstenliebe. Nächstenliebe wird territorial gedacht und nicht universal: Der*die Nächste ist der*die Nachbar*in im eigenen Land (die Person, die zur autochthonen Bevölkerung gehört). Maßstab rechten christlichen Handelns ist also zunächst und vor allem, dass die Folgen *positiv* für die ‚eigene' Bevölkerung sind und nicht zu ihren Lasten gehen.

ac) ... *die finanziellen und sozialpolitischen Folgen (die ‚Flüchtlingsnachversorgung') der Bevölkerung aufbürdet – anstatt selbst dafür Verantwortung zu übernehmen*. D. h. Kirchenvertreter*innen handelten *nicht* wie der *barmherzige Samariter* (vgl. Lk 10,25–37), der, so die dominante Interpretation der Erzählung, für die Versorgung des Notleidenden selbst bezahle. Entsprechend wird der EKD (‚Kirchenelite') vorgeworfen, dass sie nicht im umfassenden Sinn für die Versorgung derer sorge, für deren Aufnahme sie plädiere und deren Aufnahme sie forciere. Belastet würden hingegen die Bevölkerung und das Sozialsystem etc. Der Bevölkerung werde die Verantwortung für ‚die Fremden' aufgezwungen („Zwang zum Gutsein").

ad) ... *die Ausbreitung des Islam unterstützt*. Dies führe (potenziell) zu einer Zunahme von Gewalt und Spaltung im eigenen Land (angenommen werden in entsprechender Zuspitzung auch bürgerkriegsähnliche Zustände). Gleichzeitig werde die christlich geprägte sozio-kulturelle Werteordnung gefährdet (kulturelle Dekadenz). Die Kirche schaffe sich selbst ab, z. T. wird hier von „Suizid" gesprochen. Anti-islamische Rassismen werden formuliert (es geht um die Stilisierung des *religiösen* Fremden, womit freilich wiederum ein altes Angstmotiv Anklang findet, vgl. Reconquista, ‚Türken vor Wien' etc.), die über die diskurssemantische Grundfigur „das Eigene versus das Fremde"[250] (s. auch 3.4.3) abläuft. Hier findet eine Selbstversicherung der eigenen Werte bzw. Selbstkonstituierung durch Abgrenzung statt, wobei ein diskriminierender Kontrast zwischen ‚Eigen-' und ‚Fremdgruppe' (den Menschen muslimischen Glaubens) etabliert wird. Das Fremde gilt als deviant, z. T. wird es dämonisiert.[251] (In unserem Material tritt die *explizite* Islamfeindlichkeit in der rechtspopulistischen Ideologie deutlich stärker zu Tage als der *explizite* Antisemitismus; über den [verdeckten] Antisemitismus wird eigens zu sprechen sein, s. 3.5.5).

---

[250] Vgl. Busse, Das Eigene und das Fremde.
[251] Vgl. Kalwa, Islamdiskurs.

ae) ... *dazu beiträgt, dass die Kriminalitätsrate steigt* (bzw. dass vor allem Frauen* sich nicht mehr sicher fühlen können, vgl. zur antifeministischen Wendung auch 3.5.5). Geflüchteten wird per se eine kriminelle Haltung unterstellt. Da diese Unterstellung häufig verbunden ist mit einem Verweis auf sexualisierte Gewalt gegenüber Frauen*, könnte diese Variante des Vorwurfs auch genauer so gefasst werden: Die ‚Kirchenelite' bedenke nicht, dass ihr Engagement die Frauenrechte gefährdet. Misogynie wird hier also auf die Unterstützer*innen der Seenotrettung projiziert, während sexuelle Gewalt und patriarchale Strukturen über ethnosexistische Denkfiguren ausgelagert bzw. exterritorialisiert werden. Auch hier wird ein diskriminierender Kontrast mittels der ‚Eigen-versus-Fremd'-Grundfigur aufgebaut: Die weiß-gelesene Frau* wird als Opfer, der nicht-weiß-gelesene Mann* als Täter stilisiert. Abgesehen von den *misogynen* Annahmen wiederholt bzw. manifestiert diese Stereotypisierung koloniale und rassistische Denkmuster.

b) Unterstellungen von Handlungsmotivationen der EKD (‚Kirchenelite')
Der leitende Gedanke hier ist, dass die ‚Kirchenelite' sich *öffentlichkeitswirksam* in Form eines ‚Gutmenschentums' *inszenieren* wolle. Dabei begründe sie ihr Engagement für die Seenotrettung damit, im Sinne christlicher Nächstenliebe und Barmherzigkeit zu handeln. Tatsächlich sei ihr Verhalten aber „scheinheilig", „pseudo" oder – so der Titel eines Blogeintrages – „politisch korrekte Barbarei". Die Meinung, das Engagement der kirchlichen Vertreter*innen sei „scheinheilig", wird dort noch verstärkt, wo angenommen wird, dass die ‚Kirchenelite' die wahren Gründe ihres Handels *verschleiert*. Mit dieser Annahme können sich verschwörungstheoretische Anklänge verbinden (vgl. dazu ausführlicher 3.5.5).

Unterstellt wird ...

ba) ... (sehr häufig), dass die ‚Kirchenelite' ihre Aktion lediglich aus *ökonomischen Gründen* verfolge („Profitgier", Stichwort „Asylindustrie").

bb) ..., dass im Hintergrund ihres Agierens eine ‚links-grüne Ideologie' stehe oder auch ein ‚rot-grüner Zeitgeist', dem sie sich anbiedere. Vorgeworfen wird also eine *opportunistische politische Haltung*, die sich in Kollaboration mit den entsprechenden Parteien zeige. In diesem Zusammenhang wird das Handeln der EKD z.T. mit der Rolle der sog. ‚Deutschen Christen' zur Zeit des Nationalsozialismus verglichen bzw. gleichgesetzt (Bonhoeffer avanciert hier zur Lichtfigur für Rechtspopulisten; vgl. den Vergleich von ‚Jana aus Kassel' bei der ‚Querdenker-Demo' mit Sophie Scholl).

Im Rahmen dieser teils deutlich verschwörungstheoretischen Unterstellungen lassen sich implizite, aber vereinzelt auch deutlich erkennbare antisemitische Vorstellungsmuster benennen (vgl. 3.5.5).

c) Gerichts- und Untergangsvorstellungen

Hier zeichnet sich eine Haltung ab, die für (rechts-)populistisches Denken typisch ist: das Heraufbeschwören von oder auch die Fixierung auf Krisenszenarien bzw. – religiös gesprochen – apokalyptische (Welt-)Vorstellungen. Vor dem Hintergrund unseres Themas ‚Engagement der EKD in der Seenotrettung' kann das *apokalyptische Szenario* wie folgt beschrieben werden: Das Engagement der kirchlichen Vertreter*innen hat v. a. negative Folgen. Es trägt zum Verfall der kulturellen Eigenheiten bei und gefährdet die Bevölkerung (‚ökonomische und kulturelle Dekadenz').[252] Es führt also zu ‚chaotischen' Verhältnissen, die Kirchenvertreter*innen (mit-)verursachen. In diesem Sinne finden sich Kommunikate, die kirchlichen Vertreter*innen antichristliches, ‚satanisches' Verhalten bescheinigen – ja mehr noch, in denen Kirchenvertreter*innen selbst den Satan, Antichristen verkörpern (sie sind „Heuchler" und „Verräter"). Ein solches Verhalten werde nicht ungestraft bleiben. Gott werde die ‚Kirchenelite' zur Rechenschaft ziehen.

> „Auch die Kirchen betreiben eifrigst unseren ethnischen und kulturellen Untergang, die Kirchen und ihre ‚Diener' sind also auf der Seite unserer Todfeinde. Man kann nicht mehr deutsch sein und Deutschland erhalten wollen und Mitglied dieser verkommenen Amtskirchen sein. Die Todfeinde der Gesellschaft haben in der Elite und in den Medien die absolute Lufthoheit. Zeit, dass sie diese verlieren. ‚Angriff ist die beste Verteidigung' und ‚Krieg ist die Fortführung der Politik mit anderen Mitteln.' (Carl von Clausewitz)" (PI EKD-Rettungsschiff [=1], 194)

> „Dann wird halt die Kirchensteuer erhöht, damit die Verführer und Wegführer vom Glauben weiterhin subventioniert in Saus und Braus leben können. Ihre Quittung bekommen sie einst, wenn sie vor dem höchsten Gericht stehen, die Herren Marx(ist) und Brettvormstrom." (JF EKD-Rettungsschiff [=1], 217)

Diese Narrativvariante erzählt also vor allem eine *Verfallsgeschichte*, in der die ‚Kirchenelite' als ‚satanische' Akteurin auftritt, die den Untergang wesentlich befördert. ‚Gott' erscheint als Richter*in, als unpersönliche, unbarmherzige Macht, die am Ende der Zeit strafend eingreifen wird.

d) Handlungskonsequenzen für ‚wahre' Christ*innen

Das letzte Element betrifft die Reaktion der sog. ‚wahren' Christ*innen auf das (Fehl-)Verhalten der EKD (‚Kirchenelite'). ‚Wahre' Christ*innen seien diejenigen, die das Engagement der EKD (‚Kirchenelite') als unchristlich, moralisch minderwertig etc. durchschauten und entsprechende Konsequenzen zögen. Die wohl am häufigsten genannte

---

[252] Heitmeyer nennt dies auch „Kulturalisierung des Sozialen": Der Aufbau sozialer und ökonomischer Bedrohungsszenarien kulminiert in der Deutung der Bedrohung der „kulturellen Identität des Volkes", vgl. HEITMEYER, Autoritäre Versuchungen, 352.

Handlungskonsequenz ist der *Kirchenaustritt*. Der Kirchenaustritt wird als Mittel des *Widerstands* inszeniert: Durch den Austritt könne man der Unterstützung der Seenotrettung (die aber nur ein erneuter Erweis für den allgemeinen Verfall ist) zumindest die finanzielle Grundlage entziehen. Eine weitere Handlungskonsequenz – allerdings weniger oft benannt – ist der *Rückzug auf den eigenen Glauben*, für den man, darauf wird z. T. ausdrücklich verwiesen, keine Organisation bzw. Institution brauche. Als weitere Form des Widerstands wird bisweilen auch die Wahl der AfD empfohlen.

3.4.3 Was ändert sich durch die Kontexte hindurch?

Der entscheidende Maßstab für eine Differenzierung und Abbildung der Kontexte auf einem ‚Mitte-Rechts-Spektrum' ist die Bedeutung der sog. *diskurssemantischen Grundfigur*[253] ‚*Das Fremde – das Eigene*' für das (im Kommentar aufgenommene) Narrativ(fragment). Je stärker diese Grundfigur durchscheint und als diskriminierende Kontrastierung auftritt[254], desto weiter rechts sind die Kommentare/Beiträge zu verorten. Das in den Kommentaren als ‚andersartig' Ausgezeichnete ist dabei vor allem das *religiös* Fremde, d. h. primär Menschen muslimischen Glaubens. Es zeigt sich somit auch an unserem Material, dass weniger der Status als Migrant*in allein, sondern gerade die *religiöse Zugehörigkeit* zum entscheidenden Identifikations- und Kategorisierungsmerkmal, also zum Ansatzpunkt für Stereotypen, avanciert.[255] Je weiter rechts, desto stärker wird das Andere als ‚das Fremde' dämonisiert und so dargestellt, dass es im Widerspruch zum Eigenen, der Norm, steht. Durch Anwendung sprachlicher Gewalt gegenüber (religiös) Fremdem findet hier eine Versicherung des eigenen Status statt, die das ‚Wir'-Gefühl bestärkt (vgl. 3.2.3; *Social Identity Theory* bzw. *Integrated Threat Theory*).

In den Kommentaren ist eine Intensivierung der Grundfigur ‚Das Fremde – das Eigene' zunächst dort erkennbar, wo eine Verschiebung mit Blick auf die ‚Täterrolle' stattfindet. Kommentare des ‚mittleren' Feldes fokussieren in ihrer Kritik primär die ‚Kirchenelite': *Ihre* verantwortungslose Haltung hinsichtlich der Folgen des eigenen Engagements wird bemängelt. Insbesondere die zusätzliche Belastung des Sozialsystems und der Steuerzahler*innen wird angemahnt. Mit Mudde könnte man sagen, dass hier die Opposition zwischen (Kirchen-),Elite' und ‚Volk' lediglich über Moralvorstellungen etabliert wird und „[p]urity and authenticity [of the people] are not defined in (essentially) ethnic or racial terms"[256]. Weiter rechts wird die ‚Kirchenelite' demgegenüber nicht mehr als (alleinige) Ursache für die Verschlechterung der eigenen Situation oder Mehrbelastung benannt. Die Täterschaft wird vielmehr auf das ‚(kulturell) Fremde' übertragen, wäh-

---

[253] Vgl. Busse, Das Eigene und das Fremde, 17–35.
[254] Vgl. Kalwa, Islamdiskurs, 252–285.
[255] Vgl. Nussbaum, The New Religious Intolerance; und auch Pickel u. a., Religiöse Identitäten und Vorurteil, 150.
[256] Mudde, Populism.

rend die ‚Kirchenelite' als sekundärer Verursacher betrachtet wird (Stichwort „Komplizen"). Auf der syntaktischen Ebene zeigt sich die zunehmende Dämonisierung des (religiös) Fremden dadurch, dass Menschen muslimischen Glaubens, aber auch *People of Colour* (insbesondere männlich gelesene Personen) häufiger in der Subjektposition aufgerufen werden, d. h. als ‚Täter' krimineller und normabweichender Handlungen und Einstellungen markiert werden, während sich die Kommentator*innen selbst als Opfer inszenieren. Es sind die ‚kulturell Fremden' und deren kirchliche Unterstützer*innen, durch die man die eigene demokratische Gesellschafts- und Werteordnung in Gefahr gebracht sieht.[257] Hinsichtlich der ‚Täter' wird eine zunehmend degradierende Sprache verwendet, i. e. Äußerungen mit Inhalten, die als Gruppenbezogene Menschenfeindlichkeit zu werten sind, gegenüber den Kirchenvertreter*innen finden sich öfter beleidigende Äußerungen und verunglimpfende Namensgebungen. Der folgende Kommentar dämonisiert Menschen muslimischen Glaubens, indem er eine Generalisierung („alle Muslime sind Islamisten") vornimmt und Geflüchteten muslimischen Glaubens zuschreibt, Deutschland zu hassen und kriegerische Handlungen zu intendieren:

> „Diese ‚Flüchtlinge' sind doch in überwältigender Mehrheit Islamisten, die für den IS in brutaler Weise gekämpft und das Land ruiniert haben. Diese ‚Menschen' werden auch Deutschland hassen und Scharmützel hierzulande beginnen, wenn man sie reinläßt. In Interviews sagten manche vor der Grenze ist hatte extra mein Haus oder Wohnung in Türkei aufgegeben um nach Europa zu kommen. Aber diese zwei Pfaffen haben schließlich ‚Glauben' studiert und wissen deshalb gar nichts. Bestenfalls kennen diese ‚Christen' den Weg der Selbstzerstörung" (JF_EKD-Rettungsschiff [=1], 262)

Die Abwertung zeigt sich hier zunächst darin, dass der*die Verfasser*in ‚Flüchtlinge' in Anführungszeichen gesetzt hat, womit auf die Legitimitätsfrage in der Anerkennung als geflüchtete Person angespielt wird, zumal hier behauptet wird, die Geflüchteten seien vor allem muslimische religiöse Fundamentalisten. Kommentare, die die Hilfsbedürftigkeit und Statusberechtigung flüchtender bzw. in Seenot geratener Personen anfragen, sind keine Seltenheit, sondern lassen sich recht häufig und in allen Kommunikationskontexten wiederfinden, wie in folgenden Posts aus unterschiedlichen *Facebook*-Threads, einem Abschnitt aus einem Brief an den *Info-Service der EKD* oder auch einem Post bei *Twitter*:

> „[Name Adressat*in] schon komisch dass diese sogenannten Flüchtlinge 9 sichere Herkunftsländer hinter sich lassen. Viele von ihnen sind Wirtschaftsflüchtlinge […]" (FB #Seenot [2], 507)

---

[257] Vgl. SCHÜTTE, Hass-Zuschreibungen, 127 ff.

„Wer im Mittelmeer ersäuft, hat sich meist selbst in Gefahr gebracht, obwohl er zu Hause recht gut gelebt hat. Die wirklich Armen und Kranken schaffen es NICHT bis zum Mittelmeer!" (FB #Mittelmeer [2], 61)

„[...] Ich bin nicht bereit Schlepper von überwiegend Wirtschaftsflüchtlingen aus Afrika mit meiner Kirchensteuer zu unterstützen. Auch habe ich kein Verständnis, dass die ev. Kirche als Schlepper selbst tätig wird." (EKD Info-Service, Seenotrettung, 2)

„In Sierra Leone stirbt jedes sechste Kind bevor es 5 Jahre alt wird. Wieviel Geld hat die Kirche zur Verfügung um das zu ändern? Dabei ist SL nur 1 Land in Afrika. Die Menschen, die Schleuser bezahlen, begeben sich selbst in Gefahr. Die Kinder haben sich nicht selbst gefährdet." (Twitter, EKD Schleuser Juni19–Mai20, 9)

Abb. 3.2: Veränderungen in der Verwendung des Begriffs der Nächstenliebe durch die Kontexte

Nächstenliebe wäre es, wenn sich die Kirche um das Ergebnis der Schlepperei kümmern würde, aber **diese Kosten trägt nicht die Kirche, sondern die nicht gefragte Allgemeinheit. #Doppelmoral**

(Twitter, EKD Schlepperei Juni19–Mai20, 17)

Unsere Nächsten, die dann durch diese abgeholten Fernsten mannigfach gefährdet u. geschädigt werden, sind der Kirche eben nichts wert. Das ist die perversion von Nächstenliebe, vor allem wenn man weiß, dass die, die die Mittel haben, um sich auf die „Flucht" machen können, die letzten sind, die unserer Hilfe bedürfen. Aber um sich auch weiterhin selbst zu überhöhen u. anderen den moralischen Zeigefinger (eher wohl Mittelfinger) zu zeigen, muss man eben am Märchen vom armen Flüchtling festhalten.

(FB ChrAfD, 17)

[...] Vergewaltigungen und Morde an Deutschen durch Migranten berühren Herrn Bedford-Strohm in Deutschland offensichtlich nicht wirklich. Italien hat hieraus folgerichtig seine Konsequenzen gezogen. Die Kirchenfürsten in Deutschland kann man diesbezüglich nicht mehr ernst nehmen. Sie haben einfach den Blick für die Realität verloren und es spuken bei der Massenmigration nur noch die Gewinnmargen der kirchlichen Sozialindustrie in ihren Hinterköpfen. **So bekommt der Begriff „Nächstenliebe" eine völlig neue Bedeutung und Dimension für diese „moralübersäuerten" Kirchenfürsten.** Auch Kirchenfürsten sind leider nicht frei von Gier.

(JF_EKD-Rettungsschiff [=1], 11)

In allen Kommentaren wird eine Skepsis gegenüber der Rechtmäßigkeit der Fluchtgründe geäußert. Als Argumente dafür, dass die in Seenot Geratenen keiner Hilfe bedürfen oder diese verdienen, dienen der Hinweis, dass die Flucht selbst finanzieller Ressourcen bedürfe, aber auch der Gedanke, dass die Gefahr bewusst in Kauf genommen worden sei.

Der obige Leserkommentar aus der *Jungen Freiheit* hegt jedoch nicht nur Zweifel am Flüchtlingsstatus Personen muslimischen Glaubens. Vielmehr spricht der*die Verfasser*in ihnen ihre Humanität ab, indem er*sie das Substantiv ‚Menschen' ebenfalls in Anführungszeichen setzt. Auch die Glaubhaftigkeit der „zwei Pfaffen", wie Heinrich Bedford-Strohm und Reinhard Marx hier genannt werden, zieht der Kommentar in Zweifel (‚Glauben' und ‚Christen' in Anführungszeichen). Denn die Unterstützung von Personen, die aus Sicht des*der Verfasser*in dem eigenen Land und Wertesystem Schaden zufügen wollen, kann nur heißen, dass die Kirchenvertreter*innen ihrem Glauben keine Bedeutung beimessen und daher den „Weg der Selbstzerstörung" einschlagen.

Mit der beschriebenen Intensivierung der Grundfigur ‚Eigenes – Fremdes' ändert sich letztlich auch der Volksbegriff bzw. die symbolische Konstruktion des Verständnisses von ‚Volk': Er erhält zunehmend *exkludierende* Konnotation. Dies verbindet sich mit einer entsprechenden Deutung christlicher Motive, Werte und Erzählungen, prominent der Deutung des Begriffs ‚Nächstenliebe' und des Gleichnisses vom ‚barmherzigen Samariter'. Während die Kommentare im ‚mittleren' Feld das Handeln der EKD für moralisch falsch halten, weil diese ihren Aufgabenbereich überschreite hin zu einem politischen Engagement, welches jedoch eine Handlungsreflexion i.S. einer anderen Form von Ethik verlange (Stichwort ‚Gesinnungsethik'), lehnen Kommentare weiter rechts es ab, das Engagement als Ausdruck von Nächstenliebe zu begreifen, da dieses nicht der *eigenen* (autochthonen) Bevölkerung zugutekomme. Zum Maßstab christlichen Handelns wird, dass die Folgen positiv für die Bevölkerung sind und nicht zu Lasten der Bevölkerung gehen (s.o.). In das Verständnis von Nächstenliebe wird damit die oben benannte Grundfigur eingetragen, sodass sich ein enger, territorialer (und eben kein universaler) Begriff von Nächstenliebe ergibt (s.o.). Eine Zuspitzung erfährt diese Deutung dort, wo Kirchenvertreter*innen unterstellt wird, den Gedanken der Nächstenliebe zur Legitimation finanzieller Selbstbereicherung und zum Schaden der eigenen Bevölkerung zu instrumentalisieren, d.h. bewusst falsch zu interpretieren.

Ein weiteres markantes Merkmal für eine Verortung von Kommunikaten rechts der Mitte ist die Zunahme *verschwörungstheoretischer Überlegungen und Verfallserzählungen*. Sie dienen in erster Linie dazu, Kirchenvertreter*innen und Befürworter*innen der Seenotrettung abzuwerten und deren Kredibilität in Frage zu stellen. Einige Kommentare wie auch folgender vergleichen das Agieren der Kirchenvertreter*innen mit dem mittelalterlichen Ablasshandel, vermuten im Engagement für die Seenotrettung also eine großangelegte Agenda, die das Vertrauen der Befürworter*innen für eigene

Zwecke missbrauche, wobei sie diesen suggeriere, sich ihrer Sünden, ihres Gefühls von Schuld entledigen zu können:

> „SPD-Genosse Bedford-Strohm ist einer der von mir so bezeichneten Funktionäre der Finsternis und des Bösen, die die von ihnen fast flächendeckend unterwanderte evangelische Kirche, Glauben und Amtstitel dazu mißbrauchen, ihre sozialistischen Irrlehren unters Volk zu bringen, um selbiges im Sinne der neuen Weltordnung ‚auf Linie' zu bringen. Das Reich Jesu ist nicht von dieser Welt; ihres ist es sehr wohl und das ausschließlich, woran wir den Irrlehrer, Irreführer und Antichristen in solchen Leuten erkennen. Während der christliche Glaube von der durch Glauben, Buße und Taufe anzueignenden Erlösung spricht, die Jesus am Kreuz vollbracht hat, um den Menschen mit Gott zu versöhnen, lehren sie eine Art ‚Ablaßhandel' in der Form, nach der der gefallene Mensch seine Erlösung durch vermeintliche ‚gute Taten' selber schaffen soll. Das aber schlägt Jesus, dem Erlöser, mitten ins Gesicht. [...] Diese Leute sind falsche Hirten und gefährliche ‚Wölfe, die die Herde nicht schonen', wie der Apostel Paulus sagte; ihnen darf man keineswegs folgen. Wenn wir im Lande eine signifikante, über bereits erkennbare Anfänge hinausgehende Christenverfolgung bekommen, wird sie unter anderem auch von solchen Leute ausgehen. Man täusche sich nicht und lasse sich auch nicht täuschen!" (PI Seenotrettung [=2], 850)

In etwas gemäßigterer Form manifestiert sich diese Abwertungsstrategie in einem *Ideologievorwurf*. Ein solcher Vorwurf, so Mihael Švitek, rufe den Begriff der Ideologie in seiner pejorativen Konnotation auf, i. e. Ideologie verstanden als „individuelle Vorstellungen, die sich über ihre eigene Falschheit nicht bewusst sind"[258]. Auch wenn der Begriff ‚Ideologie' nicht immer explizit fällt, lässt sich im Material diese oder zumindest eine ähnliche Art des Vorwurfes dort erkennen, wo den Kirchenvertreter*innen und Befürworter*innen der Seenotrettung vorgeworfen wird, eine *verzerrte* oder *illusionäre Wahrnehmung* der tatsächlichen Begebenheiten zu besitzen, eine naive Weltsicht, die sich der Folgen der eigenen Einstellung und Handlungen nicht bewusst ist. Neben dem Adjektiv „naiv" finden sich in den entsprechenden Kommunikaten auch die Behauptung, den Kirchenvertreter*innen fehle es an „gesundem Verstand" (es fallen auch Worte wie „dumm" oder „Wahnsinn"):

> „Die Abschaffung des eigenen Volkes durch unbegrenzte Zuwanderung, die letztlich das Ergebnis dieses Wahnsinns ist, hat absolut nichts mit Nächstenliebe zu tun, sondern ist pure Dummheit. Und diese Schlepperei ist keine Seenotrettung da die ‚Geretteten' ja überhaupt erst durch die Schlepper in diese Situation gebracht werden. Und das sogar noch mutwillig und unter den Augen der Staaten-

---

[258] Švitek, Der Ideologievorwurf, 185.

gemeinschaft. Die Geretteten werden dann auch noch, statt sie an den nächstgelegenen Hafen zu bringen, nach Europa verschifft. Das was dort geschieht hat also mit echter Seenot nichts zu tun, sondern ist mutmaßlich Unterstützung von illegaler Immigration." (FB #Seenot [2], 621)

Die in unserem Material ebenfalls aufzufindende Ansicht, die Kirchenvertreter*innen träten (bloß) als sog. ‚Gutmenschen' auf bzw. hätten eine hypermoralisierende Haltung, kann auch als Spielart dieses Vorwurfs in Erscheinung treten:

„Die ‚Gutmenschen' mit dem Helfersyndrom leben in ihrer eigenen Welt, fern der Realität." (PP_Bedford-Strohm [=3], 5)

Dort, wo der Ideologie-Begriff im Material explizit fällt, betrifft er meist die politische Tätigkeit Heinrich Bedford-Strohms im Besonderen bzw. der Kirche/EKD im Allgemeinen. Kritisiert wird eine falsche politische „links-grüne" Haltung, wobei das Attribut „links-grün" meist als Sammelbegriff fungiert für eine klimabewusste und gendergerechte Positionierung:

„Bedford-Strom, der Mann mit dem falschen Amt [Titel/Betreff; KM]
Bedford-Strohm, der SPD-Mann, mischt sich von der Kanzel aus gerne in die Politik ein und vertritt dort einen theologischen Sozialismus. Er missbraucht dadurch sein Amt und zeigt, dass viele Kirchenfürsten ihr ‚geistiges Amt' für politische Zwecke verwenden. Bedford-Strohm sollte sein geistiges Amt niederlegen und kann dann meinetwegen das SPD Trio Dreyer-TKK-Schwesig erweitern zu einem SPD Quartett in der SPD-Führung. Dort kann er als außenpolitischer Sprecher der SPD werden.
Korrektur:
Dort kann er als außenpolitischer Sprecher der SPD seine Ideologien verbreiten."
(JF_EKD-Seenotrettung [=1], 14)

„Ich bin froh im Sommer aus dem Laden ausgetreten zu sein. Um ein guter Mensch und Christ zu sein, muss ich nicht Mitglied in diesem Heuchlerverein sein. Einige Punkte der Kirche habe ich vorher schon kritisch gesehen, aber seit sie immer mehr politisch diktiert und auf den Zug der Weltretter-Ideologie aufgesprungen ist, hats für mich gereicht." (PI_Seenotrettung [=2], 850)

Der*die folgende User*in spricht dem Engagement der Kirche für Gendergerechtigkeit und Klimaschutz seine Sinnhaftigkeit ab:

„[...] Es fehlt ihr [der Kirche] an Überzeugungskraft und hat sich auf den Linksextremen Zug gesetzt. Entsprechend wird gegen die eigenen Gemeinden gehetzt und Gesinnungsschnüffelei betrieben. Auch für das Gender Gaga ist man sich

125

nicht zu Schade. Was diese Ökolinks-Ideologien mit Gott zu tun haben sollen, verstehen sie offenbar selbst nicht so genau [...]" (JF_Seenotrettung [=2], 44)

Der Vorwurf der verzerrten oder illusionären Weltsicht zieht zwar nicht die Aufrichtigkeit der Handlungs*intention* der Kirchenvertreter*innen und Befürworter*innen der Seenotrettung in Zweifel. Dennoch verlässt ein solcher Vorwurf die *Sache*bene, weil er eben nicht „auf die Aufdeckung von Irrtum und Unwahrheit abziele [...], [um] auf diese Art gemeinsam zu einem verbesserten Verständnis der Welt beizutragen"[259]. Es geht vielmehr in erster Linie darum, die abweichende Position abzuwerten und die eigene als Norm zu setzen: Die eigene Welterfahrung entspricht der Wirklichkeit, alle anderen Positionen sind inferior. Sprache wird an dieser Stelle instrumentalisiert, d. h. sie wird – wie oben ausgeführt – zum ‚Ding', das verletzen bzw. die Position der Kirchenvertreter*innen und Befürworter*innen der Seenotrettung unterminieren soll (vgl. 3.2.3).

Die Unterstellung, die ‚Kirchenelite' handele *vorsätzlich* unmoralisch, kann, wie angedeutet, als eine Verstärkung des beschriebenen Vorwurfs der verzerrten oder illusionären Weltsicht betrachtet werden. Im Material tauchen die beiden Vorwurfstypen häufig auch in einer Mischform auf. Der Vorwurf der vorsätzlichen Täuschung oder Lüge ähnelt einer Argumentationsstrategie, die Douglas Walton als *„poisoning the well"* beschrieben hat: Ein derartiges Argument behauptet, die verzerrte Weltsicht der adressierten Person und die damit einhergehende Voreingenommenheit habe sich derart verfestigt, dass man ihren Aussagen überhaupt kein Vertrauen entgegenbringen könne, weil ihre Argumentation nicht auf stichhaltigen bzw. unabhängigen Beweisen beruhe, sondern lediglich auf einem Partikularinteresse. Ziel des *„poisoning-the-well"*-Arguments sei es, die Gegenposition und Gesprächspartner*in als ungeeignet und nicht vertrauenswürdig zu diskreditieren durch die Unterstellung, „that his mind is already made up, so [that] there is no real point in trying to argue with him anyway – he is never really open to defeat by conceding any other point".[260] Zu dieser Intention passt die Wahrnehmung, dass solche Vorwürfe letztlich keine Ansprache an die „vorgeblich adressierte Person selbst [verkörpern], sondern [...] um Akklamation durch Dritte heischen".[261] Dieses kommunikative Abwerten und Ausschließen anderer Meinungen und als ‚fremd' markierter Personen ist bezeichnend für Kommentare rechtspopulistischer bzw. rechtsextremistischer Blogs und Online Journals und bedingt deren selbstreferenzielles Erscheinungsbild.

---

[259] A. a. O., 189.
[260] Douglas, Ad Hominem Arguments, 16.
[261] Švitek, Der Ideologievorwurf, 188.

3.5 Prominente Themen

An dieser Stelle seien exemplarisch Themen herauspräpariert und in ihrer typischen Verhandlung zwischen Befürworter*innen und Gegner*innen der Seenotrettung dargestellt. Die Ausgestaltung der Themen verzahnt sich in der Regel mit ‚passenden' Narrativstrukturen bzw. Narrativfragmentstrukturen.

3.5.1 Nächstenliebe und Moral

Der Topos der Nächstenliebe zählt innerhalb des Diskurses um die Beteiligung der Kirche an der Seenotrettung wohl zu den am häufigsten aufgerufenen und umstrittensten christlichen Topoi. Dabei scheinen sich sowohl die Befürworter*innen als auch die Kritiker*innen darin einig zu sein, dass Nächstenliebe als essenzieller Wert des Christentums zu betrachten ist. Uneinigkeit herrscht jedoch darüber, welchen ‚Umfang' und welche ‚Reichweite' Nächstenliebe hat, ob Nächstenliebe Grenzen haben darf oder haben sollte, und wo diese Grenzen zu ziehen sind – kurz gesagt, Uneinigkeit besteht bei der Antwort auf die Frage: Wer ist mein*e Nächste*r? Die sich an dieser Frage entspinnenden Threads (vor allem bei *Facebook*) wirken wie Kämpfe um Deutungshoheiten.

Befürworter*innen erkennen im Engagement der EKD für die Seenotrettung eine gelungene Realisierung des biblischen Nächstenliebegebots:

> „[Name Adressat*in] Was ist Seenotrettung anders als gelebte Nächstenliebe und Hilfe???" (FB #Seenot [2], 320)

> „Herzlichen Dank für diese gelebte christliche Nächstenliebe!" (FB #seawatch #United4rescue [2], 8)

> „@epd_news @saechsischeDE @United4Rescue @seawatchcrew @EKD @[Name Adressat*in] Man lässt einfach keine Menschen ertrinken. Ein Schiff kann die Tragödie auf dem Mittelmeer zwar nicht verhindern. Diese Symbolpolitik der Kirche finde ich persönlich aber richtig. Mit Faschismus hat das nichts zu tun sondern mit Menschlichkeit und Nächstenliebe." (Twitter 74, Tweets 1–24, 14)

Besonders angesichts mangelnden staatlichen Eingreifens wird Seenotrettung für eine christliche Pflicht gehalten, der die Kirche durch ihre Initiative zum Kauf der *Sea-Watch 4* entsprechend nachgekommen sei:

> „Lebensrettung ist christliche Pflicht!! Die staatlichen Behörden versagen hier also müssen hier NGO's das übernehmen." (FB #Mittelmeer [2], 115)

Andere meinen zudem, dass der eigene Lebensstil zum Handeln verpflichte, da dieser wesentlich zum Leid von Menschen beitrage und deren Flucht bedinge:

> „[Name Adressat*in], es gibt keine einfachen Lösungen. Und natürlich ist Hilfe zur Selbsthilfe die beste Hilfe! Fakt ist, dass wir alle mit unserem Lebensstil am Elend der Menschen beteiligt sind. Das muss erst einmal deutlich werden. Mit der zivilen Seenotrettung sollen die Länder Europas zum Handeln gedrängt werden. Menschen ertrinken zu lassen ist keine Option, sie zurückzuschicken auch nicht, denn sie werden sich nicht daran hindern lassen wieder aufzubrechen." (FB #Seenot [2], 6)

Vor allem aber werten die Befürworter*innen das Engagement als Zeichen von Humanität und Solidarität – als ein Handeln, das der im Grundgesetz festgehaltenen Idee von der Unantastbarkeit der Würde aller Menschen entspreche. Dementsprechend insistieren sie auf einem *universalen* Begriff von Nächstenliebe:

> „[Name Adressat*in] Es ist Nächstenliebe, im Auftrag Jesu Christi, was hier stattfindet. Wir lassen keine Menschen ertrinken, ist auch ein Grundsatz der Humanität." (#seawatch4, 18)

> „Und mein Nächster ist jeder andere Mensch, denn Gott hat uns alle geschaffen und liebt uns alle. Nicht nur die in Deutschland [...]" (FB #Seenot [2], 310)

> „Als Staatsbürger und Christ bevorzuge ich es, mich an Artikel 1 GG zu halten: ‚Die Menschenwürde ist unantastbar. Sie zu achten und zu schützen ist Verpflichtung aller staatlichen Gewalt.' Und das ist natürlich die Würde JEDES Menschen, auch die eines muslimischen Flüchtlings aus Afrika." (FB #Seenot [2], 146)

Dieser universalen Deutung von Nächstenliebe widersprechen viele Kritiker*innen.[262] Sie bemängeln, dass Unterstützer*innen der kirchlichen Beteiligung an der Seenotrettung die Bedeutung christlicher Nächstenliebe in unverhältnismäßiger Weise erweiterten. Als unverhältnismäßig erachten einige diese Erweiterung insbesondere deshalb, weil die Kirche es in ihrer Wahrnehmung nicht schaffe, ihren sozialdiakonischen Aufgaben im *eigenen* Land nachzukommen. Befürchtet wird, dass diese nun noch weiter vernachlässigt würden:

> „Das hat mit Nächstenliebe nichts mehr zu tun. Wo bleibt die Nächstenliebe in Deutschland. Wo Pfarrer nicht mehr aus eigenen Stücken zu alten Leuten gehen." (FB #Schlepper [3], 12)

---

[262] Zu einem ähnlichen Befund kommt Fritz, vgl. Fritz, Dekadenz, 31 ff.

Im Hintergrund scheint hier der Eindruck einer nicht nur kirchlich-institutionellen, sondern gesamtgesellschaftlichen *Ressourcenknappheit* und das Gefühl *fehlender Solidarität* innerhalb der eigenen Bevölkerung zu stehen. In Verbindung mit dem Gedanken nationaler Priorisierung veranlasst dies den Appell für einen territorial begrenzten Begriff von Nächstenliebe. Der*die Nächste ist dann zunächst der*die Nachbar*in:

„Der Nächste kann natürlich auch mal ein ‚Fernster' in Not sein. Aber im Alltag sind es tatsächlich zunächst nur die paar Menschen in meinem Umfeld. Wir tollen Deutschen wollen die ganze Welt lieben und haben selbst zunehmende Vereinsamungs- und Bindungsstörungen […]" (FB #Seenot [2], 306)

„[Name Adressat*in] Der Begriff des Nächsten ist seit Beginn der Flüchtlingskrise geradezu ins Absurde entgrenzt worden. Christliche Nächstenliebe ist kein universalistischer Humanitarismus. Die Not auf Erden ist unermesslich. Die Übernahme extraterritorialer Verantwortung ist tendenziell uferlos." (FB #Seenot [2], 50)

Der*die Verfasser*in des zweiten Posts ist sogar der Ansicht, dass der Gedanke der Nächstenliebe eine universale Perspektive *grundsätzlich ausschließe*.

Neben der Ansicht, dass ein falscher Fokus gelegt bzw. die Fürsorge falsch adressiert werde, werfen viele der Kirche Verantwortungs- und Rücksichtslosigkeit vor, weil sie es unterlasse, die *Konsequenzen* ihrer Seenotrettungsaktion zu berücksichtigen. Die Kritiker*innen halten ein Handeln, das negative Folgen besitzt, nicht für einen Ausdruck von Nächstenliebe. Der Kirche wird u.a. vorgehalten, die Folgekosten der Seenotrettung der eigenen Bevölkerung ungefragt aufzubürden und das Sozialsystem zu überlasten (vgl. 3.4.2):

„Da bei ‚NesT' kaum einer der glühenden Befürworter persönlich mitmacht, vermutlich, weil es eigenes Geld kostet, macht man bei der EKD halt etwas, wofür der das ausufernde Sozialsystem sowieso schulternde Bevölkerungsteil herangezogen wird. Kann ich aus keiner Predigt Jesu herauslesen. Kann man höchstens hineinlesen und mit Nächstenliebe verwechseln. Wie soll beschleunigtes Ausnehmen eines Sozialsystems wirksame Hilfe zur dauerhaften Selbsthilfe für Menschen in Afrika generieren? Jedes Volk hat das Recht und die Fähigkeit, die Einrichtung eines Sozialsystems, Durchsetzung der Menschenrechte und freiheitlicher Bürgerrechte lizenzfrei zu kopieren und umzusetzen. Man muss halt wie unsere ehrenhaften Vorväter in Europa selbst drangehen und drum kämpfen." (FB #Seenot [2], 261)

„Bedford-Strohm weiß sich mal wieder gekonnt in Szene zu setzen. Dieses mal mit dem Kreuz um den Hals. Man ist ja Christ und will nichts weiter als Nächstenliebe zelebrieren. Die Folgen dieser illegalen Masseneinwanderung für die anderen, die schon länger in Deutschland oder Europa leben, scheinen ihm und der Besatzung der ‚Seenotretter' egal zu sein. Die Kirche verdient ja auch gut an den ‚Flüchtlingen' und die Schlepper-Organisationen ebenfalls." (JF_EKD-Rettungsschiff [=1], 28)

In diesem Zusammenhang greifen die Kommentator*innen bisweilen auf eine Semantik zurück, die sich mit Blick auf die Diskussion um privat organisierte Seenotrettung im Allgemeinen an unterschiedlicher Stelle in der medialen Landschaft wiederfindet, d. i. der Rückgriff auf eine Unterscheidung zwischen Gesinnungs- und Verantwortungsethik (vgl. auch 3.4.2). Während bei den Kritiker*innen der Seenotrettung in der Regel eine simple Aufteilung der Ethiken erfolgt (Seenotretter*innen sind Gesinnungsethiker*innen, Kritiker*innen Verantwortungsethiker*innen), verweist Max Weber in seinem Vortrag *Politik als Beruf* (1919) auf das Idealtypische der beiden ethischen Theorien sowie auf den Umstand, dass sie im politischen Bereich in einem spannungsreichen *Verhältnis* stehen.[263] Weber plädiert für ein politisches Handeln, das nicht *allein* gesinnungsethisch orientiert ist, sondern verantwortungsethische Maßstäbe miteinbezieht. Auch wenn Weber betont, dass man sich „klar machen [muss], daß alles ethisch orientierte Handeln unter zwei voneinander grundverschiedenen, unausträgbar gegensätzlichen Maximen stehen kann",[264] d.i. der gesinnungsethischen und verantwortungsethischen, betrachtet er die beiden Orientierungen schließlich nicht als „absolute Gegensätze, sondern Ergänzungen, die zusammen erst den echten Menschen ausmachen, den, der den ‚Beruf zur Politik' haben *kann*".[265] Eine typische Umdeutung dessen leistet etwa Caroline Sommerfeld in der ‚rechtsintellektuellen' (Selbstbezeichnung!) Zeitschrift *Sezession*: Über eine Engführung von Webers Bedenken gegenüber einer ausschließlich gesinnungsethischen Orientierung wird eine Grundsatzkritik an der Idee der Menschenwürde und Menschenrechte entwickelt, die als ideologische Zwangsmaßnahme mit gesellschaftszerstörerischem Potenzial gedeutet wird.[266]

In den Kommentarspalten und Threads des Materials manifestiert sich der Diskurs um die Unterscheidung zwischen Gesinnungs- und Verantwortungsethik häufiger als Diskussion um die Deutung des Gleichnisses vom ‚Barmherzigen Samariter' (s. Tabelle 14 unter https://www.ekd.de/politische-kultur). Die Befürworter*innen der Seenotrettung deuten das Handeln des ‚barmherzigen Samariters' als Ausdruck einer Person, die in ihrer Solidarität keine Grenzen und Mühen scheut: Der ‚barmherzige Samariter' reite keinen „Umweg [...], um dem Ausländer, der auch noch anders glaubt, nicht helfen zu müssen", und seine Hilfe sei auch nicht an die Bedingung geknüpft, den Hilfsbedürftigen zu kennen. Demgegenüber erkennen die Kritiker*innen im ‚barmherzigen Samariter' ein Paradigma verantwortungsethischer Hilfsbereitschaft, d. i. ein Engagement, das die Handlungsfolgen miteinbezieht und zum Maßstab der Bewertung macht. Die

---

[263] Vgl. ENDRESS, Ethik, 67.
[264] WEBER, Politik als Beruf, 57f.
[265] A.a.O., 66.
[266] SOMMERFELD, Fällungsreaktion oder Weltenbrand.

Diskussion zeigt deutlich, dass biblische Geschichten insbesondere durch ihren fiktionalen Charakter offen sind für unterschiedliche Interpretationen und lebensweltliche Einbettungen. Diese Ambiguität bietet ein enormes Integrationspotenzial, wirft im Zusammenhang rechtspopulistischer und vor allem rechtsextremistischer Rede aber natürlich die Frage auf, wo die Grenzen möglicher Interpretationen zu ziehen sind, und wie diese Grenzen kommunikativ verhandelt werden können.

3.5.2 Schuld, Verfehlung und Gericht

Mehr als deutlich weisen die Kommunikate des Materials Kirchenvertreter*innen, die sich für die Seenotrettung einsetzen, als Adressat*innen von teils aggressiven Schuldzuweisungen aus. Welche Überlegungen veranlassen die Kommentator*innen zu derartigen Schuldzuweisungen? Und worin bestehen ihrer Ansicht nach die Verfehlungen im Blick auf ein Engagement, das andere als Verwirklichung christlicher Nächstenliebe loben?

Ein erster Anklagepunkt, der sich recht häufig in den Kommunikaten findet, rekurriert auf den sog. ‚Pull-Effekt':

> „Angesichts der gut belegten Zweifel an der Seenotrettung, der Experten vorwerfen, sie würde die Toten aus Afrika, die sie verhindern will, selbst produzieren, ist diese Entscheidung nur schwer nachzuvollziehen. Das Wunder für Afrika aber muss in Afrika stattfinden, nicht auf hoher See. Die Kirche sollte Schulen bauen, nicht Schiffe. Damit kleine Menschen groß werden – und nicht flüchtig." (FB #Mittelmeer (4), 36)

Der Logik der Erzählung zufolge trügen die Kirchenvertreter*innen wesentlich Mitschuld am Tod der Flüchtenden, da sie mit ihrer medienwirksamen Initiative einen Anreiz schafften, der die Menschen zuallererst veranlasse, sich in die Hände korrupter Schlepperbanden zu begeben und den lebensgefährlichen Weg auf sich zu nehmen.

Die Geflüchteten bilden jedoch nicht die einzige Opfergruppe, für deren Not die Kirchenvertreter*innen mitverantwortlich gemacht werden. Auch die Menschen im *eigenen* Land werden als Leidtragende des kirchlichen Engagements erachtet. Wie weiter oben schon erwähnt (vgl. 3.5.1), halten viele Kritiker*innen die eigene Bevölkerung für Opfer mangelnder kirchlich-institutioneller Zuwendung: eine Ansicht, die sich aus dem Gefühl einer bestehenden Ressourcenknappheit und aus dem Beharren auf nationaler Priorisierung speist. Über die Annahme fehlgeleiteter Ressourcenverteilung hinaus wird die Anklage einiger User*innen den Kirchenvertreter*innen gegenüber allerdings von Motiven geleitet, die viel stärker noch durch die Grundfigur ‚Eigenes – Fremdes' bestimmt sind (vgl. 3.4.3). Leitgedanke des Vorwurfes ist es, dass die Kirchenvertreter*innen einer kulturellen Fremdbeeinflussung Vorschub leisteten, die den Verfall der eigenen Identität befördere. Im Hintergrund solcher Anschuldigungen zeichnet sich ein ethnopluralistisches Weltbild ab, das die Reinheit der unterschiedlichen Kulturen insbesondere der eigenen zu erhalten sucht. Kulturelle, vor allem religiöse Andersartigkeit wird dabei nicht per se verurteilt, sondern in erster Linie die Vermischung verschiedener kultureller Formen. Ethnopluralismus gehört zum ideologischen Grundbestand rechtspopulistischer und vor allem aber neurechter Akteur*innen.[267] Als maßgebliche Gefahrenquelle ‚kultureller Verunreinigung' wird die mit der (Post-)Moderne voranschreitende Globalisierung angesehen. Denn die Globalisierungsdynamik bildet einen ausschlaggebenden Faktor für eine erhöhte Wahrscheinlichkeit der Entgrenzung nationaler Zusammenhänge. Sie birgt also die Gefahr für – um es mit dem neurechten Kampfbegriff zu sagen – den „Großen Austausch". In den Kommunikaten des Materials unserer Studie sprechen einige User*innen auch von „Umvolkung". Die Globalisierungsdynamik alleine scheint aus rechtspopulistischer Perspektive jedoch nicht der primäre Grund für die Gefahr eines „Großen Austauschs" zu sein. Vielmehr wird die *(post-)moderne Haltung* in der Gesellschaft, besonders der ‚Elite', als entscheidendes Problem identifiziert. Das vielfach zur Charakterisierung dieser Haltung angeführte Schlagwort lautet „liberale Dekadenz". Damit ist ein vermeintlich fehlendes Bewusstsein für die Bemühung um die Erhaltung der eigenen kulturellen Wurzeln angesprochen, i. e. ein fehlendes *Traditionsbewusstsein,* das zu einem Verlust der eigenen Identität und somit geschichtlichen Kontinuität führe.[268] Die These von der Korrelation von (Post-)Modernitätsbewusstsein und kultureller Dekadenz wird vor allem auch von der ‚intellektuellen Rechten' in den Diskurs eingebracht wie hier von Martin Lichtmesz im Kontext religionsphilosophischer Überlegungen:

> „Das Primat der Konsumgesellschaft und die (zunehmend anachronistische) Feindseligkeit gegen die heroischen Werte und Tugenden von Gestern gehen heute Hand in Hand, und dieses Bündnis zeichnete sich schon früh im Gefolge von 1968 ab. [...] Die nahezu komplette Einbettung in einen kaum mehr hinterfragten Konsumismus, der andauernde Wohlstand, die Infantilisierung und Vulgarisierung durch die allgegenwärtigen Unterhaltungsmedien und nicht zuletzt das süße Gift des Sozial- und Wohlfahrtsstaates haben bewirkt, daß die Jugend Europas heute über weite Strecken das Bedürfnis nach Heroismus gegen das im Übermaß vorhandene Opium ausgetauscht hat. [...] Sie [die Gesellschaft] fördert heute geradezu den aheroischen Typus eines gesättigten, genießenden ‚letzten Menschen', damit also ein Dasein, dem jede metaphysische Dimension ausgetrieben werden soll. Es handelt sich um eine äußerst dekadente Form des ‚Spießbürgertums', das sich vor den existentiellen Erschütterungen so gut wie möglich abgeschirmt

---

[267] Vgl. Weiss, Autoritäre Revolte, 16 ff.
[268] Vgl. a.a.O., 19.

hat, und damit sowohl seine Dummheit als auch seine Lebensangst und -schwäche exponentiell steigert."[269]

Durch die Haltung der ‚liberalen Dekadenz' und dem mit ihr einhergehenden Verlust von Identität entstehe ein kulturelles, vor allem auch *religiöses Vakuum*. Eben dieses Vakuum bilde das Einfallstor für andere kulturelle/religiöse Formen bzw. Vergemeinschaftungen.[270]

In unserem Material manifestieren sich diese Überlegungen insofern, als Kirchenvertreter*innen bzw. der ‚Kirchenelite' vorgeworfen wird, ihrer Aufgabe als Vertreter*innen eines ‚christlichen Wertesystems' nicht angemessen Rechnung zu tragen, weil sie Menschen ‚fremden' Glaubens in ihren Migrationsbemühungen unterstützten und sich eben nicht darum bemühten, dem zunehmenden Verfall der eigenen kulturellen Identität Einhalt zu gebieten, sondern diesen geradezu beförderten. Während einige Kommentator*innen das Handeln der Kirchenvertreter*innen als Ausdruck fehlenden Bewusstseins für sich ereignende Vorgänge deuten, meinen andere, wie auch folgende*r User*in, dass die EKD eine „Umvolkung" bewusst intendiere (vgl. auch die Stichworte „Heuchler" und „Pharisäer"):

„Der EKD – vor allem Bedford-Strohm – kann die Umvolkung nicht schnell genug gehen. Sie setzen alles daran, dass Deutschland auch weiterhin mit kulturfremden Scheinasylanten bis zur Unkenntlichkeit geflutet wird. Sie nehmen auf die deutsche Bevölkerung keine Rücksicht. Im Gegenteil, sie bürden den Bürgern immer neue Lasten auf, um ihr aberwitziges Ziel zu erreichen. Dass der deutsche Steuerzahler den gesamten Asylantentourismus finanzieren muss, interessiert sie überhaupt nicht. Sie spielen sich als Gutmenschen auf … ja, sie haben einen edlen Charakter. Das glauben diese realitätsfremden Träumer zumindest." (JF_EKD-Rettungsschiff [=1], 169)

Auch folgende*r Kommentator*in stellt die Loyalität der Kirchenvertreter*innen in Frage. Dem EKD-Ratsvorsitzenden wirft er*sie vor, die Gläubigen emotional zu missbrauchen, um sie für seine Zwecke zu vereinnahmen, während er insgeheim eigentlich deren „Widersacher", wie der Islam hier benannt wird, wohlgesonnen sei:

---

[269] Lichtmesz, Kann nur ein Gott uns retten?, 47.
[270] In ihrem *Sezession*-Artikel *Extinction Rebellion II* schreibt Caroline Sommerfeld, dass die Menschen aufgrund des kulturellen/religiösen Vakuums „metaphysisch obdachlos" geworden seien (vgl. Sommerfeld, Extinction Rebellion). Die These der „metaphysischen Obdachlosigkeit" scheint zu implizieren, dass die Menschen vermehrt unter dem Gefühl des Kontrollverlustes, einer Ortlosigkeit, Sinnentleerung, d. h. Erfahrungen von Kontingenz leiden. Hier ist vermutlich der von Lichtmesz verwendete Begriff der „Todesfurcht" einzuordnen. Vgl. Lichtmesz, Kann nur ein Gott uns retten?; und auch Weiss, Autoritäre Revolte: „Die mangelnde Pflege der eigenen Identität, eben die Dekadenz der westlichen Zivilisationsform habe dem Islam erst den Raum zur Expansion gegeben" (19).

„Ein Mensch in Gestalt eines EKD-Ratsvorsitzenden, dessen eigentlicher Job darin besteht, mit zu helfen, Flüchtlingsströme in Gang zu setzten. Er ist einfach nur ein Einpeitscher der Einwanderungsmafia. Eben zur rechten Zeit an die richtige Stelle platziert. Da wo er Zugriff auf die Gefühle möglichst vieler Menschen hat. Das wird schon dadurch deutlich, dass er immer und immer wieder mit seinen frei erfundenen Tränendrüsendrücker-Geschichten kommt. Wie selbstverständlich bedient er sich der Emotionen, derer, die er kontrolliert, über den Glauben. Und damit niemand auf die Idee kommt, dass der Heinrich gar nicht für den ‚lieben' Gott betet und arbeitet, sondern offensichtlich sein Herz an seinen Widersacher verloren hat, muss er andauernd das Schuldgefühl seiner Gläubigen auf Höchstleistung halten, um es optimal aus zu nutzen zu können." (JF_EKD-Rettungsschiff [=1], 42)

Ein besonders deutliches Zeichen dieser illoyalen und betrügerischen Haltung meinen viele in dem Umstand zu sehen, dass Heinrich Bedford-Strohm und Reinhard Marx bei einem Besuch des Tempelbergs und der Klagemauer in Jerusalem 2016 ihre Kreuze abgelegt haben:

„Zu Herrn Bedford-Strohm fällt mit seltsamerweise immer eine Bibelstelle ein, an der Jesus sagt: ‚Wer sein Kreuz nicht auf sich nimmt und folgt mir nach, der ist meiner nicht wert.' (Matthäus Evangelium, Kapitel 10, Vers 38). Vielleicht liegt es daran, daß er einmal sein Kreuz ablegte als es ihm ‚politisch korrekt' erschien." (JF_EKD-Rettungsschiff [=1], 130)

Einige identifizieren die Kirchenvertreter*innen in diesem Zusammenhang mit der biblischen Figur des Judas oder auch mit dem Bild der ‚Wölfe im Schafspelz':

„Ausgerechnet dieser scheinheilige Judas, der am Tempelberg Jesus verleugnet und das Kreuz abgelegt hat. Und ausgerechnet dieser Jesus-Verleugner reißt jetzt die Klappe über CO_2 auf. Hat dieser Dummschwätzer vergessen, dass er Pfarrer ist und sich letztlich um das Seelenheil seiner ‚Schäfchen' kümmern muss? Einfach nur ekelhaft, welche widerlichen Typen sich im Talar herumtreiben." (JF_Seenotrettung [=2], 38)

„OH HERR siehe auf deine Vertreter herab, was für ein Judasgesücht daraus geworden ist !!!" (FB ChrAfD, 37)

An dem Eindruck vom Verrat der ‚Kirchenelite' am eigenen ‚Volk' entspinnt sich schließlich der Wunsch nach Vergeltung. Er äußert sich in den Kommunikaten des Materials in *Gerichtsfantasien*, die zum Teil gewaltvolle und grausame Szenarien zeichnen, wie folgender Kommentar, der das Bild der ‚Hölle' als Strafe für die Vergehen des EKD-Ratsvorsitzenden aufruft:

„Bedford-Strohm ist ein Judas, der die Christen verrät indem er ihre schlimmsten Feinde unterstützt. Er soll in den Feuern der Hölle schmoren." (PI_Seenotrettung [=2], 668)

Wie folgende Kommentare nutzen einige User*innen auch die Geschichte der ‚Tempelreinigung', um ihrem Vergeltungswunsch Ausdruck zu verleihen:

„Jesus würde diese Heuchler zum Tempel hinaus prügeln. [Titel/Betreff; KM] Martin Luther würde diese scheinheiligen Heuchler mit seiner knallharten Sprache vermutlich als vollgefressene Verräter am Christentum, Kollaborateure des Islamfaschismus und Axtanleger an der europäisch-abendländischen Kultur bezeichnen und sie aus ihren Palästen jagen. Wenn sich Jesus wieder auf Erden blicken ließe, würde er dabei wohl an seiner Seite stehen, genauso wie er Händler und Geldwechsler aus dem Jerusalemer Tempel vertrieb." (PI_Seenotrettung [=2], 596)

Der zweite Kommentar ruft dabei nicht nur Jesus als Autorität und Vollstrecker der Strafe auf, sondern auch Martin Luther, der hier als unnachgiebiger Kämpfer gegen die ‚Feinde' des Christentums inszeniert wird.

3.5.3 Aufgabe von Kirche in der Gesellschaft

In der Auseinandersetzung mit dem Thema ‚Beteiligung an Seenotrettung' nehmen die Äußerungen zu Kirche als Organisation bzw. Institution einen prominenten Platz ein. Einerseits verwundert das nicht, da die EKD als Organisation als prominente Akteurin in einem gesellschaftlich umstrittenen Feld mit offiziell kirchenleitend pointierter Meinung und als Handelnde auftritt. Menschen verhalten sich zu dieser Positionierung zustimmend oder ablehnend, möglicherweise insbesondere, wenn es sich um Kirchenmitglieder handelt, die ihr eigenes Verständnis von Kirche in der Gesellschaft bestärkt oder nicht repräsentiert sehen. Andererseits erstaunt die Dominanz der Äußerungen, in denen Menschen über ihr Verhältnis zur Organisation sprechen, gegenüber der vergleichsweise sehr viel geringeren Verhandlung theologischer Themen, die zur Sache ‚Beteiligung an Seenotrettung' durchaus relevant sein können (Debatten über Nächstenliebe oder Auslegungen von Gleichnissen finden vergleichsweise sehr viel weniger statt). Hat man es hier – wäre an dieser Stelle schon zu fragen – mit Blick auf Kirchengemeindemitglieder unter den Kommentator*innen mit einem Indiz für die Erkenntnis der Studie *Kirchenmitgliedschaft und politische Kultur* zu tun, dass Akteur*innen in den Kirchengemeinden in der Regel nur auf ein eher begrenztes theologisches Wissen zurückgreifen können, wenn es um die Erörterung und Diskursivierung religiöser Themen bzw. die Auseinandersetzung mit religiös motivierten Einstellungen geht? In jedem Fall ist der Diskurs über das Handeln der Organisation (oft werden auch die beiden Großkirchen in Deutschland in einem Atemzug genannt) und das eigene Sich-dazu-ins-Verhältnis-Setzen zentral. Im Mittelpunkt der Auseinandersetzungen stehen wiederum oftmals die in der Öffentlichkeit exponierten Repräsentant*innen der Organisation, auf evangelischer Seite freilich insbesondere der Landesbischof der Evangelisch-Lutherischen Kirche in Bayern und Ratsvorsitzende Heinrich Bedford-Strohm, der mit seiner Person deutlich für die Verantwortung der kirchlichen Beteiligung an der Seenotrettung steht.[271] Gleichzeitig zeigt sich an dieser mehr oder weniger exklusiven ‚Auseinandersetzung' mit der Person des Ratsvorsitzenden, der in diesem Zusammenhang vielfach medial exklusiv in Erscheinung tritt (das bildet sich auch in einigen journalistischen Beiträgen in unserem Sample ab), dass das Thema ‚Beteiligung an Seenotrettung' in der Regel kein Thema ist, das alltagsweltlich in Form von Debatten im sozialen Nahraum, in der Kirchengemeinde etc. eingebettet ist. Es ist ein Thema, das medial vermittelt ist, und es kommt auf diese Weise vielfach ‚über' Personen: „Sehr geehrte Damen und Herren", beginnt eine E-Mail an den *Info-Service der EKD,* „aus den Medien erfahre ich soeben, dass die ev. Kirche Deutschlands sich mit einem eigenen Schiff an der ‚sogenannten Flüchtlingsrettung' beteiligen wird." Weiter unten heißt es dann: „Warum wurden eigentlich die Kirchenmitglieder nicht gefragt, ob sie diese Art von Flüchtlingsunterstützung wünschen?" (EKD Info-Service #Seenotrettung, 7). Unabhängig davon, ob eine Befragung praktikabel wäre oder nicht, zeigt sich, wie wenig offenbar (mindestens in Teilen) das Thema ‚Seenotrettung' als Anliegen der EKD ‚nach unten' vermittelt ist.

In den Augen vieler, sich rechtspopulistischer Klischees bedienender Kritiker*innen verfehlt Kirche mit ihrer Beteiligung an der Seenotrettung die Aufgabe, die sie eigentlich hätte. Die große Folie im Hintergrund mag mit dem rechtspopulistischen/-extremistischen Masternarrativ (vgl. 3.4.1) bzw. den Ausführungen zu den Narrativfragmenten beschrieben sein: Die Kirche bzw. Kirchenleitung diene mit ihrem Handeln nicht der einheimischen Bevölkerung (Variante: dem ‚deutschen Volk'), sondern schade ihr. Ihr würden die aus der Seenotrettung finanziellen und sozialpolitischen Folgen aufgebürdet, Kultur und Werte würden einer Bedrohung durch die ‚Einwanderung' anderer kultureller Einflüsse ausgesetzt. In diesem Zusammenhang kommt also das Empfinden einer existenziellen wie symbolischen Bedrohung zusammen (sprachliche Schärfen bis hin zu Beleidigungen ändern sich durch die Kontexte hindurch).

---

[271] In der Tat wird kaum eine andere öffentliche Person aus dem protestantischen kirchlichen Kontext in diesem Zusammenhang genannt. Mitthematisiert wird im Zuge ablehnender Kommentare regelmäßig der Erzbischof von München und Freising und damalige Vorsitzende der Deutschen Bischofskonferenz, Reinhard Marx. In einem Thread geht es ausführlich um den Nürnberger Pfarrer Matthias Dreher, der sich kritisch zur Seenotrettung geäußert hatte („Ein Christ kann ertrinken lassen"), und dessen Einlassungen bundesweit Aufmerksamkeit erregt hatten. Dreher musste nach Intervention des Kirchenvorstands die Gemeinde (temporär) verlassen, in der er tätig war. In den Kommentaren finden sich mehrere Beispiele für die bei rechten Akteur*innen beliebte Identifikation mit dem Widerstand zur Zeit des Faschismus. So notiert eine Person zur Causa Dreher:

"Nicht die Kirchen sind zu zerstören, sondern die falschen scheinheiligen Kirchenoberen sind zu entfernen. Weg mit denen. Viele Pfarrer in den kleinen Gemeinden, die diesen Mist nicht teilen, fühlen sich allein gelassen. Wenn wir keine Kirchen mehr haben werden, was wollen wir dann den Islamisten noch entgegensetzen? Bald wird es mehr Moscheen als Kirchen geben. Hier wird Ursache und Wirkung verwechselt. Lasst Euch das nicht gefallen. Hier geht es um unsere Kultur, auch für nicht Gläubige. Die Kirchen gehören zu Europa. Sehen wir zu, dass sie wieder die Menschen in unserem Land vertreten. Genau wie unsere derzeitige Regierung ausgewechselt werden muss, weil sie nicht mehr unser Volk vertritt, müssen es die Kirchenoberhäupter auch, weil sie nicht mehr die Werte der Gläubigen vertreten, sondern dem Mainstream folgen." (FB #Schlepper [4], 116)

Die Artikulationen der Ablehnung sind unterschiedlich, zum Teil finden sich im Material begründete, längere Ausführungen, zum Teil handelt es sich schlicht um reflexhaft reproduzierte sprachliche Anwürfe (vgl. 3.2.3, Sprache als ‚Ding'). In der Positionierung zur Kirche gibt es Unterschiede: Für die einen geht es vor allem um eine Kritik an der Kirchenleitung, wie im Beispiel oben, für andere ist die ganze Organisation abzulehnen, wobei die Beteiligung an der Seenotrettung für nicht wenige nur ein weiterer Anlass ist, eine bereits existierende Meinung bestätigt zu finden. Gleichwohl gibt es auch die Artikulation eines ‚aufrichtigen Entsetzens' (im Gegensatz zur reflexhaften Beleidigung) bzw. einer ‚aufrichtigen Sorge' angesichts der damals aktuell getroffenen Entscheidung zur Beteiligung an der Seenotrettung. Hier gälte es zu unterscheiden, von welcher Position aus gesprochen wird, wenn es um die Auslotung von Interventionsmöglichkeiten geht. Jenseits eines blanken Hasses und einer blanken Ablehnung, die einem am ‚rechten Rand' entgegenschlägt, und jenseits konstruierter Verschwörungstheorien (Seenotrettung als lukratives Geschäftsmodell, Unterstützung der ‚Islamisierung' Deutschlands etc.) kommen irritierende Erfahrungen der Kommentierenden zur Sprache, äußert sich Verwunderung über eine vermeintlich falsche Aufgabenpriorisierung der Kirche und Sorgen mit Blick auf Ressourcenkonkurrenzen. Die Aufgaben der Kirche werden – im Grunde ganz konventionell – benannt als Seelsorge, Verkündigung und Diakonie. Alexander Grau souffliert in einem *Cicero*-Beitrag:

> „Vor allem aber fügt die EKD ihren Kirchen einen massiven Schaden zu, indem sie ihre eigentliche Aufgabe, die Seelsorge, konterkariert. [...] Dem politischen

---

„Das hatten wir auch schon in Deutschland. Meine Kinder sind in der DDR nicht in einen staatlichen Kindergarten gegangen, sondern in Cottbus in den Bonhoefferkindergarten! Dietrich Bonhoeffer hatte den Mut öffentlich gegen den Nationalsozialismus aufzutreten und wurde im KZ Flossenbürg dafür umgebracht! Es gibt sie immer wieder, die mutigen Geistlichen, die dann dafür in ihrer eigenen Kirche geächtet werden. Ich wünsche Pfarrer Dreher viel Mut und Kraft! Alle Achtung!" (FB #seawatch#United4rescue [3], 101) – Eine andere notiert: „Ich bewundere als Christ und regelmäßiger Gottesdienstbesucher Herrn Dreher! Ich habe den Kommentator über dessen Kritik auf www.nordbayern.de per e-Mail bereits stark gerügt und mitgeteilt, dass ich Herrn Drehers Meinung in allen Punkten unterstütze." (FB #seawatch#United4rescue [3], 158).

Statement opfern die evangelischen Kirchen ihre seelsorgerische Aufgabe. Es ist ein Trauerspiel ohnegleichen. Die noch verbliebenen Protestanten, die ihren Kirchen bisher dennoch in kritischer Treue verbunden waren, werden sich überlegen müssen, ob das nicht verlorene Liebesmüh war. Denn zum protestantischen Einmaleins gehört auch, dass es eine sichtbare Kirche eigentlich nicht braucht." (FB #Mittelmeer [4], 1)

Unter den Kommunikationsbedingungen von *Twitter* liest sich das folgendermaßen:

„@EKD @landesbischof @dunjahayali @seawatchcrew @United4Rescue warum registriert er nicht und negiert @landesbischof die Austritte aus seinem Verein. Seine Aufgabe ist nicht die #Seenotrettung, sondern die Seelsorge." (Twitter 54, Tweets 1–21, 1)

„Neeiiin! 😲😲😲 Ich erwarte von der Kirche Seelsorge in ihrer eigenen Gemeinde!!!!! Und keine Seenotrettung im Mittelmeer!!! #Kirche #Seenotrettung" (Twitter, Kirche Mittelmeer Juni19–Mai20, 4)

Für die Frage von Verkündigung und Diakonie ist ähnliches zu lesen:

„Zur Historie der religiösen ‚toten' Systeme der evangelischen und katholischen Kirche merke ich hier nur an, dass esoterisches antichristliches Gedankengut seit den späten sechziger und den siebziger Jahren in den etablierten Kirchen Einzug hielt; die Verkündigung des Evangeliums ist bei den etablierten Kirchen heutzutage nicht mehr vorhanden." (JF_Seenotrettung [=2], 14)

„Was antworten Sie denen, die ihre Austritte mit einer mangelnden Konzentration der #Kirche auf die Verkündigung des Evangeliums begründen und sagen, sie brauchen Kirche nicht als politische Organisation?" (Twitter 68, Tweets 1–23, 15)

Durchaus zeigt sich das Bild kontrovers:

„Jedes zweite Kind im Ruhrgebiet ist richtig arm. Warum hat die EKD nur den Fokus auf das Ausland, warum werden Armut und Verzweiflung nie in Deutschland angeprangert." (FB #leavenoonebehind [2], 53)

„Einfach mal informieren! Es stimmt nicht, was Sie anprangern. Und überall sind die diakonischen Werke im Einsatz, solchen Menschen zu helfen. https://www.ekd.de/nationale-armutskonferenz-viele-haben-nicht-genug-zum-leben-38788.htm." (FB #leavenoonebehind [2], 54)

„Die Diakonie arbeitet ja nun wirklich eine ganze Menge für arme Menschen vor Ort." (FB #leavenoonebehind [2], 55)

„Das beinhaltet kein Obdach, 3 Mahlzeiten, kein Geld, kein sorglos rundum Paket. Dieses alles bietet die Diakonie für Arme nicht. In die von der Diakonie betriebenen Flüchtlingsheime schon." (FB #leavenoonebehind [2], 56)

„Ja und? Meinen Sie etwa, das bezahlt die Kirche, bzw. Diakonie alles selbst? Die meisten Kosten übernimmt doch der Bund/öffentliche Hand." (FB #leavenoonebehind [2], 57)

Mitunter berichten Kommentator*innen persönlich von alltagsweltlich prekären Szenen, in denen sie Kirche/Diakonie als nicht hilfreich erlebt haben.[272] Das Engagement in der Seenotrettung wird, wie bereits mehrfach erwähnt, als Konflikt um Ressourcen erlebt:

„Wenn dann junge Migranten mit deutschen Armutsrentnern um die spärlicher fließenden Hilfsleistungen konkurrieren, kann man absehen, wer das Nachsehen hat. Beispiele bei den ‚Tafeln' gab es schon zu Zeiten der Hochkonjunktur." (JF_EKD-Rettungsschiff [=1], 78)

Der empfundene Ressourcenkonflikt bezieht sich im Übrigen auch auf kircheninterne Finanzierungsfragen, z. B.:

„Für eine stark sanierungsbedürftige Kirche in [Stadt in Deutschland] werden hingegen nur die absolut notwendigen Ausgaben aufgewendet und die Gläubigen müssen jahrelang auf das Läuten der Kirchenglocken verzichten. Das kanns ja wohl nicht sein, wenn dann umgekehrt Geld für ein Schiff da ist." (EKD Info-Service Seenotrettung, 7)

Nicht nur der *Info-Service der EKD* klärt darüber auf, dass das Geld für den Erwerb eines Schiffes aus Spendengeldern stammt, und dass dazu keine Kirchensteuern verwendet

---

[272] Zum Beispiel: „Aber nur mal eben ein Erlebnis, das meine Entscheidung mitgeprägt hat: Ihr überlegt, ebenfalls ein Schiff zu kaufen und im Mittelmeer Menschen zu retten. Lobenswert, keine Frage. Vor 2 Wochen starb die Tochter meiner Mitbewohnerin, nach Koma. Sie geht regelmäßig in die Kirche. Ich riet ihr, zur Beratungsstelle der Diakonie zu gehen, die sie in ihrer Krise sicherlich professionell auffangen können. Man sagte ihr dort, das könne man auch, es würde aber 15 Euro kosten. Klingt erstmal machbar. Aber da die Tochter meiner Mitbewohnerin in [Stadt in Deutschland] im Koma lag und sie in [Stadt in Deutschland] wohnt und kein Auto hat, fuhr sie die letzten Wochen jeden Tag mit der Bahn von [Stadt in Deutschland] nach [Stadt in Deutschland] und hatte die 15 Euro einfach nicht mehr. Sie hatte kaum noch Geld für etwas zu Essen. Das sagte sie dort auch. Daraufhin sagte man ihr, dass man dann auf 5 Euro runtergehen könnte. Meine Mitbewohnerin sagte, sie könnte das Geld am Monatsende zahlen. Daraufhin sagte man ihr, dass man leider nichts für sie tun könne. Warum soll ich euch meine Kirchensteuer geben, wenn ihr nicht mal eine trauernde evangelische Frau seelisch auffangt? Gebt mir bitte einen wirklich plausiblen Grund, warum ich am 30. nicht austreten soll?" (FB EKD, 24).

werden. Das ist offenbar für Viele schwer zu verstehen. Möglicherweise wird – jenseits einer unproduktiven Polemik und Fremdenfeindlichkeit – die Ressourcenknappheit vor Ort als so belastend empfunden, dass Vieles gleich unter Konkurrenzverdacht fällt.

Was nach Auffassung von Kommentator*innen *nicht* Aufgabe der Kirche ist, ist eine politische Betätigung:

> „Hallo. ‚Suche Frieden und jage ihm nach' ist nicht nur mein Taufspruch, sondern auch ein Lebensmotto. Dennoch plane ich am 30. aus der evangelischen Kirche auszutreten, da es mich stört, dass die Kirche, die eigentlich mein Verhältnis zu Gott klären und begleiten soll, sich immer mehr politisch betätigt. Ich bin ein gebildeter und berufstätiger Mensch, ich kann mein Verhältnis zum Staat selbst klären. Ich möchte nicht, dass eine Kirche, die ich monatlich mit meinem Kirchensteuerbeitrag unterstütze und finanziere, sich dafür in meinem Namen politisch äußert – unabhängig davon, wie ich zu Inhalten eures politischen Engagements stehe." (FB EKD, 24)

Unerwünscht ist zumal eine Betätigung im Sinne einer bestimmten (angenommenen) Agenda, die den Standort der ‚Überparteilichkeit' verlässt, da damit – so das Argument – Spaltungen unter Kirchenmitgliedern provoziert würden:

> „Denn die Kirche sollte für alle da sein: für Linke, für Liberale, für Konservative, für Flüchtlingshelfer und Kritiker der Flüchtlingspolitik, für Internationalisten und Heimatverbundene, für Heilige und Unheilige. Indem sich die Kirche in Verkennung ihrer eigentlichen Aufgaben dermaßen gesellschaftspolitisch positioniert, spaltet sie, wo wie versöhnen sollte. Denn vor allem und zunächst ist die Aktion der EKD auch eine Botschaft nach innen: Guter Christ ist demnach, wer die Schiffspläne der Kirchenleitung unterstützt. Wenig subtil wird hier zwischen erwünschten und weniger erwünschten Gläubigen unterschieden. Und genau das darf eine Kirche niemals tun." (FB #Mittelmeer [4], 1)

> „Leider ist das Augsburgische Bekenntnis inzwischen auch bei der Kirchenleitung in Vergessenheit geraten. In Artikel 28 bekennt sich die Lutherische Kirche zu einer klaren Trennung von Politik und Kirche. Handelt die Kirche gegen ihr eigenes Bekenntnis, entsteht nur Chaos. In diesem Fall: das Schiff löst keine Probleme, sondern schafft sie." (JF_ EKD-Rettungsschiff [=1], 183)

Kirchliches Auftreten wird auch aufgefasst als dem einer NGO ähnlich: Vertreten würden spezifische (politische) Positionen, die an Gleichgesinnte und ihr Engagement appellierten (und andere, das ist die Rückseite des spezifisch politisierten Auftretens, ausschlössen bzw. – im Falle einer faktisch vorhandenen Mitgliedschaft – symbolisch exkludierten, das freilich nicht ohne Folgewirkungen):

„Sehr geehrte Damen und Herren, mit großer Verärgerung habe ich der Presse entnommen, dass die EKD beschlossen hat, sich aktiv an der Rettung von Migranten im Mittelmeer zu beteiligen, offenbar auch mit finanziellen Mitteln. Das ist kategorisch abzulehnen. Helfen Sie lieber Ihrem Nächsten, den Bedürftigen und Kranken in Ihren Städten. Das wohlfeile Aufspringen auf den NGO-Zug ist eine Unverschämtheit. Sollten diese Pläne in die Tat umgesetzt werden, trete ich auf der Stelle aus der Kirche aus, der ich seit über 40 Jahren angehöre. Und bisher auch aus Überzeugung." (Info-Service EKD, #Seenotrettung, 1)

Die NGO-Förmigkeit kirchlichen Handelns ist nun tatsächlich ein Problem für ein (damit konzeptionell konkurrierendes) Verständnis von Kirche als Volks- oder Gemeindekirche, nicht zuletzt, weil NGOs in ihrem Innenverhältnis auf ein einigermaßen homogenes Meinungsbild angewiesen sind (man wird nicht sagen können, dass Antipluralismus ein Organisationsmerkmal ist, aber es ist ein Effekt). Sicherlich erforderte die Konkurrenz der Konzepte und Formen kirchlichen Handelns eine eingehende kirchentheoretische wie sozialethische Reflexion. Ein defensiver Rückzug aus dem Raum gesellschaftspolitischer Aushandlungsprozesse wäre gewiss die falsche Reaktion, eine Auseinandersetzung darüber, welchem Verständnis von Kirche unter den Bedingungen der Gegenwart der Vorzug gegeben werden soll und was das für die Formen öffentlichen Auftretens impliziert, wäre stärker zu führen.[273]

3.5.4 Zugehörigkeit zu Kirche

Die Entscheidung der EKD, die Seenotrettung zu unterstützen und den Kauf eines Schiffes zu initiieren, hat, wie bisher hinreichend deutlich geworden ist, viele Emotionen ausgelöst, positive wie negative – und sie hat Kirchenmitglieder polarisiert. In weiten Kreisen, insbesondere in linkspolitisch orientierten Kreisen, hat die Entscheidung Zustimmung, bisweilen große Begeisterung hervorgerufen:

---

[273] Der Diskussionsbedarf mit Blick auf verschiedene Formen politischen Auftretens zeigt sich u. E. auch in den *Zwölf Leitsätzen* der EKD. Unter dem Stichwort der öffentlichen Verantwortung findet man die fast schon wohlfeile Versicherung: „Die Gründung der Kirche im Evangelium verlangt eine Besinnung darauf, zu welchen Themen und Anlässen die evangelische Kirche in Zukunft öffentlich Stellung nehmen soll. Der Maßstab hierfür ist das Evangelium von Jesus Christus. Gott ruft uns in die Verantwortung zum Dienst an der Welt und am Nächsten. Weil die Kenntnis der großen Erzählungen der Bibel schwindet, werden wir in Zukunft genauer erklären, wie unser Engagement mit der biblischen Tradition zusammenhängt und wie unsere Positionen im Evangelium begründet sind." Weiter unten heißt es dann: „Es geht nicht darum, andere zu bevormunden, sondern konstruktiv zur öffentlichen Diskussion beizutragen." (Evangelische Kirche In Deutschland [Hrsg.], Hinaus ins Weite – Kirche auf gutem Grund, 17). Kann man daraus ableiten, dass man bisher unbesonnen und vorsätzlich bevormundend aufgetreten ist? Das wäre wohl der falsche Schluss. Die kirchenpolitisch (und kirchentheoretisch wie sozialethisch) zu reflektierenden Fragen zu Formen kirchlichen Handelns in der Gesellschaft und die Entscheidung darüber, welchem Verständnis von Kirche unter den Bedingungen der Gegenwart der Vorzug zu geben sein soll, werden nicht durch Bibelhermeneutik aufgelöst werden können.

„Wegsehen und Ertrinkenlassen ist keine christliche Option! Das ist Kirche! 👍"
(FB #Seenot [2], 133)

„Ich halte diese Initiative der EKD für unterstützenswert und schlüssig. Es entspricht dem christlichen Gedanken, Menschen in Not vor dem Ertrinken zu retten. Ich freue mich, Mitglied dieser Kirche zu sein." (FB #Mittelmeer [2], 177)

„Ein starkes Zeichen christlicher Barmherzigkeit und Nächstenliebe und eines auf Solidarität in Europa setzenden Realismus im Sinne Martin Luthers: ‚Ein Christenmensch ist ein freier Mensch und jedermann untertan. Ein Christenmensch ist ein freier Mensch und niemandem untertan.' Bravo diesem Bischof und der EKD!"
(FB #Seenot [2], 136)

Gleichzeitig, auch das ist bisher hinreichend deutlich geworden, gibt es viele Stimmen, die die Beteiligung an der Seenotrettung ablehnen. Die wohl meistgenannte Handlungskonsequenz ist der *Kirchenaustritt* (vgl. auch 3.4.2):

„Nun weiß ich was ich schon lange hätte tun sollen [...]. Endgültig ist das Maß jetzt voll. Schade, ich mochte den Pfarrer und die Pfarrerin. Austritt – JETZT !!" (PI_EKD Rettungsschiff [=1], 182)

„Sehr geehrte Frau [Name], mit Bestürzung habe ich gelesen, dass Herr Bedford-Strohm im Namen aller Kirchenmitglieder mit den Aktivisten der sog. Seenotrettung gemeinsame Sache macht und damit wie diese auf die Tricks der Schlepper reinfällt. Das geht weit über praktische Nächstenliebe hinaus, die zu den originären Aufgaben der Kirche gehört. Ich habe mein langes Leben lang gezögert, aus der Kirche auszutreten, obwohl die Politik der Kirchenleitung nicht meine Politik war. Es ist mir wie Faust gegangen: es hat mich immer ein Chor der Engel zurückgehalten. Jetzt ist aber das Maß voll, es sei denn, Sie können mir eine tröstliche Botschaft zuleiten. Hochachtungsvoll [Name]" (EKD Info-Service, Seenotrettung, 4)

Nicht selten wird der Kirchenaustritt als Form des Widerstands inszeniert („Meine Antwort: AUSTRETEN aus dieser Institution Kirche !!! Massenhaft !!!" [Philosophia Perennis Bedford-Strohm (=3), 78] / „Austreten aus dieser so genannten evangelischen Kirche ist jetzt der richtige Schritt für einen verantwortungsvollen Christen." [PI Seenotrettung (=2), 647)]. Auffallend ist die *Zentralstellung der Thematisierung des Kirchenaustritts* (über den faktischen Vollzug kann an dieser Stelle nichts gesagt werden)[274].

---

[274] Auch dem *Info-Service der EKD* liegen keine Informationen zur Faktizität der Kirchenmitgliedschaft derjenigen Personen vor, die mit Kirchenaustritt drohen. Allerdings lässt sich im Untersuchungszeitraum der Studie ein Austritts-Peak feststellen, der auf das Engagement in der Seenotrettung zurückzuführen sein könnte. Das würde bedeuten, dass Austrittsdrohungen durchaus realisiert worden sind.

Viel weniger, als dass Leute theologisch argumentierend die kirchliche Entscheidung kritisieren, arbeiten sie sich an der Organisation ab und setzen sich zu dieser ins Verhältnis. Das heißt, sie verhalten sich zunehmend i. S. der Organisationslogik (mit der Kirchenmitglieder nicht selten adressiert werden) und thematisieren entsprechend die Entscheidungsoption Mitgliedschaft (d. h. im Falle der negativen Evaluation: Austritt). Organisationen dienen aber auf Integration angewiesenen Gesellschaften durch ihre Organisationsform, die nicht auf Status oder Herkunft abzielt, sondern die an *sachlichen Sinnstrukturen* (Religion/Religiosität; Überführung von Unbestimmbarem in Bestimmbares) orientiert ist. Es geht um die Sache, nicht z. B. um Milieu oder Status, auch nicht – im Falle der Kirche (bisher) – um eine bestimmte politische Agenda. Ein Problem der kirchlichen Organisation kann möglicherweise dahingehend beschrieben werden, dass es – spätestens mit der Etablierung von Emil Sulzes Idee des Vereinschristentums – vielen Vergemeinschaftungsformen in der Praxis darum gehen dürfte, auf soziale Inklusion abzuheben (gemeinschaftliche Inklusion von Personen), statt primär an der Sachdimension (religiöse Kommunikation) orientiert zu sein. Der paradoxe Effekt: Durch den Verlust der Sachdimension verengen sich die sozialen Formen mitunter hin zu abgeschlossenen ‚Wohlfühlgemeinschaften', die soziale Abstoßungsdynamiken produzieren. Inwiefern sich dies mit innerkirchlichen Resonanzchancen für Ressentiments verbinden kann, dem wäre – über die vorliegende Studie hinaus – nachzugehen. Noch einmal anders formuliert: Wird Kirche als Gemeinschaft Gleichgesinnter (bzw. als Gemeinschaft derer, die eines Sinnes in ethisch-moralischer Hinsicht sein sollten) imaginiert und entsprechend inszeniert – auch als Gemeinschaft derer, die für Seenotrettung sind, werden Exklusionseffekte produziert, die sich freilich in konkreten Gemeindestrukturen abbilden bzw. abbilden können. Damit kein Missverständnis entsteht: Das Problem der Exklusion ist nicht primär ein Problem der kirchlichen Sozialform, sondern Effekt einer Einstellung/kommunikativen Haltung. Es finden sich im Material entsprechend Echos einer konventionalisierten liberalen Meinung, die wiederum von anderen als übergewichtig empfunden wird (wobei das Minderheitsempfinden wiederum dazu führen kann, sich mit anderen in Online-Foren zu vergemeinschaften):

> „Ich singe sogar im Kirchenchor! Mein Mann ist im Kirchenvorstand!!! Und das Komische: Niemand in diesem Umfeld außer mir – NIEMAND – scheint dabei sonst Bauchschmerzen zu haben! Alle anderen finden das auch noch toll!" (FB #Mittelmeer, [4], 85)

An dieser Stelle will noch ein Punkt angesprochen werden, der künftig genauerer Untersuchung bedarf. Es ist nicht selten davon die Rede, dass ‚die Rechte' bzw. Akteur*innen aus der rechten Szene ‚das Christentum' bzw. ‚die Theologie' für ihre Zwecke instrumentalisierten,[275] bzw. dass Theologie durch die Rechte ‚vereinnahmt'

---

[275] Vgl. stellvertretend BEDNARZ, Rechte Christentumsdiskurse, 9.

würde. Das bedarf einer Differenzierung in mindestens dreierlei Hinsicht. Zunächst ist es sicherlich so, und das lässt sich analytisch nachweisen, dass christliche Semantiken strategisch verwendet werden, um rechte Ideologie zu stützen. Dann geht es um die „Rettung des christlichen Abendlands", und die christlichen Ornamente dienen der Untermauerung von rassistischen, menschenfeindlichen Argumenten. Ein solches Vorgehen ist vorzugsweise bei Akteur*innen aus dem rechten Spektrum zu beobachten, die strategisch ‚punkten', agitieren wollen, gerne auch gegenüber Personen aus dem traditionell-konservativen Milieu. Davon ist zum Zweiten die Rede von einer „Vereinnahmung von Theologie" zu unterscheiden, die von der Beobachtung hegemonialen Verhaltens ausgeht. Es kann nicht im Sinne einer Selbstimmunisierung theologischer Akteur*innen darum gehen, zu behaupten, dass eine ‚richtige' Theologie durch ‚falsche' Deutungen beansprucht würde. Theologisch ist auszuhalten, dass Theologie mit ihrer symbolischen Rede (richtigerweise müsste man hier von der Reflexion von Glaubensäußerungen sprechen) deutungsoffen ist. Anders formuliert: Es gibt keinen zwingend eindeutigen Schluss von der Geschichte vom ‚Barmherzigen Samariter' auf die Unterstützung der Seenotrettung, sondern es gibt unterschiedliche Theologien, und für die jeweils am angemessensten erscheinende gilt es diskursiv zu streiten. Versuche der „Vereinnahmung von Theologie" durch rechte Akteur*innen bedeutete dann, dass diese Akteur*innen Kontrolle auf dem Feld theologischer Kultur gewinnen und eigene theologische Deutungen im Feld normalisieren wollen. Das ist freilich das Momentum für eine kritische, aufgeklärte Theologie zu begründen, inwiefern weltanschauliche Entwürfe rechter Strateg*innen und Intellektueller nicht trag- und konsensfähig sein können. Damit kommen wir zum dritten Punkt der Differenzierung: Im vorliegenden Material melden sich viele Personen zu Wort, die für sich nicht nur selbstverständlich reklamieren, Christ*innen zu sein, nicht wenige gehen vielmehr davon aus, dass sie das ‚eigentlich Christliche' vertreten. Damit schließt dieser Punkt an den vorher genannten an – im Austausch mit anderen, die ähnlich gesinnt sind, kann man sich auf die Notwendigkeit zur Pflege und Durchsetzung der eigenen Ansicht verständigen (unter den Kommentierenden dürften sich in der Regel keine ‚politischen Strateg*innen' im Sinne rechter Intellektueller, die gezielt gesellschaftlich Einfluss nehmen wollen, befinden) – gleichzeitig ist ‚das Christliche' bei diesen Akteur*innen mehr als ornamentales Beiwerk.

> „Was mich nachdenklich stimmt: Einige vertreten den Einsatz dieses Rettungsschiffes mit einer Überzeugung, die fast einem zentralen Glaubensinhalt gleichkommt. Wenn man als Christ und Kirchenmitglied aber Zweifel an der Aktion äußert, wird man von nicht wenigen scheel angesehen." (FB #Mittelmeer [2], 12)

> „Verkennt man die laut NT vorgesehene Rolle des Staates einerseits und die des einzelnen Christen oder der Kirche (als Gemeinschaft derer, die zu Gott gehören) andererseits, so muß man auch bei der Bewertung dessen, was diese

unterschiedlichen Körperschaften zu tun und zu lassen haben, ebenfalls fehl gehen: Es obliegt dem Staat, die eigene Bevölkerung vor unerwünschten Einflüssen aus der Welt zu schützen und ihre Prosperität zu fördern, und es obliegt dagegen dem Christen, dort Hilfe zu geben, wo sie in seinem Umfeld notwendig wird. Liebe ist nie ‚global und weltumfassend', sie kann immer nur auf Beziehung aufbauen. Beziehung aber geschieht immer nur im Umfeld." (Pl_Seenotrettung [=2], 628)

Der Kirche und kirchlichen Vertreter*innen wird eher abgesprochen, christlich bzw. Christ*innen zu sein:

„Wer ein Christ sein will, muß sich heute – wie zu fast allen Zeiten – von den Amtskirchen lösen, selber die Bibel lesen und Gleichgesinnte suchen, die wie er (oder sie) am Kern des Evangeliums festhalten." (JF_Seenotrettung [=2], 20)

„Diese Leute [kirchenleitende Personen] sind keine Christen im Sinne neutestamentlicher Definition, sondern unbekehrte Sozialisten und Grüne ‚mit Taufschein', die die einst christliche Kirche, deren zentrale Lehren wie Sühnopfer und Jungfrauengeburt u. a. sie ablehnen, unterwandert und sie im Sinne ihrer eigenen Sünden und Irrlehren umfunktioniert haben. Sind sie aber keine Christen, können sie auch keine wirklichen Bischöfe (Aufseher) sein. Es sind falsche Apostel und Irreführer – Wölfe im Schafspelz wie die, vor denen der Apostel Paulus so eindringlich gewarnt hat. Folgt denen nicht!" (Pl_Seenotrettung [=2], 813)

Kirche wird als ‚unterwandert' imaginiert:

„@FAZ_NET Die EKD ist zu einem Sammelbecken für alternative Strömungen geworden, denen es um Hegemonie ihrer Weltbilder geht. Sie sehen die EKD als nützliche Idiot*innen. Die traditionellen Christen wenden sich ab, weil sie weder gegendert werden noch Schlepper unterstützen wollen." (Twitter 18, Tweets 1–7, 2)

Alternativ wird Kirchenleitung als unseriös abgetan:

„Sie haben nicht Unrecht. Ich komme aus einer, heutzutage mag es fast als strenggläubig denunziert werden, Familie: Ich selbe habe mehrere Kreuze im Haus an der Wand; in Afghanistan das Kreuz getragen, das mich beschützen sollte; andere sehr nahe Familienmitglieder haben sogar evangelische Theologie studiert. Meine Mutter, ging wirklich jeden Sonntag in die Kirche. Ging, denn irgendwann kam eine neue Pastorin in die Gemeinde. Seit 2015(!) kam sie wirklich jedesmal wutentbrannt nach Hause. Jetzt (heißt: seit ein paar Monaten) ist ihr, ich möchte fast sagen, endlich der Kragen geplatzt und sie hat das Band zur Kirche zerschnitten. Während dieser (für mich schier unendlich langen) Zeit (der Geduld) hat die Gemeinde sehr viele Mitglieder (der ohnehin schon nicht mehr großen Gemeinde) verloren. Das, was Bedford-Strohm erzählt, ist Unsinn – ich glaube, dass er selber das weiß – aber er wird ja nicht aus Kirchensteuergeldern bezahlt, sondern aus ‚echten' Steuern und das nicht zu knapp: B 8. Die Frage ist nur, warum versuchen selbst die Pastoren an der ‚Front' ihre Schäfchen durch weltfremdes und gutmenschliches Gequatsche zu vertreiben? Jedenfalls: echte Christen treten aus!" (JF_Seenotrettung [=2], 114)

In jedem Fall wird man nicht pauschal sagen können, dass Akteur*innen der ‚rechten Szene' im Grunde ‚unchristlich' sind, sie verstehen sich selbst sehr wohl als Christ*innen, nicht selten in einem exklusiven Sinne.[276]

3.5.5 Islamfeindlichkeit, Antisemitismus, Antifeminismus

Die Analyse des Materials zeigt, dass Abwertungen als ‚fremd' markierter Personen und Einstellungen häufig verbunden sind mit der Kommunikation von *Verschwörungserzählungen*. Der Glaube an Verschwörungserzählungen scheint kein gesellschaftliches Randphänomen darzustellen. Nicht zuletzt die immer wiederkehrenden Bilder von Plakate schwenkenden Leugner*innen der COVID-19-Pandemie haben das Bewusstsein für diese Tatsache geschärft. Am stärksten ausgeprägt ist ein Verschwörungsglaube allerdings bei solchen Personen, „die sich politisch ‚eher rechts' oder ‚rechts' verorten beziehungsweise rechtspopulistische und rechtsextreme Parteien wählen"[277]. Verschwörungstheorien identifizieren die Ursache von negativen Widerfahrnissen: Verantwortlich gemacht werden die ‚Verschwörer*innen', eine vermeintlich im Verborgenen operierende Gruppe, der nachgesagt wird, einen Plan zu verfolgen, der ihnen selbst zugutekommt, anderen jedoch schadet. Damit eröffnen Verschwörungstheorien die Möglichkeit, Ereignisse einzuordnen, ihnen Sinn zu geben. Gleichzeitig scheinen sie den Umgang mit unvorhergesehenen Erfahrungen zu erleichtern und das Gefühl der Machtlosigkeit zu reduzieren, indem sie die menschliche Handlungsfähigkeit betonen: Die Identifikation menschlicher Akteur*innen als Grund der Ereignisse birgt nämlich die Hoffnung, dass menschliche Bemühungen etwas ausrichten können.[278] Die bestärkende Sinnbildungsfunktion von Verschwörungstheorien hat allerdings eine deutliche Schattenseite: Sie können der Legitimation von Gewalt dienen.[279] Grund dafür ist ihr

---

[276] Zu einer möglichen Typologie von Online-Akteur*innen im religiösen Feld, vgl. auch noch einmal: MERLE, Religion in der Öffentlichkeit, 333ff.
[277] Vgl. LAMBERTY/REES, Gefährliche Mythen, 295.
[278] Vgl. BUTTER, „Nichts ist, wie es scheint", 104.
[279] Vgl. LAMBERTY/REES, Gefährliche Mythen, 284, 288, 297.

manichäisches Weltbild, das die vermeintlichen Übeltäter*innen als Personifizierungen des Bösen inszeniert, deren Machenschaften sich die ‚Opfer' als Vertreter*innen des Guten widersetzen dürfen und sollen. In unserem Material spiegelt sich diese Legitimationsstrategie auf sprachlicher Ebene wider. Sie findet sich vor allem in Urteilen über und Abwertungen von geflüchteten Menschen als Angehörige muslimischen Glaubens. Dabei geht es nicht nur um den Vorwurf mangelnder Integrationswilligkeit, wie ihn folgende*r User*in formuliert:

> „[Name Adressat*in] Nur geht es um islamische Migranten, die sind, wenn sie nicht zu Christus umkehren, schwierig bis gar nicht integrierbar. Wenn solche Details ausgelassen werden, dann ist es linke Propaganda." (FB #Seenot [2], 162)

Vielmehr werden Menschen muslimischen Glaubens vielfach und insbesondere in Kommunikaten, die weiter ‚rechts' zu verorten sind, mit abweichendem Verhalten und konkreten Bedrohungszenarien assoziiert:

16.08.2020	A	„Und was geht ab, wenn die ihre 72 Jungfrauen (pro ‚Mann') schon jetzt einfordern?"
17.08.2020	B	„Man sollte meinen, die machen das tatsächlich schon in Deutschland. Egal ob kleine Kinder, sehr alte Frauen, die schänden alles um ihren Trieb zu befriedigen. Ein Prophet der selbst ein Trieb gesteuerter Verbrecher und Mörder war, lebt noch heute in den Köpfen von Muslimen weiter und wird verehrt, Verstand ist da leider nicht vorhanden."
16.08.2020	C	„Manchmal fackeln die Flüchtlinge aus lauter Dankbarkeit sogar Kirchen ab. So wie in Frankreich. Oder schänden sie. Allerdings ist die Verwendung des Begriffes Flüchtling oder Schutzsuchender im Zusammenhang mit Straftaten strengstens verboten. So lautet der erste Grundsatzparagraph im Willkommenskulturgesetz."
16.08.2020	B	„Christen sind für Moslems Ungläubige und mit Ungläubigen darf man laut Koran so umgehen. Die darf man auch belügen und töten, Allah gibt den Segen […]." (PP_Bedford-Strohm [=3], 47–50)

Man gewinnt den Eindruck, dass Menschen muslimischen Glaubens bzw. der Islam schlechthin als Negativfolie fungieren (vgl. 3.2.3). Muslimischen Menschen wird eine unmoralische Haltung, hohes kriminelles Potenzial und vor allem auch sexuell abnormales Verhalten zugeschrieben (vgl. 3.4.3).[280] Diese Beschreibungen von Bedrohungsszenarien nehmen verschwörungstheoretische Gestalt an, wenn angenommen wird, dass durch Zutun der (weltweiten) Elite der Islam die eigene christlich-demokratische Gesellschaftsordnung allmählich unterwandert (Stichwort „Großer Austausch"). In den Kommunikaten des Materials trifft der Vorwurf der Mitwirkung an der ‚Islamisierung des Abendlandes' die Kirchenvertreter*innen, die sich für die Seenotrettung einsetzen: Ihnen wird vorgehalten, dass sie damit bewusst oder auch unbewusst zur ‚Islamisie-

---

[280] Vgl. Schütte, Zur Funktion von Hasszuschreibungen, 127 f.

rung' beitragen (vgl. 3.5.2). Dabei unterschätzten sie die Bedrohung, die für die Kirche und Deutschland insgesamt vom Islam ausgeht, wie folgende*r User*in darlegt:

> „Wir kämpfen gegen den Rassismus meint der Herr Bischof Bettenstrohm und importiert dafür massenhaft Rassisten nach Deutschland. Er glaubt offenbar ‚das die frisch Geretteten ihre zutiefst verachtende Grundeinstellung gegenüber Christen und Juden aufgeben und aus lauter Dankbarkeit zu treuen Lutheranern werden lässt. Der deutsche ‚Intellekt' zollt ihm dafür auch nach angeblich Dankbarkeit, wenn dass mal keine Milchmädchenrechnung wird. Man wird ihn eher, höchst unchristlich, eines Tages verfluchen" (PP_Seenotrettung [=2], 101)

Der Vorwurf der Mitwirkung der ‚Kirchenelite' an der Vereinnahmung der Gesellschaft durch ‚kulturfremde' Einflüsse ist gleichzeitig der Ort, an dem in den Kommunikaten durch die Identifikation der Kirchenvertreter*innen mit biblischen Figuren, i. e. ‚Pharisäer' und ‚Judas', *antisemitische* Stereotype aufgerufen werden. Die Pharisäer stellen bekanntlich eine der beiden religiösen Parteien des Judentums dar, die die Evangelien sowohl als Gesprächspartner als auch als Gegner Jesu inszenieren. Sie werden dabei als Personengruppe dargestellt, die sich öffentlich als fromm und moralisch gut präsentiert, diese Haltung jedoch nicht verwirklicht (Vorwurf der ‚Scheinheiligkeit'). In Anlehnung an Theodor W. Adorno lässt sich interpretieren, dass sich mit der (christlichen) Verurteilung der Pharisäer die Idee vom jüdischen Intellektuellen als Sophisten verbindet[281] (vgl. 3.4.3 Vorwurf der vorsätzlichen Täuschung oder Lüge):

> „Da segnet dieser Mann in Wahrheit kriminelle Menschenschmuggler und verklärt diese zu Helden. Bedford-Stohm ist ein Pharisäer der schlimmsten Sorte und ein bedenkenloser Heuchler, der offensichtlich bereit dazu ist, über einen Berg von Leichen zu gehen." (JF_EKD-Rettungsschiff [=1], 137)

> „Welch ein Pharisäer! Da wird in beiden ‚Amtskirchen' ein neuer Rekord an Kirchenaustritten erreicht und dieser Anti-Christ schwafelt von angeblicher ‚Sympathiewelle', die mit großer Wahrscheinlichkeit von den Satansjüngern der Antifa und Konsorten kommt, also mal ein echtes Beispiel von Beifall von der falschen Seite! Ein unglaublicher und skandalöser Vorgang!" (JF_Seenotrettung [=2], 96)

Die Identifikation mit Judas knüpft u. a. an das Stereotyp des „wuchernden, geldgierigen und ränkeschmiedenden Juden"[282] (vgl. 3.5.2) an. Die Benennungen werden in den entsprechenden Kommentaren gezielt diffamierend verwendet. Sie dienen dazu, die Glaubwürdigkeit der Kirchenvertreter*innen in Frage zu stellen, und unterstellen

---

[281] Vgl. ADORNO, Studien zum autoritären Charakter, 282.
[282] SCHWARZ-FRIESEL, Judenhass im Internet, 35.

ein heuchlerisches medienwirksames Auftreten, das die eigentlichen unlauteren Handlungsgründe (insbesondere der finanziellen Bereicherung) verschleiern soll. Einige User*innen bedienen sich in ihrem Urteil über die Kirchenvertreter*innen auch der Teufelsmetapher, einem bis ins Mittelalter zurückreichenden Bild zur Dehumanisierung jüdischer Menschen: Die Kirchenvertreter*innen werden als (selbst-)zerstörerische Macht vorgestellt, die Böses intendiert und Chaos stiftet.[283] Explizit auf einen antisemitischen Verschwörungsmythos beziehen sich einige (im vorliegenden Material wenige) User*innen, wenn sie meinen, die Kirchenvertreter*innen stünden mit dem jüdischen Investoren George Soros (Gründer von *Open Society*) im Bunde, der eine fundamentale Umgestaltung der Welt plane (Stichwort „Umvolkung", s. 3.5.2):

> „Dieser Pharisäer [i. e. Bedford-Strohm] wird wahrscheinlich von G. Soros unterstützt? Wenn ja, dann ist er Teil des Antichristen, denn er holt überwiegend Menschen ins Land, die das wahre Christentum auslöschen wollen???" (PP_Bedford-Strohm [=3], 54)

Auch *Antifeminismus* verbindet sich in den Kommunikaten des Materials mit verschwörungstheoretischen Vorstellungen. Im Kontext des oben beschriebenen Bedrohungsszenarios durch die Geflüchteten muslimischen Glaubens wird die weiß-gelesene Frau* häufig als Opfer stilisiert. Frauenfeindlichkeit und patriarchale Strukturen werden hier einerseits exterritorialisiert, andererseits reproduziert, indem ‚den Frauen' über diskursive Platzanweisungen ihre Rolle zugeordnet wird: Sie sind passive Opfer, ihnen widerfahren Dinge, sie gestalten nichts aktiv. Demgegenüber finden sich aber auch Kommentare, die die Kirchenvertreter*innen und Befürworter*innen der Seenotrettung beschuldigen, einem falschen ‚Frauenbild' Vorschub zu leisten (Stichwort ‚Gender-Mainstreaming'), das die Rolle und Bedeutung der ‚Frau' als ‚Mutter' missachte. Das führe letztlich zu einem „Volk ohne Kinder":

> „Bürgerkrieg? Ein lebensmüdes Volk, das Zeit und Geld nur mehr in Hunde und Katzen investiert statt in eigene Kinder, und nur Politiker wählt, die die Steuergelder in aller Welt verstreuen SOWIE für die Schuldkultpflege, für Gender-Gaga, für Bildungsniveauabsenkungen und fürs Islamisiertwerden usw. verjubeln, greift niemals zu den Waffen." (PP_Bedford-Strohm [=3], 42)

Auch durch die Unterstützung von Gendergerechtigkeit trügen die Kirchenvertreter*innen also zum Verfall der eigenen Bevölkerung bei:

> „Warum steht keiner der flüchtlingsproduzierenden Staaten auf der Anklagebank, Herr Bischof, sondern immer und immer nur wir? Was kommt ist weit überwie-

---

[283] Vgl. a. a. O., 34.

gend verzehrend und nicht ernährend (Sofort-Rentner!). Eine Regierung, die die Energieversorgung (u. a.) planvoll verteuert bzw. ruiniert, schafft durch den millionenfachen Zuwuchs Ungelernter, Sprach- und Kulturfremder ein Klima so explosiv wie Knallgas. Barmherzigkeitswahn, Klimawahn, Genderwahn, Eurowahn, Rettungswahn […] – sie alle bringen uns um. Der Heilige Geist hat bei so viel Wahn keine Chance." (JF_EKD-Rettungsschiff [=1], 34)

Neben diesen Aspekten finden sich weitere misogyne Äußerungen, insbesondere über weiblich gelesene Politiker*innen, die sich für die Seenotrettung einsetzen und die real Bekanntheit und Macht besitzen. Sie müssen degradiert und verhöhnt werden, damit das Bild internalisierter Subordination der ‚Frau' wieder stimmt:

„Die *[Beleidigung] Fegebank hat gerade Zwillinge von wem auch immer geboren. Wer die stillt weiß niemand. Möglicherweise das berüchtigte pädokrime Hamburger Krippenpersonal (‚Mehr Männer in Kitas!'), das unter dem besonderen Schutz der Hamburger Justiz steht: In dieser Stadt werden dutzendfach des sexuellen Missbrauchs an Kindern überführte ‚Erzieher' nicht mal mit Berufsverbot bestraft!!!" (PI_EKD-Rettungsschiff [=1], 566)

3.6 Interaktionsbeobachtungen

Es hat sich gezeigt, dass umso stärkere *filter-bubble*-Effekte auftreten, je weiter die Kommunikationszusammenhänge in einem ‚Mitte-Rechts-Spektrum' ‚rechts' zu verorten sind. Selbstreferenzielle Communities etablieren sich dabei in Umgebungen, die technisch prinzipiell offen sind (es gibt keine besondere Zugangsbedingung, es lässt sich leicht ein Account erstellen, um zu kommentieren). Inklusion und Exklusion vollziehen sich über eine vermeintlich selbstverständliche Darstellung einer bestimmten Meinung und ihre gegenseitige Bestätigung sowie – ganz wesentlich – den (fraglosen) Einsatz sprachlicher Gewalt, der als solcher nicht weiter problematisiert, sondern schlicht ausagiert wird. Dadurch werden Legitimations-, aber auch Steigerungseffekte erzeugt. Diese Kommunikationszusammenhänge fungieren so in besonderer Weise als Echokammern rechtspopulistischer/-extremer Narrative, sie tragen zur Verfestigung solcher Narrative bei.[284]

Die öffentlichen Threads bei *Facebook* als Social-Media-Plattform im engeren Sinne und *Twitter* als Mikrobloggingdienst erscheinen vergleichsweise dynamischer und diverser. Bei *Facebook* hängt die Offenheit für einen kontroversen Austausch allerdings maßgeblich von dem*der Eigentümer*in der jeweiligen Seite ab. Lange nicht alle Seiten begrüßen Meinungsverschiedenheiten, wie sich etwa auf der *Facebook*-Seite der

---

[284] Vgl. ZORN, Logik für Demokraten, 38.

Bundesvereinigung der Christen in der AfD zeigt (s. Tabelle 15 unter https://www.ekd. de/politische-kultur). Unliebsame Kommentierende werden etwa mit ‚Troll'-Vorwürfen konfrontiert – eine Strategie, um User*innen zu stigmatisieren und zum Schweigen zu bringen. Ausgrenzungen und Abwertungen finden sich natürlich auch bei solchen Threads, in denen die User*innen sich insgesamt offener für einen Austausch zeigen.

Welches Interaktionsverhalten wirkt sich für eine dialogische Situation nun günstig aus? Über die Beschreibungen zu vier Beispielen können wesentliche Anhaltspunkte konturiert werden.

■ *Beispiel 1: Thread idea-Facebook-Seite* (Konversation im Nachgang zu einem verlinkten Beitrag, der Ulrich Körtners Kritik an der Seenotrettungsinitiative der Kirche i. S. einer Unterscheidung von Verantwortungs- und Gesinnungsethik verhandelt):

Zeile	Datum	Akteur*in	Inhalt
315	10.02.2020	idea	Warum der evangelisch-reformierte Theologe Prof. Ulrich Körtner die geplante Mitwirkung evangelischer Kirchen an der #Seenotrettung im Mittelmeer kritisiert. https://www.idea.de/frei-kirchen/detail/seenotrettung-kirchen-foerdern-geschaeftsmodell-der-schlepper-111877.html?fbclid=IwAR1laxWXHRRLgL3gLrUKCR5aw VEW2u7-2ayhuca2qapxocXIPXCE_9a7GoQ
316		A	Wieso sind hier so viele Menschen ohne Herz? Hat Jesus ausgerechnet, was es kostet, uns alle zu retten und sich dann dagegen entschieden, weil es sein Leben kosten würde?
317		B	Danke, meine Worte!!! Und vor allem von Christen sehr enttäuschend und auch bedenklich!
318		C	B ja ich finde es auch enttäuschend wenn ich als harz4 ler für 14 tage nur noch 7 euro habe 😭😭😭😭 mein op wieder verschieben muss nur weil ich das notwendige attest nicht bezahlen kann.
319		C	A hm und nächstenliebe würde da beginnen wo man dieser person hilft oder ?
320		B	C Was ist Seenotrettung anders als gelebte Nächstenliebe und Hilfe???
321			[...]
322		B	C Natürlich ist das nicht gut... aber es entschuldigt niemals, dass man Menschen nicht rettet. Und ja, sind jetzt für diese Misere wieder die Flüchtlinge Schuld???
323		C	B gaaaaaanz schwach von dir mein lieber gut zu wissen das deine nächstenliebe nur für andere reicht aber nicht für eine schwester im herrn !!!
324		B	C Nächstenliebe hört NIE nur bei Geschwistern im Herrn auf!!! Sorry, dann hast du Jesus nicht verstanden! Wünsche dir aber selbstverständlich alles Gute und viel Glück und Segen, dass es da eine Lösung gibt! (Das wünsche ich auch unseren jungen Migranten, die bei uns wohnen!)
325		C	B hab schon verstanden ICH BIN ES NICHT WERT DAS MAN MIR HILFT

Person C berichtet von ihrer prekären finanziellen und möglicherweise sogar existenziell bedrohlichen Lebenssituation („mein op wieder verschieben muss nur weil ich das notwendige attest nicht bezahlen kann" [Z.318]). Sie bekundet ihre Enttäuschung über das Ausbleiben von Unterstützung und übersetzt dies bildlich in vier weinende Emojis. Dass sie dies im Kontext der Frage um die Seenotrettungsinitiative der Kirche tut, erweckt den Anschein, als ob C die eigene Situation in ein Konkurrenzverhältnis zu der Not der Flüchtenden setzen wollte. Im Hintergrund lässt sich das Gefühl gesellschaftlicher Ressourcenknappheit vermuten (vgl. 3.5.1). In diesem Sinne fordert sie Person A und Person B auf, die die Empathiefähigkeit seenotkritischer oder ablehnender Stimmen anfragen, ihren Begriff von Nächstenliebe noch einmal zu überdenken (Z. 319). Dies tut Person C in Form einer rhetorischen Frage. Person B reagiert auf die Aufforderung von Person C, indem er*sie – ebenfalls als rhetorische Frage formuliert – die Seenotrettung als Ausdruck gelebter Nächstenliebe lobt (Z. 329). Rhetorische Fragen formulieren zwar in erster Linie eine subjektive Behauptung, sie sind als indirekte Behauptungen zu verstehen und zielen auf Überzeugungen ab.[285] Sie fordern das Gegenüber aber auch zu eigener Evaluation der vorgebrachten Ansicht auf. Damit lassen sie einen Reaktionsspielraum, der die Möglichkeit zum Anknüpfen bietet. In diesem Fall jedoch scheint es Person C in erster Linie wichtig zu sein, dass auf ihre *persönliche* Situation eingegangen wird und diese in die Überlegungen, in das Für und Wider mit Blick auf die kirchlichen Seenotrettungsinitiative, einbezogen wird. Dies versäumt Person B, indem er*sie lediglich auf die Diskussion um den Nächstenliebebegriff eingeht – zumindest zunächst. Etwas weiter unten anerkennt er*sie die Situation von Person C immerhin als prekär. Durch die anschließende Frage („Und ja, sind jetzt für diese Misere wieder die Flüchtlinge Schuld???" [Z. 322]) schränkt er*sie diese Anerkennung jedoch indirekt ein, indem suggeriert wird, Person C inszeniere sich als ‚Opfer' der angeblich negativen Folgen, die die Unterstützung Geflüchteter mit sich bringe. Mit ihrer Unterstellung verlässt Person B letztlich die Sachebene und greift C als Person an – zumindest deutet Person C dies so. In der Folge gilt die Aufmerksamkeit von Person C dementsprechend der offenbar empfundenen Unterstellung, während sie die anerkennende Geste zu übergehen scheint. Die Fokussierung auf die Unterstellung und das Übergehen der Anerkennung ist insofern verständlich, als sich auf der semiotischen Ebene im Post von Person B eine Asymmetrie in der Gewichtung der Aussagen zeigt – und zwar zugunsten der Einschränkung: Auf die Anerkennung folgt ein Dreipunkt („Natürlich ist das nicht gut ..."), der allein schon Zweifel am Gehalt der Aussage anzeigt, während die Frage sogar mit gleich drei Fragezeichen hervorgehoben wird. Person C scheint die Aussage dementsprechend so zu verstehen, dass Person B ihm*ihr vorhält, keine Verantwortung für die eigene Situation übernehmen zu wollen, sondern den Geflüchteten die Schuld zu geben, und dass sie genau deshalb zu keiner Anteilnahme von Seiten Bs berechtigt sei. In diesem Sinne wirft Person C Person B vor, selbst einen begrenzten Begriff von Nächstenliebe zu praktizieren, was diese*r

---

[285] Vgl. Meibauer, Rhetorische Fragen.

im folgenden Post negiert (Z. 323f.). Dabei setzt er*sie seine*ihre eigene Anteilnahme gegenüber der Lebenssituation von Person C in ein Konkurrenzverhältnis zur Situation der Migrant*innen („Wünsche dir aber selbstverständlich alles Gute und viel Glück und Segen, dass es da eine Lösung gibt! [Das wünsche ich auch unseren jungen Migranten, die bei uns wohnen]" [Z. 324]). Für Person C wirkt dies wiederum als Abwertung der eigenen schwierigen Lebenswirklichkeit, sodass sie mit dem Eindruck schließt, dass sie es nicht wert sei, dass sich andere mit ihr solidarisch zeigten.

Aufgrund des fluiden Charakters von Threads ist es natürlich nicht immer möglich, auf die Schilderungen persönlicher Lebensumstände ausführlich einzugehen. Die Knappheit von Posts und die große Anzahl an unterschiedlichen Interaktionspartner*innen erhöhen zusätzlich die Gefahr von Missverständnissen.

■ *Beispiel 2: E-Mail-Verkehr mit dem Info-Service der EKD.* Angesichts ihres Formats stellen gerade die E-Mails an den *Info-Service der EKD* eine besondere Chance dar, auf die Kritik und die persönliche Situation von Menschen einzugehen. Absender*innen von Texten an den *Info-Service* sind häufig sehr bemüht, die Kritik in aller Ausführlichkeit darzulegen und mit der Intention formuliert, den*die (vermeintliche*n) Hauptakteur*in (hier den Ratsvorsitzenden) der kirchlichen Initiative direkt ansprechen zu können. Mit dieser Bemühung und Intention geht gleichzeitig die Erwartung einher, eine entsprechende Antwort zu erhalten. Das Material des *Info-Services der EKD* zeigt nicht selten Enttäuschung, weil die Antwort nicht den Erwartungen entspricht. Dabei geht es nicht nur um die Erwartung, dass der Ratsvorsitzende persönlich antwortet. Vielmehr wünscht man sich – mitunter offen artikuliert – eine andere, *persönlichere* Form der Antwort:

> „Sehr geehrter Herr Bischof Bedford-Strohm, es hat mich schon sehr erstaunt, dass sich der oberste Repräsentant der Evangelischen Kirche meinen Brief von einer Mitarbeiterin im Vordruckverfahren beantworten lässt. – Respekt!!!! Es ist mehr als bemerkenswert, dass Sie es nicht für nötig hielten, bei diesen Grundsatzfragen, die ja inzwischen wohl viele Christen an Sie gerichtet haben, nicht selbst Stellung zu nehmen!! Wenn Sie wenigstens für alle, die sich an Sie wandten, den Brief abgezeichnet hätten; das wäre respektvoll/anständig gewesen!! Aber die Zuwanderer sind Ihnen wohl wichtiger als Ihre Gehaltszahler!! Nahtlos einfügen tut sich da in Ihr Verhalten die desaströse Wahlbeteiligung zur Kirchengemeinderats-Synodal-Wahlen in Baden-Württemberg mit schlappen 25 %!!!!-Zyniker sagen wohl- es könnte ja noch schlimmer kommen. Im Umkehrschluss wollen 75 % der Kirchenmitglieder nichts mehr von der Kirche wissen – was wohl nachvollziehbar ist bei solch einem Führungspersonal. Als langjährig Aktiver in der kirchlichen Gemeindearbeit kommt mir nur noch das Grausen über den politischen Missbrauch der Evangelischen Kirche. MfG, [...]" (EKD Info-Service, Seenotrettung, 25)

Berichte über die persönliche Lebenssituation als Chance für einen Austausch zu betrachten, bedeutet nicht, die Meinung des Gegenübers uneingeschränkt zu unterstützen. Es heißt auch nicht, unreflektiert in ein wahrgenommenes ‚Täter-Opfer-Spiel' einzutreten, das einen sinnvollen Austausch sabotiert. Hier ist explizite Benennung hilfreich.[286]

■ *Beispiel 3*: *Twitter-Konversation* (anlässlich eines Posts von *ZDFheute* zur Initiative der Kirche zum Erwerb eines Rettungsschiffs)

„@ZDFheute, 4.1.2020: Die Evangelische Kirche hat Pläne für ein eigenes Flüchtlings-Rettungsschiff. Nun hat #EKD-Chef Bedford-Strohm Morddrohungen erhalten. Er kritisierte einen Mangel an Ethik im Netz. #BedfordStrom #HassimNetz https://t.co/2ohCDeQztD?amp=1" (https://Twitter.com/ZDFheute/status/1213346523989315584):

Zeile	Akteur*in	Inhalt
1	D	Aus Seenot gerettet wäre man auch, wenn die Fahrt an die afrikanische Küste gehen würde.
2	E	Und wo ist dein Problem mit dem Befreien aus Seenot, Krieg, Verfolgung und wirtschaftlicher Perspektivlosigkeit gleichermaßen, indem man sie herbringt?
3	D	Ja. Die Probleme sind vielfältig. Grundsätzlich erstmal die Finanzierung. Wohnraum, Integration, Qualifizierung oder auch die Religion. Krieg und Verfolgung wären zumindest Asylgründe. Armut oder Perspektivlosigkeit sind es nicht.
4	E	Könnte man ja ändern.
5	D	Also alle und jeden der möchte, ohne Überprüfung ins Land holen? Ohne Obergrenze? Dann mal her mit Ihren Ideen, bez. Finanzierung, Wohnraum, Integration, sozialem Frieden… Bin gespannt…
6	E	Funktioniert doch die letzten vier Jahre sehr gut.
7	D	Tatsächlich?
8	E	Absolut. Oder wie viel Geld hast du weniger in der Tasche seit 2015? Job schon weg? Wohnung weg? Frau weg? Okay, letzteres hätte nur bedingt mit Flüchtlingen zu tun.
9	D	2 junge, voll berufstätige Verwandte, finden selbst in einer Kleinstadt und Umgebung keinen bezahlbaren Wohnraum. Sie glauben also nicht, dass immer mehr Wohnungssuchende bei stagnierendem Wohnraum zu Problemen führt?
10	E	Du willst mir ja wohl kaum erzählen, dass eine Flüchtlingsfamilie oder gar ein einzelner Flüchtling in Deutschland eher eine Wohnung bekommt, als ein voll berufstätiges Pärchen. Da reicht schon ein türkischer Vorname für eine Diskriminierung am Wohnungsmarkt.
11	D	Versuchen sie mal als Einzelner eine Wohnung zu finden?
12	E	Ja, hab ich mehrfach gefunden. Allerdings war ich immer relativ gut situiert. In prekären Lagen kann das schon mal anders aussehen. Dennoch ist das ein Problem, das gelöst werden kann. Kein Untergang steht bevor 😉

---

[286] Vgl. Leo/Steinbeis/Zorn, Mit Rechten reden.

Der Thread zeichnet sich zunächst durch einen höflichen Umgangston auf beiden Seiten aus. Das schafft eine günstige Ausgangslage. Beide Personen sehen weitgehend von Provokationen und Unterstellungen ab. Weiterhin fällt auf, dass die Gesprächspartner*innen sachlich aufeinander bezogen sind und es unterlassen, willkürlich neue Themen anzuschneiden. Diese inhaltliche kommunikative Bezogenheit aufeinander bildet den Nährboden für einen konstruktiven Austausch. Sie signalisiert dem Gegenüber, dass die Aussage aufmerksam gelesen wurde und anerkennt ihn*sie als Gesprächspartner*in. Seine*ihre Aussagen werden so sichtbar evaluiert als zumindest den allgemeinen Verstehenskriterien entsprechend – ganz unabhängig von den geäußerten Inhalten. Dabei gelingt es Person E, den Spielball mit dem Appell zur Begründung der eigenen Position in Richtung von D zu lenken (Z. 2/3, Z. 8/9). Dieser Appell unterscheidet sich insofern wesentlich von einer Aufforderung zum Faktencheck (diese sind in Kontroversen häufig zu finden), als er auf die Offenlegung bestimmter *Hintergrundannahmen* abzielt, d. h. auf die Möglichkeit, sich zur Aussage des*der Anderen in einem tiefergreifenden Sinne ins Verhältnis zu setzen, anstatt diese lediglich als divergierend zu markieren. Damit handelt Person E dialogfördernd, nicht zuletzt, da auch er*sie eigene Erfahrungen im Hintergrund seiner*ihrer Kommunikationen offenlegt (Z. 12).

■ *Beispiel 4: Thread idea-Facebook-Seite (s. o.):*

Zeile	Datum	Akteur*in	Inhalt
478	10.02.2020	F	[…] Ich wundere mich immer wieder wenn Bischöfe oder andere kirchl. Würdenträger sich in politische Dinge einmischen, wie hier Seenotrettung im Mittelmeer, aber schweigen, wenn es um die negativen Folgen der unkontrollierten Zuwanderung in diesem Land geht. Unzählige Vergewaltigungen Morde, Anschäge. Die überproportionale Zunahme der Gewalt von zugewanderten Migranten, die Opfer in der einheimischen Bevölkerung interessiert sie scheinbar nicht, lassen sie kalt. Sie schauen weg. Sie mischen sich nur bei polit. Themen ein die dem Zeitgeist entsprechen und hoffen auf medialen Applaus. Ihre Hauptaufgabe, die Weitergabe des Evangeliums wird vernachlässigt. Kritik an den Mächtigen und ihren Machtspielen, an der Verlogenheit und Doppelmoral an Ausgrenzung ganzer Gruppen hört man nicht. Sie sollten Jesu Beispiel folgen der auf große Distanz zum politisch-gesellschaftlichen Bereich gegangen ist und seine ethischen Forderungen zuerst in den Gemeinden befolgen und leben. So wie Jesus das von seinen Nachfolgern erwartet.
			[…]
481		G	F Ehrlich? Wer so argumentiert muß sich gewaltig fragen lassen ob er ansatzweise das Wort Menschenrechte verstanden hat. Und wo seine "Bildung" herkommt. Das sind alles durch die Bank rechts verbreitete Narrative und lügen die durch Realität und Fakten schon lang widerlegt wurden. Das ist pure Ausländerfeindliche Hetze die mit Christen und ihrem Glauben nicht mal ansatzweise etwas zu tun haben. Wer so denkt muß sich fragen lassen ob er das was in der Bibel steht glaubt und leben will
482		H	F Mit Verlaub – Ihre Perspektive scheint mir doch sehr eingeengt. Sie fokussieren unter Zuwanderern nur auf die, die straffällig werden (und sehen „unzählige") – die anderen sehen Sie nicht? Wenn Urteile Ihr Weltbild nicht stützen – dann muss man an deren Korrektheit zweifeln? Wenn jemand anderer Meinung ist – dann, so glauben Sie,

Zeile	Datum	Akteur*in	Inhalt
482		H	lässt ihn Leid kalt? Was die Nachfolge Jesu angeht: Der hatte mit den Kriminellen seiner Zeit kein Problem, eher mit den Etablierten und den „negativen Folgen" deren Handelns. Jesus war gekommen, „zu suchen und retten, was verloren ist" – ich finde, dem darf ein Christ und eine Kirche durchaus nacheifern, auch auf dem Meer.
483		F	H Welche Bibel lesen Sie? In meiner steht etwas von Sünderliebe, und die galt für ihn weder Kriminellen, Mördern oder Vergewaltigern aus seiner Heimat noch aus anderen Ländern. (Wenn Sie aufmerksam gelesen haben sprach ich immer vom kriminellen Teil, nicht von allen). Und wer waren diese „Sünder"? Für Jesus gehörten dazu: Ein unehrlicher Zöllner, die Ehebrecherin, vor allem waren es die Kranken, Aussätzigen die von den Frommen, Pharisäer, relig. Führer ausgegrenzt wurden; die in ihrer Selbstgerechtigkeit auf sie herabsahen, sie verabscheuten. Diese selbsternannten „Guten" verachteten und grenzten andere aus! Und jetzt die Aktualisierungsfrage an Sie: wo sind diese sg. „Guten" heute zu finden, die die Moral gepachtet haben und jeden Andersdenkenden diffamieren ausgrenzen, als „Böse" verteufeln, stigmatisieren? Nicht mit Ihnen reden wollen, versuchen sie zum Schweigen zu bringen und sich gleichzeitig verlogen als „Retter der Demokratie" aufspielen? Ich meine: Jesus wäre zu Verachteten, Ausgegrenzten gegangen, egal ob es Einheimische oder Ausländer sind; er hätte diese „Sünder" in ihrer Würde als Mensch ernst genommen, ihnen die vergebene Liebe Gottes gebracht. Und er hätte große Freude gehabt sein Worte aus Matth.23 den selbstgerechten Frommen, verlogenen „Guten" zu sagen und ihre Heuchelei aufzudecken.

Was den Beitrag von Person H als Reaktion auf Person F positiv auszeichnet, lässt sich durch eine Unterscheidung von der Reaktion von Person G aufzeigen. G spricht F ab, die notwendigen Bedingungen zu erfüllen, um in einen gemeinsamen Austausch allererst eintreten zu können („Wer so argumentiert muß sich gewaltig fragen lassen ob er ansatzweise das Wort Menschenrechte verstanden hat. Und wo seine ‚Bildung' herkommt." [Z. 481]). Dabei stellt G gleichzeitig die Glaubhaftigkeit von F als Christ*in infrage („Wer so denkt muß sich fragen lassen ob er das was in der Bibel steht glaubt und leben will" [ebd.]) und somit auch dessen*deren Kompetenz, sich zu solchen Belangen zu äußern. Darüber hinaus gibt G zu verstehen, den Aussagehorizont oder die Hintergrundannahmen der Positionierung von F bereits zu kennen bzw. vollständig ‚durchschaut' zu haben. So entzieht er*sie sich einer Möglichkeit zum Austausch, der immer auch unter der Prämisse steht, Neues zu entdecken und gegebenenfalls Gemeinsames zu entwickeln, letztlich den Boden. Demgegenüber geht Person H gezielt auf die Aussagen von F ein – und zwar so, dass er*sie sich zugleich kritisch von deren Inhalten abgrenzt, ohne jedoch in Abwertungen zu verfallen. Person H weist Person F darauf hin, dass ein Austausch nur dann möglich sei, wenn die Empathiefähigkeit und der Wahrheitswert der Aussage des*der Gesprächspartner*in und erwiesener Fakten nicht schon von vornherein in Frage gestellt sei („Wenn Urteile Ihr Weltbild nicht stützen – dann muss man an deren Korrektheit zweifeln? Wenn jemand anderer Meinung ist – dann, so glauben Sie, lässt ihn Leid kalt?" [Z. 482]). Zugleich stellt H heraus, dass F vorschnell Schlüsse ziehe, die ohne weitere Begründung unverständlich blieben. Wie im obigen Beispiel spricht H Person F also auf dessen*deren Hintergrundannahmen an. F lässt sich auf diese Ansprache nicht recht ein, sondern zieht, wie G, die gemeinsame Gesprächsgrundlage (hier die Bibel), in Zweifel (Z. 483). Gewünscht hätte man sich, dass H hier das Gespräch fortsetzt, F formuliert einige Angebote. Immerhin reagiert F auf H, nicht auf G – aus den oben genannten Gründen.

Fragt man also noch einmal nach Interaktionselementen, die für einen Dialog hilfreich sein können, geht es sicherlich darum, ‚zuzuhören', nachzufragen, konkret zu werden – gerade auch über den Austausch von alltagsweltlich relevanten Erfahrungen. Nicht hilfreich für das Gespräch sind Moralisieren und Belehren, d. h. die andere Person über die Konstellierung einer asymmetrischen Kommunikationsbeziehung wissen zu lassen, dass sie einem Austausch intellektuell o. ä. (noch) nicht gewachsen sei. Auch Provokationen und Vorwürfe, die die Sachebene verlassen, fördern nicht den Dialog (vgl. 3.4.3) ebenso wenig wie eine schematisierende Rezeption, die nicht mehr erwartet, von dem*der Gesprächspartner*in etwas Neues jenseits vorhandener, angenommener positioneller Vorurteile zu erfahren. Nachzufragen und ‚zuzuhören' bedeutet allerdings nicht, kritische Einwände vollständig zu suspendieren. Es geht vielmehr darum, Widersprüche und unzulänglich begründete Behauptungen zu thematisieren, d. h. auch, die Explikation von Hintergrundannahmen zu erbitten, die das Vorangegangene erst kontextualisieren. Denn dieses Offenlegen ist die Bedingung für einen Austausch, der auf gemeinsame Verständigung und Begegnung abzielt. Gerade im Kontext rechtspopulistischer Rede, die an Verschwörungserzählungen anknüpft, scheint dieser Appell besonders angezeigt. Eine ‚gelungene' Konversation setzt eine Offenheit voraus, sich auf die Konversation und auch auf die Offenheit ihres Ausgangs einzulassen. Diese Offenheit zu pflegen und kommunikativ Polarisierungen zu überwinden, stellt jedoch in kommunikativen Kontexten, in denen sprachliche Gewalt häufig begegnet, eine ganz besondere Herausforderung dar, erfordert Übung und nicht selten auch die Fähigkeit zum Selbstschutz.

3.7 Resümee: Differenzierung tut not

Die vorliegende Studie zeigt, wie selbstverständlich und vielfältig rechtspopulistische/ -extreme Einstellungen mit christlicher Semantik und religiösen Vorstellungen einhergehen können. Hier bedarf es weiterer empirisch-qualitativer Untersuchungen, um die Phänomene – auch in ihrer Differenziertheit – vertieft zu verstehen. Gezeigt hat sich in der Vielfältigkeit nämlich eben auch eine erhebliche Bandbreite von Einstellungen und Meinungsäußerungen: von extremer und ausgreifender, mit einem geschlossenen ideologischen Weltbild verzahnten Hassrede am rechten Rand bis hin zum eklektischen Aufgreifen rechtspopulistischer Motive in Form eines konventionalisierten ‚Nachredens', dessen Elemente durchaus auch von Mainstream-Massenmedien kolportiert werden (die ‚Flüchtlingswelle' etwa war in aller Munde). Aus der Betrachtung dieser Bandbreite ergeben sich verschiedene Impulse.

3.7.1 Differenzierungen von Akteur*innen und Positionen

Zunächst sind verschiedene Akteur*innen und Rollen im Diskurs bzw. den Diskursfragmenten zu unterscheiden. Wichtig scheint zu differenzieren einerseits zwischen politischen Akteur*innen der rechten Szene, die strategisch agieren und mit ihrem Agieren auf das Erlangen kultureller Hegemonie abzielen, und andererseits Personen, die aufgrund persönlicher Dispositionen und Erfahrungen alltäglicher Mängel rechtspopulistische Deutungsmuster dankbar aufgreifen, weil sie eine Versicherung der eigenen Position versprechen. Damit will nicht gesagt sein, dass nicht jede Person für ihre Äußerungen und Ansichten selbst Verantwortung trägt und mit einer entsprechenden Ernsthaftigkeit adressiert werden muss. Kommunikativ ist allerdings sinnvoll, genau hinzusehen, wer der*die Interaktionspartner*in ist, welche Intentionen und Ursachen seine*ihre Rede hat, und welche Spielräume sich daraus für die gemeinsame Interaktion ergeben.

Im Material wird – nicht zuletzt durch die Untersuchung verschiedener Kommunikationskontexte – sichtbar, dass es sehr verschiedene Stufen gewaltsamer Sprache (vgl. ebenfalls 3.4) gibt. Auch hier gilt es zu differenzieren. Was bleibt übrig, ‚zieht' man bei Meinungsäußerungen ‚die Gewalt ab', welcher Wahrheitsgehalt einer Aussage wird sichtbar, wird sie ihrer gewaltförmigen Gestalt entkleidet? Bei nicht wenigen Kommunikaten bleibt nichts übrig, Sprache als ‚Ding', das vor allem verletzen soll, ist im Grunde der eigenen Semantizität beraubt, erstickt jegliches diskursives Anliegen im Keim. Bei anderen Kommunikaten kommen Sorgen und Ängste ans Licht, schlechte Erfahrungen, prekäre Zusammenhänge, über die man ins Gespräch kommen kann. Analysen der Interaktionen im ‚gemäßigten' Kommunikationsumfeld zeigen kommunikative Bezugnahmen und Versuche der Aushandlung, die Rückschlüsse über Möglichkeiten des Dialogs zulassen (vgl. 3.6).

Bedeutsam scheint uns – mit Blick auf religiöse Fragen – die Praxis einer *kontextualisierenden Theologie* zu sein. Das Material zeigt nicht selten Rekurse auf biblische Motive und Erzählungen, die freilich je eigen gedeutet werden. Mit der Intention einer Verständigung zwischen unterschiedlichen Positionen gälte es, die Deutungsoffenheit, die biblischen Texten inhärent ist, einerseits auszuloten und andererseits den Weg der eigenen Positionsbestimmung darzulegen: Warum komme ich in der Auseinandersetzung mit einer biblischen Geschichte, unter Einbezug des biblischen Kontextes wie im Zusammenhang der für meine theologische Position wichtigen theologischen Einsichten, zu diesem – und nicht zu jenem – Schluss? Eine solche Kommunikation mag voraussetzungsreich sein, sie kann aber zum Beispiel eingeübt werden im Rahmen einer kirchlich-theologischen Bildungsarbeit, die auch der Frage der Bedeutung von Kirche und Theologie für das Politische, für das gemeinsame Aushandeln von Belangen der Lebens- und Weltgestaltung nachgeht. Gemeinsames Theologisieren kann andere Differenzen überbrücken.

Hilfreich mag dazu die Arbeit am ‚Eigenen' und am ‚Fremden' sein. Wie sich nämlich schnell zeigt, ist ‚das Fremde' nicht nur der*die Geflüchtete aus Syrien, sondern fremd sind mir die Gepflogenheiten meiner alteingesessenen Nachbar*innen im Ort, ihr Aussehen, fremd fühle ich mich als queere Person in einem heteronormativen Umfeld, fremd bin ich mir in nicht unerheblichen Teilen selbst. Die Erfahrung von Fremdheit ist ein menschliches Grundphänomen. Insofern wäre zu überlegen, wie hier, in identitätspolitisch konstruktiver (!) Absicht, Grenzen neu ausgelotet, Ängste abgebaut und (Ambiguitäts-)Toleranz gestärkt werden können. Mit Blick auf eine konstruktive Auseinandersetzung mit dem religiös Anderen sind Formen des interreligiösen Dialogs hilfreich.

In Prozessen gemeinsamer Hermeneutik gibt es Grenzen, wo es um Gewalt und Menschenfeindlichkeit geht. Daran ist immer klar festzuhalten, und dies gilt es immer deutlich zu benennen. Davon zu unterscheiden ist eine vorschnelle Normativität, die der theologischen Analyse einen ‚Bärendienst' erweist: Von Anfang an zu bestimmen, welche Deutungen biblischer Texte etwa ‚richtig' und welche ‚falsch' sind, ist eine Form der Selbstimmunisierung, ebenso, wie davon auszugehen, dass ‚rechte' Akteur*innen Theologie generell nur instrumentalisierten (vgl. 3.5.4). Niemand hat eine Deutungshoheit über christliche Topoi und Narrationen, und einem liberal-aufgeklärten Christentum bleibt nichts anderes übrig, als immer wieder aufs Neue die Plausibilität der eigenen Position in die Waagschale zu werfen – und sie nicht einfach vorauszusetzen und ‚das Andere' vorschnell als ‚Irrweg' abzutun. Die Auseinandersetzung mit Populismen kann also heuristische Gewinne für Theologie und Kirche haben, indem sie auf die Notwendigkeit hinweist, eigene Positionierungen und Argumente zu prüfen und diskursiv zur Verfügung zu stellen. *Die bleibende Frage ist, wo sich Pluralität und Liberalität abgrenzen müssen, um Pluralität und Liberalität zu gewährleisten.* Das wird immer eine Gratwanderung sein – aber es wird wichtig sein, als Verschiedene miteinander auf dem Weg zu bleiben und es nicht dem Exklusivismus rechter Akteur*innen gleichzutun.

Eine Frage, die nähere Untersuchung auch über dieses Projekt hinaus benötigt, ist diejenige, inwiefern Theologie für rechtspopulistische Akteur*innen als *host-ideology* fungieren kann. Religion und mit ihr die Theologie sind immer deutungsoffen, das ermöglicht das Eintragen unterschiedlicher Interpretationen. Gleichwohl stellt sich die Frage, welche Theologie sich als *host ideology* für populistisches Gedankengut anbietet und welche Theologie eher Resistenzen aufweist.[287] Es liegt nahe, dass Formen konservativer Theologie eher als eine solche *host-ideology* dienen. Ist die Pflege von Religion immer auf Bewahrung des Überlieferten angewiesen, ist Religion – auch in ihren liberalen Ausformungen – also zwangsläufig ein konservativer Zug inhärent, kann sich ein theologischer Konservatismus mit einem Identitätspopulismus verschränken, der nicht mehr in der Lage ist, den prinzipiellen Universalismus des Christentums in

---

[287] Vgl. MERLE, Populismus in der Volkskirche.

das eigene Denken und Glauben zu integrieren. Es lässt sich u. a. an Online-Material sehen – und es zeigt sich freilich auch an dem Material der hier vorliegenden Studie, dass Übergänge zwischen konservativ-traditionalen Positionierungen und denjenigen von konservativ-(rechts-)politischen, sich als christlich verstehenden Akteur*innen fließend sein *können*.[288] Es ist angezeigt, diese ‚Offenheit nach rechts' analog zum Befund Jan-Werner Müllers zu reflektieren, dass „das Gefährliche für die Demokratie" darin besteht, dass „vermeintlich gemäßigte Mitte-rechts-Akteur*innen keine Grenzen mehr kennen und mit den Populist*innen kollaborieren oder auch einfach deren Inhalte kopieren."[289] Diese Diffusionsphänomene zwischen konservativen und rechtspopulistischen, gar rechtsextremistischen Positionselementen finden sich freilich ebenfalls im christlichen, kirchlichen Kontext.

Ein Phänomen, das uns prominent im Material entgegengetreten ist, ist die Verbindung von rechtspopulistischem/-extremem Gedankengut und Verschwörungstheorien. Diese selbst stellen sich als religiöse Formen dar, sofern sie einen letztbegründenden, alles andere einordnenden Charakter haben. In ihrer potenziellen Hermetik stellen Verschwörungstheorien eine kommunikative Herausforderung dar. Einrichtungen für Seelsorge etwa berichten, dass sie zunehmend von Menschen aufgesucht werden, die ratlos sind, wie sie mit Personen in ihrem sozialen Nahraum umgehen sollen, die Verschwörungstheorien anhängen (katalysiert worden sind diese Phänomene durch die COVID-19-Pandemie). Insofern wird es auch theologisch ratsam sein, sich mit der Analyse von gegenwärtigen Verschwörungstheorien und deren Umgang auseinanderzusetzen.[290]

Grundsätzlich ist die theologische Forschung auch noch einmal gefragt, die identitätsstiftende Funktion rechter Narrative und die religiösen Valenzen ‚abgeschlossener' Weltbilder zu untersuchen: Die Sakralisierung bestimmter Topoi (z. B. ‚Nation', ‚Volk', ‚deutsche Kultur', ‚deutsche Werte') ist allemal evident.

3.7.2 Anfragen an kirchliches Handeln

Zwei Felder seien an dieser Stelle zum Abschluss genannt, die uns mit Blick auf kirchliches Handeln wichtig erscheinen. Zum Ersten ist die Frage aufgeworfen: Wie kann innerkirchlich mit dem *Problem der Diversität politischer Ansichten* umgegangen werden, wie mit dem *Problem der Repräsentation*? Auch die Überlegungen zur Selbst-

---

[288] Vgl. Merle, Religion in der Öffentlichkeit, 333 ff., 369 ff. – Vgl. dazu exemplarisch auch: Strube (Hrsg.), Rechtsextremismus als Herausforderung für die Theologie; und Pieck, Die Deutsche Evangelische Allianz. Ein neueres Beispiel für die Problematik mangelnder Abgrenzung wird an der „Causa Rentzing" sichtbar, vgl. etwa Brandau, Rücktritt von Carsten Rentzing.
[289] Müller, Was ist am Populismus so gefährlich?.
[290] Vgl. für die Seelsorge etwa: Probst/Kohler, Abschied von (vermeintlichen) Sicherheiten?.

immunisierungsstrategie (s. o.) verweisen auf das offenkundig bleibende Problem, dass eine Liberalisierung des Christentums nur noch mit Mühe in der Lage ist, konservative Positionen diskursiv zu integrieren bzw. als legitime Positionen gleichgültig zu betrachten. Das ‚Pluralitätsdefizit' liegt möglicherweise weniger in einer mangelnden ‚Willkommenskultur' ‚Fremden' gegenüber begründet, sondern in der Durchsetzung eines liberalen Diskurses, der dazu führt, dass Andersdenkende und -glaubende sich nicht kirchenleitend repräsentiert fühlen. Hier werden Kirchenbilder wichtig: Versteht sich Kirche zukünftig immer noch als Volkskirche? Dafür können viele gute Gründe ins Feld geführt werden, nicht zuletzt die damit notwendig verbundene (und immer wieder zu erarbeitende) Pluralitätsfähigkeit. Oder will man sich eher als NGO verstehen, als Akteur*in mit (vermeintlich) klaren politischen Positionen, die entsprechend gesellschaftlich auftritt und auf Durchsetzung der Interessen abhebt? Welche kirchentheoretische Neuausrichtung folgt also aus den veränderten gesellschaftlichen Rahmenbedingungen, unter denen auch die evangelische Kirche, prozentual gesehen, immer weniger Mitglieder hat? – Wesentlich scheint dann auch zu sein, eine diagnostische Kompetenz mit Blick auf kirchliche Sozialstrukturen und Partizipationsinfrastrukturen zu entwickeln: Wie ist es um Responsivität, Beteiligung und Repräsentation bestellt? Populismus nährt sich aus einer Krisenerfahrung und ist nicht selten mit einem Gefühl der Ernüchterung und der Ohnmacht verbunden.[291] Populismusphänomene können insofern auch innerkirchlich auf Fehlformen hinweisen, wie etwa ein grundsätzliches Repräsentationsproblem, sodass sie im guten Fall kurierbar werden.

Zum Zweiten: Die vorliegende Studie hat sich über annähernd 30 000 Kommunikate hinweg mit Spielarten sprachlicher Gewalt beschäftigt. Sprachliche Gewalt, das zeigt sich in der Beobachtung der Phänomene durch die verschiedenen Kommunikationskontexte hindurch, ist oft konventionalisiert; sie zeigt sich auch in Formen, die dem*der Betrachter*in erst einmal ‚unverdächtig' erscheinen (was nur wiederum auf den Grad der Konventionalisierung bzw. den in der Regel unreflektierten Umgang mit Konventionalisierungen verweist). Für kirchliches Handeln wäre noch einmal eigens zu bedenken, wo auch das eigene Reden gewaltförmig ist bzw. als solches erlebt werden kann: in Predigten und Liturgien, in der sonstigen Gestaltung des Gemeindelebens, im öffentlichen (nicht-gottesdienstlichen) Reden. Sprachliche Gewalt kann sich auch darin zeigen, dass Menschen und Lebensentwürfe nicht genannt/verschwiegen werden, wenn Lebensformen und anthropologische Selbstbeschreibungen als vorgegeben dargestellt und damit andere stigmatisiert werden, wenn Personen und Personengruppen mit bestimmten Eigenschaften unterlegt werden etc. Sprachliche Gewalt ist systemisch zu verstehen, und sie ist auch da gegeben, wo „Ideen einer Kategorisierung von Menschen als gegenderte oder rassifizierte Gruppen diskursiv hergestellt sind, diskursiv getragen, tradiert und naturalisiert werden".[292]

---

[291] Vgl. PRIESTER, Wesensmerkmale des Populismus, 7.
[292] HORNSCHEIDT, Der Hate-Speech-Diskurs, 31.

Diese Aufmerksamkeit ist auf den gesellschaftlichen Bereich überhaupt auszudehnen: Für sprachliche Gewalt ist immer zu sensibilisieren, und ihr ist immer entgegenzutreten, zumal wenn Akteur*innen in politischer Absicht kulturelle Hegemonie zur Durchsetzung menschen- und lebensverachtender Ideologien anstreben.

Literatur

Adorno, Theodor W.: Negative Dialektik. Frankfurt a. M. 1996.

Adorno, Theodor W.: Studien zum autoritären Charakter, übers. v. Milli Weinbrenner. Frankfurt a. M. [12]2020.

AfD, Programm für Deutschland: Das Grundsatzprogramm der Alternative für Deutschland, 2016. URL: https://www.afd.de/grundsatzprogramm/ (Stand: 22.10.21).

Althusser, Louis: Ideologie und ideologische Staatsapparate. Aufsätze zur marxistischen Theorie. Hamburg 1977.

Bednarz, Liane: Die Angstprediger. Wie rechte Christen Gesellschaft und Kirchen unterwandern. München 2018.

Bednarz, Liane: Radikal bürgerlich. Der lange Arm der Neuen Rechten. Hamburg 2016.

Bednarz, Liane: Rechte Christentumsdiskurse – ein Überblick, in: Einsprüche 1 (2020), 8–22.

Brandau, Bastian: Rücktritt von Carsten Rentzing: Die Grenze zwischen konservativ und extrem rechts, Deutschlandfunk 22.10.2019. URL: https://www.deutschlandfunk.de/ruecktritt-von-carsten-rentzing-die-grenze-zwischen.886.de.html?dram:article_id=461566 (Stand: 22.10.2021).

Busse, Dietrich: Das Eigene und das Fremde. Annotationen zu Funktion und Wirkung einer diskurssemantischen Grundfigur, in: Jung, Matthias, Martin Wengeler u. Karin Böke (Hrsg.): Die Sprache des Migrationsdiskurses. Das Reden über „Ausländer" in Medien, Politik und Alltag. Opladen 1997. 17–35.

Butler, Judith: Haß spricht. Zur Politik des Performativen. Berlin [6]2018.

Butter, Michael: „Nichts ist, wie es scheint". Über Verschwörungstheorien. Berlin 2018.

Claussen, Johann H., Martin Fritz, Andreas Kubik, Rochus Leonhardt u. Arnulf von Scheliha: Christentum von rechts. Theologische Erkundungen und Kritik. Tübingen 2021.

Douglas, Walton: Ad Hominem Arguments, Studies in rhetoric and communication. Tuscaloosa, AL 1998.

Ebner, Julia: Radikalisierungsmaschinen. Wie Extremisten die neuen Technologien nutzen und uns manipulieren. Berlin 2019.

Endress, Martin: Ethik. Gesinnungs- und Verantwortungsethik, in: Müller, Hans-Peter, u. Steffen Sigmund (Hrsg.): Max Weber-Handbuch. Leben-Werk-Wirkung. 2. aktualisierte und erweiterte Auflage. Stuttgart 2020, 67–69.

Evangelische Kirche in Deutschland (Hrsg.): Hinaus ins Weite – Kirche auf gutem Grund. Zwölf Leitsätze zur Zukunft einer aufgeschlossenen Kirche, Hannover 2021. URL: https://www.ekd.de/ekd_de/ds_doc/zwoelf_leitsaetze_zukunft_kirche_ES_2021.pdf (Stand: 22.10.21).

Fritz, Martin: Im Bann der Dekadenz. Theologische Grundmotive der christlichen Rechten in Deutschland, in: Claussen, Johann H., Martin Fritz, Andreas Kubik, Rochus Leonhardt u. Arnulf von Scheliha (Hrsg.): Christentum von rechts. Theologische Erkundungen und Kritik. Tübingen 2021, 9–63.

Foucault, Michel: Die Ordnung des Diskurses. Frankfurt a. M. 1991.
Gürgen, Marlene, Patricia Hecht, Nina Horaczek, Christian Jakob u. Sabine Am Orde: Angriff auf Europa. Die Internationale des Rechtspopulismus. Berlin 2019.
Giegold, Sven, Beatrice von Weizsäcker, Joachim Lenz u. a.: 37. Deutscher Evangelischer Kirchentag. Resolution „Schicken wir ein Schiff!". URL: https://dxz7zkp528hul.cloudfront.net/production/htdocs/fileadmin/dateien/Resolutionen/V.LOG-002_Schicken_wir_ein_Schiff.pdf (Stand: 22.10.21).
Heinisch, Reinhard C., Christina Holtz-Bacha u. Oscar Mazzoleni: Political Populism. A Handbook. Baden-Baden 2017.
Heitmeyer, Wilhelm: Autoritäre Versuchungen. Signaturen der Bedrohung 1. Berlin 2018.
Hempelmann, Reinhard, u. Harald Lamprecht (Hrsg.): Rechtspopulismus und christlicher Glaube. Evangelische Zentralstelle für Weltanschauungsfragen-Texte 256. Berlin 2018.
Herrmann, Stefan K., u. Hannes Kuch: Verletzende Worte. Eine Einleitung, in: Herrmann, Stefan K., Sybille Krämer u. Hannes Kuch (Hrsg.): Verletzende Worte. Die Grammatik sprachlicher Missachtung. Bielefeld 2007, 7–30.
Höhne, Florian, u. Torsten Meireis (Hrsg.): Religion and Neo-Nationalism in Europe. Baden-Baden 2020.
Hornscheidt, Lann: Der Hate-Speech-Diskurs als Hate Speech: Pejorisierung als konstruktivistisches Modell zur Analyse diskriminierender SprachHandlungen, in: Meibauer, Jörg (Hrsg.): Hassrede/Hate Speech. Interdisziplinäre Beiträge zu einer aktuellen Diskussion. Gießen 2013, 28–58. URL: http://geb.uni-giessen.de/geb/volltexte/2013/9251/ (Stand: 22.10.21).
Kalwa, Nina: Islamdiskurs, in: Niehr, Thomas, Jörg Kilian u. Jürgen Schwiewe (Hrsg.): Handbuch Sprachkritik. Stuttgart 2020, 252–285.
Klinker, Fabian, Joachim Scharloth u. Joanna Szczęk (Hrsg.): Sprachliche Gewalt. Formen und Effekte von Pejorisierung, verbaler Aggression und Hassrede. Stuttgart 2018.
Krämer, Sybille: Sprache als Gewalt oder: Warum verletzen Worte?, in: Herrmann, Stefan K., Sybille Krämer u. Hannes Kuch (Hrsg.): Verletzende Worte. Die Grammatik sprachlicher Missachtung. Bielefeld 2007, 31–48.
Kubik, Andreas, u. Thorsten Moos: Populismus, in: Praktische Theologie. Zeitschrift für Praxis in Kirche, Gesellschaft und Kultur 54 (2019) 2.
Kuckartz, Udo: Qualitative Inhaltsanalyse: Methode, Praxis, Computerunterstützung. Weinheim/München ⁴2018.
Küpper, Beate, u. Andreas Zick: Religion and Prejudice in Europe. New empirical findings. Dossier for the Network of European Foundations – Initiative for Religion and Democracy in Europe. London 2010.
Küpper, Beate, u. Andreas Zick: Schützt Religiosität vor Menschenfeindlichkeit oder befördert sie sie?, in: Bieler, Andrea, u. Henning Wrogemann (Hrsg.): Was heißt hier Toleranz? Interdisziplinäre Zugänge. Neukirchen-Vluyn 2014, 146–163.

Lamberty, Pia, u. Jonas H. Rees: Gefährliche Mythen: Verschwörungserzählungen als Bedrohung für die Gesellschaft, in: Zick, Andreas, u. Beate Küpper (Hrsg.): Die geforderte Mitte – Rechtsextreme und demokratiegefährdende Einstellungen in Deutschland 2020/21, hrsg. für die Friedrich-Ebert-Stiftung von Franziska Schröter. Bonn 2021, 283–299. URL: https://www.fes.de/index.php?eID=dumpFile&t=f&f=65478&token=d51fbf0ad16a903133c9dcb54e4e5d58382d096f (Stand: 22.10.2021).

Leo, Per, Maximilian Steinbeis u. Daniel-Pascal Zorn: Mit Rechten reden. Ein Leitfaden. Stuttgart ⁵2017 (digitale Ausgabe).

Lévinas, Emmanuel: Totalität und Unendlichkeit. Versuch über die Exteriorität. Freiburg i. Br./München 1987.

Lévinas, Emmanuel: Jenseits des Seins oder anders als Sein geschieht. Freiburg i.Br./München 1998.

Lobermeier, Olaf, Jana Klemm u. Rainer Strobl: Abschlussbericht Kirchenmitgliedschaft und politische Kultur. Ausprägungen von Elementen Gruppenbezogener Menschenfeindlichkeit unter Mitgliedern der evangelischen Kirchen. Hannover 2016. URL: http://static.evangelisch.de/get/?daid=2AKoRM44M1IUdBP5am4slshL00158249&dfid=download (Stand: 22.10.2021).

Lukas, Annika, Ellen Radke u. Claudia Schulz (Hrsg.): Verhasste Vielfalt. Eine Analyse von Hate Speech im Raum von Kirche und Diakonie mit Kommentierungen. Hannover 2017.

Lichtmesz, Martin: Kann nur ein Gott uns retten? Glauben, hoffen, standhalten. Schnellroda 2014.

Max Weber: Politik als Beruf. München 1926.

Meibauer, Jörg (Hrsg.): Hassrede/Hate Speech. Interdisziplinäre Beiträge zu einer aktuellen Diskussion. Gießen 2013. URL: http://geb.uni-giessen.de/geb/volltexte/2013/9251/ (Stand: 22.10.21).

Meibauer, Jörg: Rhetorische Fragen. Berlin 2010 (Reprint).

Meibauer, Jörg: Von der Sprache zur Politik, in: Meibauer, Jörg (Hrsg.): Hassrede/Hate Speech. Interdisziplinäre Beiträge zu einer aktuellen Diskussion. Gießen 2013, 1–16. URL: http://geb.uni-giessen.de/geb/volltexte/2013/9251/ (Stand: 22.10.21).

Merle, Kristin: Populismus in der Volkskirche: von der Problemwahrnehmung zur Pluralitätskompetenz. Kirchentheoretische Anmerkungen, in: Nord, Ilona, u. Thomas Schlag (Hrsg.): Die Kirchen und der Populismus. Interdisziplinäre Recherchen in Gesellschaft, Religion, Medien und Politik, VWGTh 59. Leipzig 2021, 231–237.

Merle, Kristin: Religion in der Öffentlichkeit. Digitalisierung als Herausforderung für kirchliche Kommunikationskulturen, PThW 22. Berlin/Boston 2019.

Minkenberg, Michael: Was ist Rechtspopulismus?, in: PVS 59 (2018), 337–352.

Moffit, Benjamin: The global rise of populism: performance, political style, and representation. Stanford, CA 2016.

Mudde, Cas, u. Christóbal Rovira Kaltwasser: Populism: a very short introduction. Oxford/New York, N.Y. 2017.

Mudde, Cas: Populism: An Ideational Approach, in: Rovira Kaltwasser, Cristóbal u. a. (Hrsg.): The Oxford Handbook of Populism. Oxford 2017.

Müller, Jan W.: Was ist Populismus? Ein Essay. Berlin 2016.

Müller, Jan W.: Was ist am Populismus so gefährlich? Es ist die Mitte, die sich an den Rändern anbiedert, in: Neue Zürcher Zeitung, 11.06.2019. URL: https://www.nzz.ch/meinung/gefaehrlich-am-populismus-sind-seine-steigbuegelhalter-in-der-mitteld.1487000 (Stand: 22.10.2021).

Müller, Michael: Narrative, Erzählungen und Geschichten des Populismus. Versuch einer begrifflichen Differenzierung, in: Müller, Michael, u. Jørn Precht (Hrsg.): Narrative des Populismus. Erzählmuster und -strukturen populistischer Politik. Wiesbaden 2019, 1–10.

Nord, Ilona, u. Thomas Schlag (Hrsg.): Die Kirchen und der Populismus. Interdisziplinäre Recherchen in Gesellschaft, Religion, Medien und Politik, VWGTh 59. Leipzig 2021.

Nussbaum, Martha: The New Religious Intolerance: Overcoming the Politics of Fear in an Anxious Age. Cambridge/London 2012.

Ott, Konrad: Zuwanderung und Moral. Stuttgart 2016.

Pickel, Gert u. a.: Religiöse Identitäten und Vorurteil in Deutschland und der Schweiz – Konzeptionelle Überlegungen und empirische Befunde, in: Schriftenreihe des Zentrums für Religion, Wirtschaft und Politik 4 (2020), 149–196.

Pieck, Elke: Die Deutsche Evangelische Allianz und ihre „rechte Identitätssuche" – eine stigmatheoretische Analyse, in: Strube, Sonja A. (Hrsg.): Rechtsextremismus als Herausforderung für die Theologie. Freiburg i.Br. 2015, 145–162.

Pinxten, Rik: Neo-Nationalism, Religion and the Politics of the Right in Belgium, in: Höhne, Florian, u. Torsten Meireis (Hrsg.): Religion and Neo-Nationalism in Europe. Baden-Baden 2020, 151–162.

Priester, Karin: Wesensmerkmale des Populismus, in: APuZ 62 (2012) 5/6, 3–9.

Priester, Karin: Rechtspopulismus – ein umstrittenes theoretisches und politisches Phänomen, in: Virchow, Fabian, Martina Langebach u. Alexander Häusler (Hrsg.): Handbuch Rechtsextremismus. Wiesbaden 2016, 533–560.

Priester, Karin: Umrisse des populistischen Narrativs als Identitätspolitik, in: Müller, Michael, u. Jørn Precht (Hrsg.): Narrative des Populismus. Erzählmuster und -strukturen populistischer Politik. Wiesbaden 2019, 11–25.

Prince, Gerald: A Grammar of Stories. An Introduction. Den Haag 1973.

Probst, Hans-Ulrich, u. Philipp Kohler: Abschied von (vermeintlichen) Sicherheiten? Perspektiven der Beratungs- und Seelsorgearbeit auf Schuldprojektionen in Verschwörungserzählungen, in: WzM 72 (2021), 432–444.

Rebenstorf, Hilke: „Rechte" Christen? – Empirische Analysen zur Affinität christlich-religiöser und rechtspopulistischer Positionen, in: Zeitschrift für Religion, Gesellschaft und Politik 2 (2018), 313–333.

Rebenstorf, Hilke, u. Petra-Angela Ahrens: Rechtspopulismus unter evangelischen Christen – empirische Befunde der Kirchen- und Religionssoziologie, in: ZEE 62 (2018), 183–198.

Schneider, Verena, Gert Pickel u. Cemal Öztürk: Was bedeutet Religion für Rechtsextremismus? Empirische Befunde zu Verbindungen zwischen Religiosität, Vorurteilen und rechtsextremen Einstellungen, in: Zeitschrift für Religion, Gesellschaft und Politik 5 (2021). URL: https://link.springer.com/content/pdf/10.1007/s41682-021-00073-1.pdf (Stand: 22.10.2021).

Schütte, Christian: Zur Funktion von Hass-Zuschreibungen in Online-Diskussionen: Argumentationsstrategien auf islamkritischen Websites, in: Meibauer, Jörg (Hrsg.): Hassrede/Hate Speech. Interdisziplinäre Beiträge zu einer aktuellen Diskussion. Gießen 2013, 121–142. URL: http://geb.uni-giessen.de/geb/volltexte/2013/9251/ (Stand: 22.10.21).

Schwarz-Friesel, Monika: Judenhass im Internet. Antisemitismus als kulturelle Konstante und kollektives Gefühl. Leipzig 2019.

Sommerfeld, Caroline: Fällungsreaktion oder Weltenbrand, 13.07.2019, in: Sezession. URL: https://sezession.de/61395/faellungsreaktion-oder-weltenbrand (Stand: 22.10.2021).

Sommerfeld, Caroline: Extinction Rebellion (Teil II): Täuschung und Offenbarung, in: Sezession, 08.11.2021. URL: https://sezession.de/61774/extinction-rebellion-teil-ii-taeuschung-und-offenbarung (Stand: 22.10.2021).

Sponholz, Liram: Hate Speech in den Massenmedien. Theoretische Grundlagen und empirische Umsetzung. Wiesbaden 2018.

Stephan, Walter G., u. Lausanne C. Renfro: The Role of Threat in Intergroup Relations, in: Mackie, Diane M. (Hrsg.): From Prejudice to Intergroup Emotions. Differentiated Reactions to Social Groups. New York, NY 2003, 191–207.

Strube, Sonja A. (Hrsg.): Rechtsextremismus als Herausforderung für die Theologie. Freiburg i.Br. 2015.

Strube, Sonja A. (Hrsg.): Das Fremde akzeptieren. Gruppenbezogener Menschenfeindlichkeit entgegenwirken. Theologische Ansätze. Freiburg i.Br. 2017.

Strube, Sonja A.: Rechtspopulistische und rechtsextreme Tendenzen im christlichen Glaubensspektrum als Thema für feministische Theologie und Praxis, in: JEGTF 27 (2019), 263–278.

Švitek, Mihael: Der Ideologievorwurf. Oder: Wie ein theoretischer Begriff zur politischen Waffe wird, in: Klinker, Fabian, Joachim Scharloth u. Joanna Szczęk (Hrsg.): Sprachliche Gewalt. Formen und Effekte von Pejorisierung, verbaler Aggression und Hassrede. Stuttgart 2018, 183–202.

Tajfel, Henri: Social Identity and Intergroup Relations. Cambridge 1982.

Tajfel, Henri, u. John C. Turner: The Social Identity Theory of Intergroup Behavior, in: Worchel, Stephan (Hrsg.): The Social Psychology of Intergroup Relations. Chicago, MA 1986, 7–24.

Virchow, Fabian: ‚Rechtsextremismus': Begriffe – Forschungsfelder – Kontroversen, in: Virchow, Fabian, Martin Langebach u. Alexander Häusler (Hrsg.): Handbuch Rechtsextremismus. Wiesbaden 2016, 5–41.

Von Scheliha, Arnulf: Rechtspopulismus als Herausforderung für die protestantische Ethik des Politischen, in: Von Scheliha, Arnulf (Hrsg.): Religionspolitik. Beiträge zur politischen Ethik und zur politischen Dimension des religiösen Pluralismus. Tübingen 2018, 341–364.

Von Scheliha, Arnulf: Volk ohne Religion. Kritische Betrachtungen zu einem Leitthema der Neuen Rechten, in: Claussen, Johann H., Martin Fritz, Andreas Kubik, Rochus Leonhardt u. Arnulf von Scheliha (Hrsg.): Christentum von rechts. Theologische Erkundungen und Kritik. Tübingen 2021, 113–145.

Weiss, Volker: Autoritäre Revolte. Die Neue Rechte und der Untergang des Abendlandes. Stuttgart 2017.

Zick, Andreas, Beate Küpper u. Wilhelm Heitmeyer: Vorurteile als Elemente Gruppenbezogener Menschenfeindlichkeit – eine Sichtung der Vorurteilsforschung und ein theoretischer Entwurf, in: Pelinka, Anton (Hrsg.): Vorurteile: Ursprünge, Formen, Bedeutung. Berlin 2012, 287–316.

Zick, Andreas, Beate Küpper u. Andreas Hövermann: Die Abwertung der Anderen. Eine europäische Zustandsbeschreibung zu Intoleranz, Vorurteilen und Diskriminierung. Berlin 2011.

Zick, Andreas, u. Anna Klein: Fragile Mitte – Feindselige Zustände. Rechtextreme Einstellungen in Deutschland 2014, hrsg. für die Friedrich-Ebert-Stiftung von Ralf Melzer. Bonn 2014.

Zick, Andreas, u. Beate Küpper (Hrsg.): Die geforderte Mitte – Rechtsextreme und demokratiegefährdende Einstellungen in Deutschland 2020/21, hrsg. für die Friedrich-Ebert-Stiftung von Franziska Schröter, Bonn 2021. URL: https://www.fes.de/index.php?eID=dumpFile&t=f&f=65478&token=d51fbf0ad16a903133c9dcb54e4e5d58382d096f (Stand: 22.10.2021).

Zorn, Daniel-Pascal: Logik für Demokraten. Eine Anleitung. Stuttgart 2017.

4. Kirchengemeinden in Aushandlungsprozessen um politisch-kulturelle Themen (Teilprojekt 3, TP 3)

(Claudia Schulz, Manuela Barriga Morachimo, Maria Rehm)

4.1 Einleitung

Welche politisch-kulturellen Herausforderungen nehmen Kirchengemeinden wahr und wie begegnen sie ihnen? Mit welchen Strategien und Handlungen bewältigen sie solche Herausforderungen – und was lässt sich daraus über Aushandlungsprozesse, Konflikte und hilfreiche Strukturen lernen? Im Mittelpunkt dieser Studie stehen die kommunikativen Prozesse, in denen Gemeinden die Herausforderungen als bedeutsam beschreiben und sie als Gegenstand ihres Nachdenkens und damit ihrer Interaktion im kirchlichen und öffentlichen Raum konstruieren. Die Analysen machen unterschiedliche Wege der Aneignung und der Verknüpfung mit dem Regelsystem gemeindlicher Kommunikation transparent. Es werden sowohl Ressourcen von Kirchengemeinden sichtbar als auch Grundmuster der Einbettung in christliche Überzeugungen.

Die vorliegende Untersuchung greift auf die Ergebnisse und methodischen Erfahrungen vorliegender Forschungsarbeiten zurück, z. B. in den Studien *„Kirchenmitgliedschaft und politische Kultur"*[293] und *„Überraschend offen"*[294], und hat der Notwendigkeit Rechnung getragen, ihre Fragestellung in einer großen fachlichen Breite zu betrachten. Sie war darum auf die Zusammenarbeit mit Expert*innen hin ausgerichtet und berücksichtigte die Kommunikation mit Fachleuten in den Landeskirchen sowie die Ergebnisse von offenen Forschungstreffen und Tagungen. Im Team der Forschenden waren Personen mit unterschiedlicher disziplinärer Fachkenntnis aus Soziologie, Politikwissenschaft, Theologie und Sozialer Arbeit sowie mit regionaler Feldkenntnis aus alten und neuen Bundesländern und mit verschiedenen kirchlichen Prägungen miteinander in Erhebung und Auswertung tätig. Dies hat es ermöglicht, unterschiedliche gemeindliche Normalitäten und theologische Deutungsmuster aus Nähe oder Distanz zu betrachten und verschiedene Lesarten der gemeindlichen Kommunikation und des gemeindlichen Engagements in die Betrachtung aufzunehmen.

Als politisch-kulturelle Herausforderungen haben wir mit einem weiten Verständnis all das erfasst, was an Haltungen und öffentlichen Diskussionen in Bezug auf das Mit-

---

[293] LOBERMEIER/KLEMM/STROBL, Abschlussbericht.
[294] OHLENDORF/REBENSTORF, Überraschend offen.

einander im Sozialraum für die Kirchengemeinden Bedeutung erhält, indem es sich in der Aushandlung gemeinsamer Haltungen oder Entscheidungen Raum nimmt.[295] Solche Herausforderungen werden selten in erster Linie mit anderen Aufgaben einer Kirchengemeinde wie Gottesdienst, Seelsorge, Gemeinschaftsbildung oder Diakonie in Verbindung gebracht. Sie wirken sich aber bei genauem Hinsehen häufig unmittelbar aus, entweder, indem Gemeinden davon in ihrem Handeln oder ihren Konzeptionen betroffen sind, oder, indem Gemeindemitglieder sie als bedeutsam für die Arbeit der Gemeinde erleben und eine Befassung einfordern. Unsere Analyse richtet sich also im Kern auf die Kirchengemeinden selbst und ihre Kommunikation, erfasst aber damit zugleich die politische Kultur, wie sie sich in einer Gemeinde in kommunikativen Prozessen ausbildet oder bereits ausgebildet hat. Hier sind dann Werte oder Einstellungen im Blick, die kollektive Prozesse und Handlungen in der Kirchengemeinde abbilden und Abläufe und Entscheidungen prägen.[296]

Das weite Feld politisch-kultureller Herausforderungen war in der Konzeptionsphase zunächst nach den bekannten Dimensionen als Suchraster aufgeschlossen, um Gemeinden zu finden, die akut in der Auseinandersetzung mit solchen Herausforderungen stehen: sozialpolitische, sozialräumliche Herausforderungen sowie solche der Stadt- oder Dorfentwicklung und konkreter lokalpolitischer Themen einschließlich der politischen Ränder, Umwelt und Klima, Migrations-, Integrations- und Inklusionsfragen, Genderfragen sowie interreligiöse Herausforderungen. So weit wie möglich sind jedoch im Verlauf der Studie an die Stelle der von uns vorgegebenen Themencluster die Themenkonstruktionen der Gemeinden getreten.

Wie immer nach einem intensiven Eintauchen in die erforschte Welt bietet das Material den Stoff für mehrere Bücher. Dieser Bericht umfasst in verknappter Form eine Darstellung der Ergebnisse anhand konkreter Schritte der Gemeinden im Umgang mit politisch-kulturellen Herausforderungen von der Begegnung mit einer Herausforderung (Kap. 4.4), unterschiedlichen Wegen der Aneignung und den wichtigsten Dimensionen der Befassung (Kap. 4.5) bis hin zu konfliktärer Kommunikation (Kap. 4.6) und der theologischen wie sozialräumlichen Einbettung des Engagements (Kap. 4.7). So bieten diese Analysen zugleich die Porträts der vier sehr unterschiedlichen Gemeinden, verschiedene Einzelansichten konkreter thematischer Befassung, etwa in den Bereichen „Flucht und Migration" und „Nachhaltigkeit" oder in der Auseinandersetzung mit Rassismus und rechtsextremen Gruppen, und schließlich Erkenntnisse über Formen von Aneignung und Ablehnung solcher Themen als relevant für eine Kirchengemeinde.

---

[295] PATZELT, Politikwissenschaft, 23.
[296] PICKEL/PICKEL, Kultur- und Demokratieforschung.

Dass eine Kirchengemeinde sich einer politisch-kulturellen Herausforderung stellt, ist nicht selbstverständlich. Es bedarf der Bereitschaft der Menschen am Ort, sich mit Fragen und fremden Positionen zu beschäftigen und sie als Fragen an die Kirchengemeinde zu deuten – und diese Deutung auch anderen plausibel zu machen. Dies wird nur möglich durch aktive Personen, die sich auf die Prozesse der thematischen Aushandlung, der strukturellen Weiterentwicklung, vieler neuer Abgrenzungen oder theologischen Klärungen einlassen und sie mit Energie voranbringen. Mit großem Respekt vor dem Ringen der Menschen, die wir in ihren Kontexten über eine Zeit begleiten durften, haben wir für diese erste Darstellung von Ergebnissen eine Auswahl aus den vielen möglichen getroffen. Unser Dank gilt den Aktiven in „unseren" Fallgemeinden, die uns an ihren Debatten und Suchprozessen haben teilhaben lassen, auch dort, wo sie noch unüberschaubar waren.

4.2 Studiendesign und methodische Zugänge

Die Frage nach der Bearbeitung politisch-kultureller Herausforderungen durch Kirchengemeinden und nach den damit einhergehenden Aushandlungsprozessen und Konflikten legt ein ethnografisches Studiendesign nahe. Denn ein solches ermöglicht es, Kirchengemeinden als kulturelle Felder zu begreifen, deren Eigenlogik es zu verstehen gilt.[297] In diesem Sinn verfolgen wir eine kontext- und gegenstandsbezogene methodologische Pragmatik. Wir arbeiten mit der Dokumentarischen Methode als methodologischem Rahmen,[298] basierend auf der Wissenssoziologie Karl Mannheims.[299] Die Untersuchung der Kirchengemeinden erfolgt als Fallrekonstruktion.[300]

Die Auswahl der vier Fallgemeinden wurde aufgrund mehrerer Kriterien getroffen: Die Bearbeitung eines politisch-kulturellen Themas findet in den Kirchengemeinden statt und beinhaltet kommunikative Prozesse innerhalb der Gemeinde und mit Akteur*innen in ihrem lokalen Umfeld. Die Fallgemeinden befinden sich in unterschiedlichen Stadien der Bearbeitung einer politisch-kulturellen Herausforderung. Sie unterscheiden sich nach dem Grad der Etablierung dieses Engagements und bearbeiten unterschiedliche thematische Herausforderungen. So können Aushandlungsprozesse in ihrer Vielfalt und unterschiedlichen Phasen abgebildet werden. Außerdem wurde die Auswahl nach dem Ziel maximaler Unterschiede in den Dimensionen städtische/ländliche Räume, alte/neue Bundesländer, konservative/liberale Gemeinden, Gemeindegröße getroffen. Die vier von uns ausgewählten Gemeinden bieten Zugang zu Dimensionen des Umgangs mit politisch-kulturellen Herausforderungen und bilden die Basis für deren Analyse.

---

[297] Breidenstein u. a., Ethnografie, 38.
[298] Bohnsack, Rekonstruktive Sozialforschung.
[299] Mannheim, Strukturen.
[300] Bude, Fallrekonstruktion.

Die Wahl der Fallgemeinden wurde nach dem Prinzip des „theoretical sampling" getroffen, einem Verfahren, welches ermöglicht, die Auswahlkriterien im Verlauf des Forschungsprozesses zu bestimmen.[301] Entscheidend ist hierbei die angestrebte maximale Unterschiedlichkeit: Eine möglichst große Kontrastierung zwischen den Fällen in ihrer Dynamik und Verortung innerhalb der Gemeindestruktur, eine möglichst breite Miteinbeziehung haupt- und ehrenamtlicher Gemeindemitglieder sowie Beobachtbarkeit vor Ort stellten zentrale Kriterien dar.

Die vier Gemeinden sind in einem mehrstufigen Verfahren untersucht. Der qualitativen, ethnografischen Untersuchung ging eine teil-standardisierte Online-Erhebung im Frühjahr 2020 voraus. Mit dieser konnten wir im Kirchenbezirk jeder Fallgemeinde die Bedeutung verschiedener politisch-kultureller Themenfelder erschließen.[302] Es wurden in den Bezirken jeweils zwischen 100 und 150 Personen angesprochen, von denen zwischen 41 und 29 Personen an der Befragung teilnahmen. Die Fragen erfassten zunächst die Aktivität in der Gemeinde, die Wohndauer am Ort, Alter und Geschlecht. Der Hauptteil der Befragung war in sieben Themenblöcke aufgeteilt: „Soziale Probleme", „Politische Strömungen und Kirche", „Islam in Deutschland", „Infrastrukturelle Veränderungen", „Umwelt und Klima", „Asyl und Migration" sowie „Sexuelle Orientierung". In jedem Themenblock war auf einer Seite ein Dreischritt zu gehen: „Wie wichtig ist das Thema NN für Sie?", „Wie nehmen Sie ‚Thema NN' vor Ort wahr?", „Und wie geht Ihre Kirchengemeinde damit um?" Abschließend war der Eintrag weiterer wichtiger Themen möglich. Die Auswertung der standardisierten Antworten erfolgte mit einer univariaten Datenauswertung. Die Texteingaben wurden mit Hilfe der Qualitativen Inhaltsanalyse auf dem Weg einer induktiven Kategorienbildung bearbeitet.[303] Ziel war es, den Vorgang zu erfassen, in dem die Befragten ein Thema als relevant für den Ort und ihre Kirchengemeinde interpretieren, und zu verstehen, in welchen Dimensionen und kommunikativen Kontexten dies geschieht.

Anschließend stand die Analyse der Fallgemeinden selbst im Mittelpunkt: Mit einer ersten Sichtung der Situation in den Fallgemeinden sind kommunikative „Knotenpunkte" in den Gemeinden identifiziert und ethnografisch erschlossen worden. Zunächst hielten wir uns im Feld auf, haben beobachtet, zugehört und dokumentiert. Zusätzlich zur Teilnehmenden Beobachtung vor Ort führten wir aufgrund der Kontaktbeschränkungen der Corona-Pandemie Teilnehmende Beobachtungen auf digitalen Treffen sowie Leitfadeninterviews[304] via Telefon oder Videokonferenz und kürzere Telefonate durch. In zwei Fallgemeinden wurden Gruppendiskussionen auf einer Videokonferenzplattform geführt.

---

[301] DIMBATH/ERNST-HEIDENREICH/ROCHE, Theoretical Sampling [5].
[302] Die Online-Erhebung wurde konzipiert und durchgeführt von Manuel Walter, M. A.
[303] MAYRING, Qualitative Inhaltsanalyse.
[304] HELFFERICH, Qualität, 180.

Das in vierzehn Monaten zwischen März 2020 und April 2021 gewonnene Material umfasst 35 Beobachtungsprotokolle von Aufenthalten vor Ort und im virtuellen Raum. Auch umfasst es Transkripte von 15 Leitfadeninterviews und zwei Gruppendiskussionen. Weiterhin umfasst es diverse weitere Artefakte aus dem Feld, von den Feldakteur*innen selbst erstelltes Material wie Gemeindebriefe, Sitzungsprotokolle, E-Mails und Einträge auf der Gemeindewebseite. Zeitungsartikel und Berichterstattungen über Ereignisse in den Fallgemeinden gehören ebenso zur Materialsammlung. Die verwendeten Daten wurden anonymisiert und so verfremdet, dass keine Rückschlüsse auf Personen, Fallgemeinden und Ereignisse mehr möglich sind.

Die Auswertung der ethnografischen Erhebung lässt sich in mehrere Phasen gliedern und wurde nach Prinzipien rekonstruktiver Analyseverfahren durchgeführt. So fanden das Integrative Basisverfahren nach Jan Kruse und Erhebungs- und Auswertungsverfahren der Dokumentarischen Methode nach Ralf Bohnsack ihre Anwendung.[305] Mit Hilfe dieser konnten wir Fallrekonstruktionen vornehmen und mit unterschiedlichen forschungsrelevanten Schwerpunkten Mikrodynamiken und Aushandlungsprozesse innerhalb der Gemeinden rekonstruieren.

Die Sichtung des gesamten Materials führten wir mit dem Fokus auf die jeweiligen Fallgemeinden durch. Es wurden fallvergleichend bestimmte Formen der Entwicklung der politisch-kulturellen Themen identifiziert (Kap. 4.4) und parallel dazu Aneignungsmuster der Fallgemeinden hinsichtlich ihrer jeweiligen politisch-kulturellen Themenfeldern rekonstruiert (Kap. 4.5). Hierfür wurden im Datenkorpus analytische Themen identifiziert und ausgewählte Passagen mit Hilfe von gegenständlichen und methodischen Heuristiken einer feinanalytischen Auswertung unterzogen mit dem Ziel, unterschiedliche Fallstrukturen herauszuarbeiten.[306] Die Auswertung wurde in regelmäßig stattfindenden gemeinsamen Analysesitzungen vorangetrieben, um die Intersubjektivität, Transparenz und Reichweite der Analyseergebnisse zu sichern.[307] Dadurch entstand ein Reflexionsraum zur Verankerung einer kontinuierlichen Reflexivität im Forschungsprozess.[308]

Da das Datenmaterial sowohl einen breiten Überblick über die Gemeinden und ihre aktuellen Themen als auch tiefere Einblicke in die kommunikativen Prozesse der Gemeinden ermöglicht, bietet die Analyse einerseits Darstellungen der Prozessstrukturen mit Blick auf die einzelnen Gemeinden (v. a. in den Kapiteln 4.4 und 4.5), andererseits thematische Vertiefungen in Bezug auf Spannungsfelder und theologische wie sozialräumliche Verortungen (Kap. 4.6 und 4.7).

---

[305] KRUSE, Interviewforschung; BOHNSACK/NOHL, Dokumentarische Methode.
[306] BREIDENSTEIN u. a., Ethnografie, 167; KRUSE, Interviewforschung, 487.
[307] KRUSE, Interviewforschung, 75.
[308] BETHMANN, Wegweiser, 148.

4.3 Fallgemeinden und ihre Kirchenbezirke

Die Suche nach Gemeinden, deren Umgang mit politisch-kulturellen Herausforderungen Gegenstand der Beobachtung werden konnte, gestaltete sich als Streifzug durch die kirchliche Landschaft Deutschlands. Unterstützt von zahlreichen Kontaktpersonen in den Gemeinden, in leitenden Funktionen unterschiedlicher Ebenen und in der kirchlichen Organisationsberatung der Landeskirchen entwickelten wir ein Verständnis für die ausgesprochen heterogene Situation, in denen Gemeinden sich befinden. Uns Forscherinnen hat vor allem herausgefordert, dass Gemeinden offenbar, wo immer das möglich ist, versuchen, ihre Unstimmigkeiten oder Auseinandersetzungen über soziale und politische Fragen zunächst im kommunikativen Raum der Verantwortlichen zu belassen. Ob eine Gemeinde zu einer lokalen politischen oder infrastrukturellen Frage Stellung nimmt oder wie mit Meinungsverschiedenheiten, etwa über Homosexualität, umgegangen wird, soll im kleinen Kreis geklärt werden. Diese Zurückhaltung gegenüber einer gemeindeöffentlichen und dann auch für die Menschen im Ort sichtbaren Kommunikation erlebten wir in vielen Fällen enorm stark. Auch Dekan*innen und sogar von solchen Auseinandersetzungen betroffene Mitarbeitende der Gemeinde versuchten, einen Dissens verborgen zu halten oder ihn als harmlos und bereits überwunden darzustellen. Offenbar erscheint allein die Tatsache, dass die Gemeinde mit unterschiedlichen Haltungen zu gesellschaftspolitischen Fragen leben muss, als enorme Herausforderung.

4.3.1 Vier Fallgemeinden im Überblick

Die *Traditionelle Gemeinde Ost* befindet sich in einer industriell geprägten ostdeutschen Kleinstadt mit ca. 20 000 Einwohner*innen in ländlicher Region und umfasst ca. 2 000 Gemeindemitglieder. Zum Sonntagsgottesdienst kommen durchschnittlich 60 Personen. Die proletarische Prägung der Stadt spiegelt sich auch in der Kirchengemeinde wider, in der wenig Bildungsbürgertum sichtbar ist und viele Personen dem traditionellen Arbeitermilieu zugeschrieben werden können. Die religiöse Landschaft der Region setzt sich vor allem aus evangelischen Gemeinden und christlichen Freikirchen zusammen. Katholische Gemeinden gibt es nur vereinzelt und Gemeinden anderer Religionen sind nahezu nicht existent.

Die Schwerpunkte der Gemeinde liegen in der Kinder-, Jugend- und Seniorenarbeit. Kulturarbeit oder auch diakonische Arbeit stehen weniger im Fokus. Charakteristisch für die Gemeinde sind zwei verschiedene theologische Ausprägungen: zum einen eine charismatische Bewegung, die ihren Fokus auf Gemeindeaufbau legt und eine rege Glaubenskurs- und Hauskreisarbeit betreibt, zum anderen eine traditionsbewusste Ausprägung mit konservativem Frömmigkeitsprofil. Durch die charismatische Ausprägung der Gemeinde erstreckt sich das Einzugsgebiet teilweise über die Kleinstadt hinaus in kleinere Dörfer der Umgebung hinein. Die Kirchengemeinde verfügt über eine Pfarrstelle. Zusätzlich ist der Dekan des Kirchenbezirks zu einem Anteil in der Gemeinde tätig. Außerdem gibt es jeweils eine Stelle in der Gemeindepädagogik und der Kirchenmusik. Politisch-kulturelle Themen spielen in der Gemeinde prinzipiell keine große Rolle. Mit dem Zustrom von Geflüchteten ab 2015 besuchen diese die angebotenen Glaubenskurse und Hauskreise der Gemeinde. Einige haben sich taufen lassen.

Die *Innovative Gemeinde Ost* befindet sich im Innenstadtbereich einer größeren ostdeutschen Stadt und hat ca. 6000 Mitglieder. Etwa 200 Gemeindemitglieder sind ehrenamtlich engagiert. Den sonntäglichen Gottesdienst besuchen durchschnittlich ca. 50 Personen. Das Einzugsgebiet der Gemeinde ist sozialstrukturell sehr heterogen. Hochhäuser und Sozialwohnungen wechseln sich mit Einfamilienhäusern und weitläufig platzierten Villen oder freien Flächen ab. So entsteht ein sehr durchmischtes Bild des Stadtteils. Im Stadtgebiet gibt es neben einer katholischen Kirchengemeinde verschiedene christliche Freikirchen sowie Gemeinden aus anderen Religionen. Weniger als 20 Prozent der Bevölkerung sind evangelisch.

Die Gemeinde betreibt einen Kindergarten, verfügt über 2,5 Pfarrstellen und weitere Stellen in der Gemeindepädagogik, der Seniorenarbeit und der Kirchenmusik. Ihre inhaltlichen Schwerpunkte legt die Gemeinde auf diese klassischen Bereiche der Gemeindearbeit. Parallel hierzu entstehen aktuell neue, innovative Projekte. Durch das Engagement eines Pfarrers der Gemeinde wurde kürzlich eine Projektstelle für Umweltbewusstsein und Nachhaltigkeit eingerichtet, die durch verschiedene Stiftungen und Organisationen finanziert wird. Das Thema Nachhaltigkeit soll damit in der Gemeinde verankert und verstetigt werden. Eine weitere Initiative, die über die klassische Gemeindearbeit hinausgeht, ist der Aufbau eines Netzwerkes zum interreligiösen Dialog mit anderen Religionsgemeinschaften im Stadtteil.

Die Gemeinde kann daher als liberale Gemeinde bezeichnet werden, die sich in einem intensiven Entwicklungsprozess befindet, bei dem die Offenheit für politisch-kulturelle Themen eine große Rolle spielt. Hier blickt die Gemeinde auf eine lange Tradition zurück mit einem Engagement in der damaligen DDR, in der Friedensbewegung und dem Mitgestalten der friedlichen Revolution 1989. Ältere Gemeindemitglieder sind von dieser Zeit geprägt und verstehen soziales Engagement in einer Kirchengemeinde als selbstverständlich.

Die *Bürgerliche Gemeinde West* befindet sich am Rand einer westdeutschen Stadt mit ca. 80000 Einwohner*innen. Die religiöse Landschaft in der vorwiegend ländlichen Region ist sehr heterogen. Neben evangelischen Gemeinden gibt es zahlreiche katholische Gemeinden, christliche Freikirchen und auch Gemeinden aus anderen Religionen, z. B. muslimische Gemeinden. Der Anteil der Menschen mit einer evangelischen Kirchenmitgliedschaft liegt in der Bevölkerung unter dem der römisch-katholischen Mitgliedschaft und beträgt weniger als 30 Prozent.

Das Einzugsgebiet der Gemeinde ist in seiner Sozialstruktur geschichtlich stark vom wohlhabenden Bildungsbürgertum geprägt. Inzwischen hat sich die Bevölkerung durchmischt und es leben auch Studierende, Migrant*innen oder Sozialhilfeempfänger*innen im Stadtteil. Dementsprechend ist das heutige Stadtbild sowohl von Straßenzügen mit herrschaftlichen Altbauten gekennzeichnet als auch von einfachen Reihenhäusern oder Häuserblocks aus den 1960er-Jahren. Zur Gemeinde gehören ca. 3500 Mitglieder. Zum sonntäglichen Gottesdienst kommen ca. 50 Personen. Die Gemeinde hat zwei Kindergärten und verfügt über zwei Pfarrstellen und eine Stelle in der Kirchenmusik. Die klassische Gemeindearbeit (Kinder-, Jugend- und Seniorenarbeit) ist – wie auch der Stadtteil – vom Bildungsbürgertum geprägt, was sich z. B. im hochkulturell geprägten Programm der Seniorenarbeit widerspiegelt.

Die Gemeinde kann als gutbürgerlich, traditionsbewusst und offen bezeichnet werden. Geschichtlich steht die Gemeinde in der Tradition des Einsatzes gegen Rechtsextremismus. Durch das Engagement eines Pfarrers hat sich im Zusammenschluss mit verschiedenen Institutionen der Stadt ein Netzwerk gegen Rechtsextremismus gegründet, das neben anderen Gruppen und Kreisen Teil der Gemeindearbeit ist und als besonderes Merkmal der Gemeinde stadtweit bekannt ist.

Die *Liberale Gemeinde West* befindet sich in einer großen westdeutschen Stadt. Die religiöse Landschaft der Region ist sehr vielfältig. Neben christlichen Gemeinden beider großer Konfessionen und christlicher Freikirchen gibt es auch zahlreiche Gemeinden anderer Religionen. Im Stadtteil der Gemeinde befindet sich z. B. auch eine Moschee. Sozialstrukturell setzt sich das Gemeindegebiet aus gut situierten Wohngebieten mit Villen und pompösen Stadthäusern als auch Quartieren mit jüngeren Reihenhäusern und auch Plattenbauten zusammen. Dementsprechend durchmischt ist die Mitgliederschaft der Gemeinde.

Zur Evangelischen Gemeinde gehören ca. 7000 Personen. Den sonntäglichen Gottesdienst besuchen ungefähr 40 Personen. Die Gemeinde verfügt über drei Pfarrstellen, drei Stellen in der Gemeindepädagogik und eine in der Kirchenmusik. Außerdem betreibt die Gemeinde zwei Kindergärten. Neben der klassischen Gemeindearbeit gibt es zahlreiche Einzelinitiativen und Projekte, in denen die Gemeinde verschiedene sozial- und gesellschaftspolitische Themen wie Flucht und Migration, Nachhaltigkeit, Infrastruktur- und Umweltthemen aufgreift. Dieses langjährig gewachsene Engagement ist u. a. der personellen Kontinuität der drei Pfarrpersonen mit klarem sozialpolitischem, liberalem Profil zuzuschreiben, wobei sich auch viele andere Gemeindemitglieder aktiv engagieren. Der Gemeinde ist in ihren gewachsenen Strukturen ein innovatives Auftreten wichtig. Insgesamt kann sie als lebendig und linksliberal mit intellektueller Prägung bezeichnet werden.

4.3.2 Ergebnisse der Online-Erhebung in den Kirchenbezirken

In den beiden stark städtischen Kirchenbezirken haben zu einem Drittel Hauptamtliche, zu zwei Dritteln Ehrenamtliche teilgenommen. In den größtenteils ländlichen Bezirken liegt der Anteil der Ehrenamtlichen nur bei 49 Prozent und 58 Prozent, wohl vor allem bedingt durch die bessere Erreichbarkeit von Hauptamtlichen per E-Mail. Unter den Ehrenamtlichen ist der Großteil im Kirchengemeinderat aktiv. Unter den Hauptamtlichen finden sich Pfarrer*innen, Diakon*innen und Gemeindepädagog*innen sowie Kirchenmusiker*innen, außerdem etliche andere Mitarbeitende aus der Verwaltung, den Kindertagesstätten oder Beratungsstellen.

Es lassen sich insgesamt einheitliche Perspektiven auf die politisch-kulturellen Themen feststellen: In der allgemeinen Frage „Wie wichtig ist das Thema für Sie?" bewerten mindestens zwei Drittel der Befragten „Soziale Probleme" als „wichtig" oder „sehr wichtig", in einer Gemeinde bis zu 100 Prozent. Nur eine kleine Gruppe zwischen 0 und 12 Prozent hält das Thema für eher „überhaupt nicht" oder „wenig" wichtig. Ähnlich beim Komplex „Umwelt und Klima", hier sind es (mit Ausnahme des ländlichen Bezirks Ost) zwischen 88 und 96 Prozent der Befragten, die das Thema für „wichtig" oder „sehr wichtig" halten. Ebenfalls mit Ausnahme des ländlichen Bezirks Ost sind sich die Gemeinden, etwas schwächer als bei den oben genannten Themen, darin einig, dass „Politische Strömungen" und „Asyl und Migration" wichtig sind.

Dieser Befund führt bereits in die Analyse der Einzelthemen, wobei an dieser Stelle nur besonders aussagekräftige Ergebnisse benannt werden können. Die Befragten im ländlichen Bezirk Ost weichen in vielen Fragen von den anderen Bezirken ab. Die oben genannten Konsensthemen finden hier immer deutlich größere Anteile von Befragten, die diese Themen nicht für wichtig halten. Die Grafik schlüsselt die Ergebnisse zu den Themen mit den größten Unterschieden auf.

Im ländlichen Bezirk Ost findet sich zu allen Themen mit Ausnahme der „Sexuellen Orientierung" der größte Anteil von Personen, die die Themen persönlich nicht als wichtig bezeichnen oder die mittlere Antwortoption „teils/teils" gewählt haben. Diese Themen erscheinen im dortigen kirchlichen Raum deutlich nicht als Themen, die einen klaren Widerhall im Interesse der Mehrheit der Verantwortlichen finden. Die Analyse der Fallgemeinde in diesem Bezirk, der Traditionellen Gemeinde Ost, ermöglicht genauere Interpretationen für diese Einschätzung (siehe vor allem Kap. 4.7.2). Erwähnenswert ist, dass die Einschätzungen dieser allgemeinen Relevanz politisch-kultureller Themen im Kirchenbezirk der Innovativen Gemeinde Ost weitgehend denen in den West-Bezirken entsprechen, mit Ausnahme der Themen „Islam" und „Asyl und Migration", die unten noch näher beschrieben sind.

Abb. 4.1: Bedeutung politisch-kultureller Themen im Kirchenbezirk

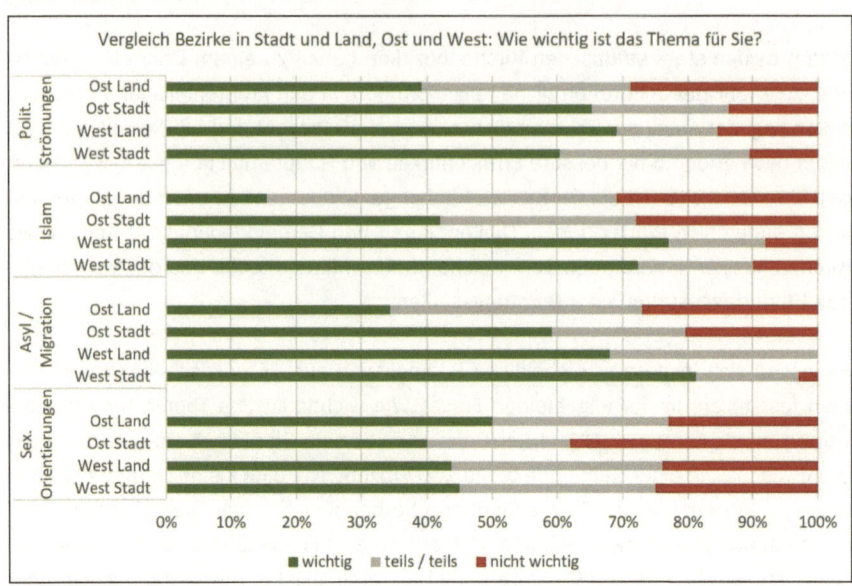

Die „Sexuelle Orientierung" ist als Thema im kompletten Feld von weniger als der Hälfte der Befragten als relevantes Thema markiert worden. Hierzu finden sich in den offenen Antworten auf die Frage, welche Bedeutung das Thema vor Ort und im nächsten Schritt für die Kirche hat, Antworten, die diese Lage aufschlüsseln helfen: Im städtisch geprägten Bezirk West äußern zahlreiche Befragte, Homosexualität sei inzwischen selbstverständlich in der Stadt wie auch in der Gemeinde. In der Gemeinde seien wichtige Regelungen getroffen worden, die Diskussionen seien entweder abgeschlossen oder etabliert. Die Bezirke im Osten markieren das Thema als eines, das nur „im Einzelfall" Aufmerksamkeit bekommt, jeweils beschränkt auf die individuelle Klärung über den Umgang. Weil das Thema „emotional aufgeladen" sei, bliebe die Diskussion „unter der Oberfläche". Einige markieren das Thema als abgeschlossen, weil Gemeinden ihre Positionen nun geklärt hätten, etwa mit einem Beschluss im Kirchengemeinderat, dass Trauungen oder Segnungen gleichgeschlechtlicher Paare stattfinden können – oder nicht in Frage kommen.

Ganz anders im Umgang mit „Politischen Strömungen": Hier markieren viele Befragte das Thema als interessant, allerdings auch besonders herausfordernd. Bereits die Aufnahme des Themas ist different: Während es die einen als „wenig wahrnehmbar" beschreiben, betonen andere, es sei entweder sehr präsent oder gerade darin präsent, dass politische Extreme in Wahlergebnissen sichtbar seien, aber nicht in Diskussionen erlebbar, wie eine Pfarrerin es ausdrückt: „Es gibt eine hohe AfD-Wählerquote, irgendwo müssen diese Menschen sein, wahrscheinlich auch in meiner Gemeinde. Das Problem ist nur, dass sie sich nicht zu erkennen geben." In den meisten Bezirken finden sich mehrfach gegenläufige Voten: Die einen halten einen Bezug von Kirche und Politik für selbstverständlich und gehen davon aus, dass die Kirche „keine Möglichkeit" habe, „sich rauszuhalten", die anderen sind der Ansicht, „Politik und Kirche sollten sich nicht vermischen". Während in den anderen Bezirken die Voten überwiegen, die Gemeinde müsse sich hier eben um einen Mittelweg bemühen, beschreiben die Befragten im ländlichen Bezirk Ost die Situation innerhalb der Gemeinde als problematisch und kaum zu lösen. Es entwickle sich eine „Spannung" oder gar „Spaltung" zwischen den Mitgliedern, so würde das Thema „wie eine heiße Kartoffel behandelt", denn man wolle ja „niemandem auf die Füße treten". Mehrfach wird die Sorge ausgedrückt, die Spannungen zwischen konservativen und liberalen Mitgliedern könnten die Kirche beschädigen. Diese Spannungen werden in der Analyse der Fallgemeinde im ländlichen Bezirk Ost besonders deutlich und in den Kapiteln 4.4.1, 4.5.1 und 4.7.2 ausführlich vorgestellt.

Die beiden Themen „Islam" und „Asyl und Migration" bilden in den Voten der Befragten einen Komplex, die Antworten beziehen sich vielfach aufeinander. Insgesamt transportieren die Texte eine positive Haltung zum Thema, Begriffe wie „Akzeptanz" oder „Offenheit" werden verwendet, Aktivitäten am Ort oder in der Gemeinde werden benannt, etwa die Zusammenarbeit mit einer Moschee oder Hilfsangebote für Geflüchtete. Das Thema „Flucht" wird vielfach als „vorbei" gekennzeichnet, etwas, das in den betreffenden Sozialräumen kaum noch eine Rolle spielt, abgesehen davon, dass – in Ost wie West – Geflüchtete getauft wurden und jetzt als Gemeindemitglieder sichtbar sind.

Interessant ist allerdings die Ambivalenz, die aus zahlreichen Voten zu hören ist. Einerseits ist ein multireligiöses Zusammenleben Normalität und auch als „problemlos" bewertet, andererseits beschreiben die Befragten eine subtile Bedeutung des Themenkomplexes: Indem das Thema „Flucht" gesellschaftlich so stark wahrgenommen werde (trotz einer kleinen Zahl von Geflüchteten), werde Migration allgemein ebenfalls als problematisch diskutiert – so sind aus Sicht eines Befragten aus dem Bezirk der Liberalen Gemeinde West „Asyl und Migration durch den hohen Anteil an Migranten in unserer Stadt allgegenwärtig". In den Ost-Bezirken finden die Befragten noch härtere Formulierungen: Zum Thema werden „Gespräche mit Menschen, die sich Sorgen wegen Islamismus machen" sowie die Wahrnehmung einer stark unterschiedlichen Entwicklung christlicher Gruppen. Eine Diakonin beschreibt es so: „Nicht nur politisch Motivierte, sondern auch evangelikale Christen neigen hier zu extremer Ablehnung." Dies wird für Gemeinden zur Zerreißprobe. Wie sich Kirchengemeinden das Thema Flucht aneignen und welche weiteren Themen sich daraus entwickeln, wird in den Fallgemeinden Liberale Gemeinde West und Traditionelle Gemeinde Ost sichtbar (siehe Kap. 4.4.1, 4.4.4 und 4.6.1 bis 4.6.3).

In der Befragung spiegelt sich diese Spannung wider, neben positiven Bewertungen der Situation markieren manche Voten stärker die Grenzen zu anderen Religionen, betonen die Notwendigkeit der „Wahrung des Grundgesetzes" durch Muslim*innen oder eines klaren christlichen Profils der Gemeinde im Dialog. Im Landbezirk Ost benennt ein Befragter seine Sorge, das Wesentliche des Glaubens könne verloren gehen, mit aller Deutlichkeit: Er vermisst „bei allen Begegnungen mit unseren Mitmenschen ein klares Bekenntnis der ganzen Gemeinde und ihrer einzelnen Glieder zum Gott Abrahams, Isaaks und Jakobs." Er erläutert seine Ansicht weiter: „Wir haben nicht den Auftrag, einen interreligiösen Dialog zu führen, sondern den Menschen diese Wahrheit mitzuteilen. Wenn sie es nicht hören wollen, dürfen wir weiter gehen."

In den Themenkomplexen „Infrastruktur" und „Umwelt und Klima" bieten die Voten eine wichtige Perspektive: Die Themen selbst sind als relevant und dringlich empfunden. Aber sowohl in der persönlichen Bewertung als auch mit Blick auf den Ort äußern die Befragten Unsicherheit, inwieweit diese Themen für die Kirchengemeinde relevant sein können. Über moralische Verpflichtung hinaus, etwa zum nachhaltigen Umgang mit Energie oder Verpackung, und begleitet vom Vorbehalt, dass „Glaube nur am Rande mit den Themen zu tun" habe, zeichnen sich hier vor allem Suchprozesse ab, wie Veränderungen oder Herausforderungen „in die Arbeit der Gemeinde aufgenommen" werden und so eine (stärkere) Befassung der Gemeinde mit diesen Themen gelingen könnte. Konkrete Such- und Aushandlungsprozesse zur Verankerung des Themas Nachhaltigkeit in einer Gemeinde werden in der Innovativen Gemeinde Ost deutlich und in den Kapiteln 4.5.2 und 4.6.4 analysiert.

4.4 Analyse Teil I: Einflussgrößen für das Aufkommen politisch-kultureller Themen in Gemeinden

Eine Analyse der Fallgemeinden ermöglicht die Rekonstruktion zentraler Einflussgrößen, die die Entwicklung von politisch-kulturellen Herausforderungen in Gemeinden bestimmen. Die wirkmächtigsten Größen sind: (1) das Profil der Gemeinde, wobei hier vor allem die geschichtliche Prägung als auch die theologische Ausrichtung der Gemeinde eine Rolle spielen, (2) konkrete Anlässe und Ereignisse, die innerhalb der Gemeinde selbst oder im Umfeld stattfinden, (3) aktive Einzelpersonen, vor allem hauptamtliche Personen, die – ihrer persönlichen Prägung entsprechend – Themen einbringen und damit eigene Anliegen vorantreiben oder Themen aus dem nahen Umfeld aufgreifen und in die Gemeinde einbringen.

Die drei idealtypisch herausgearbeiteten Einflussgrößen überschneiden sich in der Praxis und wirken ineinander. Je nachdem, wie sie (miteinander) wirken, verläuft die Befassung mit politisch-kulturellen Herausforderungen in den Gemeinden sehr unterschiedlich – etwa bezüglich der Vorhersehbarkeit, der Entwicklungsgeschwindigkeit oder der Erwünschtheit solcher Herausforderungen. Im Folgenden zeichnen wir dieses Ineinanderwirken der drei Einflussgrößen in den Fallgemeinden nach.

4.4.1 Ein Ereignis führt zur Beschäftigung mit politischen und innergemeindlichen Herausforderungen – Traditionelle Gemeinde Ost

Eine Gemeinde, bei der die Einflussgrößen „Prägung der Gemeinde" und „Ereignis" die Entwicklung von politisch-kulturellen Herausforderungen bestimmen, ist die Traditionelle Gemeinde Ost. Die Gemeinde kann als traditionell-konservativ bezeichnet werden und beschäftigt sich üblicherweise nicht aktiv mit politischen Themen. Im Profil der Gemeinde wird vor allem eine missionarische Ausrichtung deutlich. Diakonische Themen werden so z. B. stark mit dem Anliegen des Gemeindeaufbaus verknüpft. Eine politisch-kulturelle Herausforderung, mit der sich die Gemeinde in letzter Zeit konfrontiert sah, ist das Thema Homosexualität. Ein Mitarbeiter des Kirchenbezirks hatte sich als homosexuell geoutet, was innerhalb der Gemeinde kontroverse Debatten darüber auslöste, wie man fortan mit diesem Mitarbeiter umgehen solle und ob er seine berufliche Tätigkeit in dieser Gemeinde noch ausüben dürfe. Diese Kontroverse endete mit der Niederlegung des Amtes und dem Wegzug der homosexuellen Person aus der Region. Neben der Kontroverse um Homosexualität stellt das Thema Umgang mit Coronaverordnungen für die Gemeinde eine Herausforderung dar, da auch hier sehr gegensätzliche Meinungen laut werden, inwieweit sich Kirche diesen Verordnungen fügen sollte.

Das Thema Flucht wird von der Gemeinde in der Form aufgegriffen, dass Geflüchtete, die seit dem Jahr 2015 ab und zu am Gottesdienst teilnehmen, in Glaubenskurse oder Hauskreise integriert werden und sich vor allem der Pfarrer der Gemeinde um die Einbindung der Personen in diese Form der Gemeindearbeit kümmert. Er deutet es so: *„Also die [Geflüchteten] hat uns der Vater im Himmel geschickt, das kann ich bis heute [lachend] nicht anders sagen."* Durch eine gewaltvolle Auseinandersetzung bei einem Gemeindefest zu Erntedank rückt das Engagement für Geflüchtete in den Fokus der Öffentlichkeit und die Gemeinde muss sich mit diesem Thema auseinandersetzen: Zum Gemeindefest, bei dem die Verkündigung eine wichtige Rolle einnimmt, sollen auch Menschen angesprochen werden, die sonst nicht am Gemeindeleben teilnehmen. Dementsprechend werden auch Bedürftige und Geflüchtete eingeladen. Teil des Fests ist eine besondere Geschenkeaktion, die schon seit mehr als zehn Jahren in der Verantwortung von einzelnen Ehrenamtlichen durchgeführt wird. Bei der diesjährigen Geschenkeaktion kommt es allerdings zum Gerangel unter Geflüchteten. Ein Mitarbeiter der Gemeinde, Jochen, wird verletzt, als er den Streit schlichten möchte, und muss ins Krankenhaus eingeliefert werden. Die gewaltvolle Auseinandersetzung stiftet große Aufregung – innerhalb der Gemeinde, weil nun auch zahlreiche kritische Stimmen gegenüber der Unterstützung für Geflüchtete laut werden, und ebenso nach außen, weil das Geschehen medial schnell verbreitet wird. Eine Äußerung des Pfarrers spiegelt die Unentschlossenheit und Hilflosigkeit wider:

„Das war schon sehr, sehr anstrengend, das muss man einfach sagen, also weil auch keiner sich drauf vorbereiten konnte in der Form und man ja auch selber nicht so medienfit ist an allen Stellen, also da mächtig immer wieder dazulernen muss. Und wir haben uns ein ganzes Stück durchgehangelt und es versucht, gemeinsam hier als Pfarrer und Mitarbeiter zu bestehen. Aber es war eine anstrengende Zeit. Und das ist eben auch, dass man den vielen Meldungen oder Halbwahrheiten eben nur bedingt entgegentreten kann, das ist einfach so, und man halt gucken muss, wie man damit umgeht und durchkommt. Und manchmal einfach auch ein Stückchen hofft, ja, man wird es beruhigt haben."

Einhergehend mit dem medialen Aufruhr instrumentalisiert eine örtliche rechte Gruppierung die gewaltvolle Auseinandersetzung zur Hetze gegen die Flüchtlingspolitik und initiiert innerhalb weniger Tage eine Kundgebung, zu der weitere rechte Gruppierungen aus der Umgebung kommen. Es versammeln sich ca. 2 000 Personen auf dem Rathausplatz ganz in der Nähe der Kirche. In der Herausforderung, schnell zu reagieren, veröffentlicht die Gemeinde nach einigen internen Diskussionen eine Stellungnahme, in der sie die gewaltvolle Auseinandersetzung verurteilt, sich davon abwendet, das Geschehen pauschal auf das Verhalten von Geflüchteten zu übertragen, und betont, dass sie die gewaltvolle Auseinandersetzung nicht als Angriff auf die Gemeinde oder das Christentum deutet. In einem Aushandlungsprozess, wie auf die Kundgebung der rechten Gruppierungen zu reagieren sei, kommt die Gemeinde zur „Antwort", zeitgleich zur Kundgebung einen Gottesdienst mit Gebet für ein friedliches Miteinander in der Kirche zu organisieren. In der Abwägung, aktiv werden, aber nicht provozieren zu wollen, werden bewusst keine Banner oder Plakate mit Gegenstimmen aufgehängt. Auch auf andere Aktionen, z.B. eine Menschenkette mit Kerzen vor der Kirche, wird verzichtet. Zum Gottesdienst, bei dem mehr als 400 Personen anwesend sind, sind der Gemeinde Gebetsgemeinschaften wichtig und die wiederkehrende Betonung eines friedlichen Miteinanders.

Die Gemeinde ist plötzlich mit mehreren Themen konfrontiert. Nicht nur die Themen Flucht/Migration und Integration rücken in die Mitte des Gemeindelebens, sondern auch das Thema des Umgangs mit politischen Strömungen ist plötzlich präsent. Die Themen Flucht und Migration, die bislang nur von einzelnen Personen in der Gemeinde bearbeitet wurden, vor allem vom Pfarrer und den Ehrenamtlichen, die sich um das jährliche Erntedank-Gemeindefest kümmern, wechseln durch die gewaltvolle Auseinandersetzung die Relevanzebene innerhalb der Gemeinde. Die Themen rücken vom Rand der Gemeinde in den Mittelpunkt und werden Sache der Gemeindeleitung und der Verantwortlichen im Kirchenbezirk. Sie werden diskutiert und beeinflussen plötzlich den normalen Gemeindealltag.

Zudem bedingt das Ereignis, dass das Thema Flucht politisch aufgeladen und um die Dimension „Islam" erweitert wird. Wurden die Themen Flucht und Migration innerhalb der Gemeinde bislang theologisch verortet und als Dienst am Nächsten in das missionarische Profil der Gemeinde eingebettet, erhalten sie nun, durch die Instrumentalisierung der gewaltvollen Auseinandersetzung durch rechte Gruppierungen, eine politische Zuschreibung, zu der sich die Gemeinde verhalten muss.

Die Gemeinde muss sich nach außen positionieren. Sie muss zum einen unter Zeitdruck einen Umgang mit den Medien entwickeln, was aufgrund der Unerfahrenheit mit derart hohem medialem Interesse zur Herausforderung wird. Zum anderen muss sie sich zur Reaktion der rechten Gruppierungen verhalten. Mit dem Inhalt der Stellungnahme und auch mit dem Gottesdienst mit Gebet für ein friedliches Miteinander als nicht provozierende Reaktion auf die Kundgebung der rechten Gruppierungen wird deutlich, dass die Gemeinde ihren Umgang mit dem Ereignis nicht politisch, sondern theologisch begründet und dabei auf eine deeskalierende Haltung setzt. Nach außen verwehrt sich die Gemeinde gegenüber politischen Positionierungen. Sie beruft sich auf religiöse Formate wie Gottesdienste und Gebet. Wie die Aneignung und Bearbeitung der gewaltvollen Auseinandersetzung vorrangig durch eine theologische Verortung geschieht und wie diese von Verantwortlichen in der Gemeinde vorgenommen wird, ist in Kapitel 4.5.1 kleingliedrig analysiert.

Die Gemeinde muss nach außen Stellung beziehen, nach innen wird sie mit konträren Meinungen zur Hilfe für Geflüchtete konfrontiert. Diese wurden vorher selten oder gar nicht geäußert, weil politische Themen in der Gemeinde keinen offiziellen Raum erhielten, kommen aber nun, da das Thema (von außen) politisiert und so in der Gemeinde präsent wird, intensiv zur Sprache. Während sich einige Gemeindemitglieder positiv für eine öffentliche Stellungnahme positionieren und auch Zuspruch für die Arbeit mit Geflüchteten formulieren, bringen andere ihr Unverständnis oder sogar ihren Unwillen gegenüber der Arbeit mit Geflüchteten zum Ausdruck. Die Meinungsäußerung erfolgt dabei zum Teil theologisch begründet oder in beleidigender Art und Weise gegenüber denen, die sich bislang für Geflüchtete eingesetzt haben. Dementsprechend wird nicht nur der Inhalt der Kommunikation zur Herausforderung, sondern auch die Form. In der Ankündigung einiger Gemeindemitglieder, nicht mehr in den Gottesdienst zu kommen, solange Geflüchtete anwesend sind, werden sowohl Ängste als auch verhärtete, möglicherweise rassistische Einstellungen erkennbar. Die Gemeindeleitung sieht sich in der Herausforderung, mit der aufgewühlten Stimmung in der Gemeinde aktiv umzugehen, da das Thema auch dann unterschwellig weitergärt, als das mediale Interesse von außen abklingt. Für die Bearbeitung des innergemeindlichen Konflikts wird ein Format geplant, bei dem es, ähnlich wie unmittelbar nach der gewaltvollen Auseinandersetzung, einen Gebetsgottesdienst und einen Gesprächsabend geben soll, in der theologische Deutungen als auch kontroverse politische Haltungen Raum erhalten sollen. Die Durchführung des Abends verschiebt sich coronabedingt um einige Monate nach hinten. Es nehmen wenige Menschen daran teil, eine Aussprache über kontroverse Ansichten findet nicht statt. Die Veranstaltenden zeigen sich im Nachhinein enttäuscht – im Wissen, dass das Thema unterschwellig präsent bleibt.

> Bei dieser Form der Entwicklung bedingen die Einflussgrößen „Prägung der Gemeinde" und „öffentlichkeitswirksames Ereignis in der Gemeinde" eine Auseinandersetzung mit politischen-kulturellen Herausforderungen, die das normale Gemeindeleben massiv stört. Da sich die Gemeinde im „normalen Gemeindealltag" nicht mit politischen Themen beschäftigt, ist sie unerfahren im Umgang damit. Durch die mediale und politische Aufmerksamkeit, die die gewaltvolle Auseinandersetzung auslöst, kommt die Gemeinde in eine Überforderungssituation, adäquat reagieren zu müssen – nach außen gegenüber der Öffentlichkeit und diversen politischen Gruppierungen und auch innergemeindlich. Die Entwicklung der politisch-kulturellen Herausforderung erfolgt hier nicht geplant, sondern reaktiv, unvorbereitet und unter Zeitdruck.

4.4.2 Ein Pfarrer setzt gesellschaftspolitische Impulse und gründet neue Initiativen – Innovative Gemeinde Ost

Die Entwicklung von politisch-kulturellen Herausforderungen ist in der Innovativen Gemeinde Ost sehr stark durch das Engagement einer Einzelperson – des Pfarrers der Gemeinde – geprägt. Die Gemeinde ist in ihrer geschichtlichen Prägung mit der Bearbeitung politischer Themen vor allem aus Zeiten der Friedensbewegung in der DDR und der friedlichen Revolution vertraut und prinzipiell offen für das Aufgreifen derselben Themen. In den vergangenen Jahrzehnten gab es immer wieder zeitlich befristete Engagements, z. B. in der Umweltbewegung oder der Flüchtlingsthematik. In welcher Intensität die Themen in der Gemeinde bearbeitet wurden, hing stark davon ab, wie die jeweiligen Hauptamtlichen diese Themen einbrachten. So berichten es Gemeindemitglieder, die schon seit mehr als 30 Jahren zur Gemeinde gehören und sich aktiv am Gemeindeleben beteiligen. In den vergangenen zehn Jahren fand vermehrt ein Wechsel von Pfarrer*innen statt, sodass der Fokus der Gemeinde vor allem darauf lag, die klassische Gemeindearbeit zu gewährleisten. Nun sind die Pfarrstellen in der Gemeinde wieder alle besetzt. Neben einer Pfarrerin, die sich auf die klassische Gemeindearbeit fokussiert, ist es der Pfarrer, der seit seinem Dienstantritt vor zwei Jahren neue und politische Themen einbringt. Er setzt Impulse für die Beschäftigung mit politisch-kulturellen Themen und verleiht der Gemeinde mit diesem Vorgehen eine innovative Wirkung nach außen. Die Inhalte entsprechen seinem persönlichen Profil, seinen Anliegen, die er biografisch begründet und bereits im Studium vorangetrieben hat. Inhaltlich liegen diese zum einen im Themenkomplex Nachhaltigkeit und zum anderen im Bereich des interreligiösen Dialogs. Seine Vorhaben stimmt er jeweils mit dem Kirchengemeinderat ab. Die Gemeindeleitung gibt ihre Zustimmung, befürwortet die Themen, überlässt die Umsetzung jedoch vor allem dem Pfarrer. Dieser strebt die Einbindung anderer Personen und die langfristige Verankerung der Themen in der Gemeinde an.

Um das Thema des interreligiösen Dialogs voranzutreiben, geht der Pfarrer auf andere Religionsgemeinschaften im Stadtteil zu und gründet gemeinsam mit deren Vertreter*innen ein Begegnungsformat. Außerdem spricht er einzelne Personen aus seiner Gemeinde an, die in diesem Bereich bereits aktiv waren oder in anderen Zusammenhängen mit dem Thema vertraut sind und sich dafür interessieren. Dadurch kommen zwei bis drei Personen aus der Gemeinde dazu. Es entsteht ein Dialog zwischen den Religionen, der zum Beginn der Erhebung ca. ein Jahr besteht und sich fortan im Aufbau befindet. Im Bereich Nachhaltigkeit geht das Engagement des Pfarrers weiter: Es gelingt ihm, personelle Ressourcen für diesen Themenbereich zu schaffen, indem er gemeinsam mit einem Kollegen aus einer anderen Gemeinde finanzielle Mittel durch verschiedene Stiftungen und Institutionen einwirbt und somit eine zeitlich befristete Projektstelle zum Themenkomplex Nachhaltigkeit schafft. Die eigene Stelle zum Thema Nachhaltigkeit ist ein starkes Zeichen für die Gemeinde, dass das Profil der Gemeinde nun in diese Richtung ausgebaut werden soll. Einen Konsens für deren Notwendigkeit gab es auf der Ebene der Gemeindebasis im Vorfeld nicht. Dementsprechend werden auch beide Arbeitsbereiche von Gemeindemitgliedern in erster Linie mit dem Pfarrer in Verbindung gebracht und ihm zugeschrieben.

Die Struktur dieser Entwicklung geht mit der Herausforderung einher, die Themen in der Gemeinde zu verankern. Die Frage nach dem Ort der Themen innerhalb der Gemeinde zeichnet sich beim interreligiösen Dialog, aber vor allem bei der Nachhaltigkeitsinitiative ab, weil diese durch die Projektstelle faktisch mehr Raum erhält. Mit ihr geht der Wunsch einher, dass das Thema Nachhaltigkeit fortan besonderen Raum erhält, in Gemeindekreisen und Gruppen verankert wird und neue Gemeindeprojekte mit dem Themenschwerpunkt Umweltbewusstsein und Nachhaltigkeit entstehen. Indem der Pfarrer und auch die Referentin der neu geschaffenen Projektstelle verschiedene Einzelprojekte in der Gemeinde initiieren oder bestehende Initiativen unter dem Label der Nachhaltigkeit bündeln, zeigt sich ihr Anliegen, dass das Thema nicht nur eines unter vielen sein, sondern das Profil der Gemeinde prägen soll. Damit ergibt sich ein Prozess der strukturellen Einbindung in der Gemeinde. Die Gestaltung des Profilierungsprozesses mit seinen verschiedenen Etappen und Kommunikationsprozessen wird in Kapitel 4.5.2 ausführlich analysiert.

Die Profilierung bringt neben der Herausforderung, das Thema in der Gemeinde zu verankern, verschiedene Spannungsfelder hervor. Dabei geht es zum einen um das Thema der Partizipation. Die Basis der Gemeinde, z. B. aktive Gemeindemitglieder, fühlen sich nicht ausreichend in den Entstehungsprozess eingebunden, sondern sehen sich vor vollendete Tatsachen gestellt. Im Vergleich zu anderen Gemeinden wird hier also keine Kritik laut gegenüber der inhaltlichen Ausrichtung des politisch-kulturellen Engagements, wie dies z. B. in der Traditionellen Gemeinde Ost deutlich wurde. Die Beschäftigung mit Nachhaltigkeit und Umweltbewusstsein wird prinzipiell befürwortet. So beginnt die Suche nach Wegen, auf denen sich Gemeindemitglieder mit dem nicht selbst gewählten Thema identifizieren können. Zum anderen ergibt sich ein Spannungsverhältnis in der Frage, welchen Platz die neue Initiative neben der traditionellen

Gemeindearbeit erhält, inwiefern Gemeinden überhaupt politisch agieren sollten und wie dieses Engagement theologisch begründet werden kann. Die Spannungsfelder werden in Kapitel 4.6.4 kleingliedrig aufgeschlüsselt.

Zur Herausforderung, die neuen Themen innerhalb der Gemeinde zu verankern, kommt hinzu, dass die Themen eine Öffnung der Gemeinde nach außen implizieren. Der Pfarrer ist bestrebt, die Initiativen im Stadtteil zu verankern, Kooperationen einzugehen und die Gemeinde als aktive Gestaltungseinheit im Stadtteil zu etablieren. Er selbst lässt sich hierzu in den Stadtteilbeirat wählen und repräsentiert die Gemeinde damit auf kommunaler Ebene. Darüber hinaus strebt er gemeinsam mit der Projektreferentin die Vernetzung mit Nachhaltigkeitsinitiativen aus dem Stadtteil an. Die Projekte sollen auch nach außen wirken und Personen des Stadtteils erreichen, die sonst keine Verbindung zur Gemeinde haben. Der Profilierungsprozess geht daher nicht nur mit einer innergemeindlichen Auseinandersetzung über die Themensetzung in der Gemeinde einher, sondern auch mit einer Öffnung der Gemeinde nach außen. Diese Öffnung zieht Fragen nach sich, inwieweit die Kirchengemeinde in ihrer stadtteilbezogenen Arbeit als evangelische Kirchengemeinde erkennbar sein möchte. Dieser Themenkomplex wird in den Kapiteln 4.7.1 und 4.7.3 näher analysiert.

> Bei dieser Form der Entwicklung ist die dominante Einflussgröße eine aktive Einzelperson – der Pfarrer der Gemeinde. Diese Einflussgröße trifft auf eine andere Bedingung: die prinzipielle Offenheit zur Entwicklung neuer Themen. Bei dieser Form der Entwicklung gibt es keinen konkreten Anlass und kein Ereignis, die Beschäftigung mit politisch- kulturellen Herausforderungen zu initiieren. Das Engagement entsteht, weil der Pfarrer es vorantreibt. Die Schaffung einer Projektstelle für Nachhaltigkeit bedeutet dabei nicht nur einen Zugewinn von personellen Ressourcen, sondern verdeutlicht auch ein Signal der Relevanzsetzung: Der neu geschaffene Arbeitsbereich soll strukturell verankert und das Profil der Gemeinde in Richtung Nachhaltigkeit verändert werden, wobei dies – dem Anliegen des Pfarrers und der Projektreferentin entsprechend – auch eine Öffnung der Gemeinde in den Sozialraum hinein einschließt. Diese Entwicklung fordert Aushandlungsprozesse auf verschiedenen Ebenen, die mehrere Spannungsfelder rund um das Thema der Partizipation und der Stellung der Initiative gegenüber traditioneller Gemeindearbeit beinhalten.

4.4.3 Ein Pfarrer erinnert an die geschichtliche Prägung seiner Gemeinde und bildet ein Netzwerk für politisches Engagement – Bürgerliche Gemeinde West

Bei der Bürgerlichen Gemeinde West spielen alle drei Einflussgrößen (Prägung, Einzelperson und Ereignis) eine Rolle in der Bearbeitung politisch-kultureller Herausforderungen. Die geschichtliche Prägung der Gemeinde des Widerstands einzelner Personen im Nationalsozialismus deutet die Gemeinde als Wurzel für die aktuelle Entwicklung von politischem Engagement. Im Gemeindealltag wird die geschichtliche Prägung aus Zeiten des Nationalsozialismus hier und da in Vorträgen präsent gehalten, spielt aber sonst keine herausragende Rolle. Vor allem zieht das geschichtlich-politische Erbe Hauptamtliche an, die sich mit der Thematik identifizieren können und sich gegen Rechtsextremismus stark machen, wie etwa die beiden Pfarrer der Gemeinde. Vor diesem Hintergrund wird es plausibel, dass für die Entwicklung einer Initiative gegen Rechtsextremismus einer der Pfarrer der Gemeinde – eine aktive Einzelperson – verantwortlich ist.

Den Anstoß für die Beschäftigung mit politisch-kulturellen Themen gibt allerdings ein konkretes Ereignis in der Stadt, bei dem der Pfarrer aktiv wird: Bei einer Demonstration rechter Gruppierungen, die zum Vorplatz der Kirche führt, beschließt der Pfarrer spontan, die Kirchenglocken zu läuten, sodass die Kundgebung gestört wird, die Personen ihr eigenes Wort nicht mehr verstehen und die Veranstaltung schließlich abgebrochen werden muss. Der Pfarrer initiiert nach diesem Ereignis, in Abstimmung mit dem Kirchengemeinderat, ein Netzwerk gegen Rechtsextremismus. Darin bündelt sich fortan die Beschäftigung mit politisch-kulturellen Themen. Die drei Einflussgrößen der Entwicklung greifen hier also ineinander, wobei das konkrete Ereignis und das Handeln des Pfarrers zentral sind für die Entstehung des Netzwerks und die Identifikation der Gemeinde mit dem Netzwerk: Das entschlossene Handeln des Pfarrers, das medial und innerhalb der Gemeinde große Anerkennung findet, wird zum Gründungsmythos des Netzwerks gegen Rechtsextremismus und ist fortan identitätsstiftendes Narrativ, erinnert die Gemeinde wieder an ihre geschichtliche Prägung und ist auch Jahre später bei den Gemeindemitgliedern und darüber hinaus im Stadtteil sehr präsent.

Das Netzwerk ist formal an die Gemeinde angebunden, indem diese Räume für Treffen und die Ressourcen für die Koordination und Moderation zur Verfügung stellt. Es umfasst aber überwiegend nichtkirchliche Gruppierungen und Initiativen der Stadt, die alle gemeinsam zum Ziel haben, Aktionen rechter Gruppen entgegenzuwirken und z. B. Gegenveranstaltungen bei Demonstrationen zu initiieren. Gleichzeitig organisiert das Netzwerk aber auch Bildungsveranstaltungen rund um das Thema Rechtsextremismus und Ausländerfeindlichkeit und betreibt damit Präventionsarbeit. Regelmäßig an den Treffen beteiligt sind ca. 15 Personen. Über die Zeit entwickelt sich das Netzwerk stetig weiter, immer wieder kommen Fragen zur Struktur, zum Auftrag und zum Selbstverständnis des Netzwerks auf.

Es stellt sich die Frage nach der thematischen Anknüpfung des Netzwerks. Der ursprünglich zentrale Inhalt, das Engagement gegen Rechtsextremismus, hat sich über die Jahre ausgedehnt. Es entsteht die Idee, eine Anlaufstelle gegen Rassismus zu gründen oder sich mit islamistischen Gruppierungen zu beschäftigen und hierzu Bildungsarbeit zu leisten. Die Gruppe muss aushandeln, an welchen Linien sie ihr Themenspektrum absteckt.

Damit einhergehend sind Aushandlungsprozesse über die Handlungsebenen erforderlich, auf denen diese thematischen Bezüge verankert werden. Das ursprüngliche Format der Gegenveranstaltung bei Demonstrationen rechter Gruppen hat sich im Lauf der Zeit erweitert. Bildungsveranstaltungen, Vorträge, Stadtspaziergänge oder Plakataktionen, Straßentheater und Aktionen zu Gedenktagen gehören längst dazu. Mit der Idee der Anlaufstelle gegen Rassismus stellen sich grundsätzliche Fragen nach der inhaltlichen und strukturellen Zuständigkeit sowie nach den zeitlichen Ressourcen, die die Gruppe klären muss.

Eine weitere Frage, die das Netzwerk beschäftigt, ist die der personellen Zugehörigkeit zum Netzwerk. Die Mitglieder sind zum Teil als ehrenamtliche Privatpersonen, zum anderen Teil jedoch als Funktionär*innen von anderen Institutionen und Einrichtungen dabei. Dementsprechend bringen sie ihre eigenen Motivationen, Schwerpunkte und Interessen ein. Hieraus entstehen die Fragen, für welche Themen sich das Netzwerk zuständig fühlt und für welche nicht, welche Personen zum „Inner Circle" des Netzwerks gehören und in Diskussionen eingebunden werden und welche lediglich Informationen erhalten. In dieser Auseinandersetzung sucht die Gruppe nach Kriterien für die nähere Zugehörigkeit, die z. B. darin bestehen könnte, dass die regelmäßige Teilnahme an den Treffen gewährleistet ist.

Damit befindet sich das Netzwerk mitten im Thema Kommunikation. Es stellt sich die Frage nach Kommunikationsebenen und -kanälen. In welchem Rahmen sollen Diskussionen stattfinden, wo werden lediglich Informationen gestreut? Welche verschiedenen Medien erhalten welche Funktion? Die Gruppe sieht z. B. den Bedarf der zeitnahen Verbreitung wichtiger Informationen während einer Demonstration für alle, die an der Demonstration teilnehmen. Gleichzeitig benötigt die Gruppe aber auch ein Medium, über das aktiv am Netzwerk Beteiligte in einem geschützten Raum Ideen entwickeln können, ohne dass diese direkt nach „außen" dringen. In diesem Zusammenhang spielt die Corona-Pandemie insofern eine Rolle, als durch die Umstellung auf digitale Treffen einige Mitglieder von Kommunikationsprozessen ausgeschlossen sind, da sie nur an analogen Treffen teilnehmen möchten bzw. können. Insofern erschwert die Pandemie einen transparenten Kommunikationsprozess und Informationsfluss zusätzlich. Hinsichtlich der Kommunikation in den öffentlichen Raum werden verschiedene Sichtweisen deutlich, die mit der Frage nach der Funktion des Netzwerkes einhergehen. Während sich einige dafür aussprechen, dass das Netzwerk mit seinen Aktivitäten vor allem öffentlich sichtbar sein sollte, sprechen sich andere für eine zurückhaltende Pressearbeit aus.

Die Debatte um die personelle Zugehörigkeit geht mit der Frage einher, mit welchen Gruppierungen das Netzwerk zusammenarbeitet und wo eine Abgrenzung geschieht. Da diese Fragestellung viele andere Aspekte bündelt und das Selbstverständnis des Netzwerks im sozialen Gefüge zu einem relevanten Thema der grundsätzlichen Konstitution der Initiative wird, erfolgt eine differenziertere Ausführung dazu in Kapitel 4.7.3.

Schließlich ergibt sich die Frage nach der Anbindung des Netzwerks an die Kirchengemeinde. Von Seiten des Netzwerks scheint diese Frage keine Rolle zu spielen. Es scheint als Selbstverständlichkeit gesehen zu werden, dass das Netzwerk zur evangelischen Kirchengemeinde gehört und der Gemeindepfarrer die Koordination und Moderation übernimmt. Umgekehrt scheint die Gemeinde für die Mitglieder des Netzwerks kaum eine Rolle zu spielen. Den Organisationen und Initiativen, die Mitglieder ins Netzwerk entsenden, steht keine eigene Initiative der Kirchengemeinde gegen Rechtsextremismus o. ä. gegenüber, sondern es beteiligen sich einige wenige engagierte Personen aus der Gemeinde an den Treffen und Aktionen des Netzwerkes, deren Zugehörigkeit zur Gemeinde unsichtbar bleibt. So möchte sich eine Beteiligte lieber in ihrer Rolle als Funktionärin einer anderen Institution als Mitglied des Netzwerks verstanden wissen als in ihrer Rolle als Gemeindemitglied, möglicherweise, weil sie sich auf diese Weise eine größere Einflussnahme auf inhaltliche Entwicklungen verspricht oder wenig Verbindung zwischen ihrer Kirchenmitgliedschaft und der politischen Aktivität herstellt. Von Seiten der Gemeinde ist eine deutliche Befürwortung der Initiative durch die Gemeindeleitung zu verzeichnen.

Die übrigen Gemeindemitglieder wissen um die Existenz des Netzwerks, wissen aber über den Gründungsmythos hinaus kaum etwas über dessen inhaltliche Arbeit. Dementsprechend kann das Netzwerk als positives Aushängeschild ohne weitere Bedeutung für das alltägliche Gemeindeleben bezeichnet werden. Weil die Beschäftigung mit politisch-kulturellen Herausforderungen in dieser Gemeinde vor allem im Netzwerk gegen Rechtsextremismus stattfindet und im Gemeindealltag kaum eine Rolle spielt, wird diese Fallgemeinde weniger stark zur Analyse herangezogen als die anderen Gemeinden, in denen sich die Prozesse einer Beschäftigung mit gesellschaftspolitischen Themen im unmittelbaren Gemeindealltag abbilden.

> Bei dieser Form der Entwicklung werden alle drei Einflussgrößen sichtbar. Die geschichtliche Prägung der Gemeinde impliziert eine Offenheit für die Auseinandersetzung mit politisch-kulturellen Herausforderungen. Gleichzeitig kommt die Entwicklung zustande durch den Pfarrer als Einzelperson, der auf ein konkretes Ereignis reagiert. Dieses wird zum Startpunkt für langfristiges Engagement gegen Rechtsextremismus. Formal ist die Auseinandersetzung mit der politisch-kulturellen Herausforderung in der Gemeinde verankert und wird in der Nutzung der Infrastruktur der Gemeinde sichtbar. Inhaltlich jedoch geschieht die Identifikation mit dem Engagement vor allem über den Gründungsmythos des Netzwerkes, bei dem der Pfarrer als Einzelperson mutig gegen rechte Gruppierungen auftritt. Die Gemeinde bewertet die Arbeit positiv, gestaltet diese aber kaum aktiv mit. Durch immer neue Ereignisse in der Region ergeben sich über die Jahre immer wieder Fragen bezüglich der Funktion, der Struktur, der personellen Zugehörigkeit und der Handlungsebene, auf der das Netzwerk agiert. Die Bearbeitung dieser Fragen führt dazu, dass sich das Netzwerk in einem permanenten Transformationsprozess befindet.

4.4.4 Die Prägung des Gemeindeprofils ermöglicht die Annahme politisch-kultureller Herausforderungen – Liberale Gemeinde West

In der Liberalen Gemeinde West wirken das Profil der Gemeinde und das Engagement von Einzelpersonen so zusammen, dass eine langfristige Profilentwicklung geschieht, die die Bearbeitung einer Vielzahl von Themen durch eine Vielzahl von Beteiligten nach sich zieht. Zwei der drei Pfarrpersonen arbeiten seit mehr als zwei Dekaden in der Gemeinde. Pfarrer Schumacher charakterisiert das Profil der Gemeinde rückblickend: *„Die Gemeinde war damals [Ende der 1990er Jahre] hauptsächlich durch meinen früheren Kollegen so ein bisschen in dem Ruf, sagen wir mal so einen liberalen Touch zu haben"*. Sein Vorgänger habe Spiel- und Theatergottesdienste und Bildmeditationen durchgeführt sowie einen Runden Tisch für eine freundliche Nachbarschaft im sozialstrukturell schwachen Stadtteilbereich der Gemeinde initiiert. Historisch gesehen gebe es auch *„keine Berührungsängste zur Politik"*, einmal habe ein Mitglied des Stadtrates eine Predigt gehalten. Die Gemeinde sei liberal bis konservativ geprägt gewesen, schließt Pfarrer Schumacher seinen Bericht. Bis heute gibt es Verbindungen zwischen kommunalpolitischen Gremien und der Gemeinde, beispielsweise über Mitglieder des Kirchengemeinderats.

Die Bearbeitung politisch-kultureller Themen findet in unterschiedlichen Formen und in unterschiedlichen Bereichen der Gemeinde statt. Beispielsweise wird in Predigten das Tragen eines Mund- und Nasenschutzes als Ausdruck christlicher Nächstenliebe gedeutet, die Bewahrung der Schöpfung als politischer sowie persönlicher Auftrag begründet, der nicht an der *„persönlichen Komfortzone"* enden sollte und eine Abkehr von der *„üblichen Rationalität"* verlange. Die Thematisierung der Seenotrettung im Mittelmeer oder der aktuellen Corona-Schutzverordnungen sind ebenso selbstverständlicher Teil der Gemeindekultur wie der innergemeindliche Diskurs über eine stärkere Verankerung von Nachhaltigkeits- und Umweltthemen, der von Einzelpersonen immer wieder vorangebracht wird.

Die Befassung mit politischen Themen ist innerhalb der Gemeinde nicht unumstritten. Die Positionen gehen jedoch nicht bezüglich des „Ob", sondern vornehmlich hinsichtlich des „Was" und „Wie" auseinander. Wenig umstritten ist das Anliegen, als Kirchengemeinde gesellschaftliche Verantwortung übernehmen zu wollen. Die Gemeindepfarrer*innen haben darin jeweils eigene Schwerpunkte: Pfarrer Neuhausen engagiert sich für die Sichtbarmachung der nationalsozialistischen Vergangenheit im Stadtteil und die Beteiligung der Kirchengemeinde an der Errichtung eines Denkmals für jüdisches Leben im Stadtteil. Auch im Bereich Asyl und Migration unterstützt er die Entstehung neuen Engagements, ist Mitbegründer eines Begegnungscafés für geflüchtete und nicht-geflüchtete Menschen und nimmt darin eine gestaltende Rolle ein. Über die Entstehung der Initiative berichtet er:

„Ja, weil wir haben gemerkt als Gemeinde, wir können jetzt [im Herbst 2015] nicht die Beine stillhalten. Also das geht da nicht. Da haben wir eine gesellschaftliche Verantwortung, wir sind eine Kirchengemeinde, ja. Die meisten Lieder im Gesangbuch sind für Geflüchtete gemacht, also da können wir doch nicht die Augen zumachen."

So ist das Engagement für Geflüchtete eingebettet in das Rollenverständnis der Gemeindemitglieder als Christ*innen in ihrer Stadt. Nach welchem Muster die Liberale Gemeinde West dieses poltisch-kulturelles Thema bearbeitet, wird in Kapitel 4.5.3 anhand des Begegnungscafés als Fallbeispiel herausgearbeitet.

Einen anderen Schwerpunkt des gesellschaftspolitischen Engagements der Gemeinde der vergangenen zehn Jahre stellt ihr Protest gegen ein Infrastrukturprojekt an der Grenze des Stadtteils dar. Eingang in die Kirchengemeinde fand dieses Thema dadurch, dass Gemeindemitglieder, die Mitglieder des Kirchengemeinderats waren, es als Tagesordnungspunkt an die Pfarrer herantrugen. Gemeindemitglieder befürchteten, dass sich die Lebensqualität im Stadtteil drastisch verschlechtern und ihr Wohneigentum an Wert verlieren könne. Im Kirchengemeinderat wurde das Thema über einen längeren Zeitraum hinweg diskutiert. Im Stadtteil schlossen sich außerhalb der Kirchengemeinde Anwohner*innen als Interessenvertretung zusammen. Die Kirchengemeinde vernetzte sich mit dieser und gründete ebenfalls eine Arbeitsgruppe. Ein Protestplakat wurde an einem der Kirchengebäude aufgehängt. Dies führte wiederum zu Diskussionen innerhalb der Gemeinde. Pfarrer Schumacher beschreibt die damalige Situation und die Diskussionen so:

„Es ist auch nicht unsere Aufgabe, als Kirche für die Reichen für ruhige Zeiten zu sorgen. Aber eben dafür, dass die Menschen insgesamt von der Baustelle nicht mehr als nötig gestört werden, und was nötig ist, das ist halt die Diskussion. Und dazu haben wir unseren Beitrag geleistet und haben das hingekriegt. Wir rufen nicht wöchentlich auf zu den Demonstrationen an der Baustelle, gleichwohl gibt es etliche aus der Gemeinde, die da wirklich regelmäßig hingehen und jede Woche zu einem bestimmten Tag zu einer bestimmten Uhrzeit sagen, so ich muss jetzt gehen, ich hab noch zu demonstrieren. Also das schon. Aber es verlangt keiner mehr von der Kirchengemeinde ‚Ihr müsst mal was tun' oder ‚Da müsste doch mal was passieren'. Wir hatten mal ein Mitglied der Jungen Union bei uns im Kirchengemeinderat, die hat gemeint: ‚Das Plakat müsste jetzt endlich mal runter'. Aber das hat keine Mehrheit gefunden."

In dieser Passage wird deutlich, dass die Rolle der Kirchengemeinde im lokalen Gefüge geklärt werden musste. Auch Pfarrer Schumacher wirft die Frage auf, was die Aufgabe der Kirchengemeinde sei und gegenüber welchen gesellschaftlichen Gruppen die Kirche eine besondere Verantwortung habe. Es wird deutlich, dass es ein auseinandersetzungsreicher Prozess war, den er als kollektiven und erfolgreichen versteht. Das Infrastrukturprojekt als Minderung der Lebensqualität der Bewohner*innen des Stadtteils im Allgemeinen wurde zu einem Problem, für dessen Lösung sich die Kirchengemeinde eingesetzt hat, da dies von Gemeindepfarrern und Kirchengemeinderatsmitgliedern als Aufgabe der Kirchengemeinde gedeutet wurde. Wie dieses Engagement gestaltet wurde, war Ergebnis von mehrjährigen Aushandlungsprozessen und Diskussionen.

> Die Aufnahme und Bearbeitung eines politisch-kulturellen Themas wie des Begegnungscafés und des Infrastrukturprojekts hängt in der Liberalen Gemeinde West deutlich mit dem Selbstverständnis der Kirchengemeinde zusammen. Dieses ist im Profil der Gemeinde verankert und wird maßgeblich durch die Pfarrer und aktiven Gemeindemitglieder im Gemeindealltag deutlich. Sie sehen sich als Kirchengemeindemitglieder in der Verantwortung, die Probleme und Interessen der Stadtteilbewohner*innen zu bearbeiten und aufzugreifen. Bestimmte Ereignisse spielen hier eine Rolle, jedoch sind die Basis und die Voraussetzungen hierfür bereits in der Gemeinde selbst und durch aktive Gemeindemitglieder und Pfarrer gelegt. Diese bilden eine Gemeindekultur, welche nicht nur die Aufnahme selbst, sondern auch die damit einhergehenden Diskussionen und Aushandlungsprozesse bezüglich des politisch-kulturellen Engagements ermöglichen.

4.5 Analyse Teil II: Aneignungsmuster einer politisch-kulturellen Herausforderung

Wo die Mitglieder einer Kirchengemeinde in ihrem sozialräumlichen Kontext politisch-kulturelle Themen nicht nur wahrnehmen, sondern sie als relevant für die Arbeit der Gemeinde definieren, beginnt der Prozess der Aneignung eines Themas durch die Gemeinde.[309] Durch Zuschreibungen und Abgrenzungen, Ausdeutungen und Prozesse der Organisationsentwicklung entsteht ein komplexes Muster von inhaltlichen wie strukturellen Bezügen. Anhand der unterschiedlichen Gemeinden werden Prozessstrukturen der Aneignung im jeweiligen gemeindlichen Kontext erkennbar.

4.5.1 Theologische Verortung als Aneignungsmuster

Dass Kirchengemeinden politisch-kulturelle Herausforderungen auch im Horizont von theologischen Haltungen reflektieren und ihr Handeln hieraus implizit oder explizit begründen, scheint normal. Dieses Vorgehen kann in allen vier untersuchten Gemeinden beobachtet werden, allerdings unterscheiden sich die Gemeinden deutlich in der Intensität, mit der theologische Erörterung von politisch-kulturellen Themen statt-

---

[309] GRAUMANN, Aneignung, 124–126.

finden, und in der Art der religiösen Bearbeitung: vom Handeln aus einem christlichen Grundverständnis heraus, das anscheinend keiner weiteren Klärung bedarf und von der Gemeinde als Konsens getragen wird, bis hin zu einem stetig kommunizierten theologischen Bezug und einer religiösen Begründung des Handelns im Zusammenhang mit politischen Themen. Die jeweilige Umgangsform steht dabei eng in Zusammenhang mit dem theologischen Profil der Gemeinde. Während z. B. in der Liberalen Gemeinde West oder auch in der Innovativen Gemeinde Ost theologische Fragen zwar in der Bearbeitung von Themen eine Rolle spielen und in Aneignungsprozessen punktuell aufgegriffen werden, etwa in der Frage nach der Verantwortung als Christ*in in der Flüchtlingsthematik, nimmt der Rückbezug auf theologische Überzeugungen in der Traditionellen Gemeinde Ost eine derart zentrale Rolle ein, dass die Gemeinde politisch-kulturelle Themen vorrangig im Modus einer theologischen Verortung bearbeitet.

Diese theologische Verortung wird in der Traditionellen Gemeinde Ost bei verschiedensten Themen deutlich. Sie dominiert den Umgang mit einem homosexuellen Mitarbeiter, nimmt eine vorherrschende Rolle ein im Umgang mit der gewaltvollen Auseinandersetzung am Erntedankfest und wird deutlich im Umgang mit Coronaverordnungen, die in der Gemeinde kontrovers diskutiert werden. Anhand des Umgangs mit der gewaltvollen Auseinandersetzung am Erntedankfest und seiner Deutung wird im Folgenden aufgeschlüsselt, wie die Aneignung im Modus einer theologischen Verortung geschieht.

Grundsätzlich wird die Einladung an Bedürftige und Geflüchtete zum jährlichen Gemeindefest von der Gemeinde nicht als politisches Engagement gedeutet, sondern vielmehr als religiöses. Das gemeinsame Fest verdeutlicht keine Haltung zu sozialpolitischen Fragen oder zur Entwicklung des Gemeinwesens, sondern die Gemeindemitglieder verstehen das Engagement als diakonisches Handeln mit einem Fokus auf Verkündigung. Aus deren Sicht kommt die politisch-kulturelle Herausforderung erst mit den Reaktionen auf die gewaltvolle Auseinandersetzung in die Gemeinde, da diese medial aufgegriffen und durch Dritte politisiert wird: Rechte Gruppierungen instrumentalisieren das Ereignis zur Hetze gegen Migration und kündigen eine Kundgebung auf dem Rathausplatz an. Die folgende Passage aus einem Interview mit den ehrenamtlichen Verantwortlichen für das Gemeindefest verdeutlicht den Aushandlungsprozess zur Positionierung der Gemeinde in der Öffentlichkeit:

> „Dann hat jemand gemeint: ‚Wir müssen eine Gegendemo machen'. Und dann haben wir immer gedacht: ‚Nein, das ist nicht unsere Aufgabe'. […] Und wir haben aber gesagt: ‚Wir wollen eigentlich bloß in die Kirche gehen und beten'. Und vom Dekan die Frau, die Susanne, die hat das auch gesagt: ‚Wir haben genau denselben Eindruck'. Und dann haben wir das halt organisiert, dass das [Gebet für den Frieden] ist. […] Haben uns dann zusammengesetzt und innerhalb von zwei Tagen diesen Gottesdienst vorbereitet. Ja und dann war das halt so, das ist halt immer schwierig.

Dann kamen so Parteiinteressen, CDU und so. Wo sie sagten: ‚Wir machen das so und so.' Wir haben wirklich gesagt: ‚Wir wollen dort keine Banner aufmachen, wir wollen auch keine Lichterketten und solche Sachen, sondern wir gehen in die Kirche und beten'. [...] Und dann kamen sie auch von der Landeskirche, die wollten dann auch mit ihren Dingern gleich draußen, hier Frieden und was weiß ich die ganzen. Und dann haben wir gesagt: ‚Wir können es in der Kirche aufhängen, aber nach draußen wollen wir das nicht, weil wir nicht provozieren und auch keine Konkurrenz machen.' Und das war dann auch wirklich ein krasser Gottesdienst mit Zusammenstehen, mit gemeinsamem Beten in so Bienenkörben, wenn man das so nennt. Es war wirklich ein richtig krasser Gottesdienst, also das haben viele so empfunden. Es war auch friedlich, es gab keine Störung und nichts."

Den Menschen in der Gemeinde geht es in erster Linie darum, sich theologisch zu positionieren. Eine starke Kontrastierung zwischen Politischem und Theologischem wird deutlich, die mit einer Abgrenzung nach außen einhergeht. Schon die Entwicklung einer adäquaten Reaktion auf die angekündigte Kundgebung der rechten Gruppierungen geht in der Konstruktion der Ehrenamtlichen mit einem religiösen Prozess in Form von Beten und dem Erhalt von Eindrücken zu Gottes Willen einher, der in der Kürze der Zeit von wenigen Personen vorangetrieben und nicht in der Gemeindeleitung diskutiert wird. Der Eindruck, eine Gebetsveranstaltung sei passender als eine eigene Demonstration, erhält dadurch, dass er mit der kirchlichen Autorität des Dekans und seiner Frau geteilt wird, eine hohe Legitimation. Mit der gefundenen Positionierung *„bloß in die Kirche gehen und beten"* geht eine deeskalierende Haltung und eine starke Abgrenzung gegenüber allen öffentlich politischen Handlungen einher. Es wird eine Konstruktion von „innen" und „außen" erkennbar, die derart massiv ist, dass sich dieses „Außen" auf jegliche Absichten bezieht, öffentlich politische Positionierungen vorzunehmen. Dabei spielt es keine Rolle, ob dies von politischen Parteien ausgeht oder von Vertreter*innen der Landeskirche, die am Gebet für den Frieden teilnehmen. Die pauschale Abgrenzung gegen öffentliches politisches Auftreten wird in der Erörterung zu Bannern und Lichterketten deutlich, die gleichermaßen abgelehnt werden.

Die starke theologische Fokussierung kann vor verschiedenen Hintergründen gedeutet werden. Erstens stellt die theologische Fokussierung einen Umgang mit der als reell empfundenen Gefahr durch rechte Gruppierungen dar. In der Begründung, nicht provozieren und keine Konkurrenz sein zu wollen, schwingt die Angst vor einer reellen Bedrohung mit. Während der Erhebung wurde deutlich, dass die Menschen vor Ort tätliche Übergriffe und Bedrohungen gegenüber Menschen, die sich für Geflüchtete engagieren, als reell empfinden. Im Gespräch mit Ehrenamtlichen wird die Angst deutlich, bleibt jedoch diffus. Dies kommt sprachlich in unvollendeten Sätzen zum Ausdruck:

„Das kann man sagen, dass du dann von den Rechten, dass die dir dann, also die Angst war schon da teilweise."

Die Bedrohung durch rechte Gruppierungen ist für die Menschen vor Ort sehr präsent. Im Wissen also, dass die Personen der rechten Gruppierungen, die zeitgleich und nicht weit entfernt demonstrieren, auch zahlenmäßig mit mehr als 2 000 Teilnehmenden stark überlegen sind, reagiert die Gemeinde defensiv und setzt auf deeskalierendes Verhalten. Gleichzeitig bleibt die Gemeinde mit der Entscheidung für das Gebet für den Frieden parallel zur Kundgebung nicht tatenlos, sondern sie wird aktiv, begibt sich aber auf eine komplett andere Bearbeitungsebene und bietet gleichzeitig rechten Gruppierungen so wenig Angriffsfläche wie möglich.

Im Umgang der Gemeinde mit der gewaltvollen Auseinandersetzung am Gemeindefest kann der Eindruck entstehen, sie distanziere sich von politischen Auseinandersetzungen. Jedoch verstehen sich die Gemeindemitglieder, von innen heraus betrachtet, durchaus als politisch agierend: Allein mit der Durchführung eines Gottesdienstes mit Gebet für ein friedliches Miteinander setzt die Gemeinde ein politisches Statement. Für Gemeindemitglieder und Menschen, die sich von der Fremdenfeindlichkeit der rechten Gruppen abgrenzen wollen, bietet diese Form des Gottesdienstes in der Tradition der friedlichen Revolution von 1989 eine Anknüpfung an das „Friedensgebet" als Raum des stillen Widerstands. Die Verantwortlichen in der Gemeinde schreiben dem Gottesdienst mit Gebet eine derartige politische Funktion zu. Dies zeigt die folgende Äußerung der Ehrenamtlichen:

> „Gut, die Polizei hat das zwar alles auch dann abgeriegelt, aber das war, ja sowas hat man noch nicht erlebt. Also wir, das war für uns schon nicht unbedingt schön. Das ist, das waren auch viele, wir haben Bands angefragt, die an dem Abend Musik machen, und die haben gesagt: ‚Nein das ist uns zu heiß, machen wir nicht.' Weil es waren ja auch Medien da. ‚Wir haben dann Angst, weil da hast du ja dann, hängst du dein Gesicht dann rein'."

Angesichts der reellen Bedrohung zeigen die Menschen, die am Gottesdienst mit Gebet teilnehmen, im übertragenen Sinne Gesicht. Auch ohne Banner, Lichterketten oder politische Verlautbarungen setzen sie sich gegen menschenfeindliche Äußerungen und für ein friedliches Miteinander ein. Für die Gemeinde ist der Gottesdienst mit Gebet die Form des Widerstands, die in dieser Region mit ihrer politischen Färbung möglich ist. Die indirekte Meinungsartikulation durch das Format eines „Friedensgebets" ist das Maximum einer noch vertretbaren öffentlichen Sichtbarkeit – es wird von den Menschen in der Gemeinde als nicht öffentlich politisch und konfrontativ, aber dennoch als implizit politisch verstanden.

Die theologische Fokussierung kann zweitens vor dem Hintergrund der geschichtlichen Prägung aus Zeiten der DDR interpretiert werden. Erzählungen von Gemeindemitgliedern zum Umgang mit der gewaltvollen Auseinandersetzung am Gemeindefest zeigen inhaltlich und sprachlich die große Distanz, die zwischen der Kirchengemeinde und anderen Organisationen wahrgenommen wird. Neben der Angst vor einer Bedrohung wird in der Konstruktion der Personen deutlich, dass sie sich in der Kirchengemeinde als abgesonderte selbstständige Einheit verstehen, die weder mit der Kommune noch mit anderen Institutionen oder politischen Parteien zusammenarbeitet. Die Abneigung gegen offizielle politische Äußerungen und der Wunsch nach einer Separierung als Kirchengemeinde können in der jahrzehntelangen Prägung durch die DDR-Zeit begründet gesehen werden, in der die Christ*innen einer Minderheit angehörten, sich staatlichen Repressalien ausgesetzt fühlten und die Kirchengemeinden zum Rückzugsort wurden, den es gegenüber politischen Einflüssen von außen abzuschotten galt. Der Zusammenhang der geschichtlichen Prägung von Gemeinden aus Zeiten der DDR und der Bearbeitung von politisch-kulturellen Herausforderungen wird in Kapitel 4.7.2 näher aufgegriffen.

Die theologische Fokussierung erhält drittens die Funktion der Stärkung des innergemeindlichen Zusammenhalts. Der Gottesdienst mit Gebet ermöglicht der Gemeinde eine Fokussierung auf das Erleben geistlichen Friedens und inneren Zusammenhalts. Dies wird neben der geschichtlichen Prägung aus Zeiten der DDR auch vor dem Hintergrund plausibel, dass durch die gewaltvolle Auseinandersetzung innergemeindliche kritische Stimmen gegenüber Geflüchteten laut werden. Die Einheit in der Gemeinde ist keine Selbstverständlichkeit. Wie an anderen Stellen in Beobachtungen und Interviews deutlich wird, ist der Zusammenhalt nicht nur aufgrund heterogener Meinungen zum Thema Flucht gefährdet. Auch Fragen nach dem Umgang mit einem homosexuellen Mitarbeiter oder dem Umgang mit Coronaverordnungen bergen Konflikte, die in der Gemeinde schwelen und auf gegenläufigen politischen, aber auch theologischen Ansichten der Gemeindemitglieder beruhen. In der Deutung der Ehrenamtlichen hält der Gottesdienst mit Gebet die Gemeinde zusammen, schützt vor innergemeindlichen Konflikten und trägt zur Beruhigung der Gesamtsituation bei, wie es auch die abschließende Bemerkung zum Gottesdienst mit Gebet verdeutlicht: „Es *war auch friedlich, es gab keine Störung und nichts.*"

Neben der Zuschreibung des Gebets als Bewältigung von Spannungen erhält das kollektive Gebet auch die Funktion der Entscheidungsfindung, als es darum geht, den zukünftigen Umgang mit dem Gemeindefest zu klären, wie im Bericht eines verantwortlichen Ehrenamtlichen zu einem Treffen von Mitarbeitenden deutlich wird:

> „Und am Schluss war es dann so, dass, wir haben auch viel gebetet und zum Schluss haben dann fast alle gesagt, dass sie wieder mitmachen dieses Jahr."

Das Gebet wird zum Verbindungselement und zum gemeinsamen Deutungsraum. Es hält die Gruppe zusammen und ermöglicht am Ende des Treffens eine einheitliche Bündelung verschiedener Aussagen, wie der Ehrenamtliche es darstellt:

> „Weißt du, du betest vorher, und die ganzen Jahre war das wunderbar. Und die Frage war für uns: ‚Warum? Wie kann Gott das zulassen?' [...] Und für uns war dann einfach die Sache: Gott hat dafür gesorgt, dass nicht mehr passiert ist. [...] Jochen war auch so schnell wieder von der Intensivstation runter, was keiner gedacht hatte. Da sind auch ganz viele hin zum Beten, die Pfarrer und der Krankensegnungsdienst in der Intensivstation. [Das Personal] hat schon gesagt: ‚Jetzt ist aber mal Schluss' (lachen). [...] Nein, aber das ist halt auch einfach, es gibt wieder in bestimmten Bereichen in der Gemeinde auch wieder so ein neues Zusammen-Gefühl. Also dieses Gebet füreinander, das ist auch wieder ganz neu glaube ich wieder ein bisschen aufgeflammt."

Das Geschehen wird nicht mit politischen Fragestellungen verknüpft, sondern ausschließlich theologisch eingeordnet. Auf der Suche nach Erklärungsmustern wird die Deutung umgedreht: Anstelle der Frage, warum Gott dies zugelassen hat, tritt die positive, das theologische Gewicht des Gemeindefests stärkende Deutung der Bewahrung vor Schlimmerem. Die Ehrenamtlichen konstruieren einen höheren Sinn des Geschehens und sprechen wiederum dem Gebet eine zentrale Funktion zu. Es wird als verbindender Akt interpretiert, der nicht nur die Genesung des Kranken beschleunigt, sondern ein für die Beteiligten zentral wichtiges Gemeinschaftsgefühl stiftet, das vor der gewaltvollen Auseinandersetzung nicht spürbar war. So wird es möglich, dem Geschehen in Zusammenhang mit dem Gebet auch positive Effekte für die Gemeinde zuzuschreiben.

Ein zentrales Motiv in der Bearbeitung ist die Vergebung. Sie erhält große Bedeutung im Umgang mit der gewaltvollen Auseinandersetzung. Damit erfolgt die Bearbeitung der Frage, wie die Gemeinde mit der Herausforderung umgeht, erneut theologisch, wie in einem Interviewauszug mit Ehrenamtlichen deutlich wird:

> „Wir haben [im Kirchengemeinderat] darüber gesprochen, wie das weitergeht, und es war erst so, da der Betroffene, der Jochen das schon im Krankenhaus sagte, dass er halt einfach nicht Hass hat gegen die Leute, sondern er möchte einfach wissen, warum die das gemacht haben, und auch von Vergebung gesprochen und so. Und das war für uns eigentlich das, wo wir gesagt haben: ‚Gut okay, da kann man sich gut einklinken und kann das auch gut sagen.' Das war auch bei diesem [Gebet für den Frieden] so, dass wir das dann wirklich sagen konnten. Damit hast du ganz schön Druck rausgenommen, weil der, den es betroffen hat, der eigentlich den Hass haben könnte, sieht das anders. Und das war eigentlich der Punkt, wo vieles dann auch, wo du dann darauf wirklich aufbauen kannst einfach und kannst sagen: ‚Wir denken da anders'."

Die Haltung des Betroffenen wird zur Positionierung der Gemeinde herangezogen. Für die ehrenamtlich Verantwortlichen ist die Vergebung eine Haltung zum Geschehen, die der Betroffene aus seinem Glauben heraus bewerkstelligt. Diese theologische Linie ermöglicht den Verantwortlichen in der Gemeinde eine sinnhafte Deutung, die zur Grundlage für ihren weiteren Umgang mit der gewaltvollen Auseinandersetzung wird. Die Linie fügt sich an die Fokussierung auf Theologisches an – dem Bearbeitungsmodus, der in der Gemeinde vorherrschend ist und den geringsten Widerstand erwarten lässt. Die Glaubensleistung der Vergebung bedeutet eine Deeskalation und Beruhigung der Situation. Sie entzieht sich jeglicher politischen Beurteilung – auch von kritischen Stimmen aus den eigenen Reihen. Die Glaubensleistung des Betroffenen bietet anderen Menschen an, sich der Haltung der Vergebung anzuschließen. Diese Haltung kommuniziert die Gemeinde nach innen und außen. In einer Pressemeldung berichtet die Gemeinde, der Verletzte spreche von Vergebung statt von Hass auf den Täter und wolle sein Engagement trotz der Erfahrung fortsetzen. Damit grenzt sie sich von der Hetze rechter Gruppierungen und allen Versuchen ab, Hass gegenüber Geflüchteten zu verbreiten. Auf diese Weise verhilft die theologische Deutung des Geschehens und des gesamten Engagements für Geflüchtete der Gemeinde dazu, sich nach außen zu positionieren und das Ereignis nach innen zu bewältigen.

4.5.2 Gemeindliche Profilierung als Aneignungsmuster

Die Analyse der vier Kirchengemeinden ergibt, dass die Intention als auch die Art und Weise, sich mit politisch-kulturellen Herausforderungen zu beschäftigen, jeweils sehr verschieden ist. So ist z. B. die Traditionelle Gemeinde Ost bestrebt, die Herausforderung des Umgangs mit Geflüchteten und rechten Gruppierungen so schnell wie möglich zu bearbeiten und zum „normalen" Gemeindealltag zurückzukehren, bei dem diese Themen keine Rolle spielen. Doch selbst wenn keine derart klare Abgrenzung zu beobachten ist, stellt sich die Frage, ob die Auseinandersetzung mit politisch-kulturellen Herausforderungen „Projektcharakter" hat und zeitlich befristet (angelegt) ist oder ob sie langfristig in Gemeinden verankert wird. Letzteres kann in den drei anderen Gemeinden beobachtet werden. Dabei lassen sich zum Zeitpunkt der Erhebung sehr unterschiedliche Stadien der Beschäftigung mit politisch-kulturellen Herausforderungen erkennen. Während in der Bürgerlichen Gemeinde West das Netzwerk gegen Rechtsextremismus schon seit mehreren Jahren besteht und trotz vieler Veränderungen fest formiert ist und in der Liberalen Gemeinde West durch die jahrzehntelange Prägung von Pfarrpersonen bereits ein gewisses politisches Gemeindeprofil entstanden ist, kann in der Innovativen Gemeinde Ost von einem Stadium gesprochen werden, bei dem die Entwicklung eines lang angelegten Engagements erst am Anfang steht.

In der Innovativen Gemeinde Ost zeigt sich exemplarisch, wie die Aneignung von politisch-kulturellen Themen als Profilierungsprozess stattfindet. Zum Zeitpunkt der Erhebung sind die Kontroversen, die hierbei entstehen, noch ganz frisch. Einzelne Hauptamtliche ringen darum, ein politisch-kulturelles Thema in der Gemeinde zu verankern.

In diesem Ringen lassen sich zahlreiche alltagspolitische Themen aufschlüsseln, die implizit das Klima der Gemeinde prägen. Es zeigen sich eminent politische Inhalte wie Partizipation, freiwilliges Engagement, die Herstellung von Transparenz oder das Ringen um Vorrangpositionen.

Das Ergebnis der Online-Erhebung in den Kirchenbezirken der vier Fallgemeinden war, dass die Themen „Infrastruktur" und „Umwelt und Klima" als wichtig empfunden werden und sich gleichzeitig Suchprozesse andeuten, wie diese Themen bearbeitet und verankert werden können (siehe Kap. 4.3.2). Anhand der Innovativen Gemeinde Ost kann ein solcher Suchprozess mit einhergehenden Herausforderungen und Chancen zum Themenkomplex Nachhaltigkeit nachgezeichnet werden:

Der Pfarrer der Gemeinde bringt das Thema ein und initiiert eine Projektstelle für Nachhaltigkeit (siehe Kap. 4.4.2). Gemeinsam mit der Projektreferentin bemüht er sich aktiv, das Profil der Gemeinde in Richtung Nachhaltigkeit zu prägen. In den Etappen und der Vorgehensweise dieser Profilierung zeigen sich die Herausforderungen, die damit verbunden sind.

Ein Schritt der Profilbildung besteht darin, die Nachhaltigkeitsinitiative zu benennen. Sie erhält einen griffigen Slogan, hier anonymisiert mit „slow & fair", mit der Funktion, jegliches neue und bestehende Engagement zu bündeln, das mit dem Thema Nachhaltigkeit kompatibel scheint, das angestrebte Gemeindeprofil sprachlich zu verankern und eine Identifikationsmöglichkeit und Wiedererkennbarkeit zu schaffen. Die Referentin der Projektstelle wird zur „slow & fair-Referentin" und die Gemeinde soll sich zur „slow & fair-Gemeinde" entwickeln.

Ein wesentlicher Schritt im Profilierungsprozess ist die Einbettung bestehender Angebote in die neue Initiative. Einzelprojekte aus anderen Arbeitsbereichen der Gemeinde, z.B. eine Handwerkshilfe im Bereich der Senior*innenarbeit oder ein Gemüsegarten, der von Eltern des Kindergartens initiiert wurde, werden unter dem Label des Upcyclings und der Nachhaltigkeit fortan zur Initiative dazugezählt. Der Pfarrer oder die Referentin sprechen die Gemeindemitglieder, die sich hier engagieren, an und fragen, ob sie sich in ihrem Engagement nicht mit der neuen Initiative identifizieren können und partizipieren wollen. Die Partizipation beinhaltet, dass die Projekte in der Öffentlichkeitsarbeit (Homepage, Gemeindebrief, Zeitungen im Stadtteil) als Teil von „slow & fair" genannt werden und die Referentin die Ehrenamtlichen zu übergeordneten Treffen der Initiative einlädt. Die Umformatierung nimmt der Pfarrer auch in Bezug auf geistliche Angebote vor. Darin zeigt sich sein Bestreben, die Initiative ganzheitlich zu verankern. Dass diese Vorgehensweise zunächst mit Skepsis betrachtet wird, aber eine prinzipielle Offenheit besteht und eine Sensibilisierung erfolgt, verdeutlicht die folgende Passage eines Interviews mit der ehrenamtlichen Leiterin des Sing- und Gebetskreis in der Gemeinde:

„Und da war dann später die Anfrage, ob unser Sing- und Gebetskreis da auch reingehen könnte. Und da war ich so ein bisschen skeptisch, weil ich das jetzt überhaupt nie in diesem Kontext Nachhaltigkeit und sowas gesehen hab: ‚Weiß nicht, warum sollte es da reingehören' (lachend). Und er [der Pfarrer] meinte dann so: ‚Die Politischen sollen frommer werden und die Frommen politischer'. Dass das so das Aufeinanderzugehen der beiden Pole wäre, und dann fand ich die Idee eigentlich ganz interessant, dass man das so sehen könnte."

Dass geistliche Angebote wie dieses fortan als zur Initiative zugehörig kommuniziert werden, vermag die Wirkung zu erzielen, dass die Initiative auf einer breiten Basis aufgestellt ist. Das Vorgehen der Einbindung verdeutlicht jedoch, dass dies nicht automatisch mit der inhaltlichen Beschäftigung mit Nachhaltigkeit einhergeht. Im Sing- und Gebetskreis ist fortan das Logo von „slow & fair" auf dem Einladungsflyer gedruckt. Im Ablauf selbst lässt sich keine Ausrichtung auf das Thema erkennen. Dementsprechend bleibt offen, inwiefern von einer Bearbeitung des Themas Nachhaltigkeit gesprochen werden kann und ab wann diese für die Beteiligten beginnt.

Eine weitere Etappe im Profilierungsprozess ist die der Entwicklung neuer Projekte und Angebote. Die neuen Projekte werden vor allem von der Projektreferentin initiiert und haben die Eigenschaft, dass sie über die Gemeinde hinaus in den Stadtteil hineinwirken, auf Kooperation mit anderen Institutionen angelegt sind und sich offensichtlich mit dem Thema Nachhaltigkeit befassen. Als Beispiel können hier eine Kleidertauschbörse und ein Projekt zum Thema Foodsharing genannt werden. Bei diesem Vorgehen, das Profil der Gemeinde in Richtung Nachhaltigkeit zu prägen, ergibt sich die Herausforderung, freiwillige Mitarbeitenden für die verschiedenen Aktionen zu finden. Zum Zeitpunkt der Erhebung führen vor allem der Pfarrer und die Projektreferentin die Projekte durch. Dem Hauptamt kommt hier nicht nur die Rolle der Koordination, sondern auch der operativen Umsetzung zu. Die Einbindung weiterer Personen gelingt wenig. Der Pfarrer und die Projektreferentin übernehmen beispielsweise Aufgaben wie den Verleih und die Wartung eines im Projekt angeschafften Lastenfahrrads und spüren deutlich die Last des wachsenden Arbeitsvolumens. Das zieht zum einen wiederum die Frage nach personellen Ressourcen nach sich und führt zum anderen zur Diskussion über die Themen Partizipation und Identifikation von Gemeindemitgliedern mit der neuen Initiative.

An der Kleidertauschbörse, die im Gemeindehaus stattfindet, beteiligen sich keine aktiven Gemeindemitglieder, dafür zahlreiche Personen aus dem Stadtteil und von anderen Nachhaltigkeitsinitiativen der Stadt. An Online-Kursen zu politischen Themen nehmen überregional Personen teil, aber kaum Gemeindemitglieder. Für die Aktiven der neuen Nachhaltigkeitsinitiative stellt sich die Frage, inwiefern neue Projekte, die nicht zum traditionellen Angebot der Gemeinde gehören, überhaupt als Teil der Gemeindearbeit verstanden werden und von Seiten anderer Hauptamtlicher, der Gemeindeleitung oder auch von Gemeindemitgliedern Legitimität erhalten. Überlegungen zu einer breiteren

Werbung oder zum Beziehungsaufbau der Referentin zu Gemeindemitgliedern werden vorangetrieben. Die Spannungsfelder, die mit diesen Fragen einhergehen, werden in Kapitel 4.6.4 genauer beleuchtet.

Zum Zeitpunkt der Erhebung befindet sich die Organisation der Initiative in einer Phase, in der sich die Tragfähigkeit für die Profilbildung erst langsam entwickelt. Um dem Thema Nachhaltigkeit einen offiziellen Platz in der Gemeinde zu geben und die Einzelbereiche zu bündeln, gründen der Pfarrer und die Referentin einen Arbeitskreis bzw. Ausschuss „slow & fair". Dieser trifft sich vierteljährig und ist offen für alle Interessierten. Speziell werden Gemeindemitglieder eingeladen, deren Projekte unter dem Label „slow & fair" stattfinden. Der Ehrenamtliche, der Senior*innen die Reparatur von Haushaltsgegenständen anbietet, ist hierzu ebenso eingeladen wie die Eltern des Gemeindekindergartens, die den Gemüsegarten pflegen, oder die Ehrenamtliche, die den Sing- und Gebetskreis leitet. Diese Vielfalt bringt verschiedene Herausforderungen mit sich, wie der Pfarrer beschreibt:

> „Wir sehen da auch, dass eben die Interessen sehr unterschiedlich sind und das soll ja aber auch so sein, um möglichst auch unterschiedliche Typen von Ehrenamtlichen ansprechen zu können. Also der Familienvater, der sich mit diesem [Gemüsegarten] engagiert, der hat jetzt nicht so viel Lust, da sich um die Verbräuche im Kirchensaal zu kümmern. Aber diejenige, die jetzt sich bei dem [Sing- und Gebetskreis] musikalisch einbringt, ist eben in dem Bereich ganz aktiv. [...] Herausforderung ist, wie eben dann die Leute zusammengebracht werden und sich sozusagen für das große Ganze sehen. Aber das ist dann vielleicht auch ein bisschen mit Aufgabe der Hauptamtlichen. [...] Diese ganz konkrete Vorbereitung für die einzelnen Sachen, welches Lied gesungen oder welche Pflanze nun gepflanzt wird, das passiert in jedem einzelnen Bereich. Aber dass man zumindest voneinander weiß."

Der Arbeitskreis verbindet Menschen mit ganz unterschiedlichen Interessen, Vorgehensweisen und praktischen Anknüpfungspunkten an das Thema Nachhaltigkeit. Die Schnittstelle bleibt unscharf, ebenso wie die Funktion des Arbeitskreises, was die Organisation erschwert: Zum einen soll der Ausschuss als Plattform des Austauschs dienen, zum anderen eine Identifikation mit der Gesamtinitiative und die Bearbeitung übergeordneter Themen einschließen. Unterschiedliche Funktionszuschreibungen bedürfen einer Aushandlung der Zuständigkeiten von Haupt- und Ehrenamt. Dies trägt dazu bei, dass sich die Arbeit im Ausschuss mühsam gestaltet.

Neben der Herausforderung, die Initiative in ihrer Arbeitsform zu strukturieren, zeichnet sich das Ringen von Seiten des Pfarrers und der Projektreferentin um das Recht der Initiative zur Mitgestaltung der Gemeinde und zur Mitsprache ab. Beispielhaft zeigt sich dies an der Frage um die strukturelle Einbindung des Arbeitskreises. Die Referentin versteht den Arbeitskreis als Gremium, das Umweltthemen in der Gemeinde vorantreibt und auf der Leitungsebene mitgestaltet. Konkret setzt sich der Arbeitskreis für eine Energieberatung für das Gemeindehaus ein und für die Entscheidung für einen Anbieter von Ökostrom, als es um die Installation einer Solaranlage auf dem Gemeindedach geht. Die Forderung nach Einflussnahme wird von Seiten des Kirchengemeinderats nicht selbstverständlich mitgetragen, sondern auch kritisch gesehen. Dies verdeutlicht den Klärungsbedarf auf verschiedenen Ebenen, wie es der Pfarrer formuliert:

> „Wichtig ist, dass wir da nochmal klarer kommunizieren, was ist die Rolle dieses Arbeitskreises, eben auch auf Ausschussebene. Das klar zu verankern. Und was ist das Mitspracherecht, um dann eben nicht solche Enttäuschungen zu produzieren und dann wieder Ehrenamtliche zu verprellen und aber auch hauptamtliche Arbeit zu verpuffen."

Die fehlende Klärung der Mitsprache zieht Spannungen und Frustration nach sich. Dies erschwert den Profilbildungsprozess insofern, als zum einen die Identifikation und Partizipation von Ehrenamtlichen gefährdet ist und zum anderen die Unterstützung der Initiative durch die Gemeindeleitung vage bleibt. Die Notwendigkeit wird deutlich, das Thema auf Gemeindeleitungsebene zu verankern, wenn es profilbildend wirken soll. Dementsprechend versuchen der Pfarrer und die Referentin, das Thema bei der Wahl eines neuen Kirchengemeinderats strategisch einzuflechten, indem sie sich bemühen, Kandidat*innen zu werben, die dem Thema Relevanz zuschreiben und sich in der Gemeindeleitung fortan dafür stark machen.

Es zeigt sich zum einen, dass die maßgebliche Gestaltung einer Profilierung durch Hauptamtliche nicht gewährleistet, dass ein gesellschaftspolitisches Thema anerkannt wird. Zum anderen wird deutlich, dass eine Verankerung in der Gemeinde nur nach und nach verlaufen kann. Hierfür bedarf es zahlreicher Aushandlungsprozesse, die auch die Frage nach dem Ort der Verankerung einschließen und bestehende Gremien, Gemeindemitglieder aus verschiedenen Bereichen und auf verschiedenen Ebenen einbeziehen.

4.5.3 Gemeinschaftlich getragene Pluralität als Aneignungsmuster

Die Liberale Gemeinde West eignet sich politisch-kulturelle Herausforderungen in vielschichtigen, parallel ablaufenden Prozessen an. Das Aneignungsmuster lässt sich am treffendsten als gemeinschaftlich getragene Pluralität bezeichnen. Diese Pluralität bezieht sich auf die unterschiedlich ausgestalteten Bearbeitungsmodi innerhalb der Gemeinde, welche zusammengenommen das Aneignungsmuster bilden. Wie dieses entsteht und Bestand hat, kann eindrücklich anhand der Bearbeitung des Themenkomplexes Flucht und Asyl herausgearbeitet werden.

Den Impuls für die Gründung eines Begegnungscafés geben im Herbst 2015 zwei Frauen der Gemeinde, die mit Kindern und Familien arbeiten. Im Herbst 2015 besuchen vermehrt geflüchtete Menschen den Gottesdienst. Das Thema der Ankunft von Menschen auf der Flucht ist sehr präsent. Nach Rücksprache mit Pfarrer Neuhausen finden sich rasch drei Gemeindemitglieder, die ebenfalls das Anliegen haben, etwas zu unternehmen. Sie entscheiden, ein Angebot für geflüchtete Familien zu schaffen, und organisieren ein Auftakttreffen, an welchem zahlreiche Interessierte teilnehmen. Hier wird das Konzept des Café International für Geflüchtete entworfen. Dieses wird wöchentlich stattfinden und für geflüchtete Menschen, hauptsächlich für Familien, zugänglich sein. Teil des Cafés sind Kaffee und Kuchen, ein Betreuungs- und Bastelangebot für Kinder sowie die Möglichkeit für Eltern, sich untereinander auch auf Deutsch auszutauschen. Ein Deutsch-Nachhilfekurs sowie ein Beratungsangebot werden ebenso Teil des Cafés. Später kommt eine Second-Hand-Kleiderkammer dazu, die bei den Familien sehr beliebt ist.

Eine typische Szene des Café International sieht folgendermaßen aus: Während eine Ehrenamtliche ein Elternpaar beim Erfassen des Inhalts eines behördlichen Briefes unterstützt, sitzen am Nebentisch die Kinder mehrerer Familien und eine Ehrenamtliche und spielen ein Gemeinschaftsspiel. Eine Ehrenamtliche sitzt an einem weiteren Tisch und unterhält sich mit einem weiteren Kind. Einige Geflüchtete sind mit einer Ehrenamtlichen in einem Beratungsgespräch. An einem anderen Tisch erzählt ein Ehepaar einer Ehrenamtlichen von seinen Sprachkursprüfungen. Parallel wird in der Küche das Kuchenbuffet vorbereitet, hier helfen auch Besucher*innen mit. Später am Nachmittag gehen die Kinder zum Spielen in den Hinterhof, begleitet von einer Ehrenamtlichen. Noch ein wenig später wird die Second-Hand-Kleiderkammer eröffnet. Die Stimmung ist entspannt. Es ist deutlich wahrnehmbar, dass dies ein üblicher Rhythmus ist und dass sich insbesondere Eltern mit Kindern hier zurücklehnen können.

Diese Parallelität der unterschiedlichen Bereiche des Café International und die Vielzahl der Teilbereiche fallen ebenso auf wie die Tatsache, dass die Ehrenamtlichen zwischen diesen hin und her pendeln. Die Parallelität und Pluralität der von Ehrenamtlichen getragenen Angebote ermöglicht es ihnen, ihren Interessen folgend Schwerpunkte zu setzen:

Michaela: „Das sind eigentlich die Dinge geworden, wo einer mal gesagt hat: ‚Das mache ich jetzt' und dann waren die halt so (lachen)."
Sabine: „Ja, ne, ich würde einfach sagen, es kamen viele Talente zusammen, oder viele Gaben, die sich zusammengesetzt haben."

Das Café International als Format lässt sich am treffendsten als „multifunktionales Modell" bezeichnen. Denn es besteht aus verschiedenen Bestandteilen, welche darauf ausgerichtet sind, unterschiedliche Bedarfe geflüchteter Familien zu unterstützen. Diese Teilbereiche und die damit zusammenhängende Arbeitsteilung der Ehrenamtlichen lassen sich auch auf die unterschiedlichen Schwerpunktsetzungen der Involvierten zurückführen. Es gibt ein allgemeingeteiltes Anliegen, das jeweils eigene Schwerpunktsetzungen und Motive der Ehrenamtlichen einschließt. Das Hauptanliegen und der gemeinsame Kern aller Ehrenamtlichen ist es, Geflüchtete bei ihrer Integration in Deutschland zu unterstützen. Dieses Anliegen formulieren auch andere Gemeindemitglieder außerhalb des Café International. Neben diesem betonen die Ehrenamtlichen auch das grundsätzliche Anliegen, den Geflüchteten helfen zu wollen. *„Es ist die humanitäre Seite, die mir zuspricht"*, äußert der Teamer Carsten und fügt hinzu: *„Wenn es dieses Projekt in einer anderen Organisation gäbe, hätte ich mich dort engagiert."* Diese beiden Schwerpunktsetzungen stellen die kollektiv geteilten Zielsetzungen dar. Sie formen das Selbstverständnis der Ehrenamtlichen des Café International, die sich selbst Teamer*innen nennen.

Ein Pfarrer beschreibt als Ausgangsimpuls zu Beginn das Anliegen, speziell Frauen unterstützen zu wollen. Im Herbst 2015 stellte die Gemeinde Räume für Deutsch-Sprachkurse zur Verfügung. Die Gemeindemitglieder beobachteten hier ein Ungleichgewicht zwischen den Geschlechtern:

> „Das sind meistens nur Männer, die Sprachkurse machen, damit sie arbeiten können. Und wir haben gedacht: ‚Das kann's doch nicht sein, was ist denn mit den Frauen?' Die lernen kein Deutsch, die müssen dann, die bilden dann letztlich Ghettos, weil sie zuhause sind, und müssen die Kinder aufziehen, das ist eigentlich nicht unser Kulturverständnis. Also eben einen Zugang zu ermöglichen eben auch für Familien, ja, für Mütter. Dass die eben auch irgendwie in der Sprache ankommen, dass sie im öffentlichen Leben erscheinen. Das war uns ein Anliegen und das war der Punkt, wo wir sagen: ‚Hier machen wir das'. Und das war ganz klar, wenn wir Frauen hier haben wollen, und die haben meistens dann Kinder, dann geht das nur, wenn wir für Kinder ein Angebot haben, damit die Frauen sich unterhalten können."

Eine andere Ehrenamtliche, Sabine, rückt den Prozess der Kulturvermittlung für die Integration geflüchteter Familien ins Zentrum. Sie schreibt der Verinnerlichung der hiesigen Kultur oder der Anpassung an diese durch die Geflüchteten eine Schlüsselrolle für ein harmonisches Miteinander zu. Damit sieht sie sich und die anderen Ehrenamtlichen in einer Funktion der Kulturvermittlung. Für sie liegt ein Ziel des Cafés darin, bestimmte Lernprozesse (Aneignung von Werten) auf Seiten der Geflüchteten zu fördern. Ein zweites Anliegen von Sabine ist es, die Geflüchteten auch materiell zu unterstützen. Auf Anfrage der Besucher*innen eröffnete sie, gemeinsam mit den anderen Ehrenamtlichen, die Second-Hand-Kleiderkammer, in welcher Geflüchtete Kleidung und weitere Sachgegenstände als Spende erhalten können.

Einen etwas anderen Schwerpunkt legt die Ehrenamtliche Michaela. Sie formuliert in der Gruppendiskussion das Ziel, mehr Begegnungen und Austausch zwischen Menschen mit und ohne Fluchterfahrung im Café International ermöglichen zu wollen. Sie setzt sich für eine stärkere Öffnung des Cafés gegenüber Menschen in der Kirchengemeinde und außerhalb dieser ein, damit sowohl die erwachsenen Besucher*innen als auch die Kinder mehr Begegnungen erfahren. Außerdem spricht sie die Problematik einer zu geringen Anzahl einerseits von Ehrenamtlichen, andererseits von Besucher*innen aus der Mehrheitsgesellschaft an. Sie betont, dass Integration Begegnungen und Austausch benötige, wovon alle profitieren und sich Synergien ergeben können. Das Café International betrachtet sie als den passenden Ort, solche Win-Win-Partnerschaften herbeizuführen. Dafür schlüpft Michaela, unterstützt durch die anderen Ehrenamtlichen, in die Rolle der Programmgestalterin und Netzwerkerin:

> „Und [da] das Jugendorchester des Stadtteils immer so gerne ins Ausland reisen möchte, um fremde Kulturen kennenzulernen (…) meinte ich so: ‚Also fremde Kulturen könnten sie auch hier im Stadtteil kennenlernen, da müssten sie mal hier ein Konzert geben (lachen).' Und dann haben die das auch wirklich gemacht (…) Und das war dann eigentlich so, was ich halt die Hoffnung hatte, dann kommen die Eltern auch runter [ins Café International]. Deswegen habe ich dann gesagt: ‚Dann bieten wir dann hinterher Waffeln für alle an, und dann kommen die da runter und dann ergibt sich da vielleicht auch mal ein Kontakt.' Also so viel Kontakt hat sich nicht ergeben, aber trotzdem, also die haben einfach gesehen, dass es das Café International gibt. Und eben für das Café International gab es einfach ja ein bisschen Livemusik verschiedenster Art."

Die Anliegen der Ehrenamtlichen spiegeln ein differentes Verständnis dessen wider, was Geflüchtete für eine erfolgreiche Integration benötigen. Während Sabine den Integrationsprozess als einen Prozess beschreibt, in welchem Geflüchtete die hiesige Kultur kennenlernen und verinnerlichen sollten, rückt Michaela bei diesem das gegenseitige Kennenlernen und wechselseitige voneinander Lernen in den Vordergrund, ebenso den Aufbau vielfältiger Beziehungen, seien es Tandem-Beziehungen, Freundschaften oder die gemeinsame Teilnahme an einem Konzert als Bestandteile von Integrationsprozessen. Damit gehen auch unterschiedliche Rollenverständnisse als Ehrenamtliche im Kontext des Café International einher.

Durch das „multifunktionale Modell" ist es den Ehrenamtlichen möglich, unterschiedliche Schwerpunkte in ihrem Engagement zu legen und damit gleichzeitig je nach ihren individuellen Deutungen den Integrationsprozess geflüchteter Familien zu begleiten und zu unterstützen. Die damit verbundenen Aktivitäten können mitunter parallel verlaufen oder anlassbezogen ins Zentrum gerückt werden, wie anlässlich des Konzertes des Jugendorchesters. Bei der Second-Hand-Kleiderkammer stehen die materielle Hilfeleistung und die Sicherung der Grundbedürfnisse der Besucher*innen im Fokus. In der Küche steht das gemeinsame Vorbereiten des Buffets im Vordergrund, wodurch der Gemeinschaftssinn gestärkt werden kann, da Besucher*innen und Ehrenamtliche miteinander interagieren und als Team auf die Fertigstellung des Buffets hinarbeiten. Nichtsdestotrotz müssen die Teilbereiche miteinander abgestimmt und in das große Ganze des Café International integriert werden. Denn die unterschiedlichen Teilbereiche können sich mitunter aufgrund ihrer unterschiedlichen Funktionslogik in die Quere kommen.

Parallel zur Entstehung des Café International gewährt die Gemeinde einer geflüchteten Person Kirchenasyl. Diese Person wurde Gemeindemitglied, engagiert sich bis heute auch im Café International und in weiteren Bereichen der Gemeinde und gibt unterschiedliche Impulse hinsichtlich der Erreichbarkeit von Geflüchteten, Vernetzungsmöglichkeiten und Ideen für die Gestaltung des Cafés.

Einige Mitglieder des Kirchengemeinderats, unter ihnen auch Pfarrer Schumacher, befassten sich im Jahr 2020 mit dem Jahresthema der EKD, dem EKD-Schiff zur Seenotrettung von Geflüchteten, und initiierten eine innergemeindliche Auseinandersetzung über die nationale- und internationale Asyl- und Migrationspolitik. Die Mitglieder des Kirchengemeinderats sehen sich in der Verantwortung, sich nicht nur sozial, sondern auch politisch zu engagieren. Sie leiten die Handlungsaufforderung dazu direkt aus ihrem Glauben, dem Grundprinzip der Nächstenliebe, ab. Damit ist ein Engagement für Geflüchtete selbst für sie nicht optional, sondern als Verpflichtung für die Kirchengemeinde zu sehen. Zur Diskussion steht für sie allerdings die Asylpolitik Deutschlands und die Bedeutung des EKD-Schiffs. Interessant ist diesbezüglich, dass dieses Thema ähnlich wie bei der Problematik des Infrastrukturprojektes im Stadtteil im Kirchengemeinderat bearbeitet wird und aus diesen Diskussionen ein Veranstaltungsformat entsteht.

Von anderen Gemeindemitgliedern wird das Café International als *„Anlaufstelle"* für Personen in Not beschrieben. Es wird als „multifunktionales Modell" anerkannt, gleichfalls gilt die Anerkennung dem Team des Café International für seine Leistung. Vereinzelt gibt es auch Mitglieder, die diese starke Unterstützung der Geflüchteten durch die Kirchengemeinde nicht gutheißen, die jedoch nicht offensiv auftreten oder einen Konflikt suchen. Das weitere Engagement der Gemeinde für Geflüchtete wie die Spendensammlung für das EKD-Schiff und das Kirchenasyl beleuchten Flucht mit einem klaren politischen Bezug. Die Gemeinde überschreitet damit den konkreten örtlichen Kontext und positioniert sich als Akteurin, die auf gesamtgesellschaftlicher Ebene eine vernehmbare, kritische Stimme darstellt.

Im Café International sowie in der gesamten Gemeinde wurden eine Parallelität und Pluralität der Bearbeitungsformen hinsichtlich des Themas Flucht ersichtlich, die auch der Bearbeitung anderer politisch-kultureller Themen zu eigen ist. Hauptamtliche und Ehrenamtliche – Kirchengemeinderatsmitglieder, Pfarrer – befassen sich in unterschiedlichen Räumen der Gemeinde – Kirchengemeinderatssitzungen, Gemeindewebseite und weiteren Räumen – öffentlichkeitswirksam und in gruppeninternen Konstellationen mit dem Thema. In Rücksprache mit den jeweiligen relevanten Gruppenmitgliedern werden „*kleinteilige Antworten*" formuliert, wie Pfarrer Neuhausen die unterschiedlichen Initiativen innerhalb der Gemeinde bezeichnet. Auffallend bei dieser Form der Aneignung ist die hohe Verantwortung und Bedeutung, welche den involvierten Gemeindemitgliedern zukommt, die sich zwar mehrheitlich in jeweils einem Bereich der Gemeindearbeit schwerpunktmäßig engagieren, etwa im Café International oder beim Fairen Handel, darüber hinaus jedoch punktuell oder über kurze Phasen in weitere Initiativen miteinsteigen. Die Rolle der Pfarrer ist es, durch eine große Offenheit gegenüber politisch-kulturellen Themen die unterschiedlichen Impulse der Gemeindemitglieder aufzunehmen oder selbst Impulse zu geben und die einzelnen Aktivitäten zu begleiten. Hierbei handelt es sich nicht um einmalige oder punktuelle Impulse, sondern vielmehr um ein kontinuierliches Tragen, Koordinieren und Rückkoppeln der jeweiligen Engagements.

4.6 Analyse Teil III: Gemeindliche Aushandlungsprozesse und Spannungsfelder

Kirchengemeinden müssen in der Aneignung des Engagements in Bezug auf eine politisch-kulturelle Herausforderung zahlreiche Klärungen und ggf. Veränderungen vornehmen. Dies führt zu Spannungen unter den Engagierten, die sich über Ziele und konzeptionelle Leitlinien, über Rollen, geeignete Methoden der Befassung und Grenzen der Partizipation oder Kooperation einigen müssen. Dies führt zu neuen Herausforderungen für das gemeindliche Gefüge, neue Engagementfelder und etablierte Gemeindearbeit müssen miteinander in Bezug gesetzt werden. Wo sich das Engagement gegen Diskriminierung und Ausgrenzung richtet, wird die Gestaltung von nichtdiskriminierender Kommunikation zur Herausforderung.

4.6.1 Strukturierung, Rollenzuweisungen und (De)Privilegierung im Engagement für Geflüchtete

Gesellschaftliche Machtverhältnisse spiegeln sich auch in Kirchengemeinden wider. Strukturierungsprozesse des Engagements für Geflüchtete – und jedes andere Engagement ebenso – stellen vor diesem Hintergrund besondere Momente der Gemeindearbeit und Gelegenheiten dar. Je nachdem, wie das Engagement für Geflüchtete strukturiert wird, eröffnet es Räume, in welchen bestimmte Handlungen und Interaktionen möglich oder weniger möglich gemacht werden. Denn durch die Strukturierung von Angeboten werden grundlegende Positionierungen vorgenommen, die mit Rollenzuweisungen einhergehen und die Rahmenbedingungen für die Begegnung von Geflüchteten und Angehörigen der Mehrheitsgesellschaft setzen.

In der Liberalen Gemeinde West und der Traditionellen Gemeinde Ost fanden als Reaktion auf die im Spätsommer 2015 vermehrt den Gottesdienst besuchenden Geflüchteten strukturelle Veränderungen statt. Die Traditionelle Gemeinde Ost eröffnete für die an den Gottesdiensten teilnehmenden Geflüchteten aus Syrien einen Hauskreis. Strukturell betrachtet wird dieser spezielle Raum für Geflüchtete in Form eines bewährten Formats – das des Hauskreises – geschaffen. Neben diesem Hauskreis werden Geflüchtete zu dem in der Gemeinde etablierten Glaubenskurs eingeladen. Ebenso werden zum jährlichen Erntedank-Gemeindefest, zu welchem Menschen in schwierigen Lebenslagen eingeladen werden, auch in Asylheimen lebende Geflüchtete eingeladen. Durch die Einladung der Geflüchteten zum Glaubenskurs sowie zum neu geschaffenen Hauskreis werden sie als am Christentum Interessierte und somit als potenzielle Gemeindemitglieder angesprochen. Mit der Einladung Geflüchteter zum Erntedank-Gemeindefest für Menschen in schwierigen Lebenslagen hingegen werden Geflüchtete in ihrer schwierigen sozialen Lage wahrgenommen und als zu unterstützende soziale Gruppe positioniert, die ebenso wie bedürftige Menschen ohne Fluchtbiografie in die Kirche eingeladen wird. Bei diesem Fest steht neben diesem Akt der Nächstenliebe auch der Verkündigungsgedanke im Vordergrund.

Auch die Liberale Gemeinde West positioniert Geflüchtete in ihrem Engagement als zu unterstützende Gruppe. Mit dem Café International entwickelt sie ein multifunktionales Format, in welchem auf die unterschiedlichsten Bedürfnisse von Geflüchteten eingegangen wird. Neben diesem Raum speziell für Geflüchtete bearbeitet sie das Thema Flucht und Asyl auch im Raum der innergemeindlichen Öffentlichkeit. Sie macht das EKD-Schiff zum Jahresthema 2020 und befasst sich mit dem Thema Kirchenasyl. Damit lenkt sie den Blick auf politische Rahmenbedingungen, die die Kontextbedingungen des Alltags von Geflüchteten maßgeblich beeinflussen, und bearbeitet so auch die gesellschaftspolitische Dimension von Flucht. Somit entwickelt die Liberale Gemeinde West, neben einem Engagement für Geflüchtete, ein Engagement, in welchem sie sich zum Thema Flucht als gesamtgesellschaftliches Phänomen positioniert.

Allein in diesen beiden Fallgemeinden reicht das Spektrum des Engagements von einer Ausrichtung auf theologische Arbeit und Mission über eine soziale, diakonische Ausrichtung bis hin zu einer politisch und christlich-ethischen Auseinandersetzung mit der nationalen Flüchtlings- und Asylpolitik. Hierdurch wird ersichtlich, wie unterschiedlich Kirchengemeinden ihr Engagement ausrichten können. Sie können Geflüchtete als potenzielle Gemeindemitglieder, als zu unterstützende marginalisierte Bevölkerungsgruppe oder weiter gefasst das Thema Flucht als für die Kirchengemeinde bedeutendes Thema im Innenraum der Gemeinde etablieren.

In beiden Kontexten werden Geflüchtete als Teil einer zu unterstützenden Bevölkerungsgruppe definiert. Dadurch teilen und konzipieren die Ehrenamtlichen Rollen und definieren damit bestimmte Handlungsanforderungen an die Rollenträger*innen.

So schlüpfen Geflüchtete beim Eintritt in das Format in die Rolle der Unterstützten. Im Kontext des Erntedank-Gemeindefestes werden sie zu Teilnehmenden eines Gemeindefestes und zu Sachspendenempfänger*innen, außerdem wird ihnen die Rolle derer zugewiesen, die das „Wort Gottes" hören sollen. Im Kontext des Café International erhalten sie Sachspenden und Hilfestellungen in Form von Beratung, Kinderbetreuung und Sprachkursen. Die ehrenamtlich aktiven Mitglieder der Gemeinde übernehmen demgegenüber komplementär die Rolle der Unterstützenden. Damit wird eine Grenzziehung zwischen den Geflüchteten, die Hilfe empfangen, und den Ehrenamtlichen, die Hilfe leisten, vollzogen. Die Angewiesenheit der geflüchteten Familien auf Unterstützung wird so im Innenraum der Gemeinde erlebbar, ebenso wie die Privilegien derjenigen, die in der Position sind zu helfen. Handlungen außerhalb dieser sozialen Positionierungen werden im Kontext dieser Formate weniger wahrscheinlich. Damit beeinflussen sie nachhaltig die in diesem Kontext entstehenden sozialen Beziehungen.

Die Strukturierung dieser beiden Formate verdeutlicht, auf welche Weise Geflüchtete Teil der Kirchengemeinde werden können. In beiden Fallgemeinden wird der Schwerpunkt hierbei auf eine zielgerichtete Unterstützung geflüchteter Familien gelegt. Vor dem Hintergrund des Profils und der spezifischen Schwerpunkte der jeweiligen Gemeinde – in der einen auf intensive theologische Arbeit und Mission, in der anderen auf gesellschaftspolitisches Engagement – setzen sich die Gemeinden auf ihre Weise mit dem Thema Flucht und Asyl auseinander. Die Ehrenamtlichen berichten in diesem Zusammenhang von persönlichen Lernprozessen sowie neuen Herausforderungen. Die Aushandlungsprozesse in diesem Engagement-Kontext werden im anschließenden Unterkapitel herausgearbeitet.

4.6.2 Spannungslinien und konzeptionelle Fragen im freiwilligen Engagement

In diesem Unterkapitel werden Binnenkonflikte im freiwilligen Engagement herausgearbeitet. Die Analyse zeigt, welchen Herausforderungen Ehrenamtliche in ihrem Engagement begegnen und wie wichtig ein Feingefühl für die Strukturierung, für Rollen- und Handlungserwartungen sowie für die in diesem Zusammenhang entstehenden sozialen Dynamiken und das Machtgefälle ist. Beim Erntedank-Gemeindefest kommt es im Jahr 2019 zu einem Konflikt bei der Verteilung von Sachspenden. Auch im Café International berichten die Ehrenamtlichen von Konflikten insbesondere bei der Bereitstellung von Second-Hand-Kleidung. Sabine, eine Ehrenamtliche des Café International, berichtet:

> „Am Anfang war das pure Chaos. Ich habe die Tüten einfach hingestellt und wollte so mal ein bisschen was auslegen, in einem anderen Raum. Einem wurden die Tüten aus der Hand gerissen, das sah aus, also furchtbar ja. Also die Sachen lagen auf dem Boden, übereinander, untereinander, Chaos pur."

Die konfliktreichen sozialen Dynamiken kommen in dieser Passage für Sabine unerwartet. Hier schildert sie einen Kontrollverlust, den sie durch das Verb *„reißen"* als Bezeichnung für physische Heftigkeit beschreibt, was in der Dramaturgie ihrer Schilderung zum Ausdruck kommt. Sie bringt damit einen unerfüllten Ordnungsanspruch zum Ausdruck. Es klingt ein Konflikt an um Ordnung und ein respektvolles soziales Miteinander sowie ein Ressourcenkonflikt und damit einhergehende Konkurrenzverhältnisse zwischen den Besucher*innen. Nach diesem ersten als *„Chaos"* erlebten Second-Hand-Wühltisch nehmen die Ehrenamtlichen mehrere Strukturierungsmaßnahmen vor. Diese sollen konfliktreichen Konkurrenzsituationen zwischen den Besucher*innen entgegenwirken.

Sabine: *„Also ich schließe immer, wenn ich Sachen [Kleiderspenden] habe, den Raum zu, und lege erstmal die Sachen auf die Tische. [...] Und dann hat sich das irgendwann so eingespielt, dass um fünf Uhr die Tür aufgeschlossen wird (lachen). Das hat aber auch nicht lange gehalten, die haben nämlich immer schon geguckt, wohin ich mich um fünf Uhr, in welche Richtung ich mich bewege, dass die mir schon nachgelaufen sind, und ich kaum aus der Tür wieder zurücktreten konnte, sodass ich dann den Hintereingang genommen habe. Also ich habe da tatsächlich dann ein bisschen Katz und Maus-Spiel gemacht. [...] Es kam ja auch dazu, dass wir das Gefühl hatten, dass die nur kommen, um die Sachen zu holen, und verschwinden dann wieder und ohne eine Regelvorgabe."*

Michaela: *„Wo ich mit den Kindern gespielt habe und dann die Mütter kamen [und gesagt haben, nachdem sie die Kleidung ausgesucht hatten] so: ‚Ihr müsst jetzt gehen.'"*

Sabine: *„Also deshalb haben wir dann auch irgendwann mal gesagt: ‚Wir machen es um fünf Uhr'. Ja so. Und klar, diese Familien kamen dann noch zusätzlich. Ja jetzt läuft das, also fünf Uhr wird dann geöffnet."*

Einen wichtigen Aspekt, den beide Ehrenamtliche in dieser Passage ansprechen, ist der der zeitlichen Ritualisierung. Anders als die anderen Angebote des Café International ist der Zugang zu den Second-Hand-Kleiderspenden die meiste Zeit verschlossen und wird zu einem fest definierten Zeitpunkt geöffnet. Diese physischen Grenzziehungen und die in den Ablauf des Nachmittags zeitlich fixierte Einbettung helfen, eine Struktur und Routine bei der Vergabe der Kleiderspenden zu etablieren und dadurch auch die von den Ehrenamtlichen angestrebte Ordnung einzuführen.

Sabine beschreibt die Dynamik zwischen sich und den Besucher*innen als *„Katz-und-Maus-Spiel"* und damit zwei Gruppen, die sich gegenseitig beobachten und belauern. Mit dieser Metapher wird der Interaktionsdynamik eine nonverbale Dimension zugesprochen. Ein antagonistisches Verhältnis zwischen den Besucher*innen und ihr selbst wird skizziert, außerdem der Aspekt des Ausprobierens, ein Aktion-Reaktion-Wechselverhältnis. Die soziale Dynamik zwischen den Ehrenamtlichen, die die Kleiderspendekammer öffnen, und den Besucher*innen spielt durch diese Metapher auf ein Wechselspiel zwischen „verstecken", „gejagt werden" und „Angst haben" an. Die Interaktionsdynamik zwischen den Besucher*innen und den Ehrenamtlichen ist so beschaffen, dass die unterschiedlichen Gruppenzugehörigkeiten in den Vordergrund treten.

Ein weiterer Aspekt, den die Ehrenamtlichen im obigen Zitat ansprechen, ist ihre Missbilligung der Tatsache, dass die Besucher*innen direkt nach Erhalt der Second-Hand-Kleidung das Café International verlassen möchten. Sie sprechen von *„einem Verschwinden ohne eine Regelvorgabe"* und problematisieren auch das Unterbrechen des Kinderspiels durch die anwesenden Mütter. Hier wird die Erwartung der Ehrenamtlichen deutlich, dass die Besucher*innen dem regulären Rhythmus und Programm des Café International folgen sollten. In der Formulierung *„[...] kommen, um die Sachen zu holen, und verschwinden"* bringt die Ehrenamtliche ein einseitiges soziales Verhältnis zum Ausdruck, in welchem die Besucher*innen die empfangende, nehmende Partei darstellt. Dies missbilligt sie, wenn dies bewirkt, dass die Besucher*in vor dem üblichen Ende des Café International gehen möchte. Ein Interessenkonflikt zwischen den beiden Gruppen tritt zu Tage.

Ein Teil der Lösung für den Interessenkonflikt zwischen den Ehrenamtlichen und einigen Besucher*innen mit ihrem Bedürfnis, nach Erhalt der Kleiderspenden zu gehen, ist die Verschiebung der Öffnung der Kleiderspendekammer auf 17 Uhr, kurz vor Ende des Café International. Damit wird der Erhalt der Kleiderspenden zu einem Abschluss-Ereignis und bringt den regulären Ablauf nicht durcheinander. Die Familien können im Anschluss gehen. Diese Strukturierungsmaßnahme zeigt, dass die Ehrenamtlichen das Bedürfnis der Besucher*innen zu gehen, respektieren und nicht wie zuerst als Regelmissachtung interpretieren. Diese Interpretationsänderung durch die Ehrenamtlichen geht mit einer Anpassung der Struktur des Nachmittags einher. Adaptation verdeutlicht ein pragmatisches, funktionales Verständnis der Ehrenamtlichen in Bezug auf die von ihnen entwickelten Konzepte.

Hier zeigt sich außerdem, dass der Kleiderspendekammer eine Dienstleistungs- und Konsumlogik zugrunde liegt, in welcher der Hilfeleistungsanspruch der Ehrenamtlichen auf die Vergabe von Kleidungsstücken begrenzt ist. Es steht die individuelle Bedürfnisbefriedigung im Zentrum und nicht die auf das Miteinander orientierte Aktivität, wie in anderen Bereichen des Café International. Hinzu kommt, dass es sich bei den Sachspenden um sehr begehrte Ressourcen handelt, wodurch ein Konkurrenzverhältnis zwischen den Besucher*innen besteht. Ehrenamtliche sehen sich bei Konflikten in die Position gedrängt, als Schiedsrichter*innen und Ordnungshüter*innen aufzutreten, was ihnen mitunter nicht behagt. In dieser Passage wird auch deutlich, dass das Angebot der Kleiderspendekammer in die bereits bestehende Struktur des Café International integriert werden muss. Struktur wird auch hier, nicht nur im Ablauf, sondern auch in manifester Form als Raum mit offener oder geschlossener Tür, als Ordnungsprinzip notwendig.

Auch im Erntedank-Gemeindefest erleben die Ehrenamtlichen, dass materielle Kleider- und andere Sachspenden unter den Besucher*innen Stress und Hektik auslösen. Die Organisator*innen lösen dies, indem sie die Sachspenden in eigens dafür hergerichteten Räumen vergeben und wenn möglich in vorgepackten Taschen bereitstellen, die die gleichen Dinge enthalten. Außerdem wird nur einer Familie für einen festgelegten Zeitraum der Eintritt in diesen Raum gewährt. Das Instrument der Zugangsbeschränkung in Bezug auf Zeit und Personenzahl wird wie in der anderen Fallgemeinde zum Ordnungsprinzip. Diese physische Strukturierung und Taktung bei der Verteilung von Sachspenden verringert auch im Erntedank-Gemeindefest Streitigkeiten und Diskussionen zwischen Besucher*innen und Ehrenamtlichen. Durch diese Strukturierung der Settings, in welchen Kleider- und andere Sachspenden vergeben werden, wird das Verhältnis zwischen den Besucher*innen und den Ehrenamtlichen ein per Struktur definiertes einseitiges Verhältnis mit starkem Machtgefälle. Die Ehrenamtlichen werden zu Türhüter*innen, Schiedsrichter*innen und Ordnungshüter*innen in diesen Settings. Dies bringt für die Ehrenamtlichen Rollenkonflikte mit sich, wenn sie sich dabei unwohl fühlen, beispielsweise in die Rolle der Ordnungshüter*innen zu schlüpfen. Diese Rollenkonflikte lösen die Ehrenamtlichen auf unterschiedliche Weise. Beispielsweise wird im Setting des Erntedank-Gemeindefestes die Türhüter*innenfunktion einem Ehrenamtlichen zugeteilt, der sich in dieser Rolle wohl fühlt. Im Café International berichtet eine Ehrenamtliche davon, die Rolle der Schiedsrichterin angenommen und gelernt zu haben, sich in der Rolle einer durchgreifenden und ein Machtwort sprechenden Person wohlzufühlen.

Durch die seit mehreren Jahren bestehenden Formate haben die Ehrenamtlichen einen großen Schatz an Erfahrungswissen angesammelt. Sie durchlaufen in ihrem Engagement einen Trial-and-Error-Prozess, der eine andauernde Evaluation laufender Restrukturierungen beinhaltet. Sie entwickeln ein Gespür für die sozialen Dynamiken des jeweiligen Kontextes und lernen unterschiedliche Rollenanforderungen ihres Engagements kennen. Strukturierungen werden als Ordnungsprinzipien wirksam. Dadurch können Konkurrenzdynamiken und Konflikte vermieden werden. Jedoch kann das grundlegende Spannungsfeld, welches einer Verteilung von Sachspenden im Kontext sozioökonomisch prekärer und angespannter Lebenslagen besteht, nicht aufgelöst werden. Dies zeigt nicht zuletzt die gewalttätige Auseinandersetzung auf dem Erntedank-Gemeindefest 2019.

Die Ehrenamtlichen lernen die spezifischen Lebensrealitäten Geflüchteter durch ihr Engagement aus nächster Nähe kennen. Die damit verbundenen Ohnmachtserfahrungen und den damit verbundenen Stress erleben die Ehrenamtlichen durch Erzählungen von oder durch das gemeinsame Erleben mit den Geflüchteten selbst. Sie erfahren die unterschiedliche Verortung der geflüchteten Besucher*innen und sich selbst im gesamtgesellschaftlichen Gefüge. Auf diese Weise sind die im Engagement entstehenden Binnenkonflikte wesentlich für die Entwicklung eines Verständnisses für die Komplexität der Lebensrealitäten Geflüchteter.

4.6.3 Diskursive Reproduktion von Stigma und Rassismus

Die Engagierten in den Kirchengemeinden treten Geflüchteten prinzipiell wohlwollend und unterstützend gegenüber. Sich in der Hilfe für Betroffene und damit für Menschlichkeit und Zusammenhalt in lokaler, aber auch internationaler Perspektive einzusetzen, steht im Vordergrund des Engagements. Dennoch finden im Engagement-Kontext Migration, Flucht und Asyl stigmatisierende Narrative gegenüber Geflüchteten und Migrant*innen Verwendung. Dies ist in beiden Gemeinden mit einem Engagement für Geflüchtete zu beobachten: in der Traditionellen Gemeinde Ost, unter anderem im Gemeindefest an Erntedank, sowie in der Liberalen Gemeinde West im Café International. Um dieses Paradox aufzuschlüsseln, werden drei diskursive Figuren herausgearbeitet, die als Deutungsfolien in der alltäglichen Praxis der Fallgemeinden eine zentrale Rolle einnehmen.

Die erste diskursive Figur ist die der „kulturellen Anderen" und wird sichtbar im Café International, wo einige Bestandteile des Nachmittags für die Freiwilligen noch nicht zufriedenstellend organisiert sind. Sowohl beim Buffettisch als auch bei der Ausgabe der Second-Hand-Kleidung entstehen immer wieder Situationen, die die Verantwortlichen als *„Chaos"* bezeichnen. Das Handeln der Geflüchteten interpretieren sie als zivilisierungsdürftig und in der Kultur verortet. Diese Deutungen knüpfen an die Vorstellung linear verlaufender Entwicklungen von Gesellschaften an, in welcher die europäische und westliche Welt als entwickelt und fortschrittlich und Gesellschaften in anderen Weltregionen als rückschrittlich betrachtet werden. Vor diesem Hintergrund werden die Herkunftsgesellschaften Geflüchteter auf eine niedrigere Entwicklungsstufe gesetzt. Koloniale Zuschreibungen klingen hier ebenfalls mit.

Dies beinhaltet eine grundlegende Unterscheidung zwischen geflüchteten und nicht-geflüchteten Menschen. Gemeindemitglieder führen unterschiedliche Handlungen oder soziale Dynamiken zwischen geflüchteten und nicht-geflüchteten Menschen auf die Kultur, insbesondere die der Geflüchteten, zurück. Geflüchtete werden wiederholt als *„Fremde"* oder *„Fremdlinge"* bezeichnet und als Träger*innen einer fremden Kultur konstruiert. Diese Konstruktion nimmt eine Homogenisierung geflüchteter Menschen und Migrant*innen vor und begreift sie als eine Gruppe. Sie wird in den Fallgemeinden meist in einem negativen Verweisungszusammenhang verwendet und gewinnt im Konfliktfall eine besondere Bedeutung. So werden Ursachen eines Problems in der wahrgenommenen kulturellen Andersheit Geflüchteter gesehen oder Konkurrenz und unsolidarisches Verhalten zwischen den Geflüchteten kulturell begründet. Eine solche Überbetonung der Kultur als Begründung für Handlungen wird als Kulturalisierung bezeichnet.[310] Hier wird deutlich, dass dort, wo Hilfeleistung und Solidarität im Vordergrund stehen sollten, der Grat zwischen der kulturellen Deutung von Handlungen und der Abwertung anderer Kulturen schmal sein kann.

In den Fallgemeinden enthält die Konstruktion einer fremden Kultur Geflüchteter auch ein Verständnis des Geschlechterverhältnisses, mit dem soziale Situationen gedeutet werden. Sie wird in der zweiten diskursiven Figur der „sexistischen Anderen" deutlich, die ebenfalls kulturell begründet wird. In der Liberalen Gemeinde West erklärt beispielsweise eine Ehrenamtliche einen gegen sie gerichteten Schlag eines dreijährigen, geflüchteten Jungen damit, dass er einer Kultur angehöre, in welcher Frauen nicht viel zu sagen hätten. Damit wird das Handeln des Jungen kulturell gedeutet. Das eigene Handeln, das diese Handlung provoziert haben könnte, oder Konflikte im sozialen Umfeld des Jungen werden ebenso ausgeblendet wie die Tatsache, dass dreijährige Kinder Phasen durchleben, in denen sie Faustschläge verteilen. Eine andere Ehrenamtliche erklärt einen in physische Gewalt eskalierenden Streit zwischen geflüchteten Männern damit, dass eine Frau versucht habe, schlichtend einzugreifen, und dass diese damit wohl die Situation nur verschlimmert habe. Sie begründet ihre Deutung damit, dass in der Kultur der Geflüchteten Frauen ja nicht viel zu sagen hätten und die Ehrenamtliche mit ihrer Handlung wohl das Ehrgefühl der Männer verletzt habe.

In beiden Fällen werden die Handlungen der Geflüchteten kulturell begründet. Gleichzeitig werden sie als Angehörige einer Kultur positioniert, in der Frauen sich gegenüber Männern unterzuordnen hätten und in der Gewalt gegen Frauen Normalität sei. In der alltäglichen Praxis dient die diskursive Figur der „sexistischen Anderen" demnach als Interpretationsfolie für das Verhalten geflüchteter Menschen, insbesondere geflüchteter Männer und Jungen. Auch durch diese Figur wird eine Generalisierung und Homogenisierung vorgenommen, die es auch möglich macht, geflüchtete Männer als Angehörige einer einheitlichen Gruppe mit einer einheitlichen sexistischen Kultur anzusehen. Frauen werden als Opfer und als unterdrückt gerahmt. Diese Verallgemeinerungen, die zunächst dazu dienen, abweichendes Verhalten der Geflüchteten zu erklären und damit im Bereich des Überschaubaren zu halten, sind höchst problematisch, da sie die soziale Wirklichkeit verzerren und ihre Komplexität auf ein in der Kultur Geflüchteter verankertes Problem reduzieren. Dies hat insbesondere negative Auswirkungen für die Angehörigen dieser Gruppe, deren gesellschaftliche Position durch die Stigmatisierung geschwächt wird.

---

[310] MECHERIL, Prekäre Verhältnisse, 255; SHOOMAN, Antimuslimischer Rassismus, 54.

Die dritte diskursive Figur ist die der „bevorteilten Anderen". Sie wird dort erkennbar, wo die Ehrenamtlichen im Kontext des Café International in der Liberalen Gemeinde West von Kritik an ihrem Engagement durch andere Gemeindemitglieder berichten. Diese sähen in Geflüchteten und Ausländern Menschen, die mehr Unterstützung erhielten, als angemessen sei. So berichtet eine Ehrenamtliche davon, wie sie bei einem Angebot der Gemeinde für Senior*innen das Engagement für Geflüchtete im Café International vorgestellt hatte und von einigen Reaktionen der Gemeindemitglieder dort überrascht war:

> „Und da war nämlich auch so ein bisschen diese Einstellung: ‚Ja, wie könnte man das denn überhaupt machen? Kann man denn da hingehen [Café International]? Nehmen die [Geflüchteten] uns nicht alles weg? So also unsere Sozialleistungen oder so.' Also das habe ich sonst nie gehört. Aber man bewegt sich ja eh immer in seinen eigenen Blasen. Aber da habe ich es gehört, die waren unsicher. Man hat so gemerkt, die wissen jetzt nicht genau, sollen sie das darüber denken oder nicht. Sie wollten da sozusagen Anleitung haben, wie sie denn jetzt darüber denken sollen, dass da jetzt auf einmal so viele Flüchtlinge kommen und: ‚Was sagt da denn jetzt die Kirche da? Wie muss ich darüber denken?'"

In dieser Passage deutet die Ehrenamtliche die Verunsicherung anderer Gemeindemitglieder als grundsätzliche Infragestellung des Engagements für Geflüchtete. Diese wird in Äußerungen artikuliert, die Geflüchtete als Bedrohung konstruieren: *„Nehmen die uns nicht alles weg?"* und *„dass da auf einmal so viele Flüchtlinge kommen"*. Erstere vermittelt eine Bedrohung und ein Konkurrenzverhältnis. Hier taucht die diskursive Figur der „bevorteilten Anderen" auf. Denn die Legitimität des Engagements wird in Verbindung mit Sozialleistungen gebracht, deren Erhalt einem *„Wegnehmen"* gleichkäme. Dieses *„Wegnehmen"* beschreibt eine von Geflüchteten ausgeführte illegitime Handlung. Der Erhalt von Sozialleistung wird dadurch zu einer von Geflüchteten ausgeführten Handlung gegen die nicht-geflüchtete lokale Bevölkerung, die dadurch in eine benachteiligte Position zu rutschen scheint. Die beiden in der Passage konstruierten Gruppen stehen in einem antagonistischen, kompetitiven Verhältnis.

Die Figur der „bevorteilten Anderen" erscheint ebenso in der Kritik an der Teilnahme von Geflüchteten am Erntedank-Gemeindefest in der Traditionellen Gemeinde Ost. Die Organisator*innen berichten davon, dass die Einladung von in Unterkünften lebenden Geflüchteten zum Gemeindefest von Gemeindemitgliedern und lokalen Anwohner*innen kritisiert würde, insbesondere seit der gewaltvollen Auseinandersetzung. Man solle Geflüchtete, die hier vornehmlich als „Ausländer" bezeichnet werden, nicht zusätzlich unterstützen, da sie *„eh schon viel Unterstützung erhielten"*. Die Ehrenamtlichen berichten in diesem Kontext von deutlicher Ablehnung und artikuliertem Misstrauen gegenüber Geflüchteten. Auch hier ist die Figur der „bevorteilten Anderen" präsent. Paradox erscheint auf den ersten Blick, dass bereits die Einladung von Geflüchteten zum Erntedank-Gemeindefest gemeinsam mit bedürftigen und obdachlosen Menschen missbilligt wird. Durch diese Einladung artikuliert die Kirchengemeinde, dass Geflüchtete eine zu unterstützende Gruppe bilden wie andere bedürftige und obdachlose Menschen auch. Vor dem Hintergrund der Überzeugung, dass Geflüchtete bereits mehr Unterstützung erhielten, als ihnen zustünde, wird dies zu deren Bevorteilung. Die Prämisse, die hier enthalten zu sein scheint und die auch von den Engagierten als zumindest partiell gegeben akzeptiert wird, lautet: Geflüchtete dürfen nicht die gleiche Behandlung erfahren wie nicht-geflüchtete Menschen. Damit wird eine gesellschaftliche Hierarchie konstruiert, in welcher geflüchtete Personen abgewertet werden.

Die drei diskursiven Figuren stehen in einem engen Verweisungszusammenhang miteinander und stellen in ihrer Verschränkung ein umfangreiches, stigmatisierendes Deutungsrepertoire dar, das in der Alltagspraxis flexibel angewandt werden kann, selbst dort, wo die Betreffenden sich prinzipiell von einer Stigmatisierung gesellschaftlicher Gruppen oder Rassismus distanzieren. Eine differenzierte Auseinandersetzung der involvierten Akteur*innen mit den Interessen, Bedürfnissen und Motiven, auch den eigenen, wird durch den Rückgriff auf dieses Deutungsrepertoire erschwert. Vereinzelt lassen sich Dekonstruktionsprozesse der diskursiven Figuren im Engagement beobachten. Beispielsweise verortet eine Ehrenamtliche des Café International das Verhalten von Geflüchteten, welches sie zuvor allein auf die Kultur und die Andersheit Geflüchteter zurückgeführt hatte, in einer späteren Gesprächssituation in der Fluchtbiografie und den schwierigen gesellschaftlichen Bedingungen für Geflüchtete.

Auffallend an den Figuren ist deren Anschlussfähigkeit an stigmatisierende oder sogar rassistische Diskurse von rechten und rechtsextremen Strömungen, wobei aus einer rassismuskritischen Perspektive unter Rassismus ein Verhältnis von Ungleichwertigkeiten verstanden wird, das zwischen Menschen nach bestimmten Kriterien und äußerlichen Merkmalen konstruiert und historisch gewachsen ist.[311] Rassismus benötigt ein Wissen über die Zuschreibung von Unterschieden und wird damit erlernt. Zentral für eine rassismuskritische Perspektive ist außerdem die Annahme, dass Rassismus fest in gesellschaftlichen Strukturen verankert ist und laufend aktualisiert wird.[312] Auch die AfD und NPD verwenden die Figuren der „bevorteilten, kulturellen und sexistischen Anderen" mit dem Ziel, ihre stigmatisierende oder rassistische Einwanderungs- und Asylpolitik zu begründen.

Durch die Reproduktion der diskursiven Figuren greifen auch Engagierte im Feld der Arbeit für Geflüchtete, ob sie wollen oder nicht, Inhalte rechter und rechtsextremer

---

[311] ESPAHANGIZI u.a., Rassismus, 11.
[312] MECHERIL u.a., Migrationsforschung, 18.

Strömungen auf. Die drei vorgestellten diskursiven Figuren ließen sich um weitere ergänzen, bspw. um die der „delinquenten Anderen" oder die der „muslimischen Anderen". In der Sozialen Arbeit und der Soziologie gibt es zahlreiche Publikationen, die sich mit Migration, Fremdheit und strukturellem Rassismus aus auch intersektionaler Perspektive befassen.[313] Sie verdeutlichen eindrücklich, dass Rassismus „immer nur hinterfragt und selbstreflexiv angegangen werden kann".[314] Ulrike Lingen-Ali und Paul Mecheril zeigen in ihrem Beitrag „Rassismuskritik als konstitutives Moment", wie zentral die Entwicklung einer rassismuskritischen Perspektive als „(professionelle) Kernkompetenz" in der Bildungsarbeit und Sozialen Arbeit ist.[315] Auch für die Arbeit in der Kirchengemeinde, sei sie ehrenamtlich oder hauptamtlich, stellt dies eine Chance dar, um diskriminierungssensible Räume zu eröffnen und zu gestalten.

Vor diesem Hintergrund ist das Engagement für Geflüchtete in den Kirchengemeinden sehr wertvoll. Es eröffnet die Möglichkeit, sich mit eigenen und gesellschaftlichen Erfahrungen und Vorstellungen über Flucht, Migration und Menschen aus anderen Ländern zu befassen, Vorurteile abzubauen und rassistische Bilder zu dekonstruieren. Letzteres geschieht jedoch nicht allein durch die Begegnung. Vielmehr bedarf es hierfür einer proaktiven, kritischen Auseinandersetzung mit Rassismus als einem historisch gewachsenen Unterdrückungsverhältnis und der eigenen persönlichen Positionierung darin und der Positionierung der Kirche. Ehrenamtliche, die sich bereits kritisch mit diesen diskursiven Figuren auseinandersetzen, leisten diesbezüglich einen wesentlichen Beitrag. Die im sozialen Verbund individuell und kollektiv verlaufenden Reflexionsprozesse ermöglichen die Bearbeitung und Auflösung des eingangs genannten Paradox des Engagements bei gleichzeitigen stigmatisierenden Äußerungen gegen Geflüchtete. Diesbezüglich kommen Teamsitzungen unter den Ehrenamtlichen und Freundschaften zwischen Geflüchteten und nicht-geflüchteten Gemeindemitgliedern eine zentrale Funktion zu, da hier über persönlichen Austausch und Reflexionsprozesse eigene Vorannahmen und vorschnelle Rückschlüsse überdacht werden.

4.6.4 Suchprozesse und Konkurrenzverhältnisse – zwischen traditioneller Gemeindearbeit und gesellschaftspolitischem Engagement

In der Innovativen Gemeinde Ost bringt der Pfarrer das Thema Nachhaltigkeit ein, installiert eine Teilzeit-Projektstelle zur Bearbeitung des Themas und strebt gemeinsam mit der Projektreferentin einen Gemeindeprofilierungsprozess in Richtung Nachhaltigkeit an (siehe Kap. 4.5.2). Diese Setzung eines gesellschaftspolitischen Themas durch zwei hauptamtliche Einzelpersonen stößt innerhalb der Gemeinde Fragen über

---

[313] Attia et al., Dominanzkultur.
[314] Schirilla, Migration, 131.
[315] Mecheril/Lingen-Ali, Rassismuskritik, 41f.

Partizipation, Strukturierung und das Verhältnis von klassischem, bereits etabliertem Engagement und neuen, gesellschaftspolitischen Initiativen an. Es zeichnet sich ein Suchprozess ab, der die Verortung des politischen Themas neben der traditionellen Gemeindearbeit anstrebt.

Bei einer Gruppendiskussion mit Ehrenamtlichen wird der Prozess der Suche nach einer Haltung zur neuen Initiative deutlich. Gemeindemitglieder fühlen sich im Entstehungsprozess nicht beteiligt und vermissen die Möglichkeit zur Partizipation, wie der Kommentar der Ehrenamtlichen Beate verdeutlicht:

> „Ich für mich könnte jetzt nicht sagen, dass ich in diesen Entscheidungsprozess ne ‚slow & fair-Gemeinde' zu werden oder all diese Dinge mit eingebunden war oder dass ich, oder, eingebunden, das wär ja viel zu viel verlangt, aber dass ich davon irgendwas mitgekriegt hätte oder sowas, sondern es war dann plötzlich so, dass es eine Frau Schreiber [die Referentin der Projektstelle] gab und dass es hieß: ‚Ja wir sind jetzt ne ‚slow & fair-Gemeinde' und dass solche Dinge kamen, obwohl ich wirklich (lachen) eigentlich jeden Sonntag in den Gottesdienst gehe und von daher gute Gelegenheiten hätte, Informationen aufzuschnappen. Da ist das zumindest an mir vorbeigegangen, also es hat für mich jetzt nicht irgendwie so ne öffentliche Diskussion da drüber so transparent gegeben.'"

Der Kommentar verdeutlicht die im Raum stehenden Fragen nach der prinzipiellen Möglichkeit zur Partizipation, nach der Form der Partizipation und dem angemessenen Ort der Kommunikation. Im Verständnis der Ehrenamtlichen ist Partizipation eine Selbstverständlichkeit. Dementsprechend vermisst sie die fehlende Einbindung, ist verärgert, wagt es aber nicht, Ansprüche zu stellen, sondern nimmt die Forderung im Verlauf der Aussage wieder zurück und formuliert als Erwartung zumindest eine Information. Dass selbst diese ausbleibt, schafft Enttäuschung und zieht eine Distanzierung zur Initiative nach sich. Die Ehrenamtliche deutet den Gottesdienst als Kerngeschehen im Gemeindeleben und damit als Ort für wichtige Mitteilungen. Andere Veranstaltungen oder auch der Gemeindebrief, die Homepage und andere Medien für Kommunikation erhalten gegenüber dem Gottesdienst eine geringere Bedeutung. Indem aus Sicht der Ehrenamtlichen also die Möglichkeit der Teilhabe versagt bleibt, wächst ihre Skepsis und eine Identifikation mit der Initiative oder ihre Mitarbeit daran scheint deutlich erschwert.

Die Spannung, die durch unzureichende Partizipation entsteht, weitet sich in der Deutung von Beate auf inhaltlicher Ebene als Konkurrenzsituation in der Wahrnehmung zwischen traditionellen Angeboten in der Gemeinde und der neuen Initiative aus. Die folgende Passage aus der Gruppendiskussion mit Ehrenamtlichen gibt zunächst einen Kommentar der Ehrenamtlichen Ute wieder, der sich auf die obige Aussage von Beate bezieht. Dann folgt Beates Antwort, die die Konkurrenzsituation verdeutlicht:

Ute: „Es gab aber beim Gemeindefest zum Beispiel im Sommer auch einen Stand der ‚slow & fair-Gemeinde', die sich da vorgestellt hat, aber das sind dann so Einzelaktionen und dafür müsste man dann natürlich auch punktuell alle Stände abgehen, um auch wirklich den letzten Fitzel an Informationen noch zu finden. Das ist, ja vielleicht hätte man ein bisschen mehr das Schild hochhalten müssen: ‚Hier ist ‚slow & fair' hier sind wir, kommt zu uns, wir erklären's euch.'"

Beate: „Was mir [...] auch nichts geholfen hätte, weil ich da die Station mit dem Gebetskreis gemacht [habe] und keine Zeit gehabt [habe] hinzugucken."

Auch im Kommentar der Ehrenamtlichen Ute wird die Suche nach einer Einordnung der Initiative deutlich. Nach einem vorsichtigen Versuch, die Initiative zu verteidigen, kritisiert auch sie sie als zu wenig präsent und pflichtet Beate bei, dass Informationen fehlen, übernimmt aber Vorschläge für Partizipationsmöglichkeiten. Beate markiert mit ihrem Kommentar eine Konkurrenzsituation, die in der Wahrnehmung zwischen traditionellen Angeboten, hier der Gebetskreis, und der neuen Initiative entsteht: Die Konkurrenz geht mit dem Ringen um ehrenamtliche Kapazitäten und freiwilliges Engagement einher. Die Teilhabe am Neuen wird unzumutbar, wenn bereits ein Engagement in der traditionellen Gemeindearbeit besteht. Die Ehrenamtliche betont an anderer Stelle, dass sie die Initiative prinzipiell befürwortet, aber selbst keine Möglichkeiten sieht, sich einzubringen – zeitlich und kräftemäßig. Für hochaktive Gemeindemitglieder stellt sich mit der neuen Initiative die Frage der Zuordnung. Die Zugehörigkeit zu Gemeindegruppen formatiert sich neu.

Im Kern verdeutlicht die Diskussion ein gemeinsames Ringen um die Bedeutung und Legitimität der Initiative als Teil der Gemeinde bzw. als Vorzeigeprojekt der Gemeinde, das ihrer Profilierung dient. Dies schafft Konkurrenzverhältnisse. Anhand verschiedener Beobachtungssequenzen an einem Sonntag im Gemeindehaus können verschiedene Bruchstellen im Suchprozess um den Ort der Initiative im Gefüge der Gemeinde analysiert werden:

Am Vormittag findet ein Gottesdienst statt, am Nachmittag eine Kleidertauschbörse der neuen Initiative, unmittelbar im Anschluss daran ein zweiter Gottesdienst. Danach veranstaltet die Gemeinde ein Treffen für Neuzugezogene im Gemeindegebiet zum Kennenlernen der Gemeinde. Im Gottesdienst am Vormittag, den die Pfarrerin gestaltet, wird die Kleidertauschbörse von einem Mitglied des Kirchengemeinderats abgekündigt. Die Projektreferentin, die die Börse organisiert, nimmt selbst nicht am Gottesdienst teil. Zur Kleidertauschbörse am Nachmittag, die mit anderen Nachhaltigkeitsinitiativen des Stadtteils in Kooperation stattfindet, kommen zahlreiche Menschen, jedoch keine aktiven Gemeindemitglieder. Die Projektreferentin wirkt enttäuscht. Die Pfarrerin, die den Gottesdienst am frühen Abend gestaltet und vor allem die traditionellen Angebote in der Gemeinde vorantreibt, zeigt sich verärgert und äußert sich im Gespräch mit einer von uns Forscherinnen kritisch darüber, dass die Tauschbörse noch nicht wieder komplett abgebaut war und Tüten mit Kleidern im Raum vor dem Gemeindesaal standen, als sie für den Gottesdienst in das Gemeindehaus kam.

Das Treffen für neu Zugezogene am Abend wird von der Pfarrerin geleitet. Die verschiedenen Arbeitsbereiche werden anhand einer Powerpoint-Präsentation vorgestellt. Neben der Senior*innenarbeit, die durch eine Hauptamtliche an dem Abend vertreten ist und sehr intensiv beworben wird, stehen vor allem die Bereiche Musik, mit einem Werbeblock durch den Kirchenmusiker, und die Jugendarbeit im Fokus. Die neue Initiative wird nach der Folie „Schwerpunkte", auf der die Stichpunkte Seniorenarbeit, Kinder- und Jugendarbeit und Kirchenmusik aufgelistet sind, auf einer neuen Folie genannt. Die Pfarrerin erwähnt, dass das Thema Nachhaltigkeit für die Gemeinde auch wichtig sei. Eine deutliche Werbung dafür, sich bei der Initiative zu beteiligen, erfolgt nicht. Die Projektreferentin ist nicht anwesend. Der Ehrenamtliche, der die Handwerkshilfe für Senior*innen anbietet, bewirbt im Kontext des Werbeblocks für Senior*innenarbeit sein freiwilliges Engagement an diesem Tag unter dem Label der Senior*innenarbeit, obwohl dieses Angebot von Seiten der neuen Initiative sonst als Teil von „slow & fair" kommuniziert wird und der Ehrenamtliche selbst auch am Arbeitskreis der Initiative teilnimmt. Für ihn scheint sein Engagement zu verschiedenen Bereichen der Gemeinde zu passen.

Diese Selbstpräsentation der Gemeinde verdeutlicht in der Außenwirkung, dass sich die neue Initiative als Teilbereich gerade etabliert. Der neue Bereich gibt der Gemeinde an diesem Abend in dem Sinn eine innovative Wirkung, als dass deutlich wird, dass ein Engagement für gesellschaftspolitische Themen besteht, aber ohne eine Präsenz von Pfarrer oder Projektreferentin hat er kaum eine Ausstrahlung und verliert Anschlussmöglichkeiten, die eigentlich schon geschaffen waren.

Die Konstellation und der Ablauf der Veranstaltungen an diesem Sonntag verweisen auf einen intensiven Verhältnisbestimmungsprozess der Angebote zueinander. Auch die Pfarrerin scheint sich in einem Klärungsprozess zu befinden, welchen Platz die Initiative in der Gemeinde erhalten soll: Ihre beobachtete Reaktion auf die Kleidertauschbörse verdeutlicht ein Konkurrenzverhältnis zwischen der Initiative und der traditionellen Gemeindearbeit. Sie deutet die Kleidertauschbörse als Störfaktor. Der Gottesdienst ist in ihrer Sichtweise das etablierte Angebot, das eine Vorrangposition einnimmt gegenüber dem politischen Thema, das sich gerade neu in der Gemeinde etabliert. Ängste um Bedeutungsverluste schwingen mit, auch wenn das neue Angebot keine aktiven Gemeindemitglieder zieht. Hinter dieser Haltung stehen offensichtlich unterschiedliche Deutungen von Kirche. Ein enges, gemeinschafts- und beteiligungsorientiertes Kirchenverständnis steht neben einem offenen, auf Kontaktflächen ausgerichteten Kirchenverständnis. Die Initiative will mit Angeboten wie der Kleidertauschbörse vor allem nach außen Kontaktflächen bieten. Dabei spielt es keine Rolle, ob die Personen auch in den Gottesdienst kommen oder nur partiell teilnehmen.

Am Beispiel der Tauschbörse, die eher den Charakter eines spontanen und fröhlichen Durcheinanders zwischen bunten Kleidern bei Musik und vielfältigen Austausch hat, zeigt sich, dass ein völlig neues Grundprinzip neben dem bisherigen Prinzip Raum einfordert. Die traditionelle Gemeindearbeit, hier am Beispiel des Gottesdienstes, zeichnet sich durch einen verlässlichen, wiedererkennbaren Ablauf und etablierte Teams und Besucher*innengruppen aus, verläuft im regelmäßigen Turnus und ist wenig experimentell angelegt. Das Programm scheint bedroht von neu etablierten Angeboten, die mit mehr Spontanität und weniger Verbindlichkeit einhergehen. Die verschiedenen Prinzipien ziehen – nicht konzeptionell, aber faktisch – verschiedene Zielgruppen an. Die Teilnehmenden traditioneller Gemeindearbeit sind meist klar definiert, auch wenn die Angebote ebenfalls auf Öffnung abzielen. Während der Gottesdienst vor allem von hochverbundenen Kirchenmitgliedern besucht wird, kommen zur Kleidertauschbörse zahlreiche junge Personen aus verschiedenen Stadtteilen, deren Berührung mit der Gemeinde sich hier auf die Nutzung der Räumlichkeiten begrenzt. Auch die Hauptamtlichen gestalten keine Überschneidungs- oder Berührungsflächen ihrer Arbeit. Die Pfarrerin nimmt keinen Anteil an der Kleidertauschbörse und die Referentin erscheint nicht zum Gottesdienst. Die zeitliche Überschneidung der Angebote könnte auch als spontane Werbung füreinander oder als gemeinsames Auftreten der Gemeinde mit einer gewissen Vielfalt genutzt werden. Am Beispiel von Kleidertausch und Gottesdienst zeigt sich das neu etablierte Angebot der Initiative jedoch noch als eine Art Parallelspur zur klassischen Gemeindearbeit. An anderen Stellen lassen sich wiederum Versuche beobachten, die neue Initiative an etablierte Angebote in der Gemeinde anzubinden, indem z. B. Nachhaltigkeitsaktivist*innen einen Gottesdienst zum Thema Flucht ausgestalten und damit eine Schnittstelle zwischen klassischer Gemeindearbeit und neuer Initiative schaffen.

Zusammenfassend lässt sich sagen, dass die neue Initiative zum Zeitpunkt der Erhebung noch ein Fremdkörper in der Gemeinde zu sein scheint. Die Profilierung muss sich erst entwickeln. Das braucht Zeit. Die Analysen verdeutlichen, wie vielschichtig dieser Prozess verläuft.

4.7 Analyse Teil IV: Theologische und sozialräumliche Positionierungen

Inwieweit ist für eine Kirchengemeinde die Befassung mit politisch-kulturellen Themen Teil ihrer religiösen Kommunikation? Wie findet sich theologische Reflexion im gesellschaftspolitischen Engagement wieder? Welche Rolle spielen historische Prägungen der Gemeinden in den neuen Bundesländern und wie lässt sich der Bezug des gemeindlichen Engagements im sozialräumlichen Gefüge gestalten – sodass das Engagement als kirchliches Engagement sichtbar bleibt? In der Analyse der Fallgemeinden sind zu diesen Fragen etliche Erkenntnisse generiert worden, die hier – jeweils in Bezug auf die konkrete Situation vor Ort – dargestellt werden.

4.7.1 Verhältnisbestimmungen von theologischen und politischen Anliegen

Menschen, die sich in einer Kirchengemeinde mit politisch-kulturellen Herausforderungen befassen, tun dies nicht immer und nicht nur aus einer christlichen Haltung heraus. In den untersuchten Fallgemeinden findet sich unter den Engagierten eine Komplexität von Haltungen in Bezug auf persönliche, politische oder ethische Fragen. Für manche ist die Gemeinde nur ein möglicher Ort eines solchen Engagements, andere formulieren einen klaren Bezug zu ihrem christlichen Glauben und mühen sich um eine theologische Reflexion. So brauchen Gemeinden – für Mitglieder sowie für konzeptionelle Entscheidungen – ein theologisches Verständnis des gesellschaftspolitischen Engagements als Teil ihres Auftrags.

In der Analyse der Fallgemeinden werden typische Wege der Zuordnung des Engagements zu theologischen Fragen sichtbar. Der naheliegende Weg hin zu einem Bezug gesellschaftspolitischer Themen auf den christlichen Glauben scheint die thematische Überblendung beider Themenfelder zu sein: Das Engagement für Nachhaltigkeit strebt nach „Bewahrung der Schöpfung", Geflüchtete sind, als Bedürftige verstanden, Zielgruppe der christlichen Nächstenliebe, und die Bemühung um Fairen Handel gilt als „Solidarität unter Geschwistern". Damit verknüpft ist häufig eine biblisch-theologische Herleitung einer gesellschaftspolitischen Einmischung: Das Engagement gegen Rechtsextremismus und Rassismus wird aus dem Schutzauftrag gegenüber Schwachen und Benachteiligten, aus der Gottesebenbildlichkeit und der Gleichwertigkeit aller Menschen vor Gott heraus begründet.

Die theologische Herleitung ermöglicht potenziell den theologischen Diskurs über das Engagement, der mit durchaus gegenläufigen Ergebnissen geführt werden kann. So findet sich in der Traditionellen Gemeinde Ost einerseits eine positive Bewertung des Engagements als Zeichen christlicher Nächstenliebe. Als Verstärkung dieser Bewertung dient der Umstand, dass inzwischen muslimische Geflüchtete den Gottesdienst und Glaubenskurse besucht haben und nun Hauskreisen angehören. Die Zahl der getauften Geflüchteten oder auch die Zahl der Menschen, die sich für die Mitarbeit im Hilfsprojekt haben gewinnen lassen, dienen als Beleg für den Segen Gottes. Wo dann der gemeinsame christliche Glaube eine Brücke zu den Geflüchteten bildet, wird dies wiederum zum Argument für das Engagement.

Andererseits lehnen etliche Gemeindeglieder das Engagement für Geflüchtete ab und äußern dies vor allem in indirekter Form, sodass die Argumente nicht ganz scharf nachzuzeichnen und Mehrheitsverhältnisse auch für Hauptamtliche nicht zu greifen sind. Hier spielt die Begründung eine Rolle, es müsse doch vorrangiges Ziel sein, Menschen zu Jesus zu führen, weshalb ein Engagement für Geflüchtete, die in der Auseinandersetzung Ausländer genannt werden, nicht plausibel scheint. Möglicherweise greifen hier die Ablehnung von zugewanderten Menschen und die Ablehnung von Muslim*innen ineinander. Christine, eine Verantwortliche für das Erntedank-Gemeindefest, gibt wieder, wie Gemeindemitglieder nach der gewaltvollen Auseinandersetzung daraus eine Interpretation des Willens Gottes vornehmen und ihr vorwerfen, sich gegen den Willen Gottes für Geflüchtete einzusetzen:

> „[Sie sagen:] ‚Ihr kümmert euch ja nur um die Ausländer. Gott hat euch letztes Jahr so ein Ding verpasst, dass ihr das jetzt eigentlich nicht nochmal machen solltet und es besser wissen müsstet'."

Dass Geflüchtete vielfach muslimischen Glaubens sind, wird nicht zum Thema der Auseinandersetzung, es bleibt bei einer distanzierten Feststellung. Und wo, wie beim Erntedankfest, über die Jahre inzwischen schon geflüchtete Jugendliche am Programm beteiligt sind, bleibt es bei der Feststellung, hier müssten die Grenzen zum christlichen Glauben gewahrt bleiben, wie Christine es darstellt:

> „Ja die gestalten dann das Programm auch mit, und wir gucken dann schon immer, was gemacht wird. Nicht, dass dann noch irgendwelche islamischen Sachen gemacht werden oder so."

Aus dem theologischen Diskurs um individuelle und kollektive Positionierungen zu der Frage, ob und wie die Gemeinde sich mit gesellschaftspolitischen Themen befasst, erwächst die Frage nach Auftrag und Funktion einer Gemeinde. Während einige Gemeindemitglieder das Engagement, das sie sich von der Gemeinde wünschen, ebenso in anderen Organisationen verfolgen (würden), versuchen andere, das Profil kirchlichen Engagements an die erste Stelle zu rücken. Unter Ehrenamtlichen der Innovativen Gemeinde Ost kommt dieses Ringen in einem Gespräch über die Einbettung einer neuen Initiative ins Gemeindeleben deutlich zum Tragen:

Beate: „Für mich ist die Frage beantwortet, dass Kirche sich gesellschaftspolitisch engagieren sollte, [...] wir sind vielleicht nicht von dieser Welt, aber wir sind in dieser Welt und sollen der Stadt Bestes suchen. [...] Ich hab so Karl Rahner im Ohr, der gesagt hat, der Christ der Zukunft wird ein Mystiker sein oder er wird nicht mehr sein. Also ich glaube, dass ne Kirche, die sich aufführt, ich sags jetzt mal n bisschen überzogen, wie ne politische Partei, dass das nicht Aufgabe der Kirche sein kann. [...] sondern ich glaube, dass in allem, was wir tun für Flüchtlinge, gesellschaftspolitisch getragen werden muss vom Heiligen Geist, der sozusagen als Inspiration dahintersteckt, weils sonst schief geht. Also weil sonst einfach die Unterscheidung, was ist ne politische Partei und was ist die Kirche, nicht klar wird. [...]"

Ben: „Na, aber ich [...] glaub nicht, dass das bei ‚slow & fair' das Ziel ist, sondern ich glaube, das geht auf die Nächstenliebe, aus dem Herzen heraus, Menschen helfen zu wollen als Christ."

Gerd: „Mhm, ich glaub, [...] wir können uns nicht, fernhalten von dem, was in der Welt geschieht [...] wir müssen auch Haltung zeigen als Christen und das kann nicht immer unpolitisch sein."

Beate: „Ja, der Meinung bin ich auch, gar keine Frage. [...] Nur wo erkennt ein Nichtchrist, der von außen guckt, an bestimmten Aktionen, dass sie eben nicht von einer politischen Partei kommen, sondern [...] das von Mitmenschlichkeit und Nächstenliebe und dem Glauben an Gott getrieben ist, und das finde ich, das muss immer deutlich rauskommen, um eben auch diese Unterscheidung zu haben, dass es unsere Pflicht ist als Christen, nicht nebendran zu stehen, sondern eben dann in die Menschenkette zu gehen oder was auch immer."

Die Ehrenamtlichen begreifen im Konsens das gesellschaftspolitische Engagement der Gemeinde als Bestandteil kirchlichen Handelns und halten eine öffentliche Positionierung für unvermeidlich. Darin halten sie eine Unterscheidung von „Kirche und Politik" für wesentlich. Inwieweit aber das Handeln aus dem Glauben heraus überhaupt als gesellschaftspolitische Stellungnahme verstanden werden muss und wie dann das kirchliche Engagement nach außen als ein ganz Eigenes zu profilieren wäre, ist unklar. Die Lösung, sich nur auf die christlichen Deutungen des Engagements zu konzentrieren, leuchtet nicht ein. Aber das Risiko der Verwechselbarkeit scheint unabwendbar. Die Diskussion, die sich im Kreis dreht und an dieser Stelle zu keiner Klärung führt, fordert heraus.

So scheinen in den untersuchten Gemeinden zwei Anliegen nicht leicht in Einklang zu bringen zu sein: Zum einen soll das gesellschaftspolitische Engagement eine demokratische Grundhaltung umsetzen und zu mutigen Positionierungen führen – auf die Gefahr hin, Widerspruch zu ernten. Zum anderen geht christlich motiviertes Engagement mit einem gewissen Absolutheitsanspruch einher. Dieser ist es einerseits, der eine Gemeinde zur Wahrnehmung politisch-kultureller Herausforderungen verpflichtet, und er ist es andererseits, der mögliche Positionierungen einschränkt und manche Fragen einer demokratischen Aushandlung entzieht.

Mitglieder des Kirchengemeinderats der Liberalen Gemeinde West diskutieren, vorrangig im Rückblick auf das Engagement zu einem städtischen Infrastrukturprojekt, das die Menschen im Stadtteil und ebenso die Gemeinde jahrelang stark beschäftigt hat, über Auftrag und Funktion der Gemeinde in ihrem sozialpolitischen Engagement. Thomas, ein Mitglied des Kirchengemeinderats, fasst die Haltung des Gremiums zusammen:

„Man muss darüber eine Diskussion führen. Menschen, die das bewegt, denen das wichtig ist, sollten ihre Position äußern. [...] Es erscheinen auch Artikel im Gemeindebrief und [...] da gab es schon Leserzuschriften, die dann gesagt

haben: ‚Das ist ja unmöglich.' [...] Man muss dann versuchen, demokratisch möglichst offen da drüber zu sprechen, und wir hatten Veranstaltungen zu dem Thema. [...] Es hätte jeder kommen können, es war für jeden offen. Okay, da gibt es [im Kirchengemeinderat] die Position, es gibt die Position, wo engagieren wir uns? [...]
Das ist etwas, was mir am Herzen liegt, dass man aus dem, was man aus der christlichen Botschaft herausliest, [...] man kann sich geistlich zurüsten und Andachten haben und Predigten hören, aber letztlich muss aus dem Inhalt, was die Botschaft ist von Jesus, irgendein Handeln folgen. Man kann nicht immer von Nächstenliebe reden und dann [...] mit seinem Nachbarn dicke Feind sein, sondern da muss man irgendwie sagen: ‚Okay, die Botschaft gehört umgesetzt'. Und wenn jetzt dein Nächster ist, der als Asylant über das Mittelmeer zu uns kommt, dann kann ich den nicht einfach an der Grenze zurückweisen und sagen: ‚Du hast halt jetzt keinen Pass, Pech gehabt.'"

Hier findet sich das Verständnis von einer demokratisch organisierten Gemeinde gebündelt, die auf verschiedenen Wegen der Kommunikation eine Plattform für alle Menschen und ihre Anliegen bietet. Gerade darin kommt sie ihrem Auftrag nach, Menschen zusammenzubringen und Diskurse zu ermöglichen. Aber mit der Beschreibung dieser christlichen Haltung der Akzeptanz als Grundlage des Engagements gerät der Sprecher von seinem ursprünglichen Beispielthema „Infrastruktur" zum Thema „Flucht" – und er wechselt zugleich vom Modus der Offenheit für verschiedene Haltungen in den Modus der absoluten Positionierung: Christsein ist hier unweigerlich mit einer bestimmten Meinung gekoppelt.

Diese Bruchstelle zwischen einer Gemeinde als offene Plattform und einer Gemeinde als Ort der klaren Überzeugung bleibt in dieser Diskussion offen. Für Thomas bietet die Gemeinschaft eine gewisse Auflösung dieser Spannung:

„An der Gemeinde finde ich es gut, wenn man halt Menschen hat, die ähnlich denken oder die auch bewegt werden von der biblischen Botschaft. Und daraus entsteht natürlich Gemeinschaft, und die Gemeinschaft ist in der Gemeinde eben auch wichtig. Dass man sich trifft, zusammen Tee und Kaffee trinkt oder ein Bierchen trinkt und sich Gedanken macht über unser Leben und über das Leben der Gesellschaft und was man da eben auch zur Verbesserung tun kann."

Die Spannung zwischen Öffnung und Schließung erscheint als Grundbewegung im gesellschaftspolitischen Engagement einer Kirchengemeinde. Getragen vom Gefühl einer gemeinschaftlich geteilten Grundhaltung ist es möglicherweise gerade diese Wanderung zwischen kaum vereinbaren Polen in einem dafür geöffneten und gestalteten Kommunikationsraum, mit der es Gemeinden gelingt, ihr Engagement zu entwickeln.

4.7.2 Kirche im Sozialraum vor dem Hintergrund der Prägung in der DDR

In Gesprächen mit Personen aus den Gemeinden in Ostdeutschland über das Thema Politik und Kirche spielten immer wieder Bezüge zur DDR-Zeit, zur friedlichen Revolution 1989 und zum Erleben dieser Zeit als Kirchengemeinde eine Rolle. Teilweise stellen die Personen im Umgang mit aktuellen gesellschaftspolitischen Themen Bezüge zu dieser Zeit her. Um diese soll es in diesem Unterkapitel gehen. Es geht nicht darum, exakte Auswirkungen auf die heutige Zeit nachzuweisen, sondern zu zeigen, wie die Rolle der Kirchengemeinden im Sozialraum vor dem Hintergrund der Prägung in der DDR-Zeit gedeutet werden kann.

Die Gemeinden nehmen unterschiedliche Haltungen dazu ein, wie sich die Kirchengemeinde in den Sozialraum sinnvoll einfügt. Während sich in der Innovativen Gemeinde Ost Christ*innen in der Logik der damaligen Friedensbewegung dazu berufen fühlen, die Gesellschaft mitzugestalten und darin eine kirchenpolitische Sichtweise zum Ausdruck kommen zu lassen, ist in der Traditionellen Gemeinde Ost ein zurückhaltendes Verhalten zu beobachten mit einer Deutung von Kirche als Minderheit, die es nach innen zu wahren und nach außen abzugrenzen gilt. Beide Haltungen haben in der Kirche Tradition.

In der Traditionellen Gemeinde Ost wird die Deutung von Kirche als Minderheit im Sozialraum im Umgang mit der gewaltvollen Auseinandersetzung am Erntedankfest deutlich. Die Kirchengemeinde möchte möglichst wenig zusätzliche Aufmerksamkeit erregen. Sie verzichtet auf politische Verlautbarungen, möchte nicht provozieren und nicht auffallen, sondern so schnell wie möglich zum gewohnten Gemeindealltag zurückkehren. Faktisch befindet sich die Gemeinde mit Blick auf die Kirchenmitgliedszahlen in einer Minderheitensituation. Diese Situation wird auch heute von der Gemeinde als normal angesehen. Aktuelle Säkularisierungsbewegungen in der Gesellschaft werden dementsprechend an keiner Stelle von den Personen der Gemeinde als etwas Besonderes oder Neues thematisiert. Gleichzeitig scheint die Minderheitensituation, die die Gemeinde damals in der DDR-Diktatur erlebt und als bedrohlich wahrgenommen hat, im Umgang mit der gewaltvollen Auseinandersetzung eine Rolle zu spielen: Bei der Kundgebung durch rechte Gruppierungen scheinen die Gemeindemitglieder davon auszugehen, nicht die Durchschlagskraft oder Mobilisierungsfähigkeit zu haben wie die rechten Gruppierungen. Sie fürchten Tendenzen zu Gewalt und wollen keine Gemeindemitglieder gefährden. Und sie rechnen mit sprachlicher Gewalt – Abwertungen, Diffamierungen und Vorwürfen, bei denen die Kirchengemeinde schlecht dasteht. Dementsprechend entscheidet sich die Gemeinde gegen eine Kundgebung und für einen Gottesdienst mit Gebet für ein friedliches Miteinander – im Format des „Friedensgebetes", das geschichtlich gesellschaftsveränderndes Potenzial innehat und das viele Gemeindemitglieder aus der DDR-Zeit kennen. Es drückt friedlichen Protest aus. Damit knüpft die Gemeinde an diese Tradition an, verhält sich sonst aber unauffällig.

Mit dieser zurückgezogenen Haltung gehen verschiedene Abgrenzungsbewegungen einher, z. B. eine Abgrenzung gegen öffentliches politisches Auftreten. Als Minderheit erlebten Christ*innen Repressalien durch den DDR-Unrechtsstaat und kannten Erfahrungen von Unterdrückung. Politische Meinungen im öffentlichen Raum zu äußern, war gefährlich. Es stellt sich die Frage, ob diese Erfahrung als Ursache für die Vehemenz gesehen werden, mit der sich die Gemeinde von Politik und jeglichen politischen Parteien abgrenzt und auf Theologisches fokussiert, wie es in Kapitel 4.5.1 herausgearbeitet wurde. In diesem Verständnis kann der Gottesdienst mit Gebet für ein friedliches Miteinander als Versuch gesehen werden, politische Themen auf einer anderen, rein theologischen Ebene zu bearbeiten. Sicher spielen für die abgrenzende Positionierung auch andere Faktoren eine Rolle, wie etwa die theologische Prägung der Gemeinde, der ländliche Raum, die Sozialstruktur der Region und nicht zuletzt eine Heterogenität an politischen Meinungen innerhalb der Gemeinde, deren Konfliktpotenzial nicht geweckt werden soll.

Zusätzlich zur Abgrenzung gegenüber politischen Themen wird die Deutung einer abgekoppelten Position der Kirche im Sozialraum deutlich. Der Dekan, der auch in der Gemeinde tätig ist, betont in einem Gespräch mit einer der Forscherinnen, dass die Gemeinde *„ihr Eigenes macht"*. So fänden z. B. Kooperationen mit anderen Gemeinden nur sehr vereinzelt statt. Dieses *„Eigene machen"* bezieht sich auf das Verhältnis der Kirchengemeinde zur bürgerlichen Gemeinde. Auf die Frage, ob denn die Stadt anlässlich 30 Jahre Wiedervereinigung auch Veranstaltungen anbiete, meint er, er wisse das nicht. Da bestehe kein Kontakt und es gebe auch keine Kooperationen. Auch über Kontakte zu Vereinen, Verbänden oder anderen sozialen Playern im Sozialraum wird an keiner Stelle berichtet. Gegenüber dem politischen Geschehen in der Stadt nimmt der Gemeindepfarrer wiederum eine klare Abgrenzung vor. Die Kirchengemeinde sei nicht verantwortlich dafür, was rechtsextreme Parteien tun und wie sie das Thema der Coronaverordnungen für sich benutzen. Es gehe um das Miteinander nach innen, in der Gemeinde. Die Gemeinde deutet sich als separiert und abgeschottet vom Geschehen um sie herum. Umso stärker scheint die Identifikation nach innen mit einer deutlichen Konzentration auf Gemeindeaktivitäten, die sich in einer regen Gemeindearbeit widerspiegelt. Für viele Gemeindemitglieder gehört das Engagement in der Gemeinde selbstverständlich zum Leben dazu. Die starke Fokussierung nach innen kann vor dem Erfahrungshintergrund von Kirche als Rückzugsort für Christ*innen in der DDR-Diktatur gesehen werden. In diesem Zusammenhang kann auch das Ergebnis der Online-Erhebung im ländlichen Kirchenbezirk Ost verstanden werden, bei dem die befragten Verantwortlichen das Thema „Politische Strömungen" – im Vergleich zu den anderen Kirchenbezirken – nicht als wichtig betrachten (Kap. 4.3.2). Die Fokussierung nach innen geht mit einer abnehmenden Relevanzzuschreibung für politische Strömungen, die als „außen" wahrgenommen werden, einher.

Dass Kirchengemeinden sich auch aktuell herausgefordert sehen, mit so mancher Interpretation damaliger Erfahrungen auf aktuelle gesellschaftspolitische Themen hin umzugehen, wird in der Traditionellen Gemeinde Ost im Umgang mit Coronaverordnungen deutlich. Gemeindemitglieder sehen es als Verantwortung der Kirchengemeinde an, ein Ort des Widerstands zu sein. Beim Telefonat mit einer Ehrenamtlichen im Herbst 2020 geht es um die aktuelle Stimmung in der Gemeinde. Die Ehrenamtliche erzählt, dass diese sehr aufgeheizt sei. Neben Gemeindemitgliedern, die aus Angst vor einer Ansteckung nicht mehr in den Gottesdienst kommen, gebe es auch jene, die nicht mehr kommen, weil sie sich weigerten, eine Maske zu tragen. Vorwürfe wie *„Sollen wir uns als Kirche der Diktatur des Staates unterordnen?"* würden laut. Es herrsche insgesamt viel Misstrauen gegenüber der Politik und gegenüber *„denen da oben"*. Ehrenamtliche würden teilweise ihre Ämter in der Kinder- und Jugendarbeit ruhen lassen, wenn man eine Maske tragen müsse oder sich gar nicht mehr in Präsenz treffen dürfe. Aus dem eigenen Hauskreis habe sich jemand verabschiedet, weil ihm das per Zoom *„zu blöd"* sei. Er habe gesagt, er habe damals in Russland studiert und da habe man sich heimlich getroffen zum Gottesdienst.

Indem die Kirchengemeinde die Verordnungen zur Corona-Pandemie umsetzt, begibt sie sich für einige Gemeindemitglieder auf die Seite derer *„da oben"*. Vertrauensverlust und Distanzierung gehen mit der Konstruktion eines solches Gefälles einher. Die Erzählungen der Ehrenamtlichen verdeutlichen, dass manche Gemeindemitglieder ihre Erfahrungen und ihr Erleben in der DDR bzw. Sowjetunion unmittelbar auf das heutige Erleben übertragen. Sie setzen den Staat parallel zum Unrechtsregime, das mit seinen Restriktionen gezielt Religionsgemeinschaften eingeschränkt hat. Indem sich die Kirche den Verordnungen gemäß verhält, stellt sie sich – im so von den Personen interpretierten Spannungsverhältnis zwischen Staat und Kirche – auf die falsche Seite. Der Dekan des Kirchenbezirks beschreibt die Situation in der Gemeinde und im gesamten Kirchenbezirk als enorm herausfordernd, spaltend und zermürbend. Die mitunter wirtschaftlich angespannte Situation der Menschen vor Ort in der Corona-Pandemie scheint das Unsicherheitsgefühl im heutigen Staat und damit einhergehend die Deutung einiger Gemeindemitglieder, dass damals in der DDR-Zeit vieles besser gewesen sei, zu intensivieren. Dieser Deutung wirkt die Kirchengemeinde bewusst entgegen, indem sie einen besonderen Gottesdienst veranstaltet und die Errungenschaften durch die deutsche Einheit bewusst hervorhebt, aber auch den Raum dafür eröffnet, Enttäuschungen darüber zu formulieren, welche Hoffnungen sich nicht erfüllt haben. Der Gottesdienst wird von den Veranstaltenden als Dankgottesdienst kommuniziert, um einseitigen negativen Perspektiven entgegenzuwirken.

Die Innovative Gemeinde Ost greift das Erleben der Kirche als Rückzugs- und Freiheitsort in der DDR-Zeit aktiv auf, erinnert mit Zeitzeugenberichten an den Beitrag der friedlichen Revolution 1989 und stellt sich bewusst in diese Tradition. Innerhalb der Gemeinde steht damit – aktiv gefördert – ein anderer Übertrag der damaligen Erfahrung im Vordergrund: eine Haltung der Selbstverständlichkeit, als Kirche gesellschaftliche Veränderungen mitzugestalten und in den Sozialraum hineinzuwirken. Eine Ehrenamtliche beschreibt die Zeit damals wie folgt:

Inge: "Wir haben hier [in der Kirchengemeinde] einen Kindergartenplatz gekriegt für unsere Kinder, also da haben wir den kirchlichen Kindergarten. Vorher waren sie auch in [einer anderen Kirchengemeinde] im kirchlichen, weil wir sie nicht in den staatlichen geben wollten damals. Das war auch ganz gut. Also Gemeinde war eben auch so ein bisschen für diesen Alltag da, also eben Kindergarten. [...] Wir hatten ja den Friedenskreis. Der war gemeinsam auch mit Leuten von der [katholischen Kirchengemeinde]. [...] Ich weiß nicht wer dann noch drinnen war, einfach wer in den Friedenskreis kommt ist drinnen."

I: "Und der Friedenskreis, was hat der gemacht? Also war das so eine politische Bewegung oder wie kann ich mir das vorstellen?"

Inge: "Ja das Wort politisch, das ist so ganz schwer zu sagen (3), weil der Friedenskreis und auch andere Kreise, dann gab es Frauen für den Frieden, Anfang der 80er Jahre, weiß ich noch, wo es dann eigentlich darum geht eben die Themen aufzugreifen, die nirgends vorkamen. So, eben auch Abrüstung oder eben die Politik kritisch zu betrachten, hier mit diesem Wettrüsten, was damals war und: ‚Wie kann man sich annähern, was ist eigentlich wichtig im Kontakt und zwischenmenschlich.' Auch die Umweltfrage war ja auch eine, die damals so richtig gekommen ist. [...] Die Frage ‚Ist sowas politisch oder nicht?'. Das ist eben, würdest du heute nicht als politisch einsortieren, aber in so einem Staat wie der DDR, wo [...] die Presse eigentlich nicht zum Informieren da war, sondern um den offiziellen Standpunkt bekanntzugeben, dann ist eigentlich ganz viel politisch."

Der Kommentar verdeutlicht zum einen die Alltagsrelevanz, die Kirche damals hatte. Der kirchliche Kindergarten bot einen Raum der Alternative, in dem Menschen mit ähnlichen Überzeugungen oder ähnlich distanzierter Haltung zum Staat Familienalltag gestalten konnten. Die Deutung der Zentralität der Kirche für den Alltag kann in der Fortsetzung des kirchlichen Kindergartens der Gemeinde bis heute gesehen werden. Kirche und Alltag werden konzeptionell zusammengedacht. Dieses Verständnis lässt sich auch in der Verbindung von sozialdiakonischen und nachhaltigen Angeboten der Gemeinde aufschlüsseln, wie z. B. dem Foodsharing-Projekt der neuen Initiative oder der Nachbarschaftshilfe.

Die Überlegungen der Ehrenamtlichen, was als politisch zu verstehen sei, zeigen zum anderen, dass gesellschaftspolitisches Engagement eine Selbstverständlichkeit für sie darstellt, das zu Kirche dazugehört und nicht hervorgehoben oder im Nachhinein heroisiert werden muss. Diese Haltung speist sich aus der Erfahrung der Kirchen als (politischer) Freiraum innerhalb der DDR-Diktatur. Die Ehrenamtliche spricht der Kirche aufgrund dieses Erlebens eine politische Verantwortung und gesellschaftsverändernde Funktion zu, die mit dem Ende der DDR-Diktatur nicht vermindert ist. Dass sie das Engagement erst im Nachhinein als politisch bezeichnet, unterstreicht ihr Verständnis der

Selbstverständlichkeit des damaligen Handelns. Politisches Engagement macht sie am Kriterium fest, Themen zu bearbeiten, die das gesellschaftliche Miteinander betreffen, die sonst keinen Raum erhalten und die von staatlicher Seite umgangen werden. Es erhält von ihr die Zuschreibung von Aufklärung, die sich gegen staatliche Normen stellt.

Die Beschreibung des Friedenskreises als offener Raum, der kritische Meinungsäußerungen und Diskussionen ermöglichte und auch Fragen des gesellschaftlichen Miteinanders aufnahm, spiegelt die Deutung der Kirche als offener Raum für alle wider. Heutige Angebote der Gemeinde, die Dialogformate zu politischen oder religiösen Themen aufgreifen, werden von den Verantwortlichen in derselben Funktion verstanden, so z. B. die Initiative zum interreligiösen Dialog, die Mitgliedschaft des Pfarrers im Stadtteil-Gemeinderat und die Kooperationen der Gemeinde in den Stadtteil hinein. Neben der Offenheit für alle wird in der Beschreibung des Friedenskreises auch das Verständnis von Kirche als Erprobungsraum für Veränderung deutlich. Die Erfahrung, dass Kirchen zu Orten wurden, die Einfluss auf politische und gesellschaftliche Veränderungen nahmen, ist im Verständnis vieler Gemeindemitglieder positiv verankert. Die Nachhaltigkeitsinitiative greift dieses kirchenpolitische Verständnis und die Funktion von Kirche als Einflussgröße für gesellschaftliche Veränderungen auf.

„Kirchen blieben bzw. wurden Freiräume in einem unfreien Land", so sagt es Wolfgang Thierse im Blick auf die DDR.[316] Die Erfahrung, dass Kirche alternative Räume anbot, Freiraum ermöglichte und ein Ort des Widerstands wurde, wird in der Prägung beider Ostgemeinden erkennbar. Die Prägung wird ganz unterschiedlich aufgegriffen. Möglicherweise ist für dieses Aufgreifen entscheidend, ob dies in einer selbstbewussten und offen gestaltenden Weise geschieht und wie Kirche verstanden wird: immer noch als Teil eines Widerstands gegen den Staat sowie bedrohliche neue Entwicklungen oder als Teil einer sozialräumlich vernetzten und gesellschaftlich gut verankerten großen Gruppe, die sich für eine menschenfreundliche gesellschaftliche Entwicklung einsetzt.

4.7.3 Verortung der Kirchengemeinde im Sozialraum im Verband mit anderen Akteur*innen

Die Bürgerliche Gemeinde West trägt mit ihren räumlichen und personellen Ressourcen ein Netzwerk gegen Rechtsextremismus und hat im Engagement der Pfarrer und einiger Engagierter aus der Gemeinde wesentlich dazu beigetragen, es über die Jahre zu einer konstanten Plattform für politisch Engagierte in der Stadt zu verankern. Es agiert ohne etablierte Formate der Öffentlichkeitsarbeit und mit einem niedrigen Organisationsgrad. Lediglich der Pfarrer in der Rolle eines Koordinators und Moderators ist

---

[316] THIERSE/HAHN, Politischer Protest, 89.

bestimmt, der bei Bedarf gegenüber anderen Organisationen und kommunalen Stellen als Kontaktperson auftritt. Diese Setzung gilt seit der Gründung des Netzwerks. Sie bleibt auch nach einem Hauptamtlichenwechsel bestehen und scheint von den Beteiligten des Netzwerks als selbstverständlich angesehen zu werden. Die Kirchengemeinde ist einerseits eindeutig Trägerin des Netzwerks und erscheint als solche, indem die monatlichen Treffen im Gemeindehaus stattfinden – und während der Pandemie in einem Videokonferenzraum, den der Pfarrer zur Verfügung stellt. In den monatlichen Treffen spielt diese Anbindung aber nur selten eine Rolle. Die teilnehmenden Mitglieder der Kirchengemeinde bilden bei den Treffen keine sichtbare Einheit und treten nicht explizit als Gemeindemitglieder auf, auch weil sie zum Teil mit noch weiteren Mitgliedschaften in anderen Initiativen oder Organisationen vielfach eingebunden sind. So hat sich das Netzwerk als Plattform für alle lokalen Gruppen etabliert, die sich im Themenfeld Rechtsextremismus bewegen.

Dies bedeutet zunächst eine enorme thematische Anschlussfähigkeit an Diskurse rund um Rassismus, den Umgang mit Geflüchteten und kulturellen wie religiösen Minderheiten. Es bedeutet zugleich eine hohe kommunikative Anschlussfähigkeit der Gemeinde und ihrer Engagierten zu anderen Vereinen, Verbänden und Initiativen im Themenfeld, zugleich zur Stadtverwaltung, zu den lokalen Medien, zu Schulen und Hochschulen oder zu Parteien und Gewerkschaften. Darin hilft gerade die sozialräumliche Ausrichtung des gemeindlichen Engagements, die Potenziale zu verbinden. Es treffen sich hier 22-Jährige mit 80-Jährigen, stark lokal und verbandlich gebundene Teilnehmende treffen auf Menschen, die etwa bei „Pulse of Europe" oder „Fridays for Future" überregional organisiert sind. Es treffen mehrere Vereine und Initiativen aus dem Themenfeld Flucht aufeinander, außerdem Engagierte aus unterschiedlichen politischen Lagern, Initiativen mit stark intellektuellem Interesse – etwa an der Aufarbeitung der jüdischen Geschichte der Stadt mit Archivarbeiten und Ausstellungen – und Gruppen mit einem großen Interesse an Kampagnen und öffentlichkeitswirksamen Auftritten für ihre politischen Ziele.

Bei den Treffen des Netzwerks ist zu spüren, wie diese unmittelbare Begegnung von Menschen aus so verschiedenen Kontexten und mit so differenten Engagementprofilen für die Anwesenden eine ungewohnte Erfahrung und eine nicht selbstverständliche Begegnung bedeutet. Einige Initiativen nehmen mit mehreren Personen teil, immer wieder geraten Organisationen mit ähnlichen thematischen Schwerpunkten in eine (meist subtile) Konkurrenz. Die Moderation dieser Plattform äußerst heterogener Beteiligter wird durch den Pfarrer im starken Bemühen darum wahrgenommen, die gemeinsame Linie im Vordergrund und trennende Fragen im Hintergrund zu halten. Bei einem der Treffen bringt der Pfarrer diese Herausforderung zur Sprache, die diese vernetzte Vielfalt für alle bedeutet: *„Wir müssen uns hier auch mal aushalten."*

Die Arbeit im Netzwerk ist entsprechend, auch unter dem Einfluss immer neuer Aktivitäten, ständig von Neujustierungen geprägt. Eine davon fokussiert die Aufnahmereitschaft und ideologischen Grenzen des Netzwerks. Immer wieder wird abgewogen, welche Kooperationen für das Netzwerk passend scheinen und welche nicht, welche anderen Player im Sozialraum als verwandt bewertet werden und zu welchen eine zu große Distanz besteht. So wird bei Netzwerktreffen unmittelbar vor einer Aktion regelmäßig die Zusammenarbeit mit Antifa-Gruppen abgestimmt. Einerseits werden Antifa-Gruppen als prinzipiell Gleichgesinnte sehr geschätzt und erhalten Informationen über die Aktivitäten des Netzwerks, andererseits distanzieren sich etliche Engagierte von deren riskantem und provokativem Verhalten. Als im April 2021 auf der Sea-Watch 4, dem von der EKD zur Seenotrettung von Geflüchteten mitfinanzierten Schiff, Personen aus der Crew eine Antifa-Flagge am Schiff befestigen und innerhalb der EKD ein Streit um die Tragbarkeit dieser Flagge aufkommt, in dem die Antifa von einigen Menschen unmittelbar mit Gewalt und Extremismus in Verbindung gebracht wird, sorgt dieser Vorgang auch für Aufmerksamkeit im Netzwerk. Gleichzeitig sorgt eine Kooperationsanfrage der Gruppe „Marsch des Lebens" für Diskussionen, die Gedenkveranstaltungen zum „Tag der Schoah" organisiert. Einerseits möchten die im Netzwerk Engagierten für alle Gruppen oder Einzelpersonen prinzipiell offen sein, die sich ebenfalls gegen Rechtsextremismus stellen. Andererseits erscheint diese Gruppe mit ihrer evangelikal-theologischen Fokussierung auf das Judentum und Israel (und gleichzeitiger Ablehnung der Homosexualität durch die Trägerorganisationen) nicht kompatibel mit dem Engagement des Netzwerks gegen Diskriminierung.

Ebenso herausfordernd ist die Positionierung in Bezug auf den Grad der Radikalität, den das Netzwerk für seine öffentlichen Aktionen anstrebt. Es besteht Konsens darin, dass städtische Verordnungen respektiert werden. Bei öffentlichen Aktionen bevorzugen die Engagierten im Netzwerk mildere Methoden wie Glockenläuten, laute Musik, Transparente oder Kreidemalaktionen auf öffentlichen Plätzen. Im Konfliktfall drückt das Netzwerk seine Kritik am Vorgehen der Polizei oder den Entscheidungen der Stadtverwaltung mit einer Presseerklärung aus. Zugleich fühlen sich die Mitglieder zum zivilen Ungehorsam in Form von Blockaden als äußerstes Mittel berufen, etwa, wenn es darum geht, eine von rechtsradikalen Gruppierungen für einen Aufmarsch vorgesehene Strecke im Stadtgebiet zu blockieren, auch wenn der Aufmarsch behördlich genehmigt wurde. Damit steht das Netzwerk immer wieder einem anderen lokalen Netzwerk gegenüber, das stärker mit kommunalen Stellen zusammenarbeitet und Blockaden ablehnt.

Das Netzwerk erlebt sich somit immer wieder in einer Konkurrenzsituation mit dem anderen Netzwerk, was die öffentliche Wahrnehmung in der Stadt, die Zuständigkeit und auch den Einfluss der Gruppierungen anbelangt. Der Kontakt der beiden Netzwerke zueinander ist schwierig, punktuelle Kooperationen gelingen, jedoch werden Absprachen immer wieder von Misstrauen und von gegenseitigen Vorwürfen erschwert. Dass etliche Aktive im Netzwerk durch eine berufliche Tätigkeit für eine der beteiligten Organisationen oder private Mitgliedschaften in Initiativen und Verbänden verschiedene Zugehörigkeiten haben, erschwert die Kooperation spürbar – nicht zuletzt für die Aktiven der Kirchengemeinde.

So ist das Bemühen um ein angemessenes Einknüpfen in den Sozialraum anhand der verschiedenen Gruppen und Player eine ständige Herausforderung für das Netzwerk. Die Klärung der eigenen Funktion im Sozialraum – zwischen eigenem Profil und guter Kooperation – beansprucht die Gruppe und bindet dauerhaft einen Teil der Ressourcen. Die Zugehörigkeit zur Kirchengemeinde wurde in den Netzwerktreffen während unserer Erhebung an keiner Stelle zum Thema, christliche Motive oder spezielle Bezüge zu anderen Kirchengemeinden und nichtchristlichen Religionsgemeinschaften wurden nicht auf die im Netzwerk engagierten Mitglieder der Gemeinde bezogen. Wo wir jedoch Kontakt zu den beteiligten Gruppierungen hatten, etwa mit den ebenfalls im Netzwerk aktiven „Omas gegen Rechts", machten Mitglieder deutlich, dass die tragende Funktion der Gemeinde für das Netzwerk auch für sie relevant ist, und brachten explizit ihre innere Bindung oder Distanz zur Kirche zur Sprache. Hierin kam nicht die Nähe zum kirchlichen Engagement gegen Rechtsextremismus zur Sprache, wohl aber das eigene Verhältnis zur Organisation und vor allem zur Institution Kirche. Dennoch überwiegt, unabhängig von der eigenen Kirchlichkeit, der Respekt vor der Gemeinde und ihrem Engagement, das als politisches Handeln gedeutet wird, wie ein Mitglied der „Omas gegen Rechts" es ausdrückt:

> „Also, wenn jetzt bei uns [im Vorort] der Kirchengemeinderat angefragt worden wäre, ob die Omas gegen Rechts sich in den Räumlichkeiten treffen dürften, wäre ich nicht davon überzeugt, dass sie zugestimmt hätten. Und deshalb fand ich das ja so toll."

Die Kirchengemeinde ermöglicht als organisatorischer Angelpunkt des Netzwerks möglicherweise gerade durch den Verzicht auf ein deutlich christliches Profil des Netzwerks die enge sozialräumliche Kooperation, auch wenn für gemeindlich Engagierte christliche Motive eine wichtige Rolle spielen. Das gemeinsame Anliegen gegen Rechtsextremismus und vor allem gegen die Präsenz menschenfeindlicher Gruppierungen am Ort bildet die Basis der Zusammenarbeit, in die über die Jahre immer neue Gruppen und Einzelpersonen einbezogen werden. Gemeinsame Aktionen werden zum sozialen Kitt zwischen den Beteiligten und ermöglichen ein stabiles Miteinander trotz Differenzen.

Am Beispiel der Innovativen Gemeinde Ost war das Ringen darum sichtbar geworden, das christlich profilierte Engagement als Handeln der Kirche einerseits mit dem am gesellschaftspolitischen Anliegen orientierten, sozialräumlich eingebundenen Engagement andererseits zu verbinden (vgl. Kap. 4.7.1). Die Sorge, sich mit der starken Einbindung in den Sozialraum und in der engen Zusammenarbeit mit einer Vielzahl von Initiativen und kommunalen Stellen quasi in den Sozialraum hinein aufzulösen, führt zu einer intensiven Diskussion unter den Gemeindemitgliedern. Dies erhöht zugleich die Aufmerksamkeit für die Chancen, die sich gerade aus der sozialräumlichen Öffnung ergeben, wie ein ehrenamtlicher Mitarbeiter der Kirchengemeinde es darstellt:

> „Wir merken ja, dass unsere Gottesdienstbesucher immer dünner werden und sich immer mehr Menschen von der Kirche abwenden [...] Und da glaube ich, dass wir innehalten müssen und überlegen, ob wir mit unserer Botschaft nicht unter Umständen an den Menschen vorbeireden. Sprich, die Botschaft, die wir heute zu sprechen haben, steht ja eigentlich nach wie vor in der Tradition der Propheten, der Tradition Jesu und [...] stehen immer in einem politischen, gesellschaftlichen Kontext. Also wenn ich es in einem Satz zusammenfassen darf: Wenn wir die Menschen heute erreichen wollen und ihnen etwas mitgeben wollen auf ihrem Weg, dann kann unsere biblische Verkündigung nicht unpolitisch sein."

Die Debatte um die Bedeutung eines gesellschaftspolitischen Engagements der Kirchengemeinde und dessen christliches Profil hat, hier wie auch in anderen der untersuchten Gemeinden, offenbar die wichtige Funktion, unter den Engagierten das Verständnis für die eigene, christliche Motivation immer wieder zu klären und zu stärken. Das unterstützt die Beteiligten darin, ihr Anliegen, gegen Vorurteile einzutreten, immer wieder neu als ein (auch) christliches zu schärfen, mit dem sich ein kirchlicher Auftrag für den Sozialraum verbindet. Offenbar ist die Debatte, die mit einem politisch-kulturellen Engagement der Gemeinde notwendig wird, deutlich mehr als nur eine weitere Herausforderung, der sich eine Gemeinde in der Vielzahl ihrer Aufgaben und Belastungen stellen muss, sondern ein entscheidender Faktor in ihrer ständigen Weiterentwicklung.

4.8 Bündelung

Die grundsätzliche Offenheit für politisch-kulturelle Themen ist unter den Verantwortlichen in Kirchengemeinden groß, das zeigten die Befragungen auf der Ebene der Kirchenbezirke. Allerdings sind Gemeinden – wie erwartet – keine Orte, an denen die Beschäftigung mit den vielfältigen Fragen des gesellschaftlichen Lebens reibungslos und von allein geschieht. Wie überall finden sich hier gegenläufige Interessen, Reibereien und Machtansprüche, innovative Kräfte und Beharrungskräfte. Die Bezüge zwischen unterschiedlichen Anliegen müssen ausgehandelt werden, und das Engagement hängt stark von Einzelpersonen und ihrem Durchhaltevermögen ab. Wo Menschen sich nicht scheuen, gesellschaftspolitische Themen zu bearbeiten, kann eine Gemeinde eine erhebliche Leistung für das Miteinander im Gemeinwesen erbringen und zur Sichtbarkeit von Kirche im öffentlichen Raum entscheidend beitragen.

In den Fallgemeinden ließen sich trotz der großen Unterschiede einige Befunde einheitlich interpretieren: Gemeinden verbinden in ihrem Engagement Menschen aus unterschiedlichen Erfahrungswelten und Generationen. Sie bieten eine Plattform für

Kontakte und Austausch. Sie verfügen über Räume und (personelle) Ressourcen und können ein neues Engagement in ihre Strukturen einbetten und es damit stabilisieren. Damit bieten sie auch anderen im Sozialraum aktiven Gruppen Unterstützung, etwa wo gemeinsame Netzwerke entstehen. Entscheidend ist darin, dass die Gemeinden einen Zugang zu Engagements und Diskussionen finden, der über Einzelpersonen hinausgeht. Manche Gemeinden verfügen bereits über einen solchen Zugang, etwa aus einer Zeit der Profilierung in der DDR oder aus früheren Auseinandersetzungen um gesellschaftspolitische Fragen, in denen bereits Räume für Gespräche geöffnet und gestaltet wurden.

An vielen Stellen erschien politisch-kulturelles Engagement, und sei es auch nur in Form von Gesprächen über kontroverse Themen, immer wieder störend für das, was als das „Eigentliche" in einer Gemeinde wahrgenommen wird: Gottesdienste sowie Gruppen und Kreise mit einem Schwerpunkt auf explizit religiöser Kommunikation. Wo es sich um einzelne Stellungnahmen handelt, etwa gegen menschenfeindliche Hetze, lässt sich dies als Einzelmaßnahme ins Gesamtbild integrieren, auch wenn nicht alle damit einverstanden sind. Wo die Gemeinde sich aber mit einem Thema längerfristig befassen muss, nach innen aufwendig Positionen klären oder aushandeln und nach außen Abgrenzungslinien oder Anschlussstellen definieren muss, wird dies zu einer anspruchsvollen Aufgabe. Nicht alle Verantwortlichen haben bereits Erfahrung mit Formen der Befassung mit gesellschaftspolitischen Themen, die den Dialog, die gemeinsame Suche nach Positionen und das „richtige Vorgehen" einschließen, und können sich darauf einstellen, dass Ressourcen und Zeit dafür nötig sind. Wo Unstimmigkeiten auftreten, etwa zu theologischen Einschätzungen oder in Bezug auf Ressourcen und Prioritäten, wirkt dies auf viele Beteiligte verstörend und löst Ängste aus, etwa um den Zusammenhalt der Gemeinde oder die Klarheit ihres (christlichen) Profils.

Deutlich sichtbar ist in den Analysen der Gemeinden, welche umfassenden Klärungen dafür nötig sind. Die Hauptaufgabe scheint für Kirchengemeinden darin zu bestehen, die Befassung mit politisch-kulturellen Herausforderungen in Bezug zu ihrem Auftrag zu setzen und sie als genuinen Bestandteil ihres Engagements zu verstehen. Indem sie – mit dem Anliegen einer christlichen Weltdeutung und der Stärkung von Menschen in einer solchen – auch gesellschaftspolitische Fragen als relevant erfassen und als Gegenstand ihres Nachdenkens markieren, erbringen sie eine wichtige Transferleistung. Dieses Verständnis braucht in Gemeinden einiges an Diskussion – und nicht zuletzt eine theologische Reflexion. Im Framing-Ansatz hat die Bewegungsforschung im Rückgriff auf Goffman aufgeschlüsselt,[317] wie zivilgesellschaftliche Player jeweils eigene, an ihre Wertesysteme gebundene Interpretationsleistungen erbringen und dadurch kulturelle Ressourcen mobilisieren. In den Gemeinden werden gesellschaftspolitische Themen als relevant für das Miteinander am Ort und auch in der Gemeinde

---

[317] GOFFMAN, Frame Analysis.

gedeutet.[318] Umgekehrt erscheint es als unumgänglich, dass die Gemeinde als Akteurin sichtbar und ihre christliche Deutung der Situation im Gefüge gesellschaftlicher Kräfte erkennbar wird.

Verantwortliche einer Gemeinde müssen sich damit auf zweifache Weise über die theologische Grundlegung ihres gesellschaftspolitischen Engagements verständigen, mit der dieses als Teil ihrer religiösen Kommunikation im Sozialraum entfaltet werden kann. Einerseits ist die (zumindest auch: theologische) Interpretation eines gesellschaftspolitischen Themas als ein Thema der Gemeinde nötig, andererseits ist im Bezug darauf das öffentliche Auftreten und die Profilierung als Teil des gemeindlichen Engagements zu klären. Eine solche Klärung richtet sich nach innen und nach außen. Ideologische und strukturelle Fragen gehen Hand in Hand.[319] Vor allem dort, wo Menschen sich zu gesellschaftspolitischen Fragen in einer Gemeinde engagieren, die selbst kein Kirchenmitglied sind oder an anderen Arbeitsbereichen der Gemeinde kaum Interesse haben,[320] eröffnen sich zugleich neue Chancen der Kommunikation und Vernetzung und ebenso neue Bedarfe an Klärungen und möglichen Beteiligungsmodi.

So bedarf jede Befassung mit politisch-kulturellen Fragen nicht nur engagierter Menschen und einer strukturellen Anbindung, sondern auch einer kirchentheoretischen Begründung. Dies geschieht, so zeigen es die Analysen, in zirkulären kommunikativen Prozessen und strukturellen Entwicklungen in experimentellen Formen und inmitten von Vorläufigkeiten, in denen Ungeklärtes und Dissonanzen mitunter belastend wirken. Dass Kirche als ein Gebilde erfasst wird, dessen zentrale Aufgabe darin besteht, das Evangelium in der Lebenswelt der Menschen im Sozialraum – und von dort aus auch regional und überregional – zu kommunizieren, scheint gemeinhin gegeben.[321] Dass aber zur theologisch zu deutenden Lebenswelt nicht nur biografische Orte und individuelle wie innergemeindlich-kollektive Erfahrungsräume gehören, sondern auch die Erfahrungen des gesellschaftlichen Lebens und seine politisch-kulturellen Herausforderungen, muss immer wieder begründet und im Kontext theologischer Reflexion plausibilisiert werden.

Der Abschied von einem Kirchenverständnis, in dem Gottesdienst, Gemeinschaftserfahrung und Seelsorge durch Fachkräfte im Mittelpunkt stehen und das Engagement stark nach innen gerichtet ist, hingegen gesellschaftspolitische Fragen und Kommu-

---

[318] HERKENRATH, Globalisierung, 45–47.
[319] Dies folgt dem Verständnis von Kirche (und Kirchengemeinde) als Lernende Organisation, ausgeführt bei HAUSCHILDT/POHL-PATALONG, Kirche, 400–407.
[320] Dieses Phänomen ist bereits aus dem Engagement der Kirchbauvereine bekannt, wo Menschen sich auch jenseits einer Kirchenmitgliedschaft engagieren. In dieser Studie war dies v. a. in den Themenfeldern Flüchtlingsarbeit und Nachhaltigkeit sichtbar.
[321] So etwa GRETHLEIN, Praktische Theologie, 333f., ausgehend von den neutestamentlichen Sozialformen „Hausgemeinde", „Ortsgemeinde" und „weltweite Ökumene".

nikation in den Sozialraum dem untergeordnet werden, fällt vielen Verantwortlichen schwer. Die Sorge ist groß, sich mit einem gesellschaftspolitischen Engagement in die Gesellschaft hinein „aufzulösen". Konzeptionen, die ein Engagement über die traditionellen Kommunikationsräume einer Gemeinde hinaus als integralen Bestandteil ihres Handelns entwickeln, sind selten oder wenig vertraut.

Damit sind Gemeinden, auch wenn sie grundsätzlich ein großes Potenzial und zahlreiche Möglichkeiten haben, auf einiges angewiesen, was die Möglichkeiten mancher Gemeinde übersteigt: Kompetenzen in der Gestaltung von Aushandlungsprozessen und Diskursen oder Kenntnisse über Möglichkeiten, auf kreative Weise Kommunikationsräume zu öffnen und den Austausch zwischen sehr verschiedenen Menschen zu etablieren. Auch muss die Sensibilität für den (oft ungewollten) eigenen Beitrag zu Prozessen von Stigmatisierung und Exklusion bis hin zum Rassismus entwickelt werden, was Fachkenntnisse und einen wachen Blick erfordert. Kulturalisierungspraktiken normalisieren pauschale Differenzsetzungen zwischen einer deutschen, christlichen Mehrheitsgesellschaft und einer geflüchteten, muslimischen Minderheit bis hin zu dem Punkt, dass sie nicht mehr hinterfragt werden.[322] Sie sind damit höchst anschlussfähig für rechtsextremes Denken. Rassismus zeigt sich so als strukturelles Problem, das nicht vor der Kirchentür Halt macht. Die vorliegende Analyse verdeutlicht die „Risikolinien", an denen Kirchengemeinden in ihrer Befassung mit gesellschaftspolitischen Themen selbst Teil vorurteilsbezogener Kommunikation und ausgrenzender Prozesse werden können.

Abschließend lässt sich feststellen: Eine Dialog- oder Pluralismusfähigkeit von Kirchengemeinden ist damit als grundsätzlich gegeben zu beschreiben – und zugleich als enorm große, konstante Herausforderung zu erkennen. Wo sich Gemeinden mit politisch-kulturellen Themen befassen, bedeutet das einerseits eine Öffnung für „neue" Themen und die Entwicklung neuer Kontaktflächen und Partizipationsmöglichkeiten. Zugleich gehen damit auch immer Vergewisserungs- und Klärungsprozesse einher, etwa dort, wo sich Engagierte immer wieder auf die eigenen Grundlagen rückbeziehen müssen, wo eine Weiterentwicklung des Profils der Kirchengemeinde nötig ist und das Verhältnis von theologischen zu gesellschaftlichen Fragen neu justiert werden muss. Diese Bewegung umfasst in der Folge zuweilen Dynamiken der Schließung, etwa dort, wo sich eine Gemeinde als dezidiert nicht offen gegenüber diskriminierenden Haltungen (auch von Gemeindemitgliedern) und Kooperationsangeboten zeigt.

---

[322] SHOOMAN, Antimuslimischer Rassismus, 55.

Literatur

Attia, Iman, Swantje Köbsell u. Nivedita Prasad (Hrsg.): Dominanzkultur reloaded. Neue Texte zu gesellschaftlichen Machtverhältnissen und ihren Wechselwirkungen. Bielefeld 2015.

Bethmann, Stephanie: Methoden als Problemlöser. Wegweiser für die qualitative Forschungspraxis. 2., korrigierte Auflage. Weinheim/Basel 2020.

Bohnsack, Ralf: Rekonstruktive Sozialforschung. Einführung in qualitative Methoden. Opladen ^{9}2014.

Bohnsack, Ralf, u. Arnd-Michael Nohl: Die dokumentarische Methode und ihre Forschungspraxis. Wiesbaden 2013.

Bude, Heinz: Fallrekonstruktion, in: Bohnsack, Ralf, Winfried Marotzki u. Michael Meuser (Hrsg.): Hauptbegriffe Qualitativer Sozialforschung. Opladen ^{2}2006, 60–62.

Breidenstein, Georg, Stefan Hirschauer, Herbert Kalthoff u. Boris Nieswand (Hrsg.): Ethnografie. Die Praxis der Feldforschung. Konstanz/München ^{2}2015.

Dimbath, Oliver, Michael Ernst-Heidenreich u. Matthias Roche: Praxis und Theorie des Theoretical Sampling. Methodologische Überlegungen zum Verfahren einer verlaufsorientierten Fallauswahl, in: Forum Qualitative Sozialforschung / Forum: Qualitative Social Research 19 (2018) 3, Art. 34. DOI: http://dx.doi.org/10.17169/fqs-19.3.2810.

Espahangizi, Kijan, Sabine Hess u. Juliane Karakayali (Hrsg.): Rassismus in der postmigrantischen Gesellschaft. Zur Einleitung, in: movements. Journal für kritische Migrations- und Grenzregimeforschung 2 (2016) 1, 9–23.

Goffman, Erving: Frame Analysis. An Essay on the Organization of Experience. London 1974.

Graumann, Carl-Friedrich: Aneignung, in: Kruse, Lenelis, Carl-Friedrich Graumann u. Ernst-Dieter Lantermann (Hrsg.): Ökologische Psychologie. Ein Handbuch in Schlüsselbegriffen. München 1990, 124–130.

Grethlein, Christian: Praktische Theologie. Berlin/Boston 2012.

Hauschildt, Eberhard, u. Uta Pohl-Patalong: Kirche. Gütersloh 2013.

Helfferich, Cornelia: Die Qualität qualitativer Daten. Manual für die Durchführung qualitativer Interviews. Wiesbaden ^{3}2009.

Herkenrath, Mark: Die Globalisierung der sozialen Bewegungen. Transnationale Zivilgesellschaft und die Suche nach einer gerechten Weltordnung. Wiesbaden 2011.

Kruse, Jan: Qualitative Interviewforschung. Ein integrativer Ansatz. 2., überarbeitete Auflage. Weinheim/Basel 2015.

Lobermeier, Olaf, Jana Klemm u. Rainer Strobl: Abschlussbericht Kirchenmitgliedschaft und politische Kultur. Ausprägungen von Elementen Gruppenbezogener Menschenfeindlichkeit unter Mitgliedern der evangelischen Kirche. Hannover 2016.

Mannheim, Karl: Strukturen des Denkens. Frankfurt a. M. 1980.

Mayring, Philipp: Qualitative Inhaltsanalyse. Grundlagen und Techniken. 12., überarbeitete Auflage. Weinheim 2015.

Mecheril, Paul, u. Ulrike Lingen-Ali: Rassismuskritik als konstitutives Moment, in: Polat, Ayça (Hrsg.): Migration und Soziale Arbeit. Wissen, Haltung, Handlung. Stuttgart 2017, 37–51.

Mecheril, Paul, Oscar Thomas-Olalde, Claus Melter, Susanne Arens u. Elisabeth Romaner: Migrationsforschung als Kritik? Erkundung eines epistemischen Anliegens in 57 Schritten, in: Mecheril, Paul, Oscar Thomas-Olalde, Claus Melter, Susanne Arens u. Elisabeth Romaner (Hrsg.): Migrationsforschung als Kritik? Spielräume kritischer Migrationsforschung. Wiesbaden: 2013, 7–55.

Mecheril, Paul: Prekäre Verhältnisse. Über natio-ethno-kulturelle (Mehrfach-)Zugehörigkeit. Münster 2003.

Ohlendorf, David, u. Hilke Rebenstorf: Überraschend offen. Kirchengemeinden in der Zivilgesellschaft. Leipzig 2019.

Patzelt, Werner: Einführung in die Politikwissenschaft. Passau ^{5}2003.

Pickel, Susanne, u. Gert Pickel: Politische Kultur- und Demokratieforschung. Eine Einführung. Wiesbaden 2006.

Schirilla, Nausikaa: Migration und Flucht. Orientierungswissen für die Soziale Arbeit. Stuttgart 2016.

Shooman, Yasemin: Antimuslimischer Rassismus und Islamfeindlichkeit im World Wide Web, in: Attia, Iman, Alexander Häusler u. Yasemin Shooman (Hrsg.): Antimuslimischer Rassismus am rechten Rand. 2., korrigierte Auflage. Münster 2014, 34–61.

Thierse, Wolfgang, u. Udo Hahn: Politischer Protest und Zivilgesellschaft im deutschen Transformationsprozess, in: Grande, Brigitte, Edgar Grande u. Udo Hahn (Hrsg.): Zivilgesellschaft in der Bundesrepublik Deutschland. Aufbrüche, Umbrüche, Ausblicke. Bielefeld 2021, 87–100.

5. Kirchenmitgliedschaft und politische Kultur – Drei Perspektiven in gemeinsamer Betrachtung

(Hilke Rebenstorf unter Mitarbeit von Antje Buche, Henning Flad, Dorothee Godel, Ruth Heß, Peter Rieker und Christian Staffa)

Wie in der Einführung geschildert, ging dieser Publikation eine gut zehnjährige Geschichte voraus. Beobachtungen unter Mitgliedern und Beschäftigten in Kirche und Diakonie, mit Sorge betrachtete gesellschaftliche Entwicklungen sowie Erkenntnisse der sozialwissenschaftlichen Forschung wiesen einmütig darauf hin, dass ein Phänomen, von dem man meinte, es in den späten 1990er-Jahren mit dem sogenannten Asylkompromiss befriedet zu haben, offensichtlich weiterlebte. Große Teile in Politik und Bevölkerung meinten damals, dass durch die Bemühungen um eine Reduzierung der Einwanderung, insbesondere von Bürgerkriegsflüchtlingen, rassistische Ausschreitungen und das hierfür ursächliche Gedankengut politisch nicht mehr relevant wären. Sie übersahen deshalb lange, dass dieses Gedankengut ein gutes Jahrzehnt später sogar erstarkte: Mehr oder minder gängige und meist folgenlose Vorurteile erwiesen sich zunehmend als Phänomene Gruppenbezogener Menschenfeindlichkeit. Rassismus, Antisemitismus, Islam- und Muslimfeindlichkeit, feindliche Haltungen gegenüber Gleichberechtigungsbestrebungen von Frauen, gegenüber Inklusion und von im Leben Gestrauchelten nahmen erkennbar zu, ganz zu schweigen von offen rechtsextremen Vorfällen. Dass die Kirchen in so einer Situation nicht schweigen, ist naheliegend. Dass sie in dieser Lage auch auf die eigene Mitgliedschaft und ihre Mitarbeitenden schauen, ist schon weniger selbstverständlich. Eine vertiefte Kenntnis über Verbreitung und Ursachen, auch im „eigenen Haus", ist aber erforderlich, um in einer solchen Situation handlungsfähig zu sein, jenseits wohlfeil anmutender Reden und Sonntagsansprachen.[323]

Diese Handlungsfähigkeit ist dabei sowohl nach innen, also in die eigene Organisation hinein, als auch nach außen, in die Öffentlichkeiten von Parochie, Kirchenkreis, Landeskirche und bundesweit, notwendig. Die christlichen Kirchen haben aufgrund ihrer herausgehobenen verfassungsrechtlichen Stellung, ihrer Positionen als Körperschaften öffentlichen Rechts, ihres praktischen Wirkens in vielen gesellschaftlichen Bereichen (zuvörderst Erziehungs- und Pflegeeinrichtungen, Beratungsstellen), ihrer öffentlichen Sicht- und Hörbarkeit allein schon durch die Kirchengebäude und eines trotz der in jüngeren Jahren öffentlich diskutierten Skandale immer noch hohen Anse-

---

[323] In mehreren Bundesländern wird seit einigen Jahren mit regelmäßigen Bevölkerungsumfragen die Entwicklung beobachtet (z. B. Thüringen-Monitor: https://www.landesregierung-thueringen.de/regierung/th-monitor; Sachsen-Monitor: https://www.staatsregierung.sachsen.de/sachsen-monitor-5656.html; Berlin-Monitor: https://berlin-monitor.de). Auf Bundesebene gibt es beim Deutschen Zentrum für Integrations- und Migrationsforschung DeZim e.V. einen Diskriminierungs- und Rassismusmonitor (https://www.rassismusmonitor.de).

hens eine Verantwortung in der Gesellschaft, die nach Haltung und Handeln verlangt. Zwar zeigen Bevölkerungsumfragen regelmäßig, dass die Aufgabe der Kirche eher nicht darin gesehen wird, zu politischen Grundsatzfragen Stellung zu beziehen, aber sie soll durchaus zum Zusammenhalt der Gesellschaft beitragen, den Dialog mit anderen Religionen fördern, sich für marginalisierte Gruppen stark machen. Die insgesamt prodemokratische Haltung der Kirchenmitglieder, wie sie in Teilprojekt 1 festgestellt wird, ist erfreulich, aber historisch nicht selbstverständlich und in der Nachkriegszeit nach und nach errungen. Mit der Denkschrift „Evangelische Kirche und freiheitliche Demokratie. Der Staat des Grundgesetzes als Angebot und Aufgabe" hat die EKD 1985 erstmals ein ausdrückliches Bekenntnis zum demokratischen Rechtsstaat der Bundesrepublik Deutschland abgelegt.

Mit der Unterstützung der Gründung der Bundesarbeitsgemeinschaft Kirche & Rechtsextremismus (BAG K+R) wurde bereits ein Zeichen zur Wahrnehmung dieser Aufgabe gesetzt, mit der Förderung der Forschung ein weiteres, auf die mit der Auswertung der Erkenntnisse und daraus abzuleitenden Handlungsmöglichkeiten weitere folgen werden. Seit der Gründung der BAG K+R und der einige Jahre späteren Einsetzung der Steuerungsgruppe durch die EKD hat sich manche öffentliche Debatte weiter zugespitzt, Auseinandersetzungen haben an Schärfe zugenommen, der Kanon der umstrittenen Themen ist breiter geworden. Die hier vorgelegten Berichte der drei Teilstudien zum Thema Kirchenmitgliedschaft und politische Kultur, die sich unter verschiedenen Perspektiven und mit unterschiedlichen methodischen Zugängen der Thematik widmen, haben diese gesellschaftlichen Entwicklungen aufgegriffen. Der Fokus lag nicht mehr wie zu Beginn dieses Arbeitsprozesses durch die Steuerungsgruppe allein auf Antisemitismus, Islamfeindlichkeit und Homophobie, sondern bezog in der Repräsentativstudie weitere gruppenbezogene Vorurteile ein, setzte im Themenbereich Homophobie, Antifeminismus, Gender- und Transphobie neue Akzente und berücksichtigte daneben oft übersehene Vorurteile gegenüber Sinti und Roma (Antiziganismus), prekären sozialen Gruppen (Klassismus) und Menschen mit Behinderungen. In den Analysen von Narrationen vorurteilsbezogener Kommunikation und Hassrede in Online-Medien erwies sich für den Zeitraum, für den das entsprechende Material gesichtet wurde, das Thema des Rettungsschiffes, das von der EKD unterstützt wird, als zentral – und die damit zusammenhängenden Fragen. Die ethnografische Studie in den Gemeinden schließlich ermittelte mit dem Thema Nachhaltigkeit eine politisch-kulturelle Herausforderung, die sich erst in jüngerer Zeit zu einer Streitfrage entwickelte.

An dieser Stelle soll nicht nochmals eine Zusammenfassung der Berichte zu den drei Teilprojekten vorgenommen werden, diese sind bereits Bestandteile der vorhergehenden Darstellungen. Vielmehr geht es hier darum, Schnittstellen zu identifizieren, d. h. Themen, die sich durch alle drei Teilprojekte ziehen und mit einer breiten Variation an Argumentationsmustern unterlegt sind. Dies sind das Themenfeld „Flucht – Migration – Islam" sowie Fragen rund um das Thema „Gender", das in den Teilprojekten unterschiedlich stark akzentuiert ist. Die zentrale Frage des gesamten Forschungsprozesses, welche Rolle Glaube und Theologie spielen, wird als dritter Querschnitt über die drei Projekte gelegt. Zum Schluss werden noch Anregungen und Implikationen für kirchliches Handeln formuliert.

5.1 Querschnittsthema „Flucht – Migration – Islam"

Einen relevanten thematischen Schwerpunkt der drei Teilprojekte des Forschungsverbundes stellen die Erfahrungen und Einschätzungen von Kirchenmitgliedern in Hinblick auf Geflüchtete dar. Je nach Kontext werden diese Erfahrungen und Einschätzungen auf Fragen des Umgangs mit Migration generell bezogen und/oder auf den Islam bzw. das Verhältnis zu Menschen muslimischen Glaubens fokussiert.

Wie sich in der Repräsentativbefragung (TP 1) zeigt, weisen die Mitglieder der christlichen Kirchen in Hinblick auf die Einschätzungen und Erfahrungen gegenüber Geflüchteten die gleiche Vielfalt auf, die sich in der gesamten bundesdeutschen Bevölkerung zeigt. Sowohl die Angehörigen der evangelischen als auch die der katholischen Kirche weichen nicht signifikant vom Durchschnitt der Bevölkerung ab (vgl. Kap. 2.3). Differenzen zeigen sich allerdings dann, wenn zwischen unterschiedlichen Ausprägungen des christlichen Glaubens differenziert wird. Bei denjenigen, für die die Religion einen zentralen Stellenwert hat, finden sich negative Einschätzungen gegenüber Geflüchteten tendenziell in geringerem Ausmaß als bei Menschen, bei denen sich Anzeichen für einen Paraglauben oder für säkularistische Einstellungen zeigen. Und auch das Verhältnis zu anderen Religionen hat Konsequenzen für die Haltung gegenüber Geflüchteten: Während diejenigen, bei denen die trans-religiöse Orientierung stärker ausgeprägt ist, die also tendenziell die Ansicht vertreten, dass alle großen Religionen denselben wahren Kern haben und andere Religionen eher als Bereicherung empfinden, weniger negative Einschätzungen gegenüber Geflüchteten äußern, neigen jene mit einer ausgeprägteren mono-religiösen Orientierung verstärkt zu negativen Einschätzungen gegenüber Geflüchteten. (vgl. Kap. 2.5.3) *Wir können also zunächst festhalten, dass die Kirchenmitgliedschaft offenbar keinen Unterschied für die Einstellung gegenüber Geflüchteten macht, während die Ausprägung des Glaubens diesbezüglich mit Differenzen verbunden ist – wobei sich dann geringere Vorbehalte zeigen, wenn der Glaube zentralen Stellenwert hat und nicht mit einer exklusiven Höherbewertung der eigenen Religion verbunden ist.* Zudem wurde deutlich, dass Menschen mit einem höheren Sozialkapital, die also ein ausgeprägtes soziales Vertrauen entwickelt haben und die bereit sind, sich sozial zu engagieren, in geringerem Maße zu Vorbehalten gegenüber Geflüchteten neigen als diejenigen, die in sozialer Hinsicht weniger offen und engagiert sind.

Auch in der Analyse von Online-Beiträgen auf Social-Media-Plattformen oder in E-Mails (TP 2) wird deutlich, dass es in den untersuchten Diskussionskontexten unterschiedliche Einschätzungen gegenüber Geflüchteten gibt, wobei diese unterschiedlichen Meinungen mitunter direkt und unversöhnlich aufeinandertreffen. Häufiger scheint es dagegen der Fall zu sein, dass sich auf bestimmten Plattformen jeweils „filter bubbles" entwickeln, wobei sich Gleichgesinnte in selbstreferenziellen Gemeinschaften wechselseitig bestätigen. Je weiter eine Plattform politisch rechts steht, umso deutlicher ist diese Tendenz zur Echokammer erkennbar. Mit dem Fokus auf das Thema Seenotrettung wurden in diesem Teilprojekt bestimmte Narrative genauer untersucht. Ausgangspunkt hierfür war die Rekonstruktion eines rechtspopulistischen/rechtsextremen Masternarrativs. Erzählt wird darin von einem Volk, dessen Sozialstruktur in der Vergangenheit intakt gewesen sei, bis korrupte Eliten dieses Volk zum eigenen Vorteil verrieten und systematisch „fremdkulturelle" Einwanderung förderten. Das Ergebnis sei ein Zerfallsprozess, der auch bei den Kirchen zu beobachten sei – und nur „wahre" Christ*innen leisteten noch Widerstand. Die Variationen dieses Narrativs bzw. verschiedene Narrativfragmente richten sich mit ihren Argumentationen gegen die EKD-Kirchenelite, deren Engagement nicht nur für die Aufnahme von Geflüchteten, für falsche Hoffnungen und letztlich für den Tod von Geflüchteten verantwortlich gemacht wird, sondern auch für die Vernachlässigung ihrer eigentlichen Aufgabe, die Sorge um Bedürftige im eigenen Land (Kap. 3.3, Kap. 3.4.4). Dies wird als „territorial gedachte Nächstenliebe" interpretiert (Kap. 3.4.1). Andererseits wird die Aufnahme von Geflüchteten als Unterstützung für die Ausbreitung des Islam interpretiert, was Gewalt und Spaltungen im eigenen Land befördere. Diese letzte Argumentationsfigur kann als Hinweis darauf gesehen werden, dass Geflüchtete weniger mit dem Verweis auf ihren Status als Migrant*innen, sondern vor allem aufgrund ihrer religiösen Zugehörigkeit abgelehnt werden. Oftmals bleibt es nicht bei der Ablehnung, die mehr oder minder rassistisch oder schlicht islamfeindlich begründet wird. Auf Plattformen des politisch weiter rechts gelegenen Spektrums finden sich zahlreiche Posts, in denen sich mittlerweile schon klassisch anmutende Verschwörungstheorien über eine durch „die Eliten" intendierte „Umvolkung", die in Kooperation der kirchlichen „Pharisäer" mit George Soros geschieht, finden – womit auch zugleich verschiedene alte und neue Antisemitismen bedient werden (Kap. 3.4.5). Am Beispiel der Verschwörungstheorien wird deutlich, wie das Masternarrativ und verschiedene Narrativfragmente in verschiedenen Kontexten unterschiedlich interpretiert werden. Die prominent diskutierte Differenz zwischen Gesinnungs- und Verantwortungsethik, die hier in die einfache Alternative zwischen einem moralischen Gebot zur Rettung Geflüchteter im Mittelmeer und dem Anspruch, dieses zu unterlassen, da die Hilfe mehr Probleme bereite als sie löse, gefasst wird, wird nicht auf allen hier untersuchten Kanälen zugunsten der skizzierten verantwortungsethischen Variante aufgelöst. In den eher dialogisch orientierten Posts finden sich auch Argumente, die die Seenotrettung aus ethischer Perspektive befürworten.

Die Heterogenität des Meinungsspektrums in Hinblick auf Geflüchtete spiegelt sich auch auf der lokalen Ebene der Kirche wider, wie die Online-Erhebung im Vorfeld zur ethnografischen Studie (TP 3) deutlich macht. In den vier untersuchten Kirchenbezirken zeigen sich ebenfalls vielfältige Einschätzungen gegenüber Geflüchteten (vgl. z. B. Kap. 4.4). Überwiegend werden positive Haltungen formuliert, die gegenüber Geflüchteten Akzeptanz und Offenheit signalisieren und beispielsweise von Hilfsangeboten für Geflüchtete oder von der Zusammenarbeit mit Moscheegemeinden berichten. Einzelne Formulierungen verweisen allerdings auch auf Ambivalenzen gegenüber Geflüchteten, etwa, wenn die Themen Asyl und Migration als „allgegenwärtig" beschrieben werden oder darauf verwiesen wird, dass viele Menschen sich Sorgen machten, z. B. wegen islamistischer Tendenzen. Für einzelne Gruppen (genannt werden evangelikale Christ*innen) wird von einer extremen Ablehnung gegenüber Geflüchteten berichtet. Auch hier werden unterschiedliche Verständnisse des Glaubens deutlich, wobei diejenigen, deren Haltung – mit der Begrifflichkeit von Teilprojekt 1 – als „mono-religiös" bezeichnet werden kann, eine zu große Nähe zu anderen Religionen und einen interreligiösen Dialog ablehnen und dafür plädieren, Migrant*innen die „Wahrheit über den einen Gott" mitzuteilen. Zusammengenommen entsteht der Eindruck, dass sich gegenüber Geflüchteten in den Kirchenbezirken und auf der Ebene der Gemeinden ein breites Spektrum an Einschätzungen und Erfahrungen zeigt, was vor Ort mitunter zu einer „Zerreißprobe" führen könne, insbesondere, wenn ambivalente Haltungen dann mit Dynamiken konfrontiert sein dürften, die die entsprechenden Personen zur deutlichen Positionierung zwingen.

Die auf ethnografischen Beobachtungen und Interviews basierende Untersuchung von Teilprojekt 3 verdeutlicht nun, wie mit dieser Heterogenität auf der Ebene der Kirchengemeinden umgegangen wird. Dabei wird deutlich, dass sich vor dem Hintergrund historischer, sozialer und politischer Bedingungen in den jeweiligen Gemeinden ganz unterschiedliche Kulturen und Umgangsweisen mit den Themen Flucht und Migration entwickelt haben. Entscheidend scheint zunächst zu sein, inwieweit in den Gemeinden ein Selbstverständnis entstanden ist, auch politische Akteur*innen zu sein. Während sich ein entsprechendes Selbstverständnis in den beiden untersuchten Gemeinden in Westdeutschland seit längerem etabliert hat, ist dies in den untersuchten ostdeutschen Gemeinden *in Bezug auf dieses Themenfeld* entweder erst im Aufbau oder es wird abgelehnt bzw. vermieden, was sich mit der in DDR-Zeiten entwickelten Haltung erklären lässt, sich politisch nicht von anderen Gruppen und Akteur*innen vereinnahmen zu lassen. Das politische Engagement ist dadurch geprägt, autonom zu agieren bzw. im kirchlichen Kontext Akzente mit spezifisch christlicher Handschrift zu setzen – vergleichbar mit den Wendejahren 1989. Eine Gemeinde, die ihr Handeln vor allem christlich und theologisch begründet und ausrichtet und sich selbst als unpolitisch versteht, ist dementsprechend schlecht vorbereitet und überfordert, wenn sich politische Dimensionen der Flucht- und Migrationsthematik nicht mehr ausblenden lassen – so wie im Fall der Traditionell-Konservativen Gemeinde Ost, in der ein Gewaltvorfall dazu führt, dass das Engagement für Geflüchtete kontrovers diskutiert und von rechtsextremen Gruppierungen zum Anlass einer Mobilisierung ihrer Anhänger genutzt wird. Die politische Herausforderung wird hier als Gefahr für den Zusammenhalt der Gemeinde erlebt. Sie wird durch den Versuch aufgenommen, dieser Herausforderung mit einer christlichen Haltung zu begegnen und sich dabei von offen politischen Auseinandersetzungen fernzuhalten. Auf diese Weise wird offenbar dem Wunsch eines nennenswerten Teils der Gemeinde entgegengekommen, der dem Engagement für Geflüchtete kritisch gegenübersteht und darin eine Entfremdung von den klassischen Aufgaben der Kirche sieht und eine Entgrenzung des christlichen Glaubens befürchtet (vgl. Kap. 4.4.1 und 4.5.1). Einerseits könnte diese Dynamik als Hinweis auf Diskurse gedeutet werden, die in der Analyse der Online-Kommunikationen (TP 2) unter dem Label „theologischer Konservatismus" interpretiert wurden, andererseits kann überzeugend gezeigt werden, dass diese Reaktion besser vor dem Hintergrund eines in der DDR kultivierten Rückzugs von der staatlichen Politik gedeutet werden sollte.

Im Gegensatz hierzu steht die Haltung gegenüber den politischen Dimensionen von Flucht, die für die Liberale Gemeinde West rekonstruiert werden konnte. Nicht nur eine innergemeindliche Auseinandersetzung mit nationalen und internationalen Dimensionen von Asylpolitik, sondern auch die Befürwortung der Seenotrettung und das Engagement für ein Begegnungscafé durch zentrale Akteur*innen deuten auf einen Konsens hin, sich als Gemeinde den politischen Aspekten von Flucht zu stellen (vgl. Kap. 4.4.4). Vereinzelte Gemeindemitglieder, die in Bezug auf dieses Engagement eine skeptische bzw. ablehnende Haltung haben, äußern sich dabei allerdings nicht offensiv und suchen nicht den Konflikt mit den Repräsentant*innen der Gemeinde. Dies wirft die Frage auf, ob hier nicht vielleicht von einer „intolerante[n] Toleranz"[324] gesprochen werden muss, wie Lobermeier et al. dies in einer früheren Untersuchung feststellten.

In Ergänzung zu diesen manifesten Einschätzungen standen aber auch latente Dimensionen des Sprechens über Geflüchtete im Fokus der Analysen von Teilprojekt 3, die sich trotz der prinzipiell wohlwollenden und unterstützenden Haltung zeigen würden. Vor allem werden die Geflüchteten als zu unterstützende Hilfeempfänger*innen apostrophiert und von den Gemeindemitgliedern, die demgegenüber als Unterstützende verstanden werden, abgegrenzt (vgl. Kap. 4.6). Zusätzlich können weitere Dimensionen von Grenzziehungen zwischen geflüchteten und nicht-geflüchteten Menschen benannt werden. Geflüchtete würden zunächst in kulturalisierender Weise als „Andere" oder als „Fremde" konstruiert, die aus Herkunftsgesellschaften stammten, die sich auf einer im Vergleich zu Deutschland niedrigeren Entwicklungsstufe befänden. Außerdem würden männliche Geflüchtete in pauschaler Manier als „sexistische Andere" konstruiert, die Frauen unterdrückten und sich diesen gegenüber gewalttätig verhielten. Und schließlich wird in den Äußerungen der befragten Gemeindemitglieder auch eine Konkurrenz um Ressourcen sozialstaatlicher Leistungen identifiziert, wobei die Befürchtung anklingt,

---

[324] LOBERMEIER/KLEMM/STROBL, Abschlussbericht, S. 69.

dass Geflüchtete der ortsansässigen Bevölkerung etwas „wegnehmen" (Kap. 4.6.3). An dieser Stelle finden sich einzelne Elemente des Masternarrativs und Befunde um eine empfundene Ressourcenknappheit wieder, die in der Analyse der Online-Kommunikation zutage gefördert wurden (TP 2; Kap. 3.4.3). Positiv hingegen ist, dass im ethnografischen Material von Teilprojekt 3 nicht die volle Ausformung rechtspopulistischer Narrative vorzufinden ist, wie in dem Material der Analyse der Online-Kommunikation (TP 2). Es bleibt in den untersuchten Gemeinden bei Andeutungen. Letztlich bemisst sich die Relevanz solch latenter Dimensionen wohl an der Frage, inwiefern solche Konstruktionen von Geflüchteten als kulturell Andere, und damit zugleich einer Pauschalierung Geflüchteter als alle dieser „anderen Kultur" zugehörig, die Interaktionen in der Gemeinde prägen, Unterstützungs- und Hilfsangebote unterminieren und der Entwicklung eines geteilten Alltags im Weg stehen. Zudem zeigte Teilprojekt 2 auch, dass die Dämonisierung des „Fremden" umso stärker ausgeprägt ist, je weiter politisch rechts die Plattform steht, der die Äußerung entnommen wurde (vgl. Kap. 3.3.3) – diese Extrempositionen finden sich in (landeskirchlichen) Gemeinden jedoch in der Regel nicht.

5.2 Querschnittsthema „Gender"

Einen besonders sensiblen und bislang oft unterschätzten Bereich für die politische Kultur und von Vorurteilsstrukturen in der evangelischen Kirche stellen Genderfragen dar. Dies zeigt sich insbesondere in der Analyse der repräsentativen Bevölkerungsumfrage (TP 1), spiegelt sich aber auch in den beiden anderen Teilprojekten wider. Drei Erkenntnislinien treten besonders hervor:

1. Genderfragen haben eine hohe Relevanz und spezifische Ambivalenz.
Zusammengenommen zeigen die drei Studien, dass sich sowohl unter den Kirchenmitgliedern als auch im gesamtgesellschaftlichen Kontext signifikante Personenanteile finden, die geschlechtlicher und sexueller Vielfalt sowie einem Wandel der Geschlechterverhältnisse und -rollen kritisch gegenüberstehen. In der Bevölkerungsumfrage finden sich je nach Fokus bei jedem vierten bis siebten Kirchenmitglied antifeministische Einstellungen. Ähnlich verhält es sich in Bezug auf sexistische Einstellungen. Zudem gibt es eine relevante Gruppe von Kirchenmitgliedern, die homophobe und transfeindliche Haltungen aufweist. Dabei gilt es jedoch zu beachten, dass sich Kirchenmitglieder in ihren Einstellungen bezogen auf Geschlechterfragen, ähnlich den Einstellungen zu Flucht und Migration (s. oben), nicht vom Rest der Bevölkerung unterscheiden und insbesondere Angehörige der evangelischen Kirche im Ganzen sogar leicht geringere Vorurteilswerte aufweisen. Eine weitere zentrale Einflussgröße für Vorbehalte gegenüber Homosexualität und einem Wandel der Geschlechterrollen stellt das Geschlecht der Befragten dar. So weisen Männer eine signifikant höhere Vorurteilsneigung bei diesem Thema auf (vgl. Kap. 2.5.4).

Die Virulenz von Genderfragen deutet sich ebenfalls in der Online-Umfrage im Teilprojekt 3 an und ist zugleich von Ambivalenzen geprägt. Auch wenn das Thema „Sexuelle Orientierung" im Vergleich zu anderen Diskussionsfeldern hier eine geringere Bedeutung aufweist, schätzen es doch mindestens 40 Prozent der an der Umfrage Teilnehmenden als „wichtig" und ein weiteres Viertel als „teils/teils" wichtig ein. Bei eingehenderer Betrachtung – aufgeschlüsselt in den offenen Antworten – zeigt sich jedoch, dass Umgang und Beschäftigungsgrad zwischen den Gemeinden stark variieren (vgl. Kap. 4.3.2): Die untersuchten östlichen Gemeinden markieren sexuelle Orientierung als ein Thema, „das nur ‚im Einzelfall' Aufmerksamkeit bekommt". Zugleich wird es als „emotional aufgeladen" wahrgenommen, sodass „die Diskussion ‚unter der Oberfläche'" bleibe. Die Liberale Gemeinde West wiederum betrachtet das Thema gewissermaßen als erledigt – Homosexualität sei „inzwischen selbstverständlich" und Diskussionen seien „entweder abgeschlossen oder etabliert". Und doch stufen mehr als 40 Prozent der dort Befragten es als „wichtig" ein. Auch wenn die Hintergründe im Einzelnen weiter aufzuhellen wären, legt dies doch die These nahe, dass Genderfragen im Raum der Kirche sowohl Rand- als auch Reizthema sein können – und offensichtlich auch beides zugleich.

Massive Vorbehalte gegen „Gender" begegnen uns schließlich auch in der Online-Kommunikation, die Teilprojekt 2 analysiert – hier nun in höchst plakativer Form (vgl. Kap. 3.4.5). Das Engagement der Kirche für Geschlechtergerechtigkeit (analog zu Klimaschutz) gilt dort zunächst als Inbegriff des Verfallenseins an eine „links-grüne" oder gar „linksextrem-sozialistische" und damit per se anti-christliche „Ideologie". Zugleich ist ein ganzes Geflecht von Ambivalenzen zu beobachten: Einerseits werfen die Kommentare kirchlichen Vertreter*innen vor, „Frauenrechte" zu verraten, insofern ihr Engagement rund um Flucht und Migration die Sicherheit deutscher Frauen durch angeblich vermehrte Sexualstraftaten seitens geflüchteter Männer gefährde. „Frauenfeindlichkeit wird hier also auf die Unterstützer*innen der Flüchtlingsdebatte projiziert, während sexuelle Gewalt und patriarchale Strukturen ausgelagert bzw. exterritorialisiert werden" (s. auch unten). Andererseits ergeht der Vorwurf, dass die mit „Gender" assoziierten Bemühungen um einen Wandel der Geschlechterrollen auch in der Kirche die deutsche Bevölkerung gleichsam von innen bedrohe: Veränderungen des traditionellen Frauen- und Mutterbildes werden für den Geburtenrückgang verantwortlich gemacht. Umgekehrt werden Männer in Care-Berufen mit sexuellem Missbrauch an Kindern in Verbindung gebracht. Schließlich finden sich vereinzelt auch extrem misogyne Verunglimpfungen von Frauen, die, etwa als Politikerinnen, in der Öffentlichkeit stehen.

2. Nicht Kirchenmitgliedschaft ist der entscheidende Faktor, sondern Religiosität.

Anders als bei der Einstellung gegenüber Flucht und Migration wirkt sich die Zentralität der Religion im Blick auf Geschlechterrollen (Sexismus) und sexuelle und geschlechtliche Vielfalt (Homo-/Transphobie) *nicht* vorurteilshemmend bzw. diversitätsfördernd aus, sondern führt zu einer Verstärkung der ablehnenden Einstellungen. Weniger gilt dies für den dezidierten Antifeminismus, der durch den Feminismus die gesellschaftliche Ordnung bedroht sieht (vgl. Kap. 2.5.4).

Gebrochen wird die Zentralität der Religion durch eine weitere wichtige Komponente der Religiosität, nämlich die jeweilige Orientierung im Kontext religiöser Pluralisierung. Während Kirchenmitglieder mit einer trans-religiösen Orientierung auch bei hoher Zentralität der Religion weniger zu Sexismus, Homo- und Transphobie neigen, weist die mono-religiöse Orientierung, welche stark auf die eigene Religion fokussiert und eine große Opferbereitschaft impliziert, mit allen erfassten Bereichen der Vorurteile zu Geschlechterfragen einen signifikanten positiven Zusammenhang auf. „Ein trans-religiöses Religionsverständnis wirkt sich für Sexismus und Homophobie hemmend aus. Umgekehrt bestärkt eine mono-religiöse Haltung [...] Vorurteile [...], beides in beachtlicher Effektstärke. Der Antifeminismus wird dagegen nur schwach von einer mono-religiösen Haltung getroffen. Es sind die Fragen der Geschlechtsidentitäten, Sexismus und Homophobie, welche eine Spaltung unter den Kirchenmitgliedern mit Trans-Religiösen auf der einen Seite und Mono-Religiösen auf der anderen Seite erfahren" (vgl. Kap. 2.5.4).

Diese ausgeprägte Polarisierung findet auch in der ethnografischen Studie (TP 3) einen exemplarischen Widerhall: Während das Outing eines homosexuellen Mitarbeiters im Kirchenbezirk Ost Land – aufgrund von Vorbehalten gegen ihn in seinem beruflichen Umfeld – schließlich zu dessen Weggang führt (vgl. Kap. 4.4.1), lehnt umgekehrt das an die Bürgerliche Gemeinde West angegliederte Netzwerk gegen Rechtsextremismus die Kooperation mit einem evangelikal geprägten Verein u. a. wegen dessen ablehnender Haltung gegenüber Homosexualität ab (vgl. Kap. 4.7.3).

3. **Es kann zu einer problematischen Verschränkung von Vorurteilen und Stereotypen kommen.**
Sowohl Teilprojekt 2 als auch Teilprojekt 3 beobachten eine problematische Verschränkung von stereotypen Zuschreibungen das Geschlecht und die Herkunft betreffend, die paradoxerweise in zwei diametral entgegengesetzten Kontexten zum Tragen kommt (vgl. Kap. 3.3.2; Kap. 4.6.3). In den Online-Kommunikaten, die Teilprojekt 2 untersucht, dient sie der vehementen Kritik an Flucht und Migration: Insbesondere männliche Geflüchtete werden gezielt dämonisiert, indem sie pauschal als kriminell, sexuell deviant und somit als Sicherheitsrisiko für schützenswerte (deutsche) Frauen dargestellt werden – eine verbreitete Diskursfigur, die als „Femonationalismus" bezeichnet werden kann.[325] In einer der von Teilprojekt 3 beschriebenen Kirchengemeinden nehmen sie ihren Ausgangspunkt dagegen just in der Hilfe für Geflüchtete, nämlich bei dem bewusst

---

[325] FARRIS, Women's Rights.

"profeministischen" Anliegen, vor allem geflüchtete Frauen unterstützen zu wollen, um deren real beobachteter häuslichen Isolation entgegenzuwirken (vgl. Kap. 4.5.3). In anschließenden Spannungssituationen dient die verknüpfte Anrufung geschlechtlicher und kultureller Stereotype offenbar einer Art Rationalisierung der Konflikte, für deren Lösung es an alternativen Repertoires mangelt. Unabhängig vom Kontext verhärten sich in beiden Fällen die diskursiven Platzanweisungen an die Geschlechter: Frauen werden pauschal auf die Position des passiven, kaum handlungsmächtigen Opfers festgelegt, zugewanderte Männer auf die des dominanten bis aggressiv-gewaltbereiten und sexuell devianten Täters.

Wie Teilprojekt 3 herausstellt, verweist dies in Kirchengemeinden auf die Notwendigkeit professioneller Begleitung von Projekten, um die vielfältigen Bedürfnisse aller Beteiligten wahrzunehmen und einordnen zu können, eine konstruktive Konfliktkultur zu erarbeiten, aber auch um klare Grenzen zu ziehen, die Ehrenamtliche vor Überforderung schützen. Wo dies nicht gelingt, liegt es nahe, dass sich Konflikte verschärfen und Stereotype verselbständigen. Verfestigen sich diese Vorurteile, besteht wiederum die Gefahr, dass Menschen ansprechbar werden für politische Hetze und ethnosexistische Argumentationsmuster, wie Teilprojekt 2 sie beschreibt.

Wie ordnen sich diese Erkenntnisse in den aktuellen Diskurs über Rechtspopulismus/-extremismus und Geschlechterpolitik ein? Dass Genderfragen sich zu einem potenten Faktor neurechter Bewegungen entwickelt haben, ist spätestens seit dem Erstarken der AfD und ihrer geschlechterpolitischen Profilierung im bundesdeutschen Parteienspektrum unübersehbar, namentlich in der fortgesetzten Skandalisierung einer vermeintlichen „Gender-Ideologie" der politisch Anderen. Das Kampagnenhafte dieses Politikstils findet in Teilprojekt 1 explizit Erwähnung (vgl. Kap. 2.3.4) und spiegelt sich mit den Schlagworten „Gender-Gaga" bzw. „Gender-Wahn" auch in den von Teilprojekt 2 analysierten Online-Kommunikaten wider (vgl. z. B. Kap. 3.4.5).

Verschiedene Aspekte und Effekte dieser Entwicklung werden seit einigen Jahren verstärkt untersucht und diskutiert:[326] Die Umdeutung des Fachbegriffs „Gender" in ein Stigmawort ermöglicht es den Akteur*innen zunächst, die ganze Bandbreite geschlechterpolitischer Projekte, wie sie auch in der Repräsentativerhebung (TP 1) repräsentiert sind, gebündelt anzugreifen: Bemühungen um die Gleichstellung von Frauen, den Wandel von Geschlechterrollen und die Akzeptanz sexueller und geschlechtlicher Vielfalt.[327] Für die diesem Projekt zugrundeliegende Fragestellung relevant sind zudem die häufig verdeckten ultrareligiösen Wurzeln und Hintergründe der Anti-Gender-Bewe-

---

[326] exemplarisch HARK/VILLA, Anti-Genderismus; STRUBE, Anti-Genderismus.
[327] HESS, Anti-Gender – woher?.

gung[328] sowie die strategische Funktion des Dispositivs als „symbolic glue"[329], der es erlaubt, weltanschaulich höchst diverse und bislang getrennt agierende Akteur*innen effektiv miteinander zu vernetzen.

Immer wieder wurde darauf hingewiesen, dass Geschlechterpolitik „von rechts" gezielt als Brückenkopf/Scharnier/Türöffner in bürgerliche, insbesondere aber religiöse und auch kirchliche Milieus hinein dient.[330] Tatsächlich legen zahlreiche Beispiele dies nahe: Die Selbstzeugnisse der Bundesvereinigung Christen in der AfD[331] stellen Geschlechterfragen – von Abtreibung über Sexualkundeunterricht bis zur Frauenquote – ebenso prominent in den Mittelpunkt wie das AfD-Kirchenpapier „Unheilige Allianz".[332] Die Kampagne der Jungen Freiheit (JF) „gender-mich-nicht" forderte in einem Flugblatt gezielt dazu auf, in Kirchengemeinden und Religionsgemeinschaften gegen den vermeintlichen „Gender-Wahn" zu agitieren (www.gender-mich-nicht.de). Wo aber „verbreitete Vorurteiligkeiten und relativ gut verschleierte autoritäre politische Angebote zusammenfinden", kann sich „eine besondere Dynamik entwickeln",[333] die von Seiten der Kirche erhöhter Aufmerksamkeit bedarf.

Die drei Studien des Verbundprojekts liefern hierzu nun wertvolle empirische Erkenntnisse, die ein differenziertes Bild des Konnexes zwischen Religiosität und unterschiedlichen Haltungen zu Genderfragen zeigen. Zusammenfassend sprechen die Autor*innen von Teilprojekt 1 von einem „markante[n] Befund": „Während religiöse Menschen und Kirchenmitglieder den meisten Vorurteilen eher skeptisch oder kaum anders als andere Bevölkerungsgruppen gegenüberstehen, sind ihre Haltungen gegenüber sexueller und geschlechtlicher Vielfalt im Durchschnitt häufig ablehnender" (vgl. Kap. 2.5.4). Und weiter: „Insgesamt wirkt Religiosität prodemokratisch und demokratieproduktiv […]. Allein der Wandel der Geschlechterrollen macht Mitgliedern christlicher Glaubensgemeinschaften zu schaffen und öffnet gelegentlich eine Distanz zur modernen demokratischen Gesellschaft" (vgl. Kap. 2.8). Als besonders problematisch kann sich eine solche Dynamik erweisen, wenn sie, wie in der Diskursanalyse (TP 2) und der ethnografischen Studie (TP 3) zu erkennen, mit hohen Ambivalenzen einhergeht und sich stereotype Zuschreibungen in Bezug auf Geschlecht und Herkunft in fataler Weise verschränken (vgl. z. B. Kap. 3.3.2; Kap. 4.6.3).

Was folgt aus diesem komplexen Befund für den weiteren interdisziplinären Forschungsbedarf? Zunächst einmal liegt nahe, die Gruppe der dezidiert monoreligiös Orientierten und ihre Motivlage genauer zu beleuchten. Zwar machen sie, so Teilprojekt 1, nur einen

---

[328] Hess, Anti_Gender_ismus?; EPF, Tip of the Iceberg.
[329] Kováts/Põim, Gender as symbolic glue.
[330] Strube, Rechtspopulistische Strömungen; Rebenstorf, Ansprechbarkeit von Christ_innen.
[331] Kuhs, Warum Christen.
[332] AfD-thl, Unheilige Allianz.
[333] Strube, Anti-Genderismus, 51.

geringen Teil – 3,4 Prozent (vgl. Kap. 2.8) – der evangelischen Kirchenmitglieder aus, der in den einschlägigen Kontroversen gleichwohl eine hohe Prägekraft beansprucht. Zu vergleichen wären sodann die Gruppe der transreligiös orientierten Kirchenmitglieder, für die Religion eine hohe Zentralität hat. In diesem Zusammenhang rückt besonders die Rolle von Theologie in den Blick. Wie Teilprojekt 1 vermutet, hängt die Ausprägung der Vorurteile gegenüber Genderfragen „mit fest gefügten theologischen Traditionen zusammen, die eine hohe Veränderungsresistenz aufweisen". Wie die entsprechenden Faktoren im Detail aussehen, muss die weitere theologische Rekonstruktion ergeben. Hierbei wäre es entscheidend herauszuarbeiten, welche alten und neuen theologischen Rahmengrammatiken für die verschiedenen religiösen Orientierungen jeweils virulent sind (Naturrechts- und Ordnungstheologien, feministische und Queer-Theologien etc.) und wie eine depolarisierende Theologie des Geschlechtlichen aussehen müsste, die es ermöglicht, trotz unterschiedlicher religiöser Orientierungen auf Vorurteile und menschenfeindliche Einstellungen zu verzichten. Dies schließt an das Plädoyer von Teilprojekt 2 für die „Praxis einer [...] kontextualisierenden Theologie" an, die einen offenen kommunikativen Prozess freisetzt: „Mit der Intention einer Verständigung zwischen unterschiedlichen Positionen gälte es, die Deutungsoffenheit, die biblischen Texten inhärent ist, einerseits auszuloten und andererseits den Weg der eigenen Positionsbestimmung darzulegen [...]. Gemeinsames Theologisieren könnte andere Differenzen überbrücken" (vgl. Kap. 3.6.1). Schließlich wäre es spannend, die Verquickung von Vorurteilen und Geschlechtszugehörigkeit sowie die Verschränkungen verschiedener Vorurteilsdimensionen eingehender zu betrachten. Auch dies sollte Gegenstand weiterer Forschung sein.

5.3   Querschnittsthema „Theologische Argumentation"

Um das Verhältnis von Kirche oder Kirchenmitgliedern und politischer Kultur genauer verstehen zu können, müssen theologische Argumentationen in den Blick genommen werden, die erst die Spezifik der Neigung zu oder Ablehnung von rechtspopulistischen Positionen, von Vorurteilen und Haltungen Gruppenbezogener Menschenfeindlichkeit unter Christ*innen erhellen. Solche Argumentationen kommen explizit oder auch implizit in den Ergebnissen aller drei Studien zum Ausdruck.

Funktionen theologischer Argumentation

Grundsätzlich festzustellen ist zunächst einmal, dass theologischen Argumentationen unterschiedliche Funktionen zukommen können. Je nach Kontext und argumentierenden Personen sind Unterschiede in Blick auf Veranlassung, Art und Weise sowie Sinn und Zweck des Gebrauches theologischer Argumentationen zu beobachten.

In dem Bericht zur ethnografischen Studie (TP 3) lassen sich als grundlegende Funktionen theologischer Argumentationen in den vier untersuchten Kirchengemeinden eine christliche Begründung und Profilierung von gesellschaftlich-politisch relevantem Engagement in kirchengemeindlichem Zusammenhang beobachten. In der Traditionellen Gemeinde Ost, die einerseits als „charismatische Bewegung", andererseits als traditionsbewusste Gemeinde „mit konservativem Frömmigkeitsprofil" charakterisiert wird (vgl. Kap. 4.3.1), ist eine funktionale Akzentsetzung von theologischen Argumentationen in Richtung Begründung und Profilierung von gesellschaftlich-politisch relevantem Engagement im Raum der Kirchengemeinde zu beobachten. In Übereinstimmung mit den Zielen ihrer kirchengemeindlichen Arbeit (Bekenntnis zum christlichen Glauben, Verkündigung, Gemeindeaufbau und Mission sowie – wenn auch etwas untergeordnet – diakonisches Hilfehandeln) wird das Engagement für Geflüchtete als Dienst am Nächsten verstanden und so „in das missionarische Profil der Gemeinde eingebettet" (vgl. Kap. 4.4.1). „[P]olitisch-kulturelle Themen" werden in dieser Kirchengemeinde „vorrangig im Modus einer theologischen Verortung bearbeitet" (vgl. Kap. 4.5.1), d. h. *theologische Argumentationen übernehmen die Funktion der Deutung und Bearbeitung politisch-kultureller Wirklichkeit*. Die Reaktion der Kirchengemeinde auf die Herausforderung einer Kundgebung rechter Gruppierungen besteht dann in Gebet und Gottesdienst und bleibt damit in der christlichen Glaubenspraxis verortet, womit zugleich „eine starke Abgrenzung gegenüber allen öffentlich politischen Handlungen einher[geht]" (vgl. Kap. 4.5.1). Die christlich-theologische Bearbeitung des Problems erfüllt mehrere Funktionen: Zum einen ist sie eine Coping-Strategie für eine als real gesehene Gefahr der persönlichen Bedrohung. Das gemeinsame Beten stärkt zum anderen den Zusammenhalt, überbrückt – oder deckt zu – innergemeindliche Konflikte und „trägt [so] zur Beruhigung der Gesamtsituation bei" und dient zugleich der Entscheidungsfindung im Hinblick auf die weitere Bearbeitung des Konfliktes. Durch diese eigene, sehr spezifische Aktion macht die Gemeinde darüber hinaus deutlich, dass sie von Kommune und Parteien unabhängig agiert – was mit der Prägung in der DDR zu tun haben mag. Bei aller Unabhängigkeit wird dennoch mit diesem Gottesdienst ein politisches Zeichen gesetzt, und zwar gleich in zweierlei Hinsicht: Erstens handelt es sich um ein klares Statement für ein friedliches Miteinander, zweitens knüpft es an die Tradition der Friedensgebete in den letzten Jahren der DDR an und setzt auch hiermit ein Zeichen. Dennoch gibt es auch in dieser Gemeinde theologische Argumentationen, die der Abgrenzung, Abwertung oder Delegitimierung des Engagements für Geflüchtete dienen, etwa, wenn Bedürftigkeit der „eigenen" Bevölkerung gegen die der Geflüchteten aufgerechnet wird (vgl. Kap. 4.6.3). In anderen Kirchengemeinden wird das gesellschaftlich-politisch relevante Engagement im Raum der Gemeinden nicht so offensichtlich bzw. hörbar theologisch reflektiert und begründet, sondern ist stärker in die Themen des Gemeindegebietes oder gar der ganzen Stadt eingebunden. Dies macht die kirchengemeindliche Arbeit anschlussfähiger für Nichtmitglieder oder für der Kirche nur lose verbundene Menschen. Neben der Funktion der christlichen Begründung und Profilierung von gesellschaftlich-politisch relevantem Engagement zeigt sich in der ethnografischen Studie die Bedeutung der Ableitung ethischer Orientierungen aus Bibel und Theologie.

Die Ergebnisse der Analyse der Online-Kommunikationen und Narrative (TP 2) zeigen differenzierter die Funktion theologischer Argumentationen als Abgrenzung, Abwertung oder Delegitimierung gesellschaftspolitischen Engagements im kirchlichen Raum. Dafür werden christliche Topoi strategisch in Dienst genommen (siehe unten), womit Vertreter*innen rechtspopulistischer oder gar rechtsextremer Positionen sich trotzdem als „wahre Christ*innen" verstehen können. Da Theologie zunächst einmal deutungsoffen ist, eignet sie sich als „Host-Ideology" für die „dünne Ideologie" des Rechtspopulismus.[334] Die Autorinnen stellen fest, dass hierfür zwar insbesondere „Formen konservativer Theologie" in Frage kommen, aber auch liberale Theologie aufgrund des jeder Religionspflege inhärenten konservativen Zuges nicht davor gefeit ist. Es besteht demnach grundsätzlich die Möglichkeit, dass „sich ein theologischer Konservatismus mit einem Identitätspopulismus verschränk[t], der nicht mehr in der Lage ist, den prinzipiellen Universalismus des Christentums in das eigene Denken und Glauben zu integrieren" (vgl. Kap. 3.6.1). Christliche Theologie wird dann anschlussfähig an die Thesen des rechtspopulistischen Masternarrativs über das eigene bzw. autochthone Volk, das von seinen (kirchlichen) Eliten verraten wird. Dadurch, dass es in rechtspopulistischen und/oder rechtsextremen Diskursen oftmals zu einer Sakralisierung von zentralen Elementen des Masternarrativs kommt, also von „Nation, Volk, deutsche Kultur, deutsche Werte", geht es letztlich um die „Deutungshoheit" über Begriffe und Narrationen (vgl. Kap. 3.4.1) und damit über die Interpretation politisch-kultureller Wirklichkeit.

In der Repräsentativstudie (TP 1) lässt sich aus den Fragen zur Religiosität und deren Zusammenhang mit spezifischen Einstellungen auf die implizite Relevanz theologischer Begründungsfiguren schließen, was im folgenden Abschnitt berücksichtigt wird.

Umstrittene theologische Topoi
Wie besonders aus der Analyse der Narrative der Online-Kommunikationen (TP 2) deutlich wurde, geht es bei dem Rückgriff auf theologische Argumentationen oder Figuren um die Deutungshoheit in einem grundsätzlich interpretationsoffenen Feld. Aus der Fülle der in den qualitativen Teilprojekten (TP 2 und TP 3) zur Sprache kommenden christlich-theologischen Topoi soll auf zwei exemplarische Themenfelder noch einmal vertiefend eingegangen werden, von denen das erste auch zentral im offiziellen kirchlichen Diskurs um Flucht und Migration, aber auch im Umgang mit anderen sozial ausgegrenzten Gruppen zur Sprache kommt.

1. *Nächstenliebe und Barmherzigkeit* sind in beiden qualitativen Teilprojekten wesentliche theologische Argumentationsfiguren, mit ihnen sind zentrale Gehalte christ-

---

[334] MUDDE/ROVIRA KALTWASSER, Populism, 6.

licher Theologie und Ethik aufgerufen. Biblische Grundlage ist das Liebesgebot, das im Neuen bzw. Zweiten Testament in allen Evangelien in Variationen verkündet wird (Markus 12,28–34; Matthäus 5,38–48; 22,35–40; Lukas 6,27–35; 10,25–28; Johannes 13,34), und besonders prominent im Gleichnis vom barmherzigen Samaritaner (Lukas 10,25–37), das nahezu jede*r kennt, egal, wie nah oder fern die Person der christlichen Kirche steht. Das Gebot der Nächstenliebe wie auch das Gebot, auch die eigenen Feinde zu unterstützen, finden sich bereits im Alten bzw. im Ersten Testament (3. Mose 19,18 und 33 f.; 2. Mose 23,4 f.). In der ethnografischen Gemeindestudie (TP 3) begründen Mitglieder der Kirchengemeinde ihr Engagement bei der Unterstützung von Geflüchteten mit dem Gebot der christlichen Nächstenliebe (vgl. z. B. Kap. 4.4.4; 4.5.3). Angesichts einer gewaltsamen Auseinandersetzung beim Erntedankfest gibt es in der Traditionellen Gemeinde Ost allerdings auch konträre Meinungen, die die praktizierte Unterstützung geflüchteter Menschen für falsch halten (vgl. Kap. 4.7.1), zumal angesichts des Unterstützungsbedarfs ökonomisch Benachteiligter in der eigenen Parochie. Hierin scheint bereits eine Argumentationsfigur auf, die im Bericht des Teilprojektes 2 im Hinblick auf das rechtspopulistische Masternarrativ und dessen Versatzstücke (Narrativfragmente) sehr prominent ist: die Unterscheidung zwischen nahen Nächsten (d. h. Angehörigen des eigenen Volkes) und fernen Nächsten (d. h. geflüchteten Menschen) (vgl. z. B. Kap. 3.4.1). Das Gebot der christlichen Nächstenliebe wird damit auf dem Hintergrund rechtspopulistischer bis rechtsextremistischer Einstellungen lediglich auf Angehörige des eigenen Volkes bezogen. Dies widerspricht der universalen Ausrichtung des christlichen Nächstenliebe-Gebotes, deren Pointe gerade die Zuwendung zu Fremden ist, die keine Ansprüche auf diese Zuwendung haben (vgl. Lukas 10,31–33; Matthäus 5,38–48). In diesen Zusammenhang gehören daher auch die Befunde in der Analyse der Online-Kommunikationen (TP 2) wie auch der Gemeindeethnografie (TP 3) über die spezifische Konstruktion der Fremden. Diese sind eben nicht nur Geflüchtete, sondern gehören auch einer anderen Religion an und damit einer anderen Kultur, die, in der Logik dieser Konstruktionsleistung, mit den „eigenen" Werten nicht kompatibel ist. Dass im Umgang mit solchen „Anderen" oder „Fremden" dann auch andere Maßstäbe anzuwenden sind, wird weniger explizit gemacht, als allein durch die Stigmatisierung impliziert.

2. Das Themenfeld *Schuld – Verfehlung – Gericht und Vergebung* tritt in der Analyse der Narrative in den Online-Kommunikationen (TP 2) besonders markant in Erscheinung. Dort wird ausgeführt, wie sich Vorstellungen der Apokalypse und des Jüngsten Gerichts als konstitutive Bestandteile rechtspopulistischer bis rechtsextremistischer Semantik darstellen (vgl. Kap. 3.4.2). Hilfeleistungen für Menschen in Not werden hier in apokalyptische Dimensionen gesteigert und denen – hier der Kirchenelite –, die sich für die Rettung oder Unterstützung von geflüchteten Menschen engagieren, die Schuld am (vermeintlichen) Untergang des christlichen Abendlandes zugeschrieben. Indem den geflüchteten Menschen und/oder den Helfenden eine vermeintliche Schuld am Untergang des christlichen Abendlandes zugeschrieben wird, unter dem die autoch-

thone Bevölkerung zu leiden habe, werden zudem Hilfebedürftige zu Täter*innen und Hilfe-Verweigernde zu vermeintlichen Opfern erklärt. Eine derartige Verwendung von Gerichtssemantik und Schuldzuweisungen dürfte zur Folge haben, dass eigene Betroffenheit und eine Reflexion angemessener bzw. realistischer christlicher Verhaltensweisen verhindert werden.

Eine eher indirekte Form der Diskussion um Schuld bildet sich ab in den Ergebnissen der Repräsentativerhebung (TP 1) in Bezug auf Genderfragen. Im rechtspopulistischen Diskurs zu dieser Thematik wird durchaus auch der „Untergang des Abendlandes" beschworen, sollte es zu einer umfassenden Gleichstellung der Geschlechter kommen (vgl. auch oben den Abschnitt zum Querschnittsthema „Gender").

5.4 Kernaussagen

Will man die Ergebnisse der hier vorgelegten empirischen Studien im Hinblick auf Kirche, Religion und Vorurteil zusammenfassen, so lassen sich einige Kernaussagen formulieren, die sich aufgrund des multimethodischen Zugangs im Verbund der drei Teilprojekte nicht in jedem wiederfinden, zusammengenommen aber ein umfassenderes Bild liefern, als es auf Basis eines methodischen Zugangs allein möglich gewesen wäre.

1. *Kirchenmitglieder unterscheiden sich als Kirchenmitglieder nur marginal von der Gesamtbevölkerung*, wenn es um Vorurteile gegenüber anderen Religionen, anderen Kulturen, Fragen von Geschlechtsidentität und -rollen geht. Entsprechend sind in der Kirchenmitgliedschaft Rassismus, Islamfeindlichkeit, Antifeminismus, und weitere Vorurteile in ungefähr gleich hohem Maße verbreitet wie in der Bevölkerung. Dies ist ein Ergebnis der Repräsentativstudie (TP 1).

2. *Kirchenmitglieder unterscheiden sich untereinander* im Hinblick auf ihre Vorurteile. Die Repräsentativstudie (TP 1) verweist darauf, dass mit zunehmender Zentralität der Religion für die Kirchenmitglieder rassistische, fremdenfeindliche, antisemitische und islamfeindliche Vorurteile geringer werden, wie auch die Ablehnung Behinderter und Armer (Klassismus). Zugleich nehmen jedoch Vorbehalte gegenüber sexueller Diversität und Gleichstellung der Geschlechter zu – allerdings nur beim Vorliegen einer überwiegend mono-religiösen Orientierung. In den qualitativen Teilprojekten wurden sowohl in den analysierten Narrativen der Online-Kommunikationen als auch in den Interviews und Beobachtungen auf Gemeindeebene ebenfalls recht unterschiedliche Positionen gegenüber Geflüchteten, Muslim*innen, Fragen der Geschlechterdiversität und Homosexualität deutlich. In diesen Analysen wurde herausgearbeitet, wie wichtig die Kontexte sind, in denen sich Positionen herausbilden und artikuliert werden.

3. *Einstellungen gegenüber Geflüchteten und Genderfragen* sind in der Kirchenmitgliedschaft durch ein hohes Maß an Ambivalenz geprägt. In der Gemeindestudie (TP 3) wird dies deutlich an den Beispielen, in denen es zu Konflikten kommt oder Geflüchtete sich nicht so verhalten, wie man es von ihnen erwartet. Die grundsätzliche Hilfsbereitschaft schlägt dann um in typisierende und generalisierende Zuschreibungen „des Fremden" – eine durchaus übliche Reaktion auf unerwartetes Verhalten (Alltagstheorien nach A. Schütz), die jedoch negative Konsequenzen für die Beziehungen von Gemeinde und Geflüchteten, Gemeinde und Umfeld sowie Gemeindegliedern untereinander zeitigen kann. In der repräsentativen Bevölkerungsstudie (TP 1) wird besonders das ambivalente Verhältnis zu Fragen der Gleichberechtigung von Mann und Frau sowie zur Homosexualität deutlich, wenn zwar einerseits „Homosexualität als etwas völlig Normales" angesehen wird (Tab. 2.22) und Frauen kein schlechtes Gewissen haben sollten, wenn sie sich mehr auf den Beruf denn auf Haushalt und Kinder konzentrieren (Tab. 2.21), andererseits aber nicht unbeträchtliche Minderheiten den Feminismus als Störung „gesellschaftlicher Ordnung und Harmonie" empfinden (Tab. 2.21). In der Analyse der Online-Kommunikation wird diese Ambivalenz augenfällig in Äußerungen, die aufgrund einer unterstellten Frauenunterdrückung sowohl den Islam und Muslime ablehnen, zugleich aber vehement Gleichberechtigungsbestrebungen in Deutschland als „Gender-Gaga" bezeichnen, die für den Untergang des Abendlandes verantwortlich gemacht werden (TP 2, Kap. 3.4.5).

4. Neben der Ambivalenz in den Einstellungen bei den Kirchenmitgliedern ist festzustellen, dass biblische Texte und theologische Topoi aufgrund ihrer prinzipiellen *Interpretationsoffenheit* zur *host-ideology* für andere Ideologien oder Einstellungen werden können. So kann der christliche Topos des Gebotes der Nächstenliebe beispielsweise *zur host-ideology* für rechtspopulistische Narrative werden, indem dieses auf die nahen Nächsten bzw. auf Angehörige des eigenen, autochthonen Volkes eingeschränkt wird und dadurch die universelle, zwischenmenschliche Grenzen überwindende Pointe des Gebotes verloren geht.

5. Das Erfordernis der *Differenzierung im Umgang mit vorurteilbeladenen Äußerungen* wird besonders deutlich in den Analysen des Teilprojektes 2 (Kap. 3.5 und 3.6.1). In den dort beobachteten Online-Interaktionen wurde gezeigt, dass manche Positionen offen und empfänglich für Anregungen und Denkanstöße sind, andere hingegen in keiner Weise – dies äußert sich zum Teil in „verschiedenen Stufen gewaltsamer Sprache" (vgl. Kap. 3.6.1). Die Intention: Deutungshoheit erlangen zu wollen, oder Aufmerksamkeit für die eigenen prekäre Situation, macht einen Unterschied.

6. Feststellen lässt sich: Eine Dialog- oder Pluralismusfähigkeit von Kirchengemeinden ist als grundsätzlich gegeben zu beschreiben – und zugleich als enorm große, kon-

stante Herausforderung zu erkennen. So zeigen die Ergebnisse von Teilprojekt 3, dass es für Kirchengemeinden sehr anspruchsvoll sowie herausfordernd sein kann, ein Ort demokratischer Beteiligung zu sein, in welchem Themen längerfristig bearbeitet und Positionen geklärt bzw. ausgehandelt sowie nach außen kommuniziert werden können. Politisch-kulturelle Themen, mit denen sich Kirchengemeinden auseinandersetzen, können auf unterschiedlichsten Wegen, nicht immer freiwillig oder selbst gewählt (z. B. durch konkrete Ereignisse), in die Gemeinden gelangen.

Literatur

AfD-thl: Unheilige Allianz. Der Pakt der Kirche mit dem Zeitgeist und den Mächtigen, herausgegeben von der AfD-Fraktion im Thüringer Landtag, Erfurt 2019. URL: https://afd-thl.de/download/16785/ (Stand: 18.07.2021).

EPF – European Parliament Forum for Sexuale & Reproductive Rights: Tip of the Iceberg: Religious extremist – Funders against Human Rights for Sexuality & Reproductive Health in Europe, 15.06.2021. URL: https://www.epfweb.org/node/837 (Stand: 20.07.2021).

EPF – European Parliament Forum for Sexuale & Reproductive Rights: „Restoring the Natural Order": The religious extremists' vision to mobilize European societies against human rights on sexuality and reproduction, 19.04.2018. URL: https://www.epfweb.org/node/175 (Stand: 20.07.2021).

Hark, Sabine, u. Paula-Irene Villa (Hrsg.): Anti-Genderismus. Sexualität und Geschlecht als Schauplätze aktueller politischer Auseinandersetzungen. Bielefeld 2015.

Heß, Ruth: Anti-Gender – woher? wohin?, in: Junge Kirche 3 (2017), 36–38.

Heß, Ruth: Anti_Gender_ismus? Hintergründe und Konturen der aktuellen Front gegen „Gender", in: epd Dokumentation 42 (2017).

Kováts, Eszter, u. Maari Põim (Hrsg.): Gender as symbolic glue. The position and role of conservative and far right parties in the anti-gender mobilization in Europe, Budapest 2015. URL: https://library.fes.de/pdf-files/bueros/budapest/11382.pdf

Kuhs, Joachim (Hrsg.): Warum Christen AfD wählen. Berlin 2018.

Lobermeier, Olaf, Jana Klemm u. Rainer Strobl: Abschlussbericht Kirchenmitgliedschaft und politische Kultur. Ausprägungen von Elementen Gruppenbezogener Menschenfeindlichkeit unter Mitgliedern der evangelischen Kirche. Hannover 2016.

Mudde, Cas, u. Christóbal Rovira Kaltwasser: Populism. A very short introduction. Oxford 2017.

Rebenstorf, Hilke: Ansprechbarkeit von Christ_innen durch Rechtspopulismus – verletztes Alltagswissen heilen, in: Schroeder, Wolfgang, u. Markus Trömmer (Hrsg.): Rechtspopulismus – Zivilgesellschaft – Demokratie. Bonn 2022, 240–258.

Rendtorff, Trutz: Vorwort des Vorsitzenden der Kammer für Öffentliche Verantwortung, in: Evangelische Kirche und freiheitliche Demokratie. Der Staat des Grundgesetzes als Angebot und Aufgabe. Eine Denkschrift der Evangelischen Kirche in Deutschland, hrsg. vom Kirchenamt im Auftrag des Rates d. Evang. Kirche in Deutschland. Gütersloh 1985, 7 f.

Seidelmann, Stephan: Evangelische engagiert – Tendenz steigend. Sonderauswertung des dritten Freiwilligensurveys für die evangelische Kirche. Hannover 2012.

Sinnemann, Maria: Engagement mit Potenzial. Sonderauswertung des vierten Freiwilligensurveys für die evangelische Kirche. Hannover 2017.

Strube, Sonja A.: Rechtspopulistische Strömungen und ihr Anti-Genderismus, in: Eckholt, Margit (Hrsg.): Gender studieren. Lernprozesse für Theologie und Kirche. Ostfildern 2017, 105–120.

Strube, Sonja A.: Anti-Genderismus als rechtsintellektuelle Strategie und als Symptom-Konglomerat Gruppenbezogener Menschenfeindlichkeit, in: Strube, Sonja A., u.a. (Hrsg.): Anti-Genderismus in Europa. Bielefeld 2021, 51–63

Farris, Sara R.: In the Name of Women's Rights. The Rise of Femonationalism. Durham/NC 2017.

6. Ausblick: Schlussfolgerungen und Impulse für kirchliches Handeln

(Horst Gorski)

Die Forschungsberichte der drei Teilprojekte ergeben zusammengenommen und in der gegenseitigen Spiegelung ihrer Ergebnisse eine beeindruckende Palette von Erkenntnissen, die die Kirche als Erkenntnisse über sich selbst verstehen kann. Der Gewinn, der gerade durch die verschiedenen Forschungsperspektiven zustande kommt, bestätigt auch, dass es richtig und notwendig war, einen „Integrierten Forschungsverbund" mit quantitativen und qualitativen Ansätzen empirischer Sozialforschung aufzusetzen. Die Konsequenzen, die für kirchliches Handeln aus den gewonnenen Erkenntnissen abzuleiten sind, werden erst in einem längeren Prozess mit vielen Akteur*innen gemeinsam erarbeitet werden. Dennoch sollen hier in einem „Ausblick" erste „Schlussfolgerungen" gezogen und erste „Impulse für kirchliches Handeln" angedeutet werden. Das ist weder normativ noch abschließend zu verstehen, sondern als ein erster Versuch, die vorgelegte Studie auf praktische Konsequenzen hin zu befragen.

Die **Schlussfolgerungen für Grundlinien kirchlichen Handelns** kann man auf drei Themenfelder konzentrieren:

1. Die theologische Verarbeitung der individuellen und gesellschaftlichen Herausforderungen ist zu stärken und zu fördern. Das reicht von der methodisch-hermeneutisch reflektierten Bibelauslegung über theologisch begründete Bilder kirchlichen Lebens bis zu sozialethischen Orientierungen. Dabei ist zu bedenken, dass biblische Bilder und Narrative prinzipiell deutungsoffen sind und als *host-ideology* zum „Brückenkopf" werden können, an den rechtspopulistische Semantiken andocken.

Kurz gesagt: *Die evangelische Kirche muss ihr Nachdenken und ihre Gespräche über ihr Ureigenstes, das Evangelium, verstärken.* Für dieses Nachdenken und diese Gespräche werden Theolog*innen und Lai*innen ebenso gebraucht wie Amtsträger*innen und Ehrenamtliche, liberale und konservative Christ*innen. Für diese Dialoge braucht es sowohl den geschützten Binnenraum der kirchlich verbundenen Christ*innen wie auch das Gespräch mit denen, die die Kirche von außen sehen. Irritationen sind erwünscht! So ist gemeinsam zu klären, wie das Evangelium in unserer Zeit und in unserer Gesellschaft (und im Kontext der weltweiten Ökumene) zu verstehen und zu leben ist.

2. Im weiten Feld von Aus-, Fort- und Weiterbildung sind Haupt- und Ehrenamtliche in ihrer Sprach- und Dialogfähigkeit zur Aushandlung politisch-kultureller Themen zu qualifizieren. Auch die Leitungsebene ist zu qualifizieren, z. B. wie mit den Spezifika der Genderdiskurse oder mit den Spannungen zwischen trans- und monoreligiös aus-

gerichteten Kirchenmitgliedern umgegangen werden kann. Der Perspektivwechsel zu einem Selbstverständnis von Kirche als Deutungsgemeinschaft mitten in einer Gesellschaft, in der politisch-kulturelle Aushandlungsprozesse zwischen Konsens und Konflikt zu führen sind, braucht Impulse und Aufmerksamkeit auch von der Leitungsebene.

Dies sollte als ein „integrierter Bildungsprozess" auf allen Ebenen begriffen werden, bei dem es keine Zuschauer*innen gibt; auch keine, die vorher schon alles (besser) gewusst haben, sondern bei dem alle sich auf einen Weg einlassen, dazuzulernen, die jeweils Anderen neu zu verstehen und sich dem Verständnis der Anderen auszusetzen.

3. Zu klären ist das Bild von Kirche mit seinen verschiedenen Ebenen von Gemeinschaft derer, die um Wort und Sakrament versammelt sind, Seelsorge, Bildung, Diakonie und Kunst, bis hin zu einem Bild von Kirche als Deutungsgemeinschaft, Ort demokratischer Beteiligung und politisch-kultureller Aushandlungsprozesse, mit denen sie die individuelle Vielfalt und zugleich den Zusammenhalt der Gesellschaft, ihren Gemeinsinn, fördert.

Dem integrierten Bildungsprozess entspricht ein „integriertes Kirchenbild", in dem verschiedene Deutungen ihren Platz haben. *Die offizielle Rede der Kirche muss für dieses integrierte Kirchenbild zugleich Raum lassen und Klarheit schaffen.* Sie ist selbstkritisch auf Abgrenzungen zu analysieren, die von anderen als sprachliche Gewalt empfunden werden. Zugleich muss sie klarstellen, wo die Grenzen dessen sind, was im Raum des Evangeliums gesagt werden kann: Menschenfeindliche Positionen, Aufrufe zu Hass, Diskriminierung und Gewalt können in diesen Raum nicht gehören. Liberalität und Pluralität brauchen diese Grenzen, um als Liberalität und Pluralität bestehen zu können.

Diese Schlussfolgerungen für Grundlinien kirchlichen Handelns sollen im Folgenden im Blick auf konkrete Impulse weitergedacht werden. Wie die empirische Forschung das beschreibt, was ist, so können auch die Impulse für künftige kirchliche Praxis bezogen werden auf das, was es schon gibt. Deshalb wird der Blick an dieser Stelle von der empirischen Studie selbst und ihren Erkenntnissen geweitet auf die Landschaft, die im Laufe der vergangenen Jahre entstanden ist, insbesondere auch in der Ratsperiode 2015–2021, in der der „Integrierte Forschungsverbund Kirchenmitgliedschaft und politische Kultur" beschlossen und durchgeführt wurde. Denn nicht jedes Rad muss neu erfunden werden. Aber die Studien zeigen auch, dass die Kirche sich mit dem schon Erfundenen oder Bestehenden nicht zufriedengeben darf.

Zum Nachdenken über das Evangelium und seine Bedeutung für die Gegenwart
Mehrere Landeskirchen haben bereits gutes Material herausgegeben, in dem auch Hinweise oder Hilfestellungen zu einem methodisch reflektierten Umgang mit der Bibel

und mit theologischen Themen in Hinblick auf die Fragestellungen des vorliegenden Bandes gegeben werden. Die Evangelisch-Lutherische Kirche in Bayern z.B. hat eine Handreichung „Ja zu gelebter Menschenfreundlichkeit Gottes – Nein zum Rechtsextremismus" herausgegeben. Interessierte finden darin historische Informationen, Testimonials, Handlungskonzepte und ein Kapitel „Theologische Grundlagen", das zur Klärung der eigenen biblisch-theologischen Sichtweisen und zum Gespräch darüber einlädt. Eine ähnliche Handreichung hat die Evangelische Kirche in Mitteldeutschland herausgegeben: „Reden in schwierigen Zeiten. Nächstenliebe verlangt Klarheit. Bausteine und Materialien für die Arbeit gegen Rechtspopulismus in der Gemeinde". In der Begrifflichkeit von Teilprojekt 1 könnte man sagen: Hier wird die Zentralität von Religion bei der Gestaltung unseres gesellschaftlichen Umfeldes ernst genommen und gestärkt. Gleichzeitig wird das, was mono-religiös genannt wird – also die theologischen Ressourcen der eigenen Religion – methodisch reflektiert so aufbereitet, dass es dialogfähig mit anderen Religionen oder säkularen Positionen wird. Mono- und transreligiöse Haltungen sind zwar gegenüberliegende Pole, sie verorten sich jedoch auf einer kontinuierlichen Skala und gehen Mischungen verschiedener Art ein. Deshalb ist es so wichtig, die mono-religiösen Ressourcen so aufzubereiten, dass sie zu trans-religiösen Dialogen nicht in Widerspruch stehen, sondern diese bereichern. So wird verhindert, dass Transreligiosität einfach nur als verdünnte Religiosität missverstanden wird. Wie in Teilprojekt 2 ausgeführt, kann so ein „heuristischer Gewinn" erzielt werden, indem durch die Auseinandersetzung mit anderen Positionen die eigene Position geklärt und gestärkt werden kann, ohne sie zu verabsolutieren.

Von einem mutigen Versuch in Sachsen soll hier die Rede sein, weil er exemplarischen Charakter für die Initiierung von Diskursräumen hat. Die Landessynode der Evangelisch-Lutherischen Landeskirche Sachsens beauftragte 2020 die Kirchenleitung, eine „Spurgruppe" einzusetzen, die die „Unterscheidung zwischen wertkonservativem Christsein und Rechtsextremismus" untersuchen sollte. Diese Spurgruppe legte der Landessynode im März 2021 ihren Bericht vor. Darin wird einerseits ein klarer „kategorialer" Unterschied zwischen wertkonservativem Christsein und Rechtsextremismus definiert, der sich daran beschreiben lässt, dass wertkonservative christliche Haltungen sich gegen menschenfeindliche oder sozialdarwinistische Aussagen abgrenzen und auf dem Boden der Verfassung stehen. Trotz dieses kategorialen Unterschieds, der klar benannt werden kann, gebe es aber „Grauzonen", die sowohl durch bewusste Vereinnahmung kirchlicher Gruppen durch Rechtsextreme als auch durch Zuschreibungen von außen entstehen, wenn wertkonservative Christ*innen als „rechts" oder „rechtspopulistisch" bezeichnet werden. Die Spurgruppe ermutigt deshalb zum Gespräch. Man mag das Ergebnis enttäuschend finden, weil die Spurgruppe für die Aufklärung der „Grauzonen" keine klaren Maßstäbe nennt. Allerdings beruht eine solche Enttäuschung auf unrealistischen Erwartungen. Maßstäbe im Sinne eines Rezeptes, nach dem nur bestimmte Kriterien abzuhaken wären, gibt es nicht und kann es der Sache nach nicht geben. Am Ende läuft es immer darauf hinaus, Kirche als Ort demokratischer Beteiligungs- und

Gesprächskultur zu stärken und dafür Unterstützung anzubieten. Der besondere Wert der Arbeit der sächsischen „Spurgruppe" liegt wohl schon in ihrer Existenz. Denn dass die sächsische Landeskirche nach dem Rücktritt ihres Landesbischofs Dr. Carsten Rentzing 2019 und vor dem Hintergrund der damit verbundenen Kontroversen, die die Landeskirche zu zerreißen drohten, sich selbst einer solchen theologischen Klärung im Dialog ausgesetzt hat, ist als der eigentliche Gewinn zu sehen. Dialoge dieser Art könnten auch an anderen Orten initiiert werden. Und das Material des Integrierten Forschungsverbundes, das in diesem Band vorgelegt wird, kann dabei eine Hilfe sein, die eigene Situation zu beschreiben, besser zu verstehen oder Anregungen aufzunehmen.

Unter dem Titel „Reclaiming Jesus" hatte eine Gruppe US-amerikanischer Bischöf*innen 2018 ein „Bekenntnis des Glaubens in Zeiten der Krise" abgelegt. Ihr Anliegen war, in der moralisch und ethisch zerrissenen amerikanischen Gesellschaft ein Zeichen der Orientierung zu setzen. Dabei luden sie sowohl zum Dialog ein, grenzten sich aber auch gegen menschenfeindliche und zum Hass aufrufende Positionen ab. Dieses Dokument regte in Deutschland manche Christ*innen an, eine Übersetzung für unseren gesellschaftlichen Kontext zu versuchen. U. a. geschah dies in Berlin: Die Studienleiter*innen der Evangelischen Akademie zu Berlin legten sechs Thesen zu „Glaube, Liebe, Hoffnung – Orientierungsversuche in Zeiten des Streits" vor, die anschließend in der Synode der Evangelischen Kirche Berlin-Brandenburg-Schlesische Oberlausitz diskutiert wurden.

Die Hinweise auf solche Beispiele sollen lediglich die Vorstellungskraft anregen, wie die Schlussfolgerungen, die aus der Studie des Integrierten Forschungsverbundes zu ziehen sind, praktisch umgesetzt werden können. Der Fantasie sind keine Grenzen gesetzt. Entscheidend ist: Das Gespräch über das Evangelium und seine Bedeutung für die Gegenwart zu intensivieren und, wo nötig, zu beginnen.

Zum Feld der Aus-, Fort und Weiterbildung
Die theologische Klärungsarbeit ist ein Teil der allgemeinen Bildungsarbeit. Wer Material und Unterstützung für die Bildungsarbeit und für konkrete Formate im Kontext von Kirchengemeinde oder Kirchenkreis sucht, ist bei der Bundesarbeitsgemeinschaft Kirche & Rechtsextremismus (BAG K+R) an der richtigen Stelle, die 2010 gegründet wurde und von ca. 50 Organisationen getragen wird. Sie setzt sich für Kirche als Ort demokratischer Alltagskultur ein und hat mittlerweile umfangreiches Material zur Unterstützung kirchlicher Praxis herausgegeben. Außerdem werden Veranstaltungen und Beratung angeboten.

Der Rat der EKD hat 2018 die Einrichtung einer landing-page angeregt, auf der unter Demokratie und Kirche – EKD Texte und Arbeitsmaterialien (auch aus den Landeskirchen und zahlreichen Bildungseinrichtungen) zusammengestellt sind. Die Mehrzahl der

Landeskirchen hat auf unterschiedliche Weise Arbeitsstellen oder Beauftragte eingesetzt, die mit Dialog und Demokratieförderung oder der Auseinandersetzung mit Rechtspopulismus befasst sind. Die landing-page ermöglicht einen ersten Überblick dazu.

Ein „integrierter Bildungsprozess" ist anspruchsvoll. Er meint mehr als Wissens- und Kompetenzvermittlung. Er meint, sich selbst in einen Prozess ganzheitlicher Bildung (religiös, sozial, politisch) zu begeben und Veränderungen auszusetzen. Irritationen sind dabei ebenso notwendig, wie sie verunsichernd sein können. Aber genau darum muss es nach den Erkenntnissen der Studien gehen: Das Religiöse nicht als Festung der Selbstgewissheit und Selbstbehauptung zu sehen, sondern als eine für das menschliche Leben fundamentale Ressource, die stark und widerstandsfähig gegen populistische Versuchungen und Verunsicherungen durch die sich verändernde Lebenswelt machen kann. Diese fundamentale Ressource braucht aber die Gemeinschaft als Ort der Aushandlung von ethischen Fragen der Gegenwart und als Ort demokratischer Beteiligung. Die Erkenntnisse von Teilprojekt 3 zeigen deutlich, dass dieses Verständnis von Glauben höchst anspruchsvoll ist und einen stützenden Rahmen braucht, in dem Wissen angeboten, Kompetenzen gestärkt und seitens der Leitungsebene Ermutigung gegeben werden.

Es ist zu vermuten, dass die Ergebnisse von Teilprojekt 3 tendenziell hinsichtlich der Bedeutung politisch-kultureller Herausforderungen für Kirchengemeinden zu optimistisch sind, da für die Auswahl von vier Modellgemeinden von vornherein nur Kirchengemeinden oder Kirchenkreise in Frage kamen, die für die zu untersuchende Thematik interessant oder geeignet erschienen. Vermutlich liegt aber einer Mehrheit von Kirchengemeinden ein Bild von Kirche als Deutungsgemeinschaft und als Ort politisch-kultureller Aushandlungsprozesse von sich ganz fern. Dass es neben Gottesdienst, Seelsorge, Kasualien und einem vereinsähnlichen Binnenleben, um das die Pfarrpersonen sich zu kümmern haben, überhaupt eine andere Perspektive kirchengemeindlicher Arbeit geben könnte, bedeutet gewissermaßen schon das „Umlegen eines Schalters" bzw. ein kategoriales Umdenken im Blick auf das Selbstverständnis. Dieses Umdenken mit Maßnahmen in der Aus-, Fort- und Weiterbildung zu fördern, ist notwendig; es ist zugleich aber ein kategorialer Perspektivwechsel, der Zeit und Ressourcen braucht. Die Vorstellung, man könne einen solchen Perspektivwechsel kurzfristig durch geeignete Maßnahmen *herstellen*, geht sicherlich an der Realität vorbei. Aber er beginnt, wie alle Perspektivwechsel, mit der *Entscheidung*, ihn zu *wollen*. Das braucht Impulse von allen Ebenen, auch von kirchenleitender Seite. Die Ergebnisse des Integrierten Forschungsverbundes machen dazu Mut und belegen die Notwendigkeit.

Zur Förderung eines integrierten Kirchenbildes
An dieser Stelle soll auf einige Texte verwiesen werden, die in der Ratsperiode 2015–2021 veröffentlicht wurden und die sich mit der Frage nach der Rolle der Kirche in einer sich immer mehr pluralisierenden, aber auch sich polarisierenden Gesellschaft

auseinandersetzen. Der Begriff „Kirche als Ort demokratischer Beteiligung" ist so etwas wie ein unsichtbarer roter Faden, der sich durch diese Texte zieht. Dass dieses Thema in anderen Begriffen nun auch von Seiten der empirischen Sozialforschung eingespielt wird, kann man als glückliche Koinzidenz verstehen. Man kann es aber auch so sehen, dass hier offenbar von verschiedenen Seiten ein in der Luft liegendes Meta-Thema aufgegriffen wird. Auf jeden Fall ist es interessant, einen Blick auf diese Texte zu werfen und anschließend nach weiteren Impulsen für die Praxis zu fragen.

Gleich der erste Kammertext der Ratsperiode, der Text „Konsens und Konflikt: Politik braucht Auseinandersetzung" der Kammer für öffentliche Verantwortung, widmet sich 2017 der Frage, wie Kirche Orte demokratischer Beteiligung sein und wie profilierte Werteorientierung und Pluralitätsfähigkeit gestärkt werden können.[335] Klarer Widerspruch sei notwendig, wo „die Grundregeln und normativen Grundsätze demokratischer Politik" angegriffen werden. Gleichzeitig müsse aber der „Sprache der Ausgrenzungen" eine „Praxis des Involvierens und Sich-Einlassens" entgegengesetzt werden. Wo physische oder psychische Gewalt legitimiert oder Ideologien der Ungleichwertigkeit von Menschen vertreten werden, höre das Gespräch auf. Dennoch dürften abweichende Positionen nicht vorschnell aus dem politischen Wettstreit ausgeschlossen werden. Auch dürften die eigenen christlichen Überzeugungen „nicht als unhinterfragbar" dekretiert werden.[336] „Konsens und Konflikt" liest sich über weite Teile wie eine Umsetzung dessen, was in TP 2 am Schluss gefordert wird: Wie mit dem Problem der Diversität politischer Meinungen umgegangen werden kann und wie Sprache und Kommunikation gewaltfrei sein können.

Die Kammer für öffentliche Verantwortung hat ihre Gedanken mit dem 2021 veröffentlichten Text zu „Vielfalt und Gemeinsinn" weitergeführt.[337] Es heißt dort: „Alle Regeln des Gemeinwesens müssen sich daran messen lassen, ob sie gemeinsinnverträgliche Vielfalt zulassen oder die Möglichkeiten der individuellen Lebensführung zu sehr einschränken. [...] Für diese Haltung stellen das evangelische Christsein und die evangelischen Kirchen eine wichtige Quelle dar – nicht die einzige, aber doch eine bedeutsame Quelle. Gemeinsam vermitteln sie nicht nur ein Fundament, sondern auch den notwendigen orientierenden Horizont für eine entsprechende Haltung, stellen Räume und Lebensformen bereit, die ein Zusammenleben befördern, in dem Vielfalt und Gemeinsinn keine Gegensätze bilden."[338] An den Beispielen des Bildungshandelns, des diakonischen Handelns und des Friedenshandelns wird untersucht, welchen Beitrag der Protestantismus aus seinen religiösen Kernbeständen heraus für Vielfalt und Gemeinsinn unserer demokratischen Kultur erbringt.

---

[335] Vgl. Kirchenamt der EKD (Hrsg.), Konsens und Konflikt.
[336] A.a.O., 26f.
[337] Vgl. Kirchenamt der EKD (Hrsg.), Vielfalt und Gemeinsinn.
[338] A.a.O., 11.

Auch zwei ökumenische Texte gehören in den Bogen der Förderung demokratischer Aushandlungsprozesse: ein gemeinsames Wort des Rates der EKD mit der Deutschen Bischofskonferenz unter dem Titel „Vertrauen in die Demokratie stärken" (2019).[339] Anders als der Vorgängertext von 2006 „Demokratie braucht Tugenden"[340] wird hier nicht so sehr auf die individuellen Voraussetzungen gelingender demokratischer Prozesse abgestellt, sondern es wird verstärkt die gesellschaftliche und kirchliche Ebene als soziales System in den Blick genommen, deren Handlungsstrukturen untersucht werden.

Mit der Deutschen Bischofskonferenz und der Arbeitsgemeinschaft christlicher Kirchen in Deutschland wurde 2021 die Studie „Migration menschenwürdig gestalten" veröffentlicht.[341] Darin treten die Kirchen engagiert für die Aufnahme Geflüchteter und für die Ermöglichung von Migration ein, zugleich wird ausführlich untersucht, wie anspruchsvoll und voraussetzungsreich gelingende Integration ist. Insofern ist dieser Text ein gutes Beispiel für die erforderliche „Nachdenklichkeit", um mit anderen Positionen ins Gespräch zu kommen. Denn die Aufnahme Geflüchteter oder von Migrant*innen wird hier keineswegs einfach als moralische Pflicht dekretiert, sondern mit Schwierigkeiten und Chancen analysiert. Migration kann zur Bereicherung der eigenen Kultur führen – aber damit dies gelingt, ist ein manchmal weiter und nicht immer einfacher Weg zu gehen.

Neben den Texten soll auch die kommunikativ wohl wirkmächtigste Handlung der EKD in dieser Ratsperiode erörtert werden, der Einsatz für die Seenotrettung auf dem Mittelmeer, vor allem durch die Unterstützung des Bündnisses „United for rescue" und damit verbunden die Unterstützung des Rettungsschiffes Sea-Watch 4. Teilprojekt 2 hat die digitale Kommunikation zu diesem Einsatz für die Seenotrettung untersucht. Dieser Einsatz hat wie kaum etwas anderes die Haltung vieler Kirchenmitglieder gegenüber der EKD polarisiert. Er ist auch wie kaum etwas anderes auf die Person des Ratsvorsitzenden zugespitzt und personalisiert worden, wie die in Teilprojekt 2 untersuchten Kommentare zeigen. Auf der einen Seite gibt es emphatische Zustimmung, auf der anderen Seite Ablehnung und Hass ungekannten Ausmaßes. Untersucht wurde Sprache. Interessant ist, dass der Bezugspunkt der sprachlichen Kommentare eine Aktion mit Symbolcharakter war. Wenn in Teilprojekt 2 am Ende gefordert wird, liberale Diskurse nicht zu eng zu gestalten, sondern für Pluralität offen zu halten, so stellen sich die Fragen: Wie kann dies bei Aktionen mit Symbolcharakter gelingen, bei denen Sprache allenfalls eine Begleitkommunikation bildet, während der Symbolcharakter vermutlich stärker als jede begleitende Sprache für sich spricht? Lassen sich Symbole und Handlungen mit Symbolcharakter überhaupt kommunikativ in pluralitätsfähige Diskurse überführen?

---

[339] Vgl. SEKRETARIAT DER DEUTSCHEN BISCHOFSKONFERENZ UND KIRCHENAMT DER EKD (Hrsg.), Vertrauen in die Demokratie.
[340] Vgl. KIRCHENAMT DER EKD UND SEKRETARIAT DER DEUTSCHEN BISCHOFSKONFERENZ (Hrsg.), Demokratie braucht Tugenden.
[341] Vgl. KIRCHENAMT DER EKD UND SEKRETARIAT DER DEUTSCHEN BISCHOFSKONFERENZ (Hrsg.), Migration menschenwürdig.

Die Sprache der Kirche und ihr Handeln brauchen die Klarheit des Eintretens für Werte, die sich aus der christlichen Orientierung ergeben, für die Menschenfreundlichkeit Gottes und gegen menschenfeindliche Bestrebungen oder Hass und Gewalt. Mit ihrer Sprache sollte die Kirche aber bedachtsam Räume der Nachdenklichkeit und des gemeinsamen Nachdenkens schaffen. Die Studie gibt gerade dies als praktische Aufgabe vor, sorgsame Unterscheidungen zu treffen zwischen denen, die sich kritisch gegenüber liberaler Theologie und liberalem politischen Handeln äußern, und denen, die rechtspopulistische oder rechtsextreme Positionen vertreten. Die Studie zeigt, dass es hier Vereinnahmungen gibt und dass berechtigte theologische Positionen zur *hostidiology* für Rechtspopulismen werden können. Dieses alles sorgsam zu unterscheiden, gehört zu einem „integrierten Kirchenbild" dazu.

Die Erkenntnisse des Integrierten Forschungsverbundes geben Material, das in seinem Umfang und in der Tiefenschärfe seiner Wahrnehmung nur langfristig erschlossen werden und in kirchliche Praxis umgesetzt werden kann. Einfache Schlüsse greifen zu kurz. Es geht um den Zusammenhalt der evangelischen Kirche auf der Grundlage eines profilierten und pluralen Verständnisses des Evangeliums.

Es wäre aber umgekehrt fatal, wenn die Komplexität der Ansprüche zur Entmutigung führen würde. Jede und jeder kann Dialoge zum Verständnis des Evangeliums führen oder eröffnen, kann sich aus-, fort- und weiterbilden lassen, kann sich auf einem integrierten Bildungsweg der Offenheit und Unabgeschlossenheit der eigenen Existenz aussetzen, kann am Bild von Kirche in ihrem oder seinem Umfeld mitwirken. Die Erkenntnisse, die die evangelische Kirche aus dieser Studie über sich selbst gewinnt, können als eine große und großartige Einladung verstanden werden, sich zu beteiligen, sich einzumischen, sich auszusetzen – um so gemeinsam Kirche zu sein: plural, profiliert, positioniert.

Literatur

Kirchenamt der Evangelischen Kirche in Deutschland (EKD) (Hrsg.): Konsens und Konflikt: Politik braucht Auseinandersetzung. Zehn Impulse der Kammer für Öffentliche Verantwortung der EKD zu aktuellen Herausforderungen der Demokratie in Deutschland. Hannover 2017, (Stand: 07.02.2022). URL: https://www.ekd.de/ekd_de/ds_doc/20170814_konsens_und_konflikt.pdf

Kirchenamt der Evangelischen Kirche in Deutschland (EKD) (Hrsg.): Vielfalt und Gemeinsinn. Der Beitrag der evangelischen Kirche zu Freiheit und gesellschaftlichem Zusammenhalt. Ein Grundlagentext der Kammer der EKD für Öffentliche Verantwortung. Hannover 2021, (Stand: 07.02.2022). URL: https://www.ekd.de/ekd_de/ds_doc/vielfalt_EVA_2021.pdf

Sekretariat der Deutschen Bischofskonferenz und Kirchenamt der Evangelischen Kirche in Deutschland (EKD) (Hrsg.): Vertrauen in die Demokratie stärken. Ein Gemeinsames Wort der Deutschen Bischofskonferenz und des Rates der Evangelischen Kirche in Deutschland (Gemeinsame Texte 26). Bonn/Hannover 2019, (Stand: 07.02.2022). URL: https://www.ekd.de/ekd_de/ds_doc/gemeinsame_texte_26_demokratie_2019.pdf

Kirchenamt der Evangelischen Kirche in Deutschland (EKD) und Sekretariat der Deutschen Bischofskonferenz (Hrsg.): Demokratie braucht Tugenden. Gemeinsames Wort des Rates der Evangelischen Kirche in Deutschland und der Deutschen Bischofskonferenz zur Zukunft unseres demokratischen Gemeinwesens (Gemeinsame Texte 19). Hannover/Bonn 2006, (Stand: 07.02.2022). URL: https://www.ekd.de/ekd_de/ds_doc/GT_19___Druckfassung_061108.pdf

Kirchenamt der Evangelischen Kirche in Deutschland (EKD) und Sekretariat der Deutschen Bischofskonferenz (Hrsg.): Migration menschenwürdig gestalten. Gemeinsames Wort der Deutschen Bischofskonferenz und des Rates der Evangelischen Kirche in Deutschland in Zusammenarbeit mit der Arbeitsgemeinschaft Christlicher Kirchen in Deutschland, Gemeinsame Texte 27. Bonn/Hannover 2021, (Stand: 07.02.2022). URL: https://www.ekd.de/ekd_de/ds_doc/migration_ekd_dbk_2021.pdf

7. Autor*innenverzeichnis

Barriga Morachimo, Manuela, Jahrgang 1989, Studium der Soziologie in Heidelberg (B.A.) und Freiburg (M.A.), von 2019 bis 2021 Akademische Mitarbeiterin an der EH Ludwigsburg im International Office sowie im Projekt „Politische Kultur in Kirchengemeinden", seit 2022 Wissenschaftliche Mitarbeiterin am Seminar für Sozialwissenschaften, Universität Siegen.

Buche, Antje, Dr. rer. pol., Jahrgang 1980, Studienfächer: Soziologie, Volkswirtschaftslehre, Philosophie in Kiel, 2010 bis 2016 Wissenschaftliche Mitarbeiterin am Lehrstuhl für Empirische Wirtschaftssoziologie, seit 2017 sozialwissenschaftliche Studienleiterin am Studienzentrum der EKD für Genderfragen.

Decker, Oliver, Prof. Dr. phil., Jahrgang 1968, Studium der Psychologie, Soziologie und Philosophie in Berlin, Direktor des Else-Frenkel-Brunswik-Instituts für Demokratieforschung an der Universität Leipzig und Professor für Sozialpsychologie an der Sigmund-Freud-Universität Berlin. Zusammen mit Elmar Brähler Leiter der Leipziger Autoritarismus-Studien.

Flad, Henning, Jahrgang 1973, Studium der Sozial- und Politikwissenschaften in Bochum und Berlin, seit 2017 Projektleiter der Bundesarbeitsgemeinschaft Kirche & Rechtsextremismus, vorher u. a. Referent bei der Diakonie Deutschland.

Godel, Dorothee, OKR.in Dr. theol., Jahrgang 1969, Studium der Ev. Theologie in Heidelberg und Tübingen, Theologische Referentin für Fragen öffentlicher Verantwortung der Kirche im Kirchenamt der EKD.

Gorski, Horst, Dr. theol., Jahrgang 1957, Studium der Ev. Theologie in Hamburg und Wien, Pastor und späterer Propst in Hamburg, jetzt Leiter des Amtsbereichs der VELKD, zugleich Vizepräsident des Kirchenamtes der EKD – Hauptabteilung Öffentliche Verantwortung.

Heß, Ruth, Dipl.-Theol., Jahrgang 1975, Studium der Evangelischen Theologie in Jena, Marburg, Bern/CH und Bochum, seit 2020 Theologische Studienleitung am Studienzentrum der EKD für Genderfragen in Kirche und Theologie, Mitglied der Präsidialversammlung des Deutschen Evangelischen Kirchentags.

Huber, Stefan, Prof. Dr. phil., lic. theol., Jahrgang 1960, Studium der Theologie und Psychologie in München und Fribourg/CH, Prof. für Empirische Religionsforschung und Theorie der interreligiösen Kommunikation, Leiter des Instituts für Empirische Religionsforschung an der Theologischen Fakultät Bern/CH.

Liedhegener, Antonius, Prof. Dr. phil. habil., Jahrgang 1963, Studium in Münster und Southampton, nach politikwissenschaftlicher Habilitation in Jena seit 2012 Prof. für Politik und Religion am Zentrum für Religion, Wirtschaft und Politik (ZRWP) der Universität Luzern/CH, Co-Leiter des SNF/DFG-Projekts „Konfigurationen individueller und kollektiver religiöser Identitäten und ihre zivilgesellschaftlichen Potentiale (KONID)".

Merle, Kristin, Prof. Dr., Jahrgang 1974, Professorin für Praktische Theologie an der Universität Hamburg, Mitgründerin des Arbeitskreises Empirische Religionsforschung e. V. und des „Network of German Speaking Researchers on Religion and Culture in Times of Deep Mediatization", International Society for Media, Religion and Culture.

Pickel, Gert, Prof. Dr. phil., Jahrgang 1963, Studium der Soziologie und Politikwissenschaft in Bamberg, Prof. für Religions- und Kirchensoziologe an der Theologischen Fakultät der Universität Leipzig, Co-Leiter der Studie „Rassismus in Institutionen" sowie Mitglied des Kompetenzzentrums für Rechtsextremismus- und Demokratieforschung, Co-Leiter des SNF/DFG-Projekts „Konfigurationen individueller und kollektiver religiöser Identitäten und ihre zivilgesellschaftlichen Potentiale (KONID)".

Pickel, Susanne, Prof. Dr. rer. pol., Jahrgang 1968, Studium der Politikwissenschaft in Würzburg und Bamberg, Prof. für Vergleichende Politikwissenschaft an der Fakultät für Gesellschaftswissenschaften der Universität Duisburg-Essen, Konsortialleiterin des BMBF-Verbundprojektes „Radikaler Islam vs. Radikaler Anti-Islam" sowie Mitglied des Interdisziplinären Zentrums für Integrations- und Migrationsforschung (InZentiM).

Rebenstorf, Hilke, Dr. phil. habil., Jahrgang 1960, Studium der Soziologie, Politikwissenschaft und Publizistik an der Freien Universität Berlin und der Universität Basel/CH, nach Lehr- und Forschungstätigkeit in Berlin, Potsdam, Hildesheim, Haifa und Hamburg seit 2012 Wissenschaftliche Referentin für Kirchen- und Religionssoziologie am Sozialwissenschaftlichen Institut der EKD.

Rehm, Maria, Diakonin, Jahrgang 1987, Studium der Religionspädagogik (M.A.) und der Sozialen Arbeit (B.A.) an der EH Ludwigsburg, berufliche Tätigkeiten in der kirchlichen Arbeit mit jungen Erwachsenen, der Flüchtlingssozialarbeit und der Ev. Erwachsenenbildung mit Schwerpunkt Interreligiöser Dialog, Akademische Mitarbeiterin an der EH Ludwigsburg.

Rieker, Peter, Prof. Dr., Jahrgang 1962, Studium der Soziologie in Frankfurt/Main und Berlin, seit 2009 Professor für Außerschulische Bildung und Erziehung am Institut für Erziehungswissenschaft der Universität Zürich/CH.

Schulz, Claudia, Prof. Dr., Jahrgang 1968, Studium der Ev. Theologie, der Religionswissenschaft und der Soziologie in Göttingen, Bonn, Amsterdam und Hamburg, Promotion (Dr. phil.) und Habilitation (Praktische Theologie) an der Universität Bonn, nach Tätigkeiten in der Personalarbeit und der empirischen Religionsforschung seit 2008 Professorin für Diakoniewissenschaft und Soziale Arbeit an der EH Ludwigsburg, Engagement in Kirchengemeinden sowie in der Kammer für soziale Ordnung der EKD.

Staffa, Christian, Dr., Jahrgang 1959, Studium der Ev. Theologie in Berlin Tübingen und Prag, freischaffender Theologe und Studienleiter im Nebenamt und Gründer des Institutes für vergleichende Geschichtswissenschaften e. V. 1989–1999, Geschäftsführer von Aktion Sühnezeichen Friedensdienste bis 2012, Studienleiter für Demokratische Kultur und Kirche/Bildung an der Ev. Akademie zu Berlin, seit 2006 Christlicher Vorsitzender der AG Juden und Christen beim Deutschen Evangelischen Kirchentag, seit 2007 Kuratoriumsvorsitzender der Stiftung AMCHA, seit 2010 Gründungsmitglied im Sprecher*innenkreis der Bundesarbeitsgemeinschaft Kirche & Rechtsextremismus, seit 2019 Beauftragter der EKD für den Kampf gegen Antisemitismus.

Watzel, Anita, Jahrgang 1989, Studium der Ev. Theologie, Philosophie und Ethnologie in Tübingen, Halle (Saale) und an der Yale University (USA), Wissenschaftliche Mitarbeiterin am Institut für Praktische Theologie, Universität Hamburg.

Yendell, Alexander, Dr. phil, Jahrgang 1975, Studium der Soziologie in Düsseldorf und Münster, Co-Leiter der Studie „Antimuslimischer Rassismus, antischwarzer Rassismus und Antiziganismus im institutionellen Handeln von Behörden", Sprecher der Sektion Religionssoziologie der Deutschen Gesellschaft für Soziologie und Vorstandsmitglied des Kompetenzzentrums für Rechtsextremismus- und Demokratieforschung.

Anhänge mit weiteren Quellen und Informationen zu den drei durchgeführten Teilprojekten finden sich im Internet unter: www.ekd.de/politische-kultur.

Evangelische Kirche in Deutschland (Hrsg.)

Es ist normal, verschieden zu sein
Wir wollen Inklusion.

192 Seiten | 21 x 29,7 cm | Ringbindung
ISBN 978-3-374-06008-5
EUR 30,00 [D]

Wie kann Inklusion im Alltag, in der Kirche und in den Köpfen der Menschen wirklich werden? In ihrer 2014 veröffentlichten Orientierungshilfe »Es ist normal, verschieden zu sein. Inklusion leben in Kirche und Gesellschaft« beschreibt die Evangelische Kirche in Deutschland (EKD) die großen Herausforderungen für kirchliches und gesellschaftliches Handeln auf dem Weg zu einer inklusiven Gesellschaft. Dieser Text liegt nun in leicht verständlicher Sprache inclusive einer Hörfassung vor. Damit leistet die evangelische Kirche einen wichtigen Beitrag zur Umsetzung der UN-Behindertenrechtskonvention.

Tel +49 (0) 341/ 7 11 41 -44   shop@eva-leipzig.de